인·적성검사

2026

고시넷
대기업

SK하이닉스 고졸/전문대졸
Maintenance/Operator
최신기출유형 모의고사

gosinet
(주)고시넷

스마트폰에서 검색 고시넷

www.gosinet.co.kr

최고 강사진의
동영상 강의

수강생 만족도 1위

류준상 선생님
- 서울대학교 졸업
- 응용수리, 자료해석 대표강사
- 정답이 보이는 문제풀이 스킬 최다 보유
- 수포자도 만족하는 친절하고 상세한 설명

경영 · 경제 전문가의 고퀄리티 강의

김경진 선생님
- 서울대학교 경영학 석사
- 미국 텍사스 주립대 경제학 석사
- CFA(국제공인재무분석사)
- 前 대기업(S사, K사) 면접관

공부의 神

양광현 선생님
- 서울대학교 졸업
- NCS 모듈형 대표강사
- 시험에 나올 문제만 콕콕 짚어주는 강의
- 중국 칭화대학교 의사소통 대회 우승
- 前 공신닷컴 멘토

PREFACE

정오표 및 학습 질의 안내

 정오표 확인 방법

고시넷은 오류 없는 책을 만들기 위해 최선을 다합니다. 그러나 편집 과정에서 미처 잡지 못한 실수가 뒤늦게 나오는 경우가 있습니다. 고시넷은 이런 잘못을 바로잡기 위해 정오표를 실시간으로 제공합니다. 감사하는 마음으로 끝까지 책임을 다하겠습니다.

고시넷 홈페이지 접속 > 고시넷 출판-커뮤니티 > 정오표

www.gosinet.co.kr

 모바일폰에서 QR코드로 실시간 정오표를 확인할 수 있습니다.

 학습 질의 안내

학습과 교재선택 관련 문의를 받습니다. 적절한 교재선택에 관한 조언이나 고시넷 교재 학습 중 의문 사항은 아래 주소로 메일을 주시면 성실히 답변드리겠습니다.

이메일주소 qna@gosinet.co.kr

CONTENTS 차례

SK하이닉스 인적성검사 정복

- 구성과 활용
- SK하이닉스 알아두기
- SK그룹 알아두기
- SK하이닉스 인적성검사 개요

권두부록 SK하이닉스(SKCT) Maintenance/Operator 최신기출유형

- **최신기출유형** ———————————————————————— 16
  언어표현 | 언어이해 | 창의수리 | 자료해석

파트1 영역별 빈출이론

01 언어표현 ———————————————————————————— 58

02 언어이해 ———————————————————————————— 72
  독해의 원리와 유형
  글의 전개방식
  글의 유형
  다양한 분야의 글

03 창의수리 ———————————————————————————— 86
  기초계산
  응용수리
  수열

04 자료해석 ———————————————————————————— 106
  자료해석이란
  그래프의 종류

파트 2 SK하이닉스(SKCT) Maintenance/Operator 기출유형모의고사

1회 기출유형문제 ———————————————————————— 114
2회 기출유형문제 ———————————————————————— 158
3회 기출유형문제 ———————————————————————— 204
4회 기출유형문제 ———————————————————————— 244

파트 3 인성검사

01 인성검사의 이해 ——————————————————————— 292
02 인성검사 연습 ———————————————————————— 299

파트 4 면접가이드

01 면접의 이해 ————————————————————————— 312
02 구조화 면접 기법 —————————————————————— 314
03 면접 최신 기출 주제 ————————————————————— 319

책 속의 책 정답과 해설

권두부록 SK하이닉스(SKCT) Maintenace/Operator 최신기출유형
- 최신기출유형 ————————————————————————— 2
  언어표현 | 언어이해 | 창의수리 | 자료해석

파트 2 SK하이닉스(SKCT) Maintenance/Operator 기출유형모의고사
1회 기출유형문제 정답과 해설 ———————————————— 18
2회 기출유형문제 정답과 해설 ———————————————— 34
3회 기출유형문제 정답과 해설 ———————————————— 49
4회 기출유형문제 정답과 해설 ———————————————— 65

EXAMINATION GUIDE 구성과 활용

1 SK하이닉스 소개

SK하이닉스와 SK그룹이 추구하는 경영철학, 인재상 등에 관한 내용을 수록하고 SK하이닉스 Maintenance/Operator의 채용절차와 특징, 시험 영역 등을 쉽고 빠르게 확인할 수 있도록 구성하였습니다.

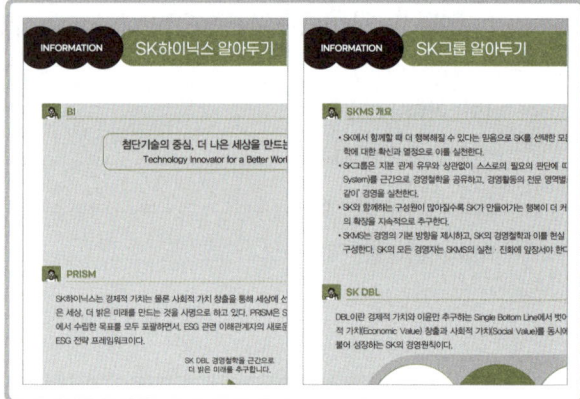

2 최신기출유형 수록

2025년 SK하이닉스 Maintenance/Operator 적성검사의 최신 기출유형을 반영한 100문항을 수록하여 문제를 풀어 보며 최신 출제의 경향을 자연스레 익힐 수 있도록 구성하였습니다.

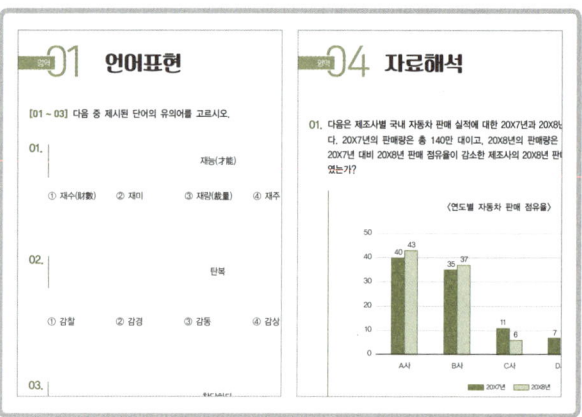

3 영역별 빈출이론

SKCT의 출제영역인 언어표현, 언어이해, 창의수리, 자료해석에서 자주 출제되는 이론을 정리하여 주요 이론과 개념을 빠르게 학습할 수 있도록 하였습니다.

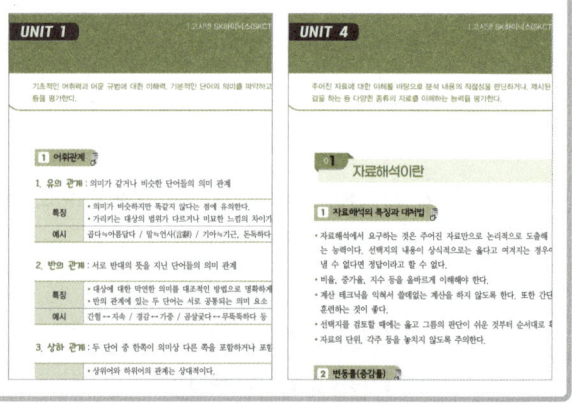

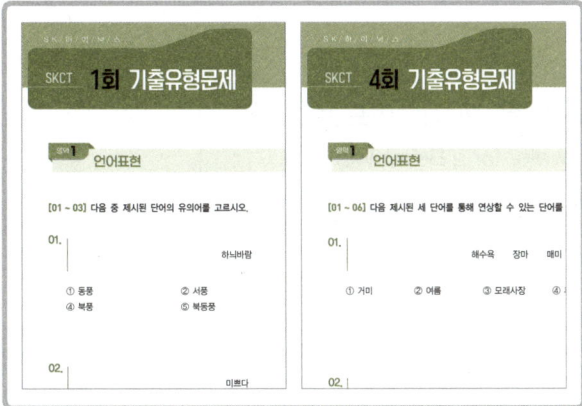

4 기출유형모의고사

최신 기출문제 유형에 맞게 구성한 총 4회분의 기출유형문제로 자신의 실력을 점검하고 완벽한 실전 준비가 가능하도록 구성하였습니다.

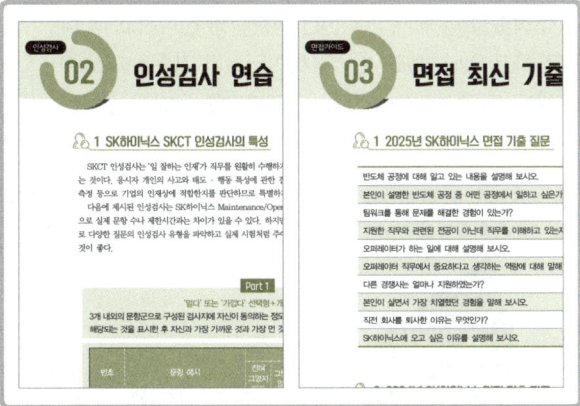

5 인성검사 & 면접가이드

채용 시험에서 최근 점점 중시되고 있는 인성검사와 면접 질문들을 수록하여 마무리까지 완벽하게 대비할 수 있도록 하였습니다.

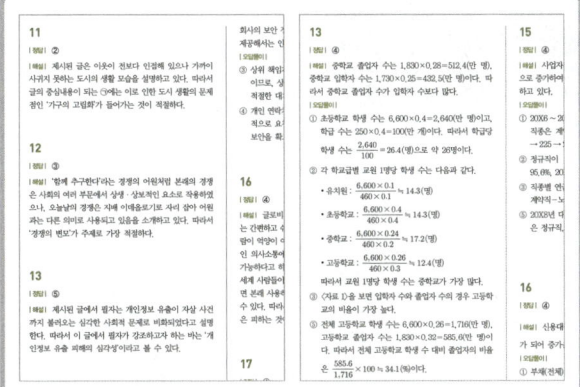

6 상세한 해설과 오답풀이가 수록된 정답과 해설

상세한 해설을 수록하였고 오답풀이 및 보충 사항들을 수록하여 문제풀이 과정에서 학습의 효과가 극대화될 수 있도록 구성하였습니다.

INFORMATION

SK하이닉스 알아두기

BI

> 첨단기술의 중심, 더 나은 세상을 만드는 회사
> Technology Innovator for a Better World

PRISM

SK하이닉스는 경제적 가치는 물론 사회적 가치 창출을 통해 세상에 선한 영향력을 전파하고 더 나은 세상, 더 밝은 미래를 만드는 것을 사명으로 하고 있다. PRISM은 SK하이닉스가 기존 SV 2030에서 수립한 목표를 모두 포괄하면서, ESG 관련 이해관계자의 새로운 요구까지를 폭넓게 수용한 ESG 전략 프레임워크이다.

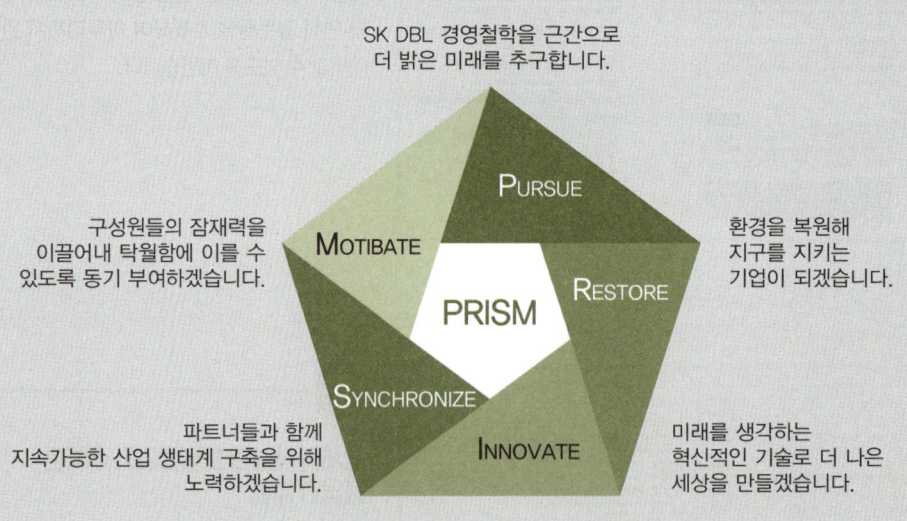

- **Pursue**: SK DBL 경영철학을 근간으로 더 밝은 미래를 추구합니다.
- **Restore**: 환경을 복원해 지구를 지키는 기업이 되겠습니다.
- **Innovate**: 미래를 생각하는 혁신적인 기술로 더 나은 세상을 만들겠습니다.
- **Synchronize**: 파트너들과 함께 지속가능한 산업 생태계 구축을 위해 노력하겠습니다.
- **Motibate**: 구성원들의 잠재력을 이끌어내 탁월함에 이를 수 있도록 동기 부여하겠습니다.

인재상

첨단 기술을 실현할 수 있는 인재
지속적으로 소통하는 인재
도전하고 노력하는 인재

VWBE	SUPEX	패기
자발적(Voluntarily)이고 의욕적(Willingly)인 두뇌활용(Brain Engagement)하는 인재	인간의 능력으로 도달할 수 있는 최고 높은 수준까지 도전하는 인재	스스로 동기부여를 하고 성장을 위해 노력하는 인재
협업능력	기술역량	사고력 · 실행력
제품의 완성도를 위해 다양한 사람과 끊임없이 소통하고 경계를 넘어 협력하는 인재	글로벌 반도체 시장을 선도하는 SK하이닉스의 첨단 기술을 함께 실현할 수 있는 인재	기술에 대한 집념으로 한 발 앞서 시장을 읽고 움직이는 인재

직무안내

■ Maintenance

생산 장비의 Set-up, 검교정 및 정비, 장비의 최적 가동 상태 유지 업무, Gas/Chemical 설비운영 및 유지 보수업무를 진행한다.
세부업무로 장비의 성능, 신뢰성을 유지 관리, 고장 발생 시 신속 · 정확히 판단하여 조치하는 활동, 장비 성능 향성을 위한 지속적인 노력, 안정된 현장관리를 위한 전반적인 장비기술 교육 활동이 있다.
고등학교 또는 전문대 학력 소지자로 반도체, 전자, 전기 기계 관련을 전공했을 경우 지원할 수 있다.

■ Operator

반도체 제조 관련한 업무로 제조 현장에서 반도체 장비 조작을 통한 제조 또는 제조 지원 업무, 반도체 제품의 특성 및 Data 입력, 품질 관련 시험 및 불량 요인 검사 업무를 진행한다.
그 외 세부업무로 지수 향상을 위한 생산실적 분석 및 개선이 있다.
고등학교 또는 전문대 학력 소지자로 전공과 무관하게 지원할 수 있다.

INFORMATION SK그룹 알아두기

 SKMS 개요

- SK에서 함께할 때 더 행복해질 수 있다는 믿음으로 SK를 선택한 모든 SK 구성원들은 SK 경영철학에 대한 확신과 열정으로 이를 실천한다.
- SK그룹은 지분 관계 유무와 상관없이 스스로의 필요의 판단에 따라 SKMS(SK Management System)를 근간으로 경영철학을 공유하고, 경영활동의 전문 영역별로 협력을 추구하는 '따로 또 같이' 경영을 실천한다.
- SK와 함께하는 구성원이 많아질수록 SK가 만들어가는 행복이 더 커질 수 있으므로 SK는 구성원의 확장을 지속적으로 추구한다.
- SKMS는 경영의 기본 방향을 제시하고, SK의 경영철학과 이를 현실 경영에 구현하는 방법론으로 구성한다. SK의 모든 경영자는 SKMS의 실천·진화에 앞장서야 한다.

 SK DBL

DBL이란 경제적 가치와 이윤만 추구하는 Single Bottom Line에서 벗어나, 모든 경영활동에서 경제적 가치(Economic Value) 창출과 사회적 가치(Social Value)를 동시에 증대시킴으로써 사회와 더불어 성장하는 SK의 경영원칙이다.

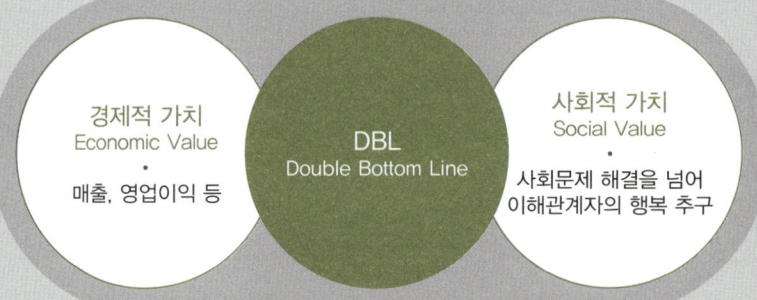

 실행원리

- 구성원의 전체 행복을 지속적으로 키워 나가면 구성원 개인의 행복이 더 커질 수 있다는 것을 믿고, 이를 실천할 때 자발적(Voluntarily)이고 의욕적(Willingly)인 두뇌활용(Brain Engagement)을 하게 된다.
- VWBE한 구성원은 SUPEX(Super Excellent Level)를 추구하여 경제적 가치, 사회적 가치, 구성원 행복을 창출하는 SUPEX Company를 만들어 간다.
- 경영철학과 실행원리의 선순환(구성원 행복—VWBE 문화—SUPEX Company)으로 SK는 지속적으로 행복을 창출하는 공동체로 발전해 나갈 수 있다.

구성원 행복이 기업경영의 목적 (경영철학)	경영철학에 대한 믿음·실천 (Commitment)	구성원의 지속적 VWBE (VWBE 문화)	SUPEX Company의 실현	구성원 행복의 증가

VWBE 문화

- 구성원은 스스로 행복을 추구할 때 자발적·의욕적 두뇌활동을 하게 되고, 그것이 외부에 발현되는 모습이 곧 일과 싸워서 이기는 패기이다.
- 패기 있는 구성원은 스스로 동기부여하여 문제를 제기하고, 높은 목표에 도전하며, 기존의 틀을 깨는 과감한 실행을 한다. 그 과정에서 필요한 역량을 개발하기 위해 노력하며, 타 구성원과 함께 적극적으로 소통함으로써 더 높은 성과를 낸다.
- 구성원은 패기 실천을 위한 조직과 제도, 시스템을 스스로 디자인하며, 행복을 저해하는 요소를 적극적으로 개선해나간다.
- 리더는 패기를 앞서 갖추어야 하며, 패기 있는 구성원을 육성한다.

SUPEX Company

- SUPEX Company는 최고의 경쟁력을 보유하고 장기적 생존 조건을 확보하여 지속적으로 경제적 가치, 사회적 가치, 구성원 행복을 창출해 나가는 회사를 말한다.
- SUPEX Company를 지향하기 위해 우선 한 단계 더 높은 수준의 회사(Better Company)를 목표로 설정하고, 이를 반복적으로 달성하면서 SUPEX Company를 구현해 나간다.
- SUPEX 목표를 달성하기 위해 To-be Model를 체계적으로 수립하고 실행하며, 실행력을 높이기 위해서는 다음 사항을 고려한다.

경제적 가치를 만드는 일	기존 사업에 안주하지 않고 끊임없이 혁신하여 새로운 경제적 가치를 창출해야 하며, 환경과 업종의 특성을 고려하여 기존 사업의 혁신을 추구한다.
사회적 가치를 만드는 일	이해관계자가 중시하는 가치를 파악하고, 측정 및 개선하는 체계를 만들며 사회적 가치를 지속적으로 창출해야 한다.
우리의 행복을 만드는 일	구성원 행복에 영향을 미치는 다양한 요소를 파악하고 이를 측정하고 지속적으로 개선해 나가야 한다.

GUIDE
SK하이닉스 인적성검사 개요

SK하이닉스[SKCT]

- SK하이닉스 SKCT(SK Competency Test)는 적성검사와 인성검사로 구성된 시험이다.
- 2024년 상반기 이후 영어, 패턴이해, 상황판단 등이 적성검사에서 제외되었고, 인성검사와 적성검사를 연이어 치르며 온라인 시험으로 진행된다.
- 적성검사는 4개 영역으로 총 100문항이 출제되며 35분 이내에 풀어야 한다.
- 출제 문항 수 및 시험 시간이 영역별로 구분되어 있어 각 영역을 주어진 시간 내에 풀어야 한다.

채용절차

서류전형 → SKCT → 면접전형 → 건강검진 → 최종 합격

※ 채용절차는 지원영역별로 상이할 수 있으므로 반드시 희망하는 지원 공고문을 확인한다.

합격 전략

- 2024년 상반기부터 적성검사 영역이 언어표현, 언어이해, 창의수리, 자료해석으로 변경되었으며 시험 시간, 시험방식(온라인)이 변경되었다.
- 난이도는 평이하나 많은 문제를 짧은 시간 안에 풀어야 하기 때문에 제한된 시간 안에 문제를 푸는 연습을 하고 모르는 문제는 지체 없이 넘길 수 있어야 한다.
- 온라인 검사로 진행되며 별도의 필기도구를 사용할 수 없으므로, 평소 수험 공부를 할 때 컴퓨터를 활용하여 문제를 푸는 연습을 해 둔다.

구성 및 유형

구성	영역	문항 수	시간	출제유형
적성검사	언어표현	30문항	3분	단어유추, 관계유추
	언어이해	20문항	7분	독해
	창의수리	30문항	15분	응용수리
	자료해석	20문항	10분	자료이해, 자료계산
인성검사		약 240문항		척도 표시

※ 2025년 상반기 기준, 시기별, 지원영역별 구성이 상이할 수 있다.

온라인 인적성검사 특징

- ☑ 시험 장소는 응시자 본인 외에 다른 사람이 없는 공간이어야 하며 시험을 응시하는 책상 위에 아무것도 없어야 한다.
- ☑ 컴퓨터, 웹캠, 신분증이 필요하며 휴대전화로 본인 인증 후 시험이 실시되고 검사 시작 10분 전부터 휴대전화 사용이 제한된다.
- ☑ 프로그램에서 제공하는 계산기, 메모장, 그림판 이외에 종이, 계산기, 필기도구는 사용할 수 없다.
- ☑ 정해진 시험 시간이 끝나면 다음 영역에 자동으로 이동하며 이전 문항으로의 이동, 뒤로 가기는 불가능하다.

인성검사 및 면접 전략

■ 인성검사

지원자가 직무를 수행하는 데 적합한 성격, 가치관, 태도 등을 가졌는지 종합적으로 평가하는 검사로, 문항을 읽고 각 문항에 대한 자신의 생각을 일관성 있게 답변하는 것이 필요하다.

■ 면접

2대2 면접으로, 서류전형에서 제출한 입사 지원서의 내용을 중심으로 지원자의 인성을 평가하는 인성면접이 진행되었으므로 제출한 입사 지원서의 내용을 충분히 숙지하도록 한다.

고시넷 SK하이닉스(SKCT) Maintenance/Operator 최신기출유형모의고사

영역별 기출 키워드

▶ 언어표현 : 유의어, 반의어, 사자성어, 빈칸 채우기, 명제 추론
▶ 언어이해 : 속담, 일치·불일치, 주제, 세부내용
▶ 창의수리 : 사칙연산, 거속시, 소금물, 비율, 부등호
▶ 자료해석 : 퍼센트 계산, 전년도 비교, 도표 계산, 도표 해석

SK하이닉스(SKCT) Maintenance/Operator

권두부록 최신기출유형

- **01** 언어표현
- **02** 언어이해
- **03** 창의수리
- **04** 자료해석

언어표현

[01 ~ 03] 다음 중 제시된 단어의 유의어를 고르시오.

01.
재능(才能)

① 재수(財數) ② 재미 ③ 재량(裁量) ④ 재주 ⑤ 재단(裁斷)

02.
탄복

① 감찰 ② 감경 ③ 감동 ④ 감상 ⑤ 감안

03.
참담하다

① 모자라다 ② 기막히다 ③ 참혹하다 ④ 기뻐하다 ⑤ 허탈하다

04. 다음 중 제시된 단어의 유의어가 아닌 것은?

채우다

① 메우다 ② 충원하다 ③ 충족시키다
④ 끼우다 ⑤ 보완하다

[05 ~ 09] 다음 중 제시된 단어의 반의어를 고르시오.

05.
명시(明示)

① 계시(啓示)　② 지시(指示)　③ 암시(暗示)　④ 예시(例示)　⑤ 전시(展示)

06.
나누다

① 뿌리다　② 흩다　③ 퍼뜨리다　④ 모으다　⑤ 가르다

07.
사소하다

① 자질구레하다　② 경쾌하다　③ 중요하다　④ 신랄하다　⑤ 설핏하다

08.
알뜰하다

① 살뜰하다　② 극진하다　③ 헤프다　④ 들쑤시다　⑤ 자상하다

09.
입선

① 탈고　② 탈진　③ 탈선　④ 탈락　⑤ 탈퇴

[10 ~ 11] 다음 제시된 단어 관계에 따라 A와 B에 들어가기 알맞은 단어를 고르시오.

10.
위성 : (A) = 행성 : (B)

	A	B		A	B		A	B
①	항성	태양	②	달	금성	③	별똥별	우주
④	우주선	태양계	⑤	GPS	은하계			

11.
등대 : (A) = (B) : 자동차

	A	B		A	B		A	B
①	바다	신호등	②	신호	인도	③	불빛	버스
④	배	표지판	⑤	부두	도로			

[12 ~ 15] 다음 빈칸에 들어갈 단어로 적절한 것을 고르시오.

12. '갈등 – 알력'의 관계는 '적기(適期) – (   )'의 관계와 같다.

① 재기(再起)　　　② 시기(猜忌)　　　③ 호기(好期)
④ 엽기(獵奇)　　　⑤ 만기(滿期)

13. '풍문 – 귀'의 관계는 '회자 – (   )'의 관계와 같다.

① 눈　　　② 입　　　③ 코
④ 손　　　⑤ 발

14. '영겁-찰나'의 관계는 '아랑곳-( )'의 관계와 같다.

   ① 아량　　② 참견　　③ 방관
   ④ 아련　　⑤ 적법

15. '절실-긴요'의 관계는 '선발-( )'의 관계와 같다.

   ① 도태　　② 고용　　③ 사항
   ④ 발췌　　⑤ 유의

16. 다음 글에서 설명하는 사자성어는?

   > 아무 의미가 없는 소리 혹은 남의 말을 무시하고 흘려보내는 것을 의미하는 사자성어로, 당나라 때 이태백이 지은 시 〈답왕십이한야독작유회(答王十二寒夜獨酌有懷)〉의 한 구절에서 유래되었다.

   ① 새옹지마(塞翁之馬)　　② 지록위마(指鹿爲馬)　　③ 천고마비(天高馬肥)
   ④ 마이동풍(馬耳東風)　　⑤ 군계일학(群鷄一鶴)

17. 다음 글의 밑줄 친 ㉠과 같은 뜻을 지닌 한자성어는?

> 우리 사회의 '신토불이'에는 일종의 기피증과 문화적 폐쇄성이 교묘하게 숨어 있다. 기피증이란 자기 자신의 감정에 솔직하지 못해, 어떤 사람이나 사물을 싫어하거나 불안하게 느끼면 미리 도피해 버리는 증세다. 그리고는 자신의 행동을 합리화하기 위해 지속적으로 핑계를 만들게 된다. 핑계 대지 말자. ㉠입장을 바꿔 생각을 해 보자.

① 전화위복(轉禍爲福) ② 진퇴유곡(進退維谷) ③ 역지사지(易地思之)
④ 발본색원(拔本塞源) ⑤ 읍참마속(泣斬馬謖)

18. 다음 명제가 모두 참일 때 반드시 참이라고 할 수 없는 것은?

> • 불을 무서워하는 사람은 고소공포증이 있다.
> • 고소공포증이 있는 어떤 사람은 겁이 있다.
> • 겁이 있는 모든 사람은 귀신을 무서워한다.

① 겁이 없는 모든 사람은 고소공포증이 없다.
② 불을 무서워하는 모든 사람은 귀신을 무서워한다.
③ 고소공포증이 없는 사람은 불을 무서워하지 않는다.
④ 고소공포증이 있는 어떤 사람은 귀신을 무서워한다.
⑤ 귀신을 무서워하지 않는 어떤 사람은 겁이 없다.

19. 다음 대화의 내용이 모두 참일 때, 반드시 참인 것은?

> • 갑 : 땅콩을 먹으면 아몬드를 먹지 않아.
> • 을 : 밤을 먹으면 아몬드도 먹어.
> • 병 : 호두를 먹지 않는 사람은 잣을 먹어.

① 밤을 먹은 사람은 잣을 먹지 않는다.
② 아몬드를 먹지 않은 사람은 밤을 먹는다.
③ 땅콩을 먹은 사람은 호두를 먹는다.
④ 호두를 먹으면 아몬드를 먹지 않는다.
⑤ 땅콩을 먹으면 밤을 먹지 않는다.

20. 다음 명제가 모두 참일 때, 반드시 참인 것은?

> • 팀장이 출장을 가면 업무처리가 늦어진다.
> • 고객의 항의 전화가 오면 실적평가에서 불이익을 받는다.
> • 업무처리가 늦어지면 고객의 항의 전화가 온다.

① 고객의 항의 전화가 오면 팀장이 출장을 간 것이다.
② 업무처리가 늦어지면 팀장이 출장을 간 것이다.
③ 실적평가에서 불이익을 받지 않으면 팀장이 출장을 가지 않는다.
④ 실적평가에서 불이익을 받으면 팀장이 출장을 가지 않는다.
⑤ 고객의 항의 전화가 오면 업무처리가 늦어진다.

[21 ~ 23] 다음에서 설명하고 있는 단어를 고르시오.

21.
> 일이나 계획 등이 마음먹은 대로 잘되어 만족스럽게 여김. 또는 그럴 때 나는 소리

① 자제(自制) ② 내재(內在) ③ 매제(妹弟)
④ 쾌재(快哉) ⑤ 박제(剝製)

22.
> 죽 훑어 내려가며 대충 읽는 방법

① 발췌독(拔萃讀) ② 묵독(默讀) ③ 색독(索讀)
④ 통독(通讀) ⑤ 정독(精讀)

23.
> 탐탁하지 아니하거나 대수롭지 아니하게 여겨 건성으로 하는 대답

① 명대답 ② 맞대답 ③ 군대답
④ 눈대답 ⑤ 코대답

24. 다음 문장과 관련된 속담으로 가장 적절한 것은?

> 직접적으로 오가지 않아 관계가 끊어져 영향을 미치지 않음.

① 내 코가 석 자
② 불 없는 화로, 딸 없는 사위
③ 가는 날이 장날
④ 가게 기둥에 입춘
⑤ 모로 가도 서울만 가면 된다.

25. 다음에 제시된 문장들의 빈칸에 공통으로 들어갈 단어로 가장 적절한 것은?

> • 전쟁이 장기전의 (　　)을 띠고 있다.
> • 시간이 지날수록 경기가 과열이 되는 (　　)을 띠게 되었다.

① 연상(聯想)
② 양상(樣相)
③ 연결(連結)
④ 시련(試鍊)
⑤ 표변(豹變)

26. 다음에 제시된 문장의 빈칸에 들어갈 말로 가장 적절한 것은?

> 이 발자국의 방향과 빵조각은 그 사람들이 이쪽으로 갔다는 것을 (　　)한다.

① 반증(反證)
② 증빙(證憑)
③ 본증(本證)
④ 방증(傍證)
⑤ 간증(干證)

27. 다음 문장의 밑줄 친 단어와 바꿔 쓰기에 가장 알맞은 말은?

> 심사 결과의 비공개는 많은 의혹을 불러일으킬 것이므로 이를 불식시키기 위해서라도 심사 결과를 공표해야 한다.

① 상기(想起)할 ② 봉기(蜂起)할 ③ 야기(惹起)할
④ 분기(奮起)할 ⑤ 궐기(蹶起)할

28. 다음 문장의 밑줄 친 말과 가장 유사한 의미로 사용된 것은?

> 정부는 국민들로부터 세금을 받아 국가를 운영한다.

① 그는 다른 사람들에게 주목을 받는 것을 좋아한다.
② 나는 몸이 아파서 병원에서 진료를 받았다.
③ 나는 지난 수학 시험에서 100점을 받았다.
④ 은행은 해당 관청 대신에 시민에게서 공과금을 받는 업무도 한다.
⑤ 생산지에서 물건을 받아 도시에서 팔면 이익이 배로 남는다.

29. 다음 문장의 밑줄 친 말과 가장 유사한 의미로 사용된 것은?

> 그녀는 온갖 난관을 뚫고 새로운 프로젝트를 성공적으로 이끌었다.

① 나는 주말에 동생들을 동물원으로 이끌었다.
② 그는 나의 두 손을 잡고 나를 협실로 이끌었다.
③ 그는 대화를 자신에게 유리하게 이끌었다.
④ 그 광고는 모든 사람의 시선을 이끌었다.
⑤ 새로 나온 장난감이 아이의 마음을 이끌었다.

30. 다음 문장의 밑줄 친 말과 가장 유사한 의미로 사용된 것은?

> 그는 아직 20대인데도 불구하고 외모는 40대처럼 보인다.

① 멀리 건물 사이로 하늘이 보인다.
② 수면 위로 작은 배 한 척만이 보인다.
③ 이제야 비가 올 기미가 보인다.
④ 이 길은 오히려 돌아가는 길 같이 보인다.
⑤ 긴 협상 끝에 드디어 합의의 결과가 보인다.

영역 02 언어이해

01. 다음 글의 중심내용으로 가장 적절한 것은?

> 연예인뿐만 아니라 일반인 사이에서도 굽 높은 구두가 인기다. 굽이 높은 구두를 신으면 키가 커 보이는 효과가 있다. 그러나 굽의 높이는 발 건강과는 반비례한다. 첫째, 굽 높은 구두를 신으면 체중의 대부분이 발의 앞쪽에 실리게 되므로 피로가 심해진다. 둘째, 오래 신으면 엄지발가락이 둘째 발가락 쪽으로 휠 수 있다. 셋째, 발바닥에 염증이 생길 위험성이 있다. 또한 허리나 무릎에 무리가 갈 수 있다.

① 굽 높은 신발의 유래
② 굽 높은 신발이 발에 미치는 부정적 영향
③ 굽 높은 신발이 인기를 끈 비결
④ 연예인들의 신발이 유행하게 된 원인
⑤ 허리와 무릎 통증의 주된 원인

02. 다음 글의 제목으로 가장 적절한 것은?

> 사회와 격리된 인간을 상상할 수 없듯이 언어와 격리된 인간도 상상하기 어렵다. 인간이 사회적인 그물망으로 엮여 있는 동물이고 그 사회적 그물망을 연결시켜 주는 역할을 하는 것이 언어이기 때문이다. 이는 사회를 떠난 인간이 존재할 수 없듯이 사회와 유리된 언어가 존재할 수 없다는 것을 의미하는 동시에, 사회가 달라지면 언어 사용 양상도 달라진다는 것을 의미한다.

① 인간과 언어의 관계
② 인간과 사회의 관계
③ 언어와 인간과 사회의 관계
④ 언어와 사회의 관계
⑤ 인종과 언어의 관계

[03 ~ 05] 다음 문장들을 문맥에 맞게 순서대로 배열한 것을 고르시오.

03.

(가) 예를 들면 손을 자주 씻어 손에 묻어 있을 수 있는 감기 바이러스를 제거하고 손으로 얼굴을 비비지 않도록 한다.
(나) 감기를 예방하기 위해서는 감기 바이러스와 접촉할 수 있는 기회를 아예 없애야 한다.
(다) 특히 어린이는 성인에 비해 감기 바이러스에 감염될 확률이 더 높기 때문에 사람들이 많이 모여 있는 곳에는 가지 않도록 주의해야 한다.
(라) 또한 다른 사람들과 수건 등의 일상 용품을 함께 사용하지 않는 것이 좋다.

① (나)-(가)-(라)-(다)   ② (나)-(라)-(다)-(가)   ③ (라)-(가)-(다)-(나)
④ (라)-(나)-(가)-(다)   ⑤ (라)-(나)-(다)-(가)

04.

(가) 학급에서 발생하는 괴롭힘 상황에 대한 전통적인 접근 방법은 '가해자-피해자 모델' 이다.
(나) 개인의 특성이 원인이기 때문에 문제의 해결에서도 개인적인 처방이 중시된다.
(다) 이 모델에서는 가해자와 피해자의 개인적인 특성 때문에 괴롭힘 상황이 발생한다고 본다.
(라) 예를 들어, 가해자는 선도하고 피해자는 치유 프로그램에 참여하도록 한다.

① (가)-(다)-(나)-(라)   ② (가)-(라)-(다)-(나)   ③ (나)-(가)-(라)-(다)
④ (나)-(다)-(가)-(라)   ⑤ (나)-(다)-(라)-(가)

05.

(가) 국민들이 지식과 정보의 빠른 변화에 적응해야 국가 경쟁력도 확보될 수 있는 것이다.
(나) 그러나 평균 수명이 길어지고 사회가 지식 기반 사회로 변모해 감에 따라 평생 교육의 필요성이 날로 높아지고 있다.
(다) 현재 우리나라의 교육열이 높다는 것은 학교 교육에 한할 뿐이고 그마저 대학 입학을 위한 것이 대부분이다.
(라) 더구나 산업 분야의 구조 조정이 빈번한 이 시대에는 재취업 훈련이 매우 긴요하다.

① (가)-(나)-(라)-(다)   ② (가)-(라)-(나)-(다)   ③ (다)-(나)-(라)-(가)
④ (다)-(라)-(나)-(가)   ⑤ (다)-(라)-(가)-(나)

06. 다음 글의 내용과 일치하는 것은?

경제 활동 체제는 크게 3가지로 나눌 수 있다. 시장제도, 통제제도, 전통제도가 바로 그것이다. 시장제도하에서는 각 경제 집단이 시장에서 서로 자유롭게 영향력을 행사하며, 거래는 물물교환이나 화폐교환을 통해 이루어진다. 통제제도하에서는 특정 기관이 경제전반에 대한 계획을 수립하여 각 경제 집단이 상품과 용역을 얼마나 생산, 교환, 소비할지 지시한다. 전통제도에서는 각 경제 집단의 역할이 출신, 종교, 관습 등에 의해 고정되며, 거래도 전통에 의해 이루어진다.

① 통제제도에서 각 경제 집단은 계획을 수립하여 그 계획에 따라서만 경제 활동을 한다.
② 시장제도하에서는 주로 화폐교환이 이루어지며, 전통제도하에서는 주로 물물교환이 이루어진다.
③ 통제제도와 전통제도하에서는 각 경제 집단이 자유롭게 경제 활동을 할 수 없다.
④ 전통제도보다는 통제제도가, 통제제도보다는 시장제도가 보다 발전된 제도이다.
⑤ 경제 집단의 역할이 출신, 종교, 관습 등에 의해 고정되는 것은 바람직하지 않다.

07. 다음 글에서 전달하고자 하는 내용과 관련 있는 사자성어는?

> 이번 설문에는 '직원 채용에서 가장 중요한 평가 포인트'를 항목에 추가했다. 그 결과 '성실하고 책임감을 가진 자'가 무려 62%로, 아무리 지금의 직장 문화가 개성을 존중하고 능력 위주의 평가로 변하고 있어도 여전히 회사는 '성실'이라는 미덕을 제일 존중함을 알 수 있다. 이를 통해 '직장에서 퇴출 순위에 오르지 않으려면 어떻게 해야 할까?'라는 질문에 대한 답이 자연스럽게 나온다. 성실하고 책임감이 있으면 된다. 어렵지 않다고 생각하겠지만 자기 기준이 아닌 남, 특히 상사와 조직의 눈높이를 맞춘다는 것은 결코 쉬운 일이 아니다. 이러한 '인성적인 부분'은 하루아침에 형성되거나 바뀌지 않는다. 이는 오랜 시간, 여러 번에 걸친 공동의 작업 끝에 얻어낼 수 있는 농사와 같은 것이다. 씨앗을 뿌리고, 가꾸고, 정성을 쏟으면서 관심을 두어야 그 결실이 나온다.

① 우공이산(愚公移山)　② 칠전팔기(七顚八起)　③ 괄목상대(刮目相對)
④ 교학상장(敎學相長)　⑤ 청출어람(靑出於藍)

08. 다음 글의 중심내용으로 가장 적절한 것은?

> 영어에서 위기를 뜻하는 단어 'crisis'의 어원은 '분리하다'라는 뜻의 그리스어 '크리네인(Krinein)'이다. 크리네인은 본래 회복과 죽음의 분기점이 되는 병세의 변화를 가리키는 의학 용어로 사용되었는데, 서양인들은 위기에 어떻게 대응하느냐에 따라 결과가 달라진다고 보았다. 상황에 위축되지 않고 침착하게 위기의 원인을 분석하여 사리에 맞는 해결 방안을 찾을 수 있다면 긍정적 결과가 나올 수 있다는 것이다. 한편, 동양에서는 위기(危機)를 '위험(危險)'과 '기회(機會)'가 합쳐진 것으로 해석하여 위기를 통해 새로운 기회를 모색하라고 한다. 동양인들 또한 상황을 바라보는 관점에 따라 위기가 기회로 변모될 수도 있다고 본 것이다.

① 위기가 아예 다가오지 못하게 미리 대처해야 한다.
② 위기 상황을 냉정하게 판단하고 긍정적으로 받아들이면 기회가 될 수 있다.
③ 위기가 지나갔다고 해서 반드시 기회가 오는 것은 아니다.
④ 욕심에서 비롯된 위기를 통해 자신의 상황을 되돌아봐야 한다.
⑤ 동서양에서 각각 위기를 바라보는 관점에는 큰 차이가 있다.

[09 ~ 10] 다음 글을 읽고 이어지는 질문에 답하시오.

> 헤로도토스 이전에는 사실과 허구가 뒤섞인 신화와 전설, 혹은 종교를 통해 과거에 대한 지식이 전수되었다. 특히 고대 그리스인들이 주로 과거에 대한 지식의 원천으로 삼은 것은 《일리아스》였다. 《일리아스》는 기원전 9세기의 시인 호메로스가 오래전부터 구전되어 온 트로이 전쟁에 대해 읊은 서사시이다. 이 서사시에서는 전쟁을 통해 신들, 특히 제우스 신의 뜻이 이루어진다고 보았다. 그러나 헤로도토스는 이런 신화적 세계관에 입각한 서사시와 구별되는 새로운 이야기 양식을 만들어 내고자 했다. 즉, 헤로도토스는 가까운 과거에 일어난 사건의 중요성을 인식하고, 이를 직접 확인·탐구하여 인과적 형식으로 서술함으로써 역사라는 새로운 분야를 개척한 것이다.

09. 윗글을 이해한 내용으로 옳은 것은?

① 일리아스는 고대 그리스인들이 공동 집필한 문학작품이다.
② 헤로도토스 이전의 신화나 전설에서는 역사적 사실을 찾아볼 수 없다.
③ 호메로스는 신화적 세계관에서 벗어나기 위해 서사시를 만들었다.
④ 헤로도토스는 사건의 원인과 결과를 밝혀 서술함으로써 역사라는 분야를 개척하였다.
⑤ 호메로스는 인위적으로 사실과 허구를 섞어 일리아스를 만들었다.

10. 다음 중 헤로도토스와 동일한 입장을 가진 의견을 모두 고른 것은?

> 가 : 역사가는 상상력을 동원하여 독자를 감동시켜야 한다.
> 나 : 역사가는 과거에 대해 객관적인 태도를 가져야 한다.
> 다 : 역사가는 독자에게 사실을 있는 그대로 보여 주어야 한다.
> 라 : 역사가는 수사학적 기법을 사용하여 독자를 설득시켜야 한다.

① 가, 라　　　　② 나, 다　　　　③ 가, 나, 다
④ 가, 나, 라　　⑤ 나, 다, 라

11. 다음 글의 내용과 일치하는 것은?

> 초파리는 물리적 자극에 의해 위로 올라가는 성질이 있다. 그런데 파킨슨병에 걸린 초파리는 운동성이 결여되어 물리적 자극을 주어도 위로 올라가지 않는다. 파킨슨병과 관련이 있다고 추정되는 유전자 A와 약물 B를 이용하여 실험을 하였다. 먼저 정상 초파리와 유전자 A가 돌연변이인 초파리를 준비하여 각각 약물 B가 들어 있는 배양기와 들어 있지 않은 배양기에 일정 시간 동안 두었다. 이후 물리적 자극을 주어 이들의 운동성을 테스트한 결과, 약물 B가 들어 있는 배양기의 정상 초파리와 약물 B가 들어 있지 않은 배양기의 정상 초파리 모두 위로 올라가는 성질을 보였다. 반면, 유전자 A가 돌연변이인 초파리는 약물 B를 넣은 배양기에서 위로 올라가지 못하고, 약물 B를 넣지 않은 배양기에서는 위로 올라가는 것을 관찰할 수 있었다.

① 약물 B를 섭취한 초파리의 유전자 A는 돌연변이가 된다.
② 약물 B를 섭취한 정상 초파리는 파킨슨병에 걸릴 확률이 높다.
③ 유전자 A가 돌연변이인 초파리는 약물 B를 섭취하면 파킨슨병에 걸린다.
④ 물리적 자극에 대한 운동성이 비정상인 초파리는 모두 파킨슨병에 걸린 초파리이다.
⑤ 약물 B를 섭취한 정상 초파리와 돌연변이 초파리는 같은 결과를 보인다.

12. 다음 글의 빈칸에 들어갈 관용 표현으로 가장 적절한 것은?

> 우리 속담에 '(　　　　　　)'는 말과 같이 순간적인 건망증은 우리 생활에 웃음을 주는 활력소가 될 수 있다. 외출을 할 때 열쇠를 손에 쥐고 열쇠를 찾는다거나, 안경을 쓴 채 안경을 찾으러 이리저리 다니는 따위의 일이야 주변에서 흔히 목격할 수 있는 일이다. 영국의 명재상이면서 담배를 자주 피운 처칠이 파이프를 물고 파이프를 찾았다든가 혹은 18세기 영국의 문명 비평가였던 사무엘 존슨이 자신의 결혼식 날을 잊고 그 시간에 서재에서 집필을 하고 있었다는 일화도 우리를 웃음 짓게 하는 유쾌한 건망증이다.

① 눈이 눈을 못 본다.　　　　　　② 업은 아이 삼 년을 찾는다.
③ 가랑잎으로 눈 가리고 아웅한다.　④ 가까운 무당보다 먼 데 무당이 영하다.
⑤ 장님 코끼리 만지듯 하다.

13 다음 글의 주제로 가장 적절한 것은?

> 전통적으로 재해라고 하면 자연재해와 인적재해를 일컬었으나, 최근에는 에너지·통신·교통·의료·수도 등 국가 기반 체계의 마비와 전염병 확산 등으로 인한 피해를 사회적 재해로 구분하여 재해의 범주에 포함시키고 있다. 이 중에서 물과 관련된 재해는 주로 자연재해에 포함된다. 물과 관련된 재해에는 통상 태풍·홍수·호우(豪雨)·풍랑·해일(海溢)·대설·가뭄·적조, 그밖에 이에 준하는 물과 관련된 현상으로 인하여 발생하는 재해 등이 있는데, 이들은 전체 재해 중 절대적으로 높은 비중을 차지한다. 특히 국가가 고도성장의 과정을 거치면서 산업 시설 및 주거 시설 단지의 대형화와 집중화 및 노후화, 다중 이용 시설의 증가, 생활 공간의 밀집화가 진행됨으로써 재해 발생 시 그 피해 규모도 더욱 커질 것이며, 환경오염 사고도 광역화될 가능성이 높다. 이에 대비하여 제방, 다목적댐, 저류시설, 사면보호, 방파제 등을 건설하고는 있지만 위와 같은 이유로 인하여 재해는 감소하지 않고 있는 추세이다.

① 물과 재해의 관계 이해   ② 물 관련 자연재해에 대한 예방의 필요성
③ 재해의 종류와 대비   ④ 자연재해의 이해
⑤ 자연재해 극복의 역사

14. 다음 글의 흐름에 따라 빈칸에 들어갈 단어는?

> 세계 사막의 크기와 위치는 계속 변하고 있다. 수백만 년에 걸쳐 기후가 변하고 산이 솟아오름에 따라 건조하고 습한 지역들이 새로이 생겨나는 것은 자연스러운 현상이다. 그러나 최근 1백 년 사이에 사막이 놀라운 속도로 증가하고 있다. 부분적으로는 자연 변화 때문이기도 하지만 가장 큰 (   )은/는 인간 때문이다.
> 건조한 지역에서 농사를 지을 때 한두 해 매우 가물게 되면 식물들은 죽어 버리고 척박하고 메마른 땅이 된다. 인간이 키우는 염소, 양 그리고 소 같은 동물들은 눈에 보이는 모든 식물들을 닥치는 대로 먹어 치운다. 개발도상국가에서는 90% 이상의 사람들이 취사와 난방을 위해 나무를 사용한다. 결국 이런 땅에는 모래만 남게 된다. 그런데도 인간들은 살기 위해 농작물을 재배하고 동물을 기르고 땔감을 사용해야 한다.

① 사건   ② 조건   ③ 요소
④ 요인   ⑤ 결과

15. 다음 글의 결론으로 가장 적절한 것은?

> 오늘날 정보통신의 중심에 놓이는 인터넷에는 수천만 명에서 수억 명에 이르는 사용자들이 매일 서로 다른 정보들에 접속하지만, 이들 가운데 거의 대부분은 주요한 국제정보통신망을 사용하고 있으며 적은 수의 정보서비스에 가입해 있다고 한다. 대표적인 예로 MSN을 운영하는 M사는 C 방송국과 정보를 독점적으로 공유하고, 미디어 대국의 구축을 목표로 기업 간 통합에 앞장선다. 이들이 제공하는 상업광고로부터 자유로운 정보사용자는 없으며 이들이 제공하는 뉴스의 사실성이나 공정성 여부를 검증할 수 있는 정보사용자 역시 극히 적은 실정이다.

① 정보사회는 정보를 원하는 시간, 원하는 장소에 공급한다.
② 정보사회는 육체노동의 구속으로부터 사람들을 해방시킨다.
③ 정보사회는 경직된 사회적 관계를 인간적인 관계로 변모시킨다.
④ 정보사회는 정보의 질과 소통방식이 불균등하게 이루어진다.
⑤ 정보사회는 시공간의 제약을 뛰어넘은 소통을 가능하게 한다.

16. 다음 글의 주제로 가장 적절한 것은?

> 현재 우리가 사용하고 있는 의사소통 매체의 특징은 이전의 것과 어떤 차이가 있을까? 최초의 인류가 사용한 의사소통 매체는 간단한 몸짓이나 눈짓이었을 것이다. 그러나 이것은 조금만 거리가 떨어져도 의사를 교환할 수 없다는 한계를 가질 수밖에 없었다. 이때 필요한 것이 바로 소리(말)였다. 하지만 소리는 금방 사라진다는 한계가 있었다. 이러한 단점을 보완하기 위한 것이 이미지이다. 이미지는 좀 더 추상화된 기호인 문자로 이어졌다. 이렇게 발전해 온 의사소통 매체는 멀티미디어의 발전에 힘입어 소리(말), 이미지, 문자를 복합적으로 사용하는 방향으로 발전하고 있다. 인터넷 채팅 중에 문자와 이모티콘, 효과음을 섞어 쓰며 문자와 이미지 그리고 소리를 두루 활용하는 것이 그 하나의 예라고 할 수 있다.

① 현대사회에서 멀티미디어의 영향력
② 의사소통 매체의 발달
③ 온라인 채팅에서 발생하는 언어 파괴와 그 문제점
④ 인간 의사소통의 한계와 개선방안
⑤ 문자의 등장 과정과 역사

17. 다음 글의 ㉠, ㉡에 공통으로 들어갈 접속어로 알맞은 것은?

> 기업의 입장에서는 포장이 과도하게 될 경우 포장에 들어가는 비용이 늘어나기 때문에 손해를 볼 수밖에 없다. 소비자 역시 과대 포장된 제품은 만족도가 떨어지고 불필요한 쓰레기들이 많이 나오기 때문에 불만을 가질 수밖에 없다. (㉠) 최근에는 이런 문제들을 개선한 경제적인 포장이 더욱 각광받고 있다. 이를 적정 포장이라 하는데, 적정 포장은 제품의 보존이나 편의성 그리고 안정성, 판매 촉진 등의 기능을 모두 보여주면서 경제적으로 포장하는 것을 뜻한다.
>
> 제품을 생산하는 입장에서 적정 포장은 아주 중요하다. 기본적으로 제품의 안정성과 보호성을 확보하면서 포장비와 생산 원가를 절감시키기 때문에 기업의 입장에서는 많은 비용을 절약할 수 있다. 또한 경제적인 부분만 신경 쓰기보다는 효율성을 감안한 좀 더 다양한 부분도 함께 고려해야 포장으로 자연스레 기업이 노출되어 기업과 제품 광고 효과를 기대할 수 있다. (㉡) 자동화 포장 설계를 통해 보다 빠르게 제품을 생산할 수 있는 체계를 구축하는 것이 좋다. 최근에는 여기에다 환경까지 생각해 재활용이 가능한 친환경 소재를 위주로 포장을 진행하고 있다.

① 그러나　② 예컨대　③ 그래서
④ 그리고　⑤ 하지만

18. 다음 기사의 제목으로 가장 적절한 것은?

> 30대 직장인 김 씨는 지난 2020년 말 시중은행에서 3% 초반대의 변동금리로 신용대출을 받았다. 당시 기준금리는 1%가 채 되지 않았지만 이후 한국은행이 기준금리를 공격적으로 올리면서 기준금리는 5% 가까이 치솟았고 가산금리를 더한 신용대출의 금리는 7%에 육박했다. 그러나 최근 치솟았던 대출금리가 다시 안정세에 접어들자 김 씨는 '대출상품 갈아타기'에 나섰다.
>
> 금융권에 따르면 지난달 31일 기준 4대 시중은행의 고정형(혼합형) 주택담보대출 금리(은행채 5년물 기준)는 연 3.660~5.856%로 하단이 3% 중반대까지 하락했다. 시중은행의 주택담보대출 고정형 금리가 3%대로 떨어진 것은 지난해 2월 이후 약 1년 만이다. 주택담보대출 금리는 지난해 6월, 13년 만에 처음으로 상단이 7%를 넘었으나 시장금리 인하와 정부의 인하 압박에 지난 1월 이후 꺾이기 시작했다.

① 시중금리 하향 조정세　② 대출금리 경쟁적 인상 조짐
③ 변동금리와 고정금리 비교　④ 주택담보대출의 위험성
⑤ 유행이 된 '대출상품 갈아타기'

19. 다음 글의 흐름에 따라 빈칸에 들어갈 알맞은 접속어는?

> 약 1만 년 전 농업이 시작되기 이전에 지구는 62억 헥타르의 삼림으로 덮여 있던 것으로 추정된다. 그러나 개간, 벌채, 방목 등에 의하여 현재는 13억 헥타르의 엉성한 소림(疏林)을 포함해 41억 헥타르로 줄어든 상태이다. (   ) 그 삼림은 몇 번이나 거듭된 노력으로 간신히 재생된 재생림, 연료재료용으로 조성된 상록수림 등 질적인 측면에서도 이전과 비교할 수 없을 정도로 저하되었다.

① 게다가 ② 그런데 ③ 그러므로
④ 따라서 ⑤ 그러나

20. 다음 글을 읽고 제시한 견해로 적절하지 않은 것은?

> 한국 사회는 이미 '초저출산 사회'로 접어들었고, 최근에는 초저출산 현상이 심화되는 양상이다. 일선 지방자치단체들이 인구 증가 시책의 하나로 출산·양육지원금을 경쟁적으로 늘리고 있으나 출생아는 물론 인구가 오히려 줄고 있다.
> 전북 진안군은 파격적인 출산장려금 지원에도 좀처럼 인구가 늘지 않아 고민이다. 2013년 2만 7천6명이던 진안군 인구는 2016년 2만 6천14명으로 줄었다. 해마다 감소하는 출산율을 높이기 위해 2016년 출산장려금을 대폭 늘렸는데도 효과를 보지 못했다.
> 경북 영덕군은 첫째 출산 때 30만 원, 둘째 50만 원, 셋째 이상 100만 원을 주고 첫돌에 30만 원, 초등학교 입학 때는 40만 원을 준다. 하지만 2013년 말, 인구가 4만 142명에서 2014년 3만 9천586명으로 4만 명 선이 무너졌다. 이후에도 2015년 3만 9천191명, 2016년 3만 9천52명에서 2017년 3만 8천703명으로 계속 감소하고 있다.

① 우리나라는 지속적인 출산율 저하로 초저출산 현상을 겪고 있다.
② 일회적이고 단편적인 지원책으로는 출산율을 늘리는 데 한계가 있다.
③ 일선 지방자치단체들이 인구 증가 시책의 하나로 출산·양육지원금제도를 시행하고 있으나 오히려 인구가 줄고 있다.
④ 지방자치단체들은 출산율을 높일 수 있는 실효성 있는 지원금 액수가 어느 정도인지 제대로 파악하지 못하고 있다.
⑤ 국가 차원의 보육체계 강화나 인식의 전환 없는 대책은 그 효과가 제한적일 수밖에 없다.

영역 03 창의수리

정답과 해설 10쪽

[01 ~ 10] 다음 식의 값을 구하시오.

01.

$$\frac{2}{3} \div \left(\frac{3}{5} - \frac{2}{7}\right) = (\quad)$$

① $\frac{52}{33}$ ② $\frac{70}{33}$ ③ $\frac{44}{63}$
④ $\frac{52}{63}$ ⑤ $\frac{70}{63}$

02.

$$2.7 \times 5 + 4.8 = (\quad)$$

① 18.3   ② 18.9   ③ 19.3
④ 19.9   ⑤ 20.1

03.

$$\frac{7}{4} + \frac{5}{8} \div \frac{5}{16} = (\quad)$$

① $\frac{13}{4}$ ② $\frac{15}{4}$ ③ $\frac{17}{4}$
④ $\frac{19}{4}$ ⑤ $\frac{21}{4}$

04.

$$1{,}250 \times 10^{-2} = (\quad)$$

① 0.0125 ② 0.125 ③ 1.25
④ 12.5   ⑤ 1,250

05.

$$0.07 \times 0.035 = (\quad)$$

① 0.00124 ② 0.00221 ③ 0.00232
④ 0.00245 ⑤ 0.00285

06.

$$79 + 14 \times 23 - 95 = (\quad)$$

① 306   ② 845   ③ 1,483
④ 2,044 ⑤ 2,051

07.

$$30.14 \div (-2.2) + 3.5 = (\quad)$$

① -17.2 ② -15.2 ③ -10.2
④ 10.2   ⑤ 17.2

08.
$$76 \div 2 + 89 = (\quad)$$

① 127　　② 130　　③ 133
④ 136　　⑤ 141

09.
$$\frac{44}{3} \div \frac{4}{9} = (\quad)$$

① 30　　② 33　　③ $\frac{129}{4}$
④ $\frac{11}{27}$　　⑤ $\frac{14}{27}$

10.
$$6.12 + 7.25 - 1.65 = (\quad)$$

① 10.45　　② 11.72　　③ 12.34
④ 12.47　　⑤ 13.34

11. 철수가 시속 6km로 운동장을 달리고 있다. 30분 동안 같은 속력으로 달리기를 했다면 철수가 이동한 거리는?

    ① 2.8km   ② 3km   ③ 3.5km
    ④ 3.8km   ⑤ 4km

12. 25%의 소금물 200g에 물을 넣어 10%의 소금물을 만들 때, 필요한 물의 양은?

    ① 180g   ② 190g   ③ 200g
    ④ 300g   ⑤ 320g

13. A 혼자 하면 10시간, B 혼자 하면 12시간, C 혼자 하면 15시간 걸리는 일이 있다. A, B, C 세 사람이 함께 일을 하여 끝마치는 데 x시간이 걸리고, 세 사람이 공동 작업을 하다 A가 도중에 빠지고 남은 일을 B, C가 y시간 동안 함께하여 끝마치는 데 걸린 시간이 총 6시간일 때, $x+y$는 얼마인가?

    ① 8시간   ② 9시간   ③ 10시간
    ④ 11시간   ⑤ 12시간

14. 6km/h의 속력으로 가는 A를 15분 늦게 출발한 B가 한 시간 만에 따라잡았다면, B의 속력은?

    ① 7.5km/h   ② 8km/h   ③ 9.5km/h
    ④ 10km/h   ⑤ 11km/h

15. 다음 상황에서 매뉴얼의 전체 분량은?

> A 기업에서 일하는 세 명의 직원이 업무 수행 매뉴얼을 요약하여 정리하기로 하였다. 첫 번째 직원이 전체 매뉴얼의 $\frac{1}{3}$을 요약하였다. 두 번째 직원은 총 100페이지를 요약하였고 세 번째 직원이 남은 페이지의 50%를 요약하였을 때, 남은 분량은 30페이지였다.

① 200페이지　　② 210페이지　　③ 220페이지
④ 230페이지　　⑤ 240페이지

16. 15%의 소금물에 물 120g을 넣었더니 12%의 소금물이 되었다. 물을 넣기 전 소금물의 양은?

① 360g　　② 400g　　③ 440g
④ 460g　　⑤ 480g

17. A 기업의 지난해 신입사원 채용인원은 500명이었으나 올해는 퇴직자가 많아 신입사원을 작년 채용인원 만큼에다 추가로 올해 퇴직자 수의 1.2배만큼 더 뽑기로 했다. 지난해 퇴직자 수는 144명이고 올해는 지난해에 비해 퇴직자 수가 25% 늘어났다. 올해 신입사원 채용인원은?

① 644명　　② 668명　　③ 692명
④ 716명　　⑤ 742명

18. 8명이 10일 동안 우표 82개를 모을 수 있다. 만약 같은 속도로 8명이 52일 동안 우표를 모은다면 몇 개나 모을 수 있는가?

① 424개　　② 426개　　③ 428개
④ 430개　　⑤ 432개

19. 윤희가 자전거를 타고 학교에서 450m 떨어진 집까지 가는 데 30초가 걸렸다. 이때 자전거의 속력은?

　① 10m/s　　　　② 15m/s　　　　③ 20m/s
　④ 25m/s　　　　⑤ 30m/s

20. 7%의 소금물에 20%의 소금물 140g을 넣었더니 14%의 소금물이 되었다. 원래 있던 7% 소금물의 양은?

　① 60g　　　　② 120g　　　　③ 180g
　④ 240g　　　　⑤ 260g

21. 갑, 을, 병, 정, 무가 긴 의자에 나란히 앉으려고 한다. 무작위로 자리를 배치한다고 할 때, 갑과 을이 서로 인접한 자리에 앉을 확률은?

　① $\frac{1}{5}$　　　　② $\frac{2}{5}$　　　　③ $\frac{1}{4}$
　④ $\frac{1}{2}$　　　　⑤ $\frac{3}{4}$

22. 신제품 발표회에 참석한 모든 고객사에 전화를 걸어 감사 인사를 전하는 중이다. 현재까지 250개 고객사 중 30%에게 통화를 완료하였다. 하루에 22통씩 가능하다고 할 때, 며칠 더 감사 전화를 진행해야 하는가?

　① 4일　　　　② 5일　　　　③ 7일
　④ 8일　　　　⑤ 9일

[23 ~ 25] 다음 숫자 및 수식의 대소를 비교하시오.

23.

$$\frac{26}{17} \square \frac{51}{35}$$

① >   ② <   ③ =
④ ≤   ⑤ 알 수 없음.

24.

$$235 \times 91 \square 460 \times 45$$

① >   ② <   ③ =
④ ≤   ⑤ 알 수 없음.

25.

$$3,055 \times 0.6 \square 3,754 \times 0.5$$

① >   ② <   ③ =
④ ≥   ⑤ 알 수 없음.

26. 자동차가 120km/h로 달려 3시간 30분 만에 목적지에 도착했다면 자동차로 달린 거리는?

① 400km   ② 420km   ③ 440km
④ 460km   ⑤ 480km

27. 바나나 20개를 20% 할인받아 16,000원에 샀다면 바나나 한 개의 원래 가격은 얼마인가?

① 1,000원　　　② 1,500원　　　③ 1,800원
④ 2,000원　　　⑤ 2,100원

28. 홍길동 씨는 3년 만기의 연이율 10%인 복리 예금 상품에 1,000만 원을 예치하였다. 3년 후 홍길동 씨가 받게 되는 이자 금액은 얼마인가? (단, $1.1^3=1.33$으로 계산한다)

① 3,000,000원　　　② 3,100,000원　　　③ 3,200,000원
④ 3,300,000원　　　⑤ 3,400,000원

29. 현재 어머니의 나이는 아버지 나이의 $\frac{4}{5}$이다. 2년 후 아들인 태호의 나이는 아버지의 $\frac{1}{3}$이 되며 태호와 어머니 나이의 합은 65세가 된다. 3명의 현재 나이를 모두 합하면 얼마인가?

① 116세　　　② 120세　　　③ 126세
④ 130세　　　⑤ 134세

30. D사는 20X4년 2월의 사내 홈페이지 접속 횟수를 분석하였다. 주말 하루 평균 접속 횟수가 평일 하루 평균 접속 횟수의 절반 수준일 때, 2월 한 달 동안 접속 기록이 총 1,680회라면 평일 하루 평균 접속 횟수는 몇 회인가? (단, 20X4년 2월은 28일까지 있으며 2월 1일은 월요일이다)

① 60회　　　② 65회　　　③ 70회
④ 72회　　　⑤ 80회

영역 04 자료해석

01. 다음은 제조사별 국내 자동차 판매 실적에 대한 20X7년과 20X8년의 통계치를 나타낸 그래프이다. 20X7년의 판매량은 총 140만 대이고, 20X8년의 판매량은 총 145만 대라고 한다. 이때, 20X7년 대비 20X8년 판매 점유율이 감소한 제조사의 20X8년 판매량은 전년 대비 몇 대 감소하였는가?

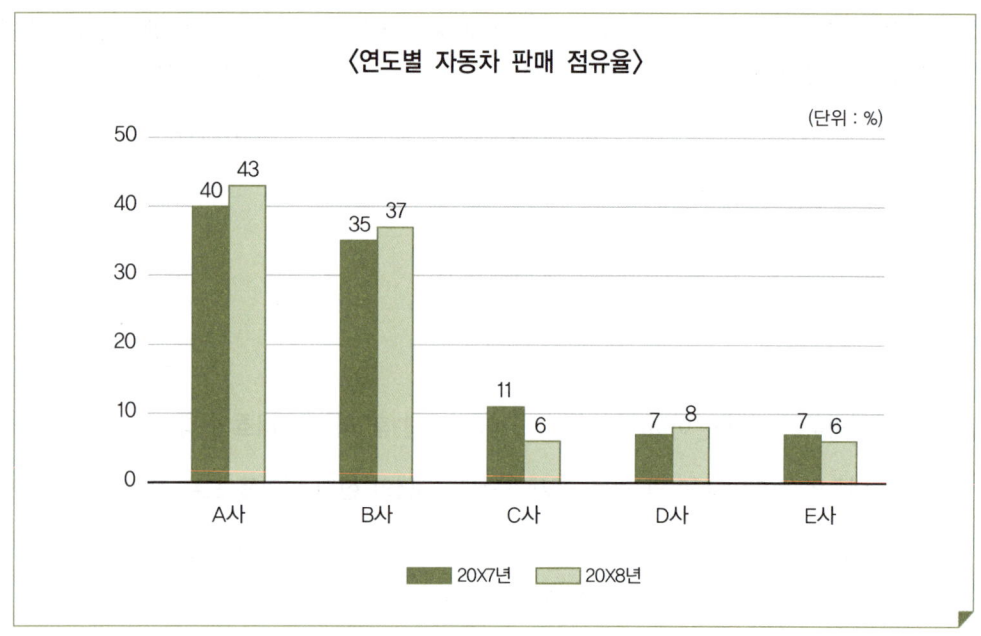

① 7.0만 대 ② 7.4만 대 ③ 7.8만 대
④ 8.2만 대 ⑤ 8.5만 대

[02 ~ 03] 다음 표를 보고 이어지는 질문에 답하시오.

〈20XX년 나라별 국토면적 및 인구밀도〉

(단위 : km^2, 명/km^2)

구분	국토면적	인구밀도
대한민국	99,000	485
일본	377,000	339
미국	9,629,000	31
프랑스	551,000	110
영국	242,000	246
호주	7,700,000	3

※ 인구밀도 = $\dfrac{\text{인구수}}{\text{국토면적}}$

02. 20XX년 호주의 인구수는 총 몇 명인가?

① 22,900,000명   ② 23,100,000명   ③ 23,300,000명
④ 23,500,000명   ⑤ 23,900,000명

03. 다음 중 자료에 대한 설명으로 옳지 않은 것은?

① 제시된 6개 나라 중 국토면적이 가장 넓은 나라는 미국이다.
② 제시된 6개 나라 중 국토면적 1km^2당 인구수가 가장 적은 나라는 호주이다.
③ 일본은 영국보다 국토면적이 137,000km^2 더 넓다.
④ 프랑스는 국토면적 1km^2당 110명이 산다.
⑤ 대한민국의 인구수는 48,015,000명이다.

[04 ~ 05] 다음은 A 리조트의 숙박 비용과 부대시설에 대한 이용 요금표이다. 이어지는 질문에 답하시오.

(단위 : 원)

1박 요금	2인실	4인실	6인실
평일	100,000	200,000	300,000
주말	200,000	300,000	400,000
성수기	300,000	450,000	500,000

1일 이용권	워터파크	선상낚시	서바이벌
평일	10,000	10,000	10,000
주말	20,000	25,000	15,000
성수기	25,000	30,000	25,000

04. 진성이는 팀원 8명(진성 포함)과 A 리조트에 여행을 가기로 하였다. 이들이 방문한 시기는 성수기이며 6인실 1개와 2인실 1개를 대여하기로 하였다. 또한 자유 시간에 2명은 워터파크를 가고 4명은 선상낚시를 하기로 결정하였고, 저녁에 모두 다 같이 서바이벌을 즐기기로 하였다. 이들이 A 리조트에 지불해야 하는 금액은 모두 얼마인가?

① 114만 원　　② 117만 원　　③ 120만 원
④ 123만 원　　⑤ 126만 원

05. 다음 중 위 자료에 대한 설명으로 옳지 않은 것은?

① 성수기 2인실 요금보다 평일 4인실 요금이 더 저렴하다.
② 성수기에는 선상낚시 비용이 가장 비싸다.
③ 주말에 서바이벌을 하는 것보다 워터파크를 이용하는 것이 더 저렴하다.
④ 평일에 6인실 1개의 가격과 2인실과 4인실을 각각 1개씩 이용하는 가격은 동일하다.
⑤ 10명이 100만 원으로 A 리조트에서 1박을 할 수 있다.

[06 ~ 07] 다음은 중소기업 CEO 400명을 대상으로 해외경기가 부진하다고 느껴지는 분야와 지역을 설문한 결과이다. 이어지는 질문에 답하시오(단, 소수점 아래 첫째 자리에서 반올림한다).

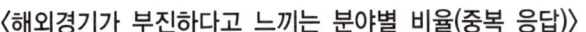

〈해외경기가 부진하다고 느끼는 분야별 비율(중복 응답)〉

(단위 : %)

농수산업	경공업	중화학공업	기타	계
31	37	36	7	100

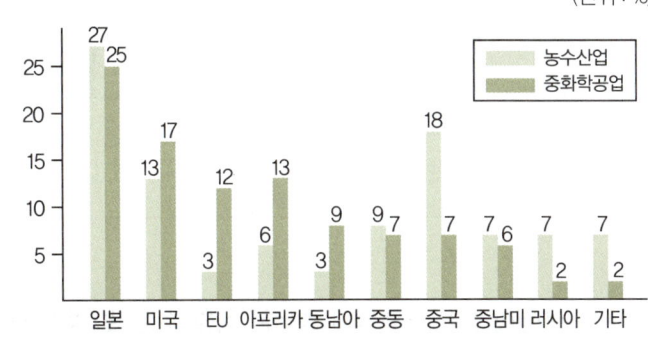

06. 위 자료에서 경공업 분야의 해외경기가 부진하다고 응답한 CEO의 수는?

① 124명   ② 132명   ③ 148명
④ 154명   ⑤ 160명

07. 위 자료에서 농수산업 분야의 해외경기가 중남미 지역에서 부진하다고 응답한 CEO의 수는? (단, 소수점 아래 첫째 자리에서 반올림한다)

① 9명   ② 10명   ③ 11명
④ 12명   ⑤ 13명

[08 ~ 09] 다음은 A 회사 직원의 교육훈련 유형별 참여율에 대한 자료이다. 이어지는 질문에 답하시오.

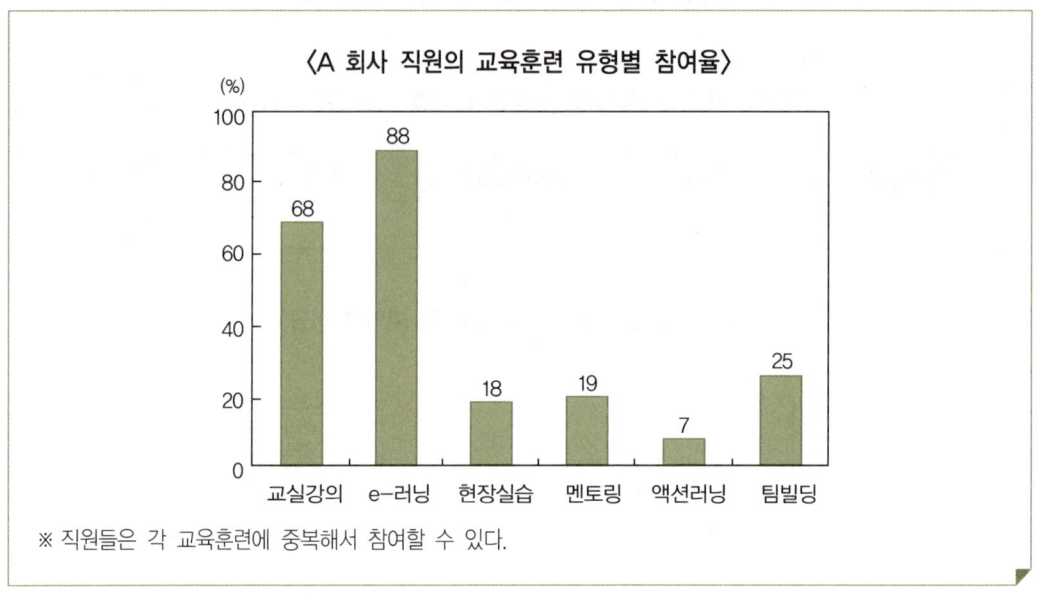

※ 직원들은 각 교육훈련에 중복해서 참여할 수 있다.

08. A 회사의 직원이 총 500명이라면 e-러닝에 참여한 직원 수는 몇 명인가?

① 320명 ② 360명 ③ 400명
④ 440명 ⑤ 460명

09. 다음 중 위 자료에 대한 설명으로 옳지 않은 것은?

① 참여율이 가장 저조한 교육훈련 유형은 액션러닝이다.
② 참여율이 두 번째로 높은 교육훈련 유형은 70%를 넘지 않는다.
③ e-러닝의 참여율은 팀빌딩 참여율의 2.6배이다.
④ 참여율이 낮은 4가지 교육훈련 유형의 비율을 합하면 교실강의의 비율보다 높다.
⑤ 교실강의 참여율은 멘토링 참여율의 4배를 넘지 않는다.

10. 다음은 △△ 도서관의 도서 분야별 대출권수를 나타낸 자료이다. 이에 대한 분석으로 옳지 않은 것은?

(단위 : 권)

학생 \ 도서분류	인문학	사회과학	자연과학	예술
A	10	15	13	8
B	12	9	17	9
C	13	11	8	13
D	7	10	22	2

① 사회과학 분야의 도서를 제일 많이 대출한 학생은 A이다.
② 인문학과 사회과학 분야의 도서를 합쳤을 때 두 번째로 많이 대출한 학생은 C이다.
③ 전체 도서 대출권수가 제일 많은 학생은 B이다.
④ 인문학 도서 대출권수에 2배의 가중치를 두고 도서 대출권수를 계산하면, 제일 많이 대출한 학생은 C이다.
⑤ 자연과학과 예술 분야의 도서를 합쳤을 때 가장 적게 대출한 학생은 A와 C이다.

11. 다음은 한 정책에 대해 찬반 여부를 조사한 자료이다. 조사 대상자의 70%가 기혼, 30%가 미혼일 때, 정책에 찬성하는 사람 중 기혼인 사람의 비율은? (단, 소수점 아래 첫째 자리에서 반올림한다)

① 88% ② 75% ③ 64%
④ 53% ⑤ 45%

12. 다음 자료를 바르게 해석한 내용을 〈보기〉에서 모두 고른 것은?

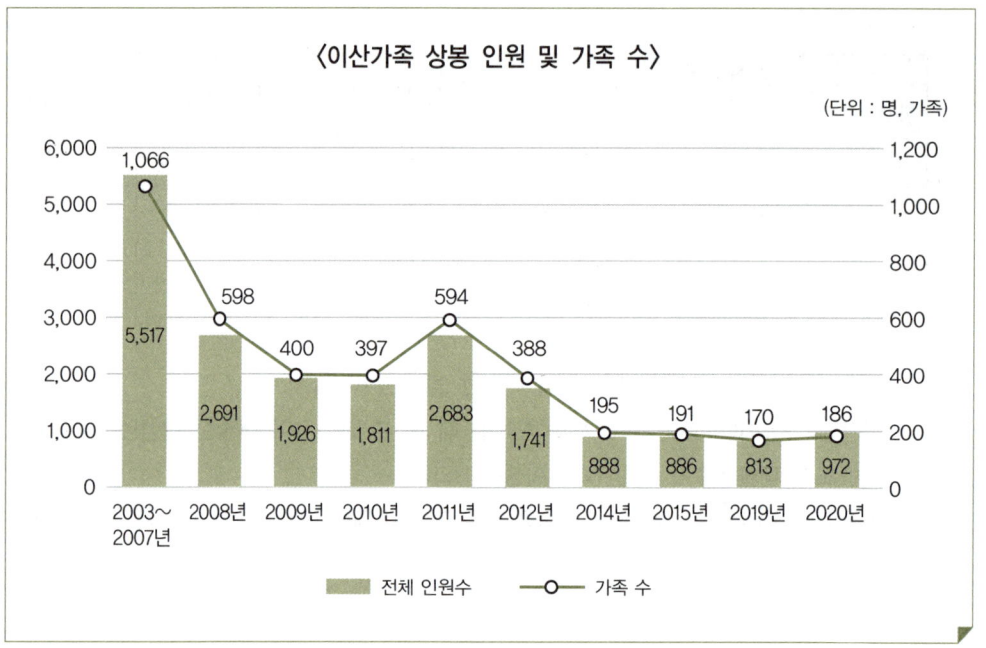

| 보기 |

(가) 해마다 이산가족 상봉 전체 인원수는 조금씩 감소하고 있다.
(나) 2011년 이후 이산가족 상봉 전체 인원수와 가족 수는 모두 감소하고 있다.
(다) 2008년 이후 이산가족 상봉 가족 수는 2008년이 가장 많다.

① (가) ② (다) ③ (가), (나)
④ (나), (다) ⑤ (가), (나), (다)

13. 다음은 □□시와 ◇◇시의 20X9년 5월의 미세먼지 농도를 나타낸 표이다. □□시와 ◇◇시의 5월 평균 미세먼지 농도의 차는?

□□시	미세먼지 농도($\mu g/m^3$)	◇◇시	미세먼지 농도($\mu g/m^3$)
A구	70.3	갑구	84.0
B구	65.8	을구	68.4
C구	50.4	병구	73.7
D구	76.0	정구	95.6
E구	69.5	무구	75.3

① 13.0$\mu g/m^3$ ② 13.1$\mu g/m^3$ ③ 13.2$\mu g/m^3$
④ 13.3$\mu g/m^3$ ⑤ 13.4$\mu g/m^3$

14. 다음은 보험회사의 자산현황 추이를 나타낸 그래프이다. 20X5년의 손해보험 자산은 20X4년 손해보험 자산에 비해 약 몇 % 증가했는가? (단, 소수점 아래 첫째 자리에서 반올림한다)

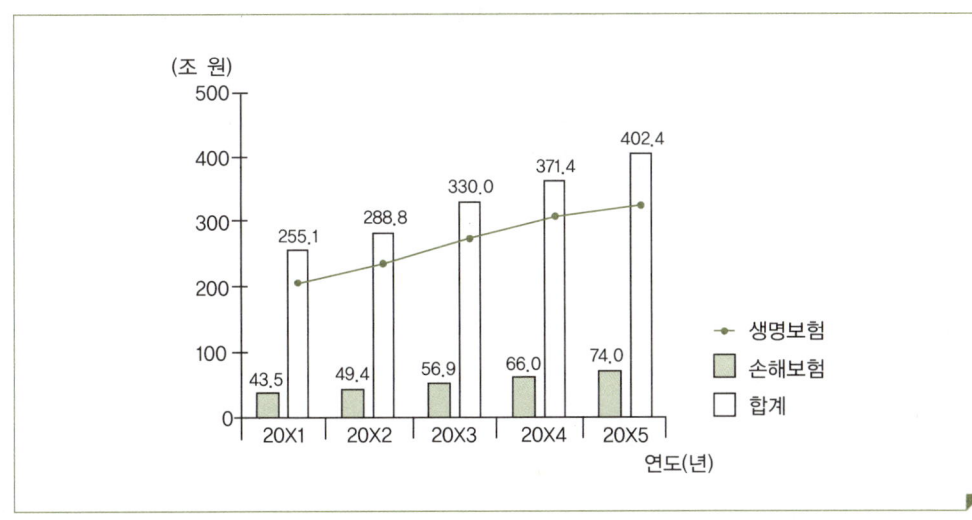

① 약 9% ② 약 10% ③ 약 11%
④ 약 12% ⑤ 약 14%

15. 다음 자료를 보고 적절하지 않은 결론을 내린 사람은?

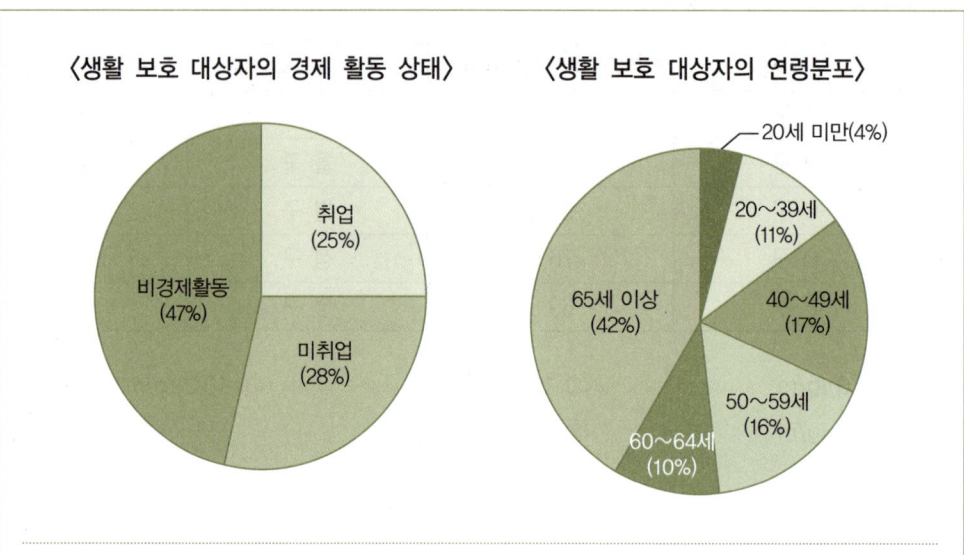

갑 : 고령화될수록 생활 보호 필요성이 커질 것이다.
을 : 고령 인구의 자립을 위해 공공 부조 제도를 축소해야 한다.
병 : 생활 보호 대상자의 70% 이상이 경제적 자립이 약하다.
정 : 고령 인구에게 일자리를 제공하는 정책이 필요하다.

① 갑 ② 을 ③ 병
④ 정 ⑤ 갑, 병

16. 다음 실업자 수 및 실업률 추이에 대한 자료를 이해한 내용으로 적절하지 않은 것은?

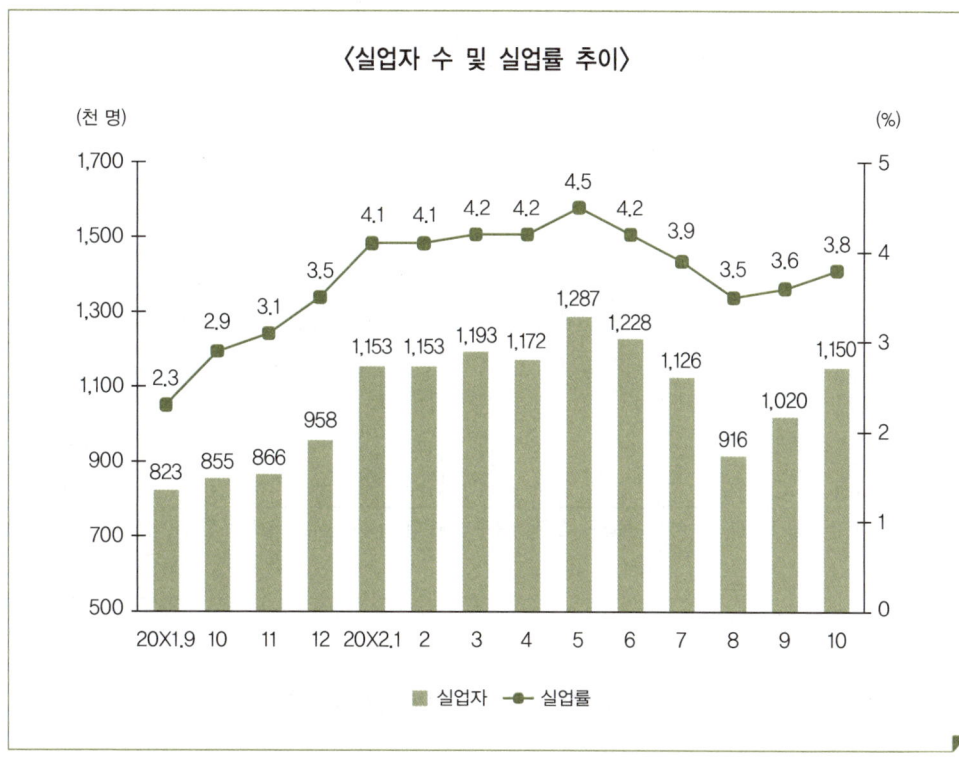

① 20X2년 3월의 실업자 수는 1,193천 명이다.
② 20X2년 8월부터 10월까지 실업자 수는 꾸준히 증가했다.
③ 20X2년 5월의 실업자 수는 6개월 전의 실업자 수보다 2배 이상이다.
④ 20X2년 5월의 실업률이 가장 높은 수치를 보인다.
⑤ 실업률이 가장 높은 시기의 실업률은 가장 낮은 시기의 실업률의 2배 이하이다.

[17 ~ 18] 다음 그래프를 보고 이어지는 질문에 답하시오.

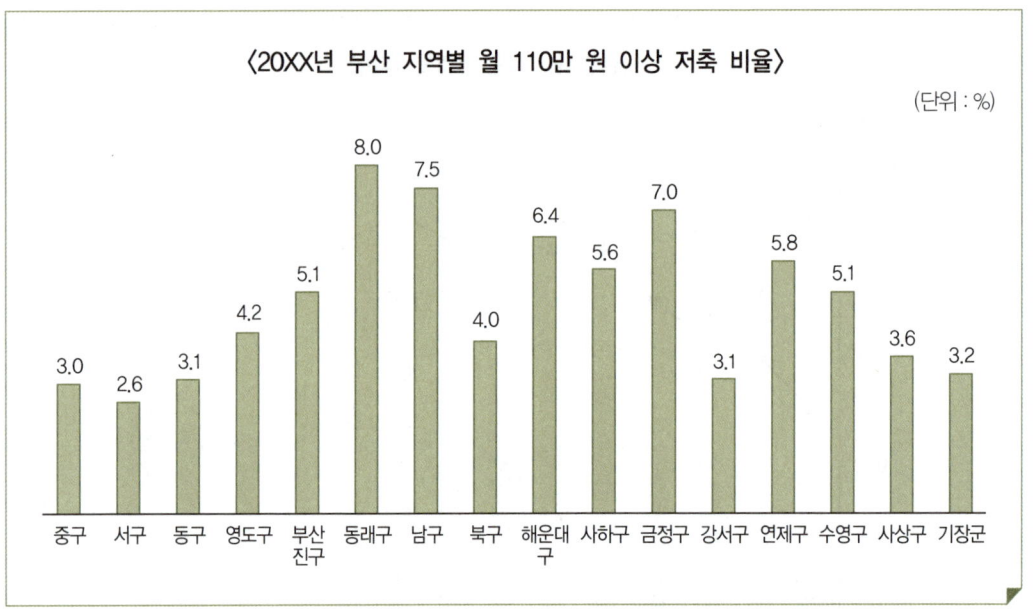

17. 비율이 두 번째로 높은 지역과 가장 낮은 지역의 비율을 합한 값은?

① 8.1%p ② 9.6%p ③ 10.1%p
④ 11.6%p ⑤ 12.2%p

18. 연제구의 총인구수가 20만 명일 때, 월 110만 원 이상 저축하는 인구수는?

① 8,600명 ② 9,600명 ③ 10,600명
④ 11,600명 ⑤ 12,600명

[19 ~ 20] 다음 자료를 보고 이어지는 질문에 답하시오.

〈연도별 양식어획량〉

(단위 : 백만 마리)

구분	20X1년	20X2년	20X3년	20X4년	20X5년
조피볼락	367	377	316	280	254
넙치류	97	94	97	98	106
감성돔	44	50	48	46	35
참돔	53	32	26	45	37
숭어	33	35	30	26	29
농어	20	17	13	15	14
기타 어류	28	51	39	36	45
계	642	656	569	546	520

19. 20X1 ~ 20X5년 숭어의 양식어획량은 모두 몇 마리인가?

① 150백만 마리　　② 153백만 마리　　③ 156백만 마리
④ 159백만 마리　　⑤ 161백만 마리

20. 위 자료에 대한 설명으로 가장 적절한 것은?

① 조피볼락의 양식어획량은 20X1년부터 매년 감소했다.
② 참돔의 양식어획량은 20X1년 대비 20X5년에 1,800만 마리 감소했다.
③ 20X4년과 비교하여 20X5년에 양식어획량이 증가한 것은 넙치류뿐이다.
④ 5년간 농어의 양식어획량이 가장 적은 해는 20X3년이다.
⑤ 전년 대비 양식어획량이 가장 많이 줄어든 해는 20X4년이다.

고시넷 SK하이닉스(SKCT) Maintenance/Operator 최신기출유형모의고사

영역별 출제비중

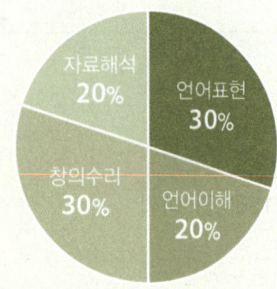

▶ 언어표현 : 단어 관계 이해하기, 동의어 찾기, 단어 뜻 이해하기
▶ 언어이해 : 주제·중심내용 이해하기, 세부내용 파악하기, 문단 배열하기
▶ 창의수리 : 사칙연산 계산하기, 방정식 계산하기, 수열 규칙 찾기
▶ 자료해석 : 도표 자료 분석하기, 도표 수치 계산하기

SK하이닉스 Maintenance/Operator 인적성검사는 1. 언어표현 2. 언어이해 3. 창의수리 4. 자료해석 네 가지 영역으로 출제되고 있다. 언어표현은 제시된 단어의 뜻을 이해하고 그 유의어와 반의어 또는 단어 간의 관계를 파악하는 기초적인 어휘력과 언어표현력을 평가한다. 언어이해는 제시된 글의 주제 및 중심내용을 빠르게 이해하고 세부적인 내용을 파악하는 능력과 파악한 글의 내용을 바탕으로 견해 등을 추론하는 능력을 평가한다. 창의수리는 사칙연산, 방정식, 확률, 비율 등의 수학적 개념을 활용하여 주어진 조건과 상황에 알맞은 식을 세우고 그 계산을 수행하는 능력을 평가한다. 자료해석은 제시된 표와 그래프의 내용과 수치를 이해하고 비교하며, 계산 능력을 바탕으로 그 수치를 계산하여 문제를 해결하는 능력을 평가한다.

SK하이닉스(SKCT) Maintenance/Operator

파트 1 영역별 빈출이론

- **01** 언어표현
- **02** 언어이해
- **03** 창의수리
- **04** 자료해석

UNIT 1 언어표현

| 고시넷 SK하이닉스(SKCT) Maintenance/Operator 인적성검사 |

기초적인 어휘력과 어문 규범에 대한 이해력, 기본적인 단어의 의미를 파악하고 활용하며 단어 간의 관계를 이해하는 능력 등을 평가한다.

1 어휘관계

1. 유의 관계 : 의미가 같거나 비슷한 단어들의 의미 관계

특징	• 의미가 비슷하지만 똑같지 않다는 점에 유의한다. • 가리키는 대상의 범위가 다르거나 미묘한 느낌의 차이가 있어 서로 바꾸어 쓸 수 없다.
예시	곱다≒아름답다 / 말≒언사(言辭) / 기아≒기근, 돈독하다≒두텁다 등

2. 반의 관계 : 서로 반대의 뜻을 지닌 단어들의 의미 관계

특징	• 대상에 대한 막연한 의미를 대조적인 방법으로 명확하게 부각시켜 준다. • 반의 관계에 있는 두 단어는 서로 공통되는 의미 요소 중 오직 하나만 달라야 한다.
예시	간헐↔지속 / 경감↔가중 / 곰살궂다↔무뚝뚝하다 등

3. 상하 관계 : 두 단어 중 한쪽이 의미상 다른 쪽을 포함하거나 포함되는 의미 관계

특징	• 상위어와 하위어의 관계는 상대적이다. • 상위어는 일반적이고 포괄적인 의미를 가진다. • 하위어일수록 개별적이고 한정적인 의미를 지닌다.
예시	나무-소나무, 감나무, 사과나무 / 동물-코끼리, 판다, 토끼 등

4. 동음이의어 관계 : 단어의 소리가 같을 뿐 의미의 유사성은 없는 관계

특징	• 사전에 서로 독립된 별개의 단어로 취급된다. • 상황과 문맥에 따라 의미를 파악해야 한다.
예시	배(선박)-배(배수)-배(신체)-배(과일)

5. 다의 관계 : 의미적으로 유사성을 갖는 관계

특징	• 의미들 중에는 기본적인 '중심 의미'와 확장된 '주변 의미'가 있다. • 사전에서 하나의 단어로 취급한다.
예시	다리 1. 사람이나 동물의 몸통 아래 붙어 있는 신체의 부분. 서고 걷고 뛰는 일 따위를 맡아 한다. 예 다리에 쥐가 나다. 2. 물체의 아래쪽에 붙어서 그 물체를 받치거나 직접 땅에 닿지 아니하게 하거나 높이 있도록 버티어 놓은 부분 예 책상 다리 3. 안경의 테에 붙어서 귀에 걸게 된 부분 예 안경다리를 새것으로 교체했다. 4. 오징어나 문어 따위 동물의 머리에 여러 개 달려 있어, 헤엄을 치거나 먹이를 잡거나 촉각을 가지는 기관 예 그는 술안주로 오징어 다리를 씹었다. 눈 1. 빛의 자극을 받아 물체를 볼 수 있는 감각 기관. 척추동물의 경우 안구·시각 신경 따위로 되어 있어, 외계에서 들어온 빛은 각막·눈동자·수정체를 지나 유리체를 거쳐 망막에 이르는데, 그 사이에 굴광체(屈光體)에 의하여 굴절되어 망막에 상을 맺는다. 예 눈이 맑다. 2. 물체의 존재나 형상을 인식하는 눈의 능력. 눈으로 두 광점을 구별할 수 있는 능력으로, 광도나 그 밖의 조건이 동일할 때, 시각 세포의 분포 밀도가 클수록 시력이 좋다. 예 눈이 좋다. 3. 사물을 보고 판단하는 힘 예 그는 보는 눈이 정확하다. 4. 무엇을 보는 표정이나 태도 예 동경의 눈으로 바라보다. 5. 태풍에서 중심을 이루는 부분

6. 동위 관계 : 하나의 상위개념에 속하는 서로 대등한 하위 개념의 관계

특징	같은 범주에 속하는 단어를 의미한다.
예시	사자-호랑이, 기독교-불교, 바나나-코코넛, 첼로-바이올린 등

7. 인과 관계

특징	두 단어가 서로 원인과 결과를 나타내는 관계이다.
예시	가을-단풍 등

8. 고유어와 한자어의 관계 : 같은 뜻을 나타내는 고유어와 한자어의 관계

특징	본디부터 있던 말에 새로 만들어진 말의 관계이다.
예시	곰살궂다-다정하다 등

9. 재료 - 결과물 관계

특징	두 단어 중 한 단어는 재료에 해당하고 다른 하나는 재료로 만든 결과물인 관계이다.
예시	카카오-초콜릿, 무-단무지, 쌀-한과

10. 도구 - 용도 관계

특징	두 단어 중 한 단어는 도구이고 다른 단어는 그 도구를 사용하는 용도에 해당하는 관계를 의미한다.
예시	붓-그림, 펜-글씨, 온도계-측정

11. 장치 - 동력원 관계

특징	두 단어 중 한 단어는 장치이고 다른 단어는 그 장치를 사용할 수 있는 힘이 되는 관계를 말한다.
예시	자동차-휘발유

12. 제작 - 사용 관계

특징	한 단어는 제품이나 서비스 등을 제작하는 전문가이고 한 단어는 전문가가 만든 것을 나타내며 나머지 하나는 이용하는 사람을 나타내는 관계이다.
예시	대장장이-가위-엿장수, 기술자-경운기-농부

13. 존칭 관계

특징	존칭의 의미를 나타내는 말로 가리키는 대상의 범주는 같으나 성별에 따라 용어에 차이가 나는 단어의 관계를 뜻한다.
예시	영식-영애, 선친-현비, 가친-자친, 춘부장-자당

14. 순서 관계

특징	위치나 시간의 흐름에 따라 이어지는 단어의 관계이다.
예시	봄-여름-가을-겨울, 할아버지-아버지-아들, 뿌리-줄기-잎

2 다의어 · 동음이의어

다의어는 두 가지 이상의 뜻을 가진 단어로 의미상 연관성은 있지만 두 의미가 분명히 다른 것을 말하며, 동음이의어는 소리는 같지만 뜻이 서로 다른 두 개 이상의 단어로 의미상 연관성이 없는 것을 말한다. 다의어는 하나의 낱말에 의미가 여러 개가 있으므로 중심의미와 주변의미로 나눌 수 있으며 사전에서 다의어는 한 표제어 아래 묶여있다. 반면 동음이의어는 소리는 같으나 다른 뜻을 지닌 낱말이므로 사전에도 각각 다른 표제어로 등재되어 있다.

굿다	어떤 특정한 부분을 강조하거나 드러나게 하기 위하여 금이나 줄을 그리다. 예 바닥에 금을 굿다.
	성냥이나 끝이 뾰족한 물건을 평면에 댄 채로 어느 방향으로 약간 힘을 주어 움직이다. 예 짓궂은 친구 하나가 그의 뺨에 색연필을 그어 놓았다.
	물건값 따위를 바로 내지 않고 외상으로 처리하다. 예 외상값이 밀려서 이제 그을 곳도 없다.
	일의 경계나 한계 따위를 분명하게 짓다. 예 나는 무의식 속에서 그녀와 선을 굿고 있었다.
	시험 채점에서 빗금을 표시하여 답이 틀림을 나타내다. 예 틀린 답에는 줄을 그어 버려라.
나오다	안에서 밖으로 오다. 예 어머니는 길에 나오셔서 나를 기다리셨다.
	처리나 결과로 이루어지거나 생기다. 예 맑은 날보다 흐린 날에 사진이 잘 나온다.
	어떤 곳을 벗어나다. 소속된 단체나 직장 따위에서 물러나다. 예 개인 사업을 하기 위해 회사에서 나왔습니다.
	어떠한 물건이 발견되다. 예 하루 종일 찾던 지갑이 책상 서랍에서 나왔다.
	감정 표현이나 생리 작용 따위가 나타나다. 예 자꾸 울음이 나와서 혼났다.
나타나다	보이지 아니하던 어떤 대상의 모습이 드러나다. 예 다시 내게 나타나면 가만두지 않겠다.
	어떤 일의 결과나 징후가 겉으로 드러나다. 예 열심히 공부한 결과가 시험 성적에 나타나기 시작했다.
	생각이나 느낌 따위가 글, 그림, 음악 따위로 드러나다. 예 그의 주장은 이 글에 잘 나타나 있다.
	내면적인 심리 현상이 얼굴, 몸, 행동 따위로 드러나다. 예 그의 얼굴에는 굳은 의지가 나타나 있다.
	어떤 새로운 현상이나 사물이 발생하거나 생겨나다. 예 약을 먹었더니 효과가 나타나는 듯하다.

다루다	일거리를 처리하다. 예 무역 업무를 다루다.	
	어떤 물건을 사고파는 일을 하다. 예 중고품을 다루다.	
	기계나 기구 따위를 사용하다. 예 악기를 다루다.	
	가죽 따위를 매만져서 부드럽게 하다. 예 가죽을 다루다.	
	어떤 물건이나 일거리 따위를 어떤 성격을 가진 대상 혹은 어떤 방법으로 취급하다. 예 그는 외과 수술을 전문으로 다룬다.	
	사람이나 짐승 따위를 부리거나 상대하다. 예 코치는 여자아이를 남자아이처럼 다루었다.	
	어떤 것을 소재나 대상으로 삼다. 예 모든 신문에서 남북 회담을 특집으로 다루고 있다.	
만들다	노력이나 기술 따위를 들여 목적하는 사물을 이루다. 예 음식을 만들다.	
	책을 저술하거나 편찬하다. 예 학습지, 수험서를 만들다.	
	새로운 상태를 이루어 내다. 예 새 분위기를 만들다.	
	글이나 노래를 짓거나 문서 같은 것을 짜다. 예 노래를 만들다.	
	규칙이나 법, 제도 따위를 정하다. 예 회칙을 만들다.	
	기관이나 단체 따위를 결성하다. 예 동아리를 만들다.	
	돈이나 일 따위를 마련하다. 예 여행 경비를 만들다.	
	틈, 시간 따위를 짜내다. 예 짬을 만들다.	
	허물이나 상처 따위를 생기게 하다. 예 얼굴에 상처를 만들다.	
	말썽이나 일 따위를 일으키거나 꾸며 내다. 예 괜한 일을 만들어서 힘이 든다.	
	영화나 드라마 따위를 제작하다. 예 그녀는 인간적인 드라마를 만드는 감독이다.	
	무엇이 되게 하다. 예 이웃 나라를 속국으로 만들다.	
	그렇게 되게 하다. 예 혈압을 올라가게 만들다.	

맵다	성미가 사납고 독하다. 예 어머니는 매운 시집살이를 하셨다.	
	고추나 겨자와 같이 맛이 알알하다. 예 찌개가 맵다.	
	날씨가 몹시 춥다. 예 겨울바람이 맵고 싸늘하게 불었다.	
번지다	액체가 묻어서 차차 넓게 젖어 퍼지다. 예 종이에 잉크가 번지다.	
	병이나 불, 전쟁 따위가 차차 넓게 옮아가다. 예 전염병이 온 마을에 번지다.	
	말이나 소리 따위가 널리 옮아 퍼지다. 예 나쁜 소문이 마을 곳곳에 번지다.	
	빛, 기미, 냄새 따위가 바탕에서 차차 넓게 나타나거나 퍼지다. 예 엷은 웃음이 입가에 번지다.	
	풍습, 풍조, 불만, 의구심 따위가 어떤 사회 전반에 차차 퍼지다. 예 사회 전반에 보신주의 풍조가 유행처럼 번지고 있다.	
사람	생각을 하고 언어를 사용하며 도구를 만들어 쓰고 사회를 이루어 사는 동물 ≒인간 예 사람은 만물의 영장이다.	
	어떤 지역이나 시기에 태어나거나 살고 있거나 살았던 자 예 동양 사람	
	일정한 자격이나 품격 등을 갖춘 이 ≒인간 / 인격에서 드러나는 됨됨이나 성질 예 사람을 기르다.	
	상대편에게 자기 자신을 엄연한 인격체로서 가리키는 말 예 돈 좀 있다고 사람 무시하지 마라.	
	친근한 상대편을 가리키거나 부를 때 사용하는 말 예 이 사람아, 이게 얼마 만인가?	
	자기 외의 남을 막연하게 이르는 말 예 사람들이 뭐라 해도 할 수 없다.	
	뛰어난 인재나 인물 예 이곳은 사람이 많이 난 고장이다.	
	어떤 일을 시키거나 심부름을 할 일꾼이나 인원 예 그 일은 사람이 많이 필요하다.	
풀다	금지되거나 제한된 것을 할 수 있도록 터놓다. 예 구금을 풀다.	
	모르거나 복잡한 문제 따위를 알아내거나 해결하다. 예 궁금증을 풀다.	
	춥던 날씨가 누그러지다. 예 날씨가 풀렸다.	
	사람을 동원하다. 예 사람을 풀어 수소문을 하다.	
	묶이거나 감기거나 얽히거나 합쳐진 것 따위를 그렇지 아니한 상태로 되게 하다. 예 보따리를 풀다.	

3 유의어

소리는 서로 다르지만 그 뜻이 비슷한 말을 가리킨다. 이러한 단어들을 유의 관계에 있다고 한다.

돌파구	부닥친 장애나 어려움 따위를 해결하는 실마리 예 그들은 서로 협력하여 사태 해결의 새 돌파구를 마련하였다.
타개하다	매우 어렵거나 막힌 일을 잘 처리하여 해결의 길을 열다. 예 정부는 수출 부진을 타개하기 위해 새로운 경기 부양책을 내놓았다.
해결하다	제기된 문제를 해명하거나 얽힌 일을 잘 처리하다. 예 노조는 사장단과의 직접 협상으로 모든 것을 해결하겠다는 태도를 취하고 있다.
극복하다	악조건이나 고생 따위를 이겨 내다. 예 국민의 신뢰와 협조가 없이는 경제난의 극복이 어려울 것이다.
답파하다	험한 길이나 먼 길을 끝까지 걸어서 돌파하다. 예 그는 자신의 의지를 시험하기 위해 지리산 답파를 계획했다.
아우르다	여럿을 모아 한 덩어리나 한 판이 되게 하다. 예 이번 문제는 시민들의 의견을 아울러서 해결하겠다는 것이 시장의 방침이다.
포괄하다	일정한 대상이나 현상 따위를 어떤 범위나 한계 안에 모두 끌어넣다. 예 구체적인 사례까지 모두 포괄하기 힘든 법조문의 특성을 파고들어 악용하는 사례가 있다.
망라하다	널리 받아들여 모두 포함하다. 예 그의 작품 역시 그의 사랑과 그의 정부들과 그의 아이들에 관한 이야기로 그의 생애를 망라한 하나의 자서전인 것이다.
일괄하다	개별적인 여러 가지 것을 한데 묶다. 예 그는 제시된 안건을 일괄하여 검토하고, 공통된 문제점을 찾아보았다.
불러일으키다	어떤 마음, 행동, 상태를 일어나게 하다. 예 젊은이들에게 과학 기술에 대한 관심을 불러일으키다.
야기하다	일이나 사건 따위를 끌어 일으키다. 예 오해를 야기하는 행동을 하다.
생각	사물을 헤아리고 판단하는 작용 예 좋은 글이란 글쓴이의 생각과 느낌이 효과적으로 표현·전달될 수 있는 글이다.
고찰	어떤 것을 깊이 생각하고 연구함. 예 문화에 대한 고찰 없이 인간의 삶을 이해하는 것은 불가능하다.
거절	상대편의 요구, 제안, 선물, 부탁 따위를 받아들이지 않고 물리침. 예 친구의 부탁이라 거절도 못 했다.
고사	제의나 권유 따위를 굳이 사양함. 예 수차례의 고사 끝에 결국에는 그 제의를 받아들이게 되었다.
사양	겸손하여 받지 아니하거나 응하지 아니함. 또는 남에게 양보함. 예 사양 말고 많이 드세요.
묵과	잘못을 알고도 모르는 체하고 그대로 넘김. 예 그들의 독재적인 행위를 이대로 묵과했다가는 앞으로 큰일이 날 것이다.
용인	너그러운 마음으로 참고 용서함. 예 구시대의 악습을 용인할 수는 없다.

4 혼동하기 쉬운 단어

거치다	오가는 도중에 어디를 지나거나 들르다. 예 영월을 거쳐 왔다.	
걷히다	'걷다('거두다'의 준말)'의 피동사 예 외상값이 잘 걷힌다.	
걷잡다	한 방향으로 치우쳐 흘러가는 형세 따위를 붙들어 잡다. 예 걷잡을 수 없는 상태	
겉잡다	겉으로 보고 대강 짐작하여 헤아리다. 예 겉잡아서 이틀 걸릴 일	
다치다	부딪치거나 맞거나 하여 신체에 상처가 생기다. 예 부주의로 손을 다쳤다.	
닫히다	열린 문짝, 뚜껑, 서랍 따위가 도로 제자리로 가 막히다. 예 문이 저절로 닫혔다.	
닫치다	열린 문짝, 뚜껑, 서랍 따위를 꼭꼭 또는 세게 닫다. 예 문을 힘껏 닫쳤다.	
-데	내가 직접 경험한 사실을 나중에 보고하듯이 말할 때 쓰이는 말 예 그가 그런 말을 하데.	
-대	남에게 들은 어떤 사실을 상대방에게 옮겨 전하는 말. '-다고 해.'의 준말 예 그 남자가 그녀를 떠났대.	
띠다	빛깔이나 색채 따위를 가지다. 예 그녀의 반지가 붉은색을 띠었다.	
띄다	'뜨이다(1. 눈에 보이다)'의 준말 예 원고에 오탈자가 눈에 띈다.	
-ㄹ는지	뒤 절이 나타내는 일과 상관이 있는 어떤 일의 실현 가능성에 대한 의문을 나타내는 연결 어미 예 비가 올는지 바람이 몹시 강하다.	
-ㄹ런지	'-ㄹ는지'의 잘못.	
바치다	신이나 웃어른에게 정중하게 드리다.	예 신에게 제물을 바쳤다.
받치다	물건의 밑이나 옆 따위에 다른 물체를 대다.	예 우산을 받치고 간다.
받히다	머리나 뿔 따위에 세차게 부딪히다. '받다'의 피동사.	예 쇠뿔에 받혔다.
밭치다	'밭다'를 강조하여 이르는 말.	예 술을 체에 밭친다.
부치다	편지나 물건 따위를 일정한 수단이나 방법을 써서 상대에게로 보내다. 예 편지를 부치다.	
붙이다	맞닿아 떨어지지 않게 하다. '붙다'의 사동사. 예 우표를 붙인다. / 책상끼리 붙이자.	
살찌다	몸에 살이 필요 이상으로 많아지다(동사). 예 그는 너무 살쪘다.	
살지다	살이 많고 튼실하다(형용사). 예 살진 송아지	

안치다	밥, 떡, 찌개 따위를 만들기 위하여 그 재료를 솥이나 냄비 따위에 넣고 불 위에 올리다. 예 밥을 안친다.
앉히다	사람이나 동물이 윗몸을 바로 한 상태에서 엉덩이에 몸무게를 실어 다른 물건이나 바닥에 몸을 올려놓게 하다. 예 윗자리에 앉힌다.
이따가	조금 지난 뒤에. 예 이따가 오너라.
있다가	동사 '있-'에 연결 어미 '-다가'가 결합된 말 예 집에 있다가 무료해서 나왔다.
저리다	뼈마디나 몸의 일부가 오래 눌려서 피가 잘 통하지 못하여 감각이 둔하고 아리다. 예 다친 다리가 저린다.
절이다	푸성귀나 생선 따위를 소금기나 식초, 설탕 따위에 담가 간이 배어들게 하다. '절다'의 사동사. 예 김장 배추를 절인다.
(으)러(목적)	예 공부하러 간다.
(으)려(의도)	예 서울 가려 한다.
(으)로서(자격)	예 사람으로서 그럴 수는 없다.
(으)로써(수단)	예 닭으로써 꿩을 대신했다.

5 한자성어

- 苛斂誅求(가렴주구) : 세금 같은 것을 가혹하게 받고 국민을 못살게 구는 일
- 刻骨難忘(각골난망) : 은덕을 입은 고마움이 마음 깊이 새겨져 잊혀지지 아니함.
- 堅如金石(견여금석) : 굳기가 금이나 돌 같음.
- 見危致命(견위치명) : 나라의 위태로움을 보고 목숨을 버림.
- 叩盆之痛(고분지통) : 분을 두들긴 쓰라림이라는 말로, 아내가 죽은 슬픔을 말함.
- 姑息之計(고식지계) : 당장의 편안함만을 꾀하는 일시적인 방편
- 枯魚之肆(고어지사) : 목마른 고기의 어물전이라는 말로, 매우 곤궁한 처지를 비유한 말
- 孤掌難鳴(고장난명) : 손뼉도 마주쳐야 된다. 혼자서 할 수 없고 협력해야 일이 이루어짐.
- 高枕安眠(고침안면) : 베개를 높이 하여 편안히 잔다. 근심 없이 편히 지냄.
- 曲學阿世(곡학아세) : 학문을 왜곡하여 세속에 아부함.
- 膠漆之交(교칠지교) : 아교와 칠의 사귐이니 퍽 사이가 친하고 두터움. [=膠漆之心(교칠지심)]
- 救死不瞻(구사불첨) : 곤란이 극심하여 다른 일을 돌볼 겨를이 없음.
- 九十春光(구십춘광) : 노인의 마음이 청년같이 젊음.
- 樂生於憂(낙생어우) : 즐거움은 근심하는 가운데에서 생긴다는 말
- 卵上加卵(난상가란) : 알 위에 알을 포갠다. 정성이 지극하면 감천함.
- 內省不疚(내성불구) : 마음속에 조금도 부끄러울 것이 없음. 즉 마음이 결백함.

- 內憂外患(내우외환) : 나라 안팎의 근심 걱정
- 老當益壯(노당익장) : 사람은 늙을수록 더욱 기운을 내어야 하고 뜻을 굳게 해야 한다.
- 勞心焦思(노심초사) : 애를 써 속을 태움.
- 怒蠅拔劍(노승발검) : 파리 때문에 성질이 난다고 칼을 뽑아 듦. 작은 일을 갖고 수선스럽게 화내는 것을 비유한 말
- 綠衣使者(녹의사자) : 푸른 옷을 입은 사자라는 말로, 앵무새의 다른 명칭이다.
- 多岐亡羊(다기망양) : 여러 갈래의 길에서 양을 잃음. 학문의 길이 여러 갈래라 진리를 찾기 어려움.
- 丹脣皓齒(단순호치) : '붉은 입술과 하얀 이'란 뜻으로, 여자의 아름다운 얼굴을 이르는 말
- 堂狗風月(당구풍월) : 사당 개가 풍월을 읊음. 무식한 자도 유식한 자와 같이 있으면 다소 유식해진다는 말
- 螳螂拒轍(당랑거철) : 사마귀가 앞발을 들고 수레를 멈추려 했다는 데서 유래한 말로, 제 역량을 생각하지 않고 강한 상대나 되지 않을 일에 덤벼드는 무모한 행동거지를 비유한 말 [=螳螂之斧(당랑지부)]
- 螳螂在後(당랑재후) : 사마귀가 매미를 덮치려고 엿보는 데에만 정신이 팔려 자신이 참새에게 잡아먹힐 위험에 처해 있음을 몰랐다는 데서 유래한 말로, 눈앞의 이익에만 정신이 팔려 뒤에 닥친 위험을 알지 못함을 이르는 말
- 道不拾遺(도불습유) : 길에 물건이 떨어져 있어도 주워가지 않는다. 나라가 잘 다스려져 태평하고 풍부한 세상을 형용하는 말
- 倒行逆施(도행역시) : 거꾸로 행하고 거슬러 시행함. 곧 도리(道理)에 순종하지 않고 일을 행하며 상도(常道)를 벗어나서 일을 억지로 함.
- 讀書亡羊(독서망양) : 책을 읽다가 양을 잃어버림. 즉 다른 일에 정신이 팔림.
- 獨也靑靑(독야청청) : 홀로 푸르다는 말로, 홀로 높은 절개를 드러내고 있음을 의미함.
- 獨掌不鳴(독장불명) : 한 손바닥으로는 소리가 나지 않음. 혼자서는 일하기도 어렵고 둘이 협력하여야 함.
- 獨學孤陋(독학고루) : 혼자 공부한 사람은 견문이 좁아서 정도(正道)에 들어가기 어렵다는 말
- 麻中之蓬(마중지봉) : 삼 가운데 자라는 쑥. 좋은 환경의 감화를 받아 자연히 품행이 바르고 곧게 됨을 비유한 말
- 莫逆之交(막역지교) : 뜻이 서로 맞아 지내는 사이가 썩 가까운 벗
- 面從腹背(면종복배) : 앞에서는 순종하는 체하고, 돌아서는 딴 마음을 먹음.
- 明哲保身(명철보신) : 사리에 따라 나옴과 물러남을 어긋나지 않게 함. 요령 있게 처세를 잘하는 것
- 反哺之孝(반포지효) : 자식이 자라서 부모를 봉양함.
- 百家爭鳴(백가쟁명) : 여러 사람이 서로 자기주장을 내세우는 일
- 白骨難忘(백골난망) : 백골이 되더라도 잊기 어려움을 뜻하는 말로, 입은 은혜가 커 결코 잊지 않겠다는 의미의 말
- 百年之計(백년지계) : 백 년 동안의 계획. 즉 오랜 세월을 위한 계획
- 百里之才(백리지재) : 재능이 뛰어난 사람을 일컫는 말. 노숙이 방통을 유비에게 추천하면서 방통을 이에 비유하였음
- 病入膏肓(병입고황) : 몸 깊은 곳에 병이 듦. 침이 미치지 못하므로 병을 고칠 수 없다는 뜻
- 不知所云(부지소운) : 제갈량의 전출사표에 나오며, 무슨 말을 했는지 알 수가 없다는 뜻

- 附和雷同(부화뇌동) : 주관이 없이 남들의 언행을 덩달아 쫓음.
- 四顧無親(사고무친) : 사방을 둘러보아도 친한 사람이 없음. 곧 의지할 사람이 없음.
- 舍己從人(사기종인) : 자기의 이전 행위를 버리고 타인의 선행을 본떠 행함.
- 四面楚歌(사면초가) : 사방이 다 적에게 싸여 도움이 없이 고립된 상황
- 事不如意(사불여의) : 일이 뜻대로 되지 않음.
- 捨生取義(사생취의) : 목숨을 버리고 의리를 쫓음.
- 射石成虎(사석성호) : 돌을 범인 줄 알고 쏘았더니 화살이 꽂혔다는 말로, 성심을 다하면 아니 될 일도 이룰 수 있다는 뜻
- 傷弓之鳥(상궁지조) : 화살에 상처를 입은 새. 화살에 놀란 새는 구부러진 나무만 봐도 놀란다는 뜻
- 上山求魚(상산구어) : 산 위에서 물고기를 찾음. 당치 않은 데 가서 되지도 않는 것을 원한다는 말
- 上壽如水(상수여수) : 건강하게 오래 살려면 흐르는 물처럼 도리에 따라서 살아야 한다는 뜻
- 霜風高節(상풍고절) : 어떠한 난관이나 어려움에 처해도 결코 굽히지 않는 높은 절개
- 上下撐石(상하탱석) : 윗돌 빼서 아랫돌 괴기. 일이 몹시 꼬이는데 임시변통으로 견디어 나감을 이르는 말
- 生不如死(생불여사) : 삶이 죽음만 못 하다는 뜻으로, 아주 곤란한 처지에 있음을 말함.

6 순우리말

- 가납사니 : 되잖은 소리로 자꾸 지껄이는 수다스러운 사람
- 가멸다 : 재산이 많고 살림이 넉넉하다.
- 가뭇없다 : (사라져서) 찾을 길이 없다.
- 가웃 : 되, 말, 자의 수를 셀 때 그 단위의 약 반에 해당하는 분량
- 가이없다 : 끝이 없다. 한이 없다.
- 가탈 : ① 일이 수월하게 되지 않도록 방해하는 일, ② 억지 트집을 잡아 까다롭게 구는 일
- 갈마들다 : 서로 번갈아 들다.
- 갈붙이다 : 남을 헐뜯어 이간 붙이다.
- 갈음하다 : 본디 것 대신에 다른 것으로 갈다.
- 갈피 : ① 일이나 물건의 부분과 부분이 구별되는 어름, ② 겹쳐졌거나 포개어진 물건의 하나하나의 사이
- 감바리 : 이익을 노리고 남보다 먼저 약삭빠르게 달라붙는 사람 유 감발저뀌
- 거레 : 까닭없이 어정거려 몹시 느리게 움직이는 것
- 거칫하다 : 여위고 기름기가 없어 모양이 거칠어 보이다.
- 결곡하다 : 얼굴의 생김새나 마음씨가 깨끗하게 야무져서 빈틈이 없다.
- 곁두리 : 농부나 일꾼들이 끼니 외에 참참이 먹는 음식 유 사이참, 샛밥
- 나래 : 논, 밭을 골라 반반하게 고르는 데 쓰는 농구(農具)
- 나우 : 좀 많게, 정도가 좀 낫게
- 난달 : 길이 여러 갈래로 통한 곳
- 날밤 : ① 부질없이 새우는 밤, ② 생밤[生栗]

- 날포 : 하루 남짓한 동안, '-포'는 '동안'을 나타내는 접미사
- 내박치다 : 힘차게 집어 내던지다.
- 너름새 : ① 말이나 일을 떠벌리어서 주선하는 솜씨, ② 판소리에서 광대의 연기 유 발림
- 노느다 : 물건을 여러 몫으로 나누다.
- 노가리 : 씨를 흩어 뿌리는 것
- 느껍다 : 어떤 느낌이 사무치게 일어나다.
- 느즈러지다 : 마음이 풀려 느릿해지다.
- 능갈치다 : 능청스럽게 잘 둘러대는 재주가 있다.
- 능을 두다 : 넉넉하게 여유를 두다.
- 다랍다 : ① 아니꼬울 만큼 잘고 인색하다. ② 때가 묻어 깨끗하지 못하다.
- 다락같다 : (물건 값이) 매우 비싸다.
- 대두리 : ① 큰 다툼, ② 일이 크게 벌어진 판
- 더끔더끔 : 그 위에 더하고 또 더하는 모양
- 더펄이 : 성미가 덥적덥적하고 활발한 사람을 홀하게 이르는 말
- 도린곁 : 사람이 별로 가지 않는 외진 곳
- 두럭 : 노름이나 놀이로 여러 사람이 모인 때, 여러 집들이 한데 모인 집단
- 두름 : 물고기 스무 마리를 열 마리씩 두 줄로 엮은 것을 단위로 이르는 말
- 먼지잼하다 : 비가 겨우 먼지나 날리지 않을 만큼 오다.
- 멍에 : 마소의 목에 얹어 수레나 쟁기를 끌게 하는 둥그렇게 구부러진 막대
- 메떨어지다 : (모양이나 몸짓이) 어울리지 아니하고 촌스럽다.
- 몰강스럽다 : 모지락스럽게 못할 짓을 예사로 할 만큼 억세거나 야비하다.
- 몽구리 : 바짝 깎은 머리
- 몽니 : 심술궂은 성질
- 몽따다 : 알고 있으면서 모른 체하다.
- 무꾸리 : 점치는 일, 무당이나 판수에게 길흉을 점치게 하는 일
- 발등걸이 : 남이 하려는 일을 먼저 앞질러서 하려는 행동
- 밭다 : 액체가 바짝 졸아서 말라붙다.
- 배내 : 일부 명사의 어근에 붙어 '배 안에 있을 때부터'의 뜻으로 쓰임.
- 부럼 : 정월 보름날에 까서 먹는 밤, 잣, 호두, 땅콩 따위를 이르는 말
- 비다듬다 : 곱게 매만져서 다듬다.
- 비대다 : 남의 이름을 빌어서 대다.
- 빈지 : 한 짝씩 떼었다 붙였다 하는 문 본 널빈지
- 빚물이 : 남이 진 빚을 대신으로 물어주는 일
- 사로자다 : 자는 둥 마는 둥하게 자다.
- 사로잠그다 : 자물쇠나 빗장 따위를 반쯤 걸다.

- 사북 : ① 쥘 부채 아랫머리, 또는 가위다리의 어긋 매겨지는 곳에 못과 같이 꽂아서 돌쩌귀처럼 쓰이는 물건, ② '가장 중요한 부분'의 비유
- 사뿟 : 발을 가볍게 얼른 내디디는 모양
- 사위다 : 사그라져 재가 되다.
- 사위스럽다 : 어쩐지 불길하고 꺼림칙하다.
- 삯메기 : 농촌에서 끼니를 먹지 않고 품삯만 받고 하는 일
- 살피 : ① 두 땅의 경계선을 간단히 나타낸 표, ② 물건과 물건의 틈새나 그 사이를 구별지은 표
- 상길(上-) : 여럿 중에 제일 나은 품질
- 서리 : ① 떼를 지어서 주인 모르게 훔쳐다 먹는 장난, ② 무엇이 많이 모여 있는 무더기
- 설면하다 : ① 자주 못 만나서 좀 설다. ② (사귀는 사이가) 정답지 아니하다.
- 성금 : (말하거나 일을 한 것에 대한) 보람이나 효력
- 스스럽다 : (서로 사귀는 정분이) 그리 두텁지 않아 조심하는 마음이 있다.
- 슴베 : (칼, 괭이, 호미, 낫 따위의) 날의 한 끝이 자루 속에 들어간 부분
- 실터 : 집과 집 사이에 남은 기름하고 좁은 빈 터
- 아람 : 밤 등이 저절로 충분히 익은 상태
- 아리잠직하다 : 키가 작고 얌전하며, 어린 티가 있다.
- 아스러지다 : 작고 단단한 물체가 센 힘에 짓눌리어 부서지다.
- 아우르다 : 여럿으로 한 덩어리나 한 판을 이루다.
- 알심 : ① 은근히 실속 있게 동정하는 마음이나 정성, ② 보기보다 야무진 힘
- 애면글면 : 힘에 겨운 일을 이루려고 온 힘을 다하는 모양
- 애살스럽다 : 군색하고 애바른 데가 있다.
- 앵돌아지다 : ① 틀려서 홱 돌아가다. ② 마음이 노여워서 토라지다.
- 얄개 : 되바라지고 얄망궂은 언동
- 어귀차다 : 뜻이 굳고 하는 일이 여무지다. 작은말 아귀차다.
- 어름 : 두 물건이 맞닿은 자리
- 영절하다 : 말로는 그럴듯하다.
- 오달지다 : 야무지고 실속이 있다.
- 자리끼 : 잘 때 마시려고 머리맡에 준비해두는 물
- 자반뒤집기 : 몹시 아파서 엎치락뒤치락거리다.
- 자투리 : 팔거나 쓰거나 하다가 남은 피륙의 조각
- 잔득하다 : 몸가짐이 제법 차분하고 참을성이 있다. 큰말 진득하다.
- 잡도리 : (잘못되지 않도록) 엄중하게 단속함.
- 재우치다 : 빨리 하여 몰아치거나 재촉하다.
- 잼처 : 다시, 거듭, 되짚어
- 적바림 : (뒤에 들추어 보려고 글로) 간단히 적어두는 일, 또는 적어놓은 간단한 기록
- 제겨디디다 : 발 끝이나 발꿈치만 땅에 닿게 디디다.

- 종요롭다 : 몹시 긴요하다.
- 주적거리다 : 걸음발을 타는 어린아이가 제멋대로 걷다.
- 중절대다 : 수다스럽게 중얼거리다.
- 지돌이 : 험한 산길에서 바위 따위에 등을 대고 가까스로 돌아가게 된 곳 반 안돌이
- 지정거리다 : 곧장 더 나아가지 아니하고 한 자리에서 지체하다.
- 짜장 : 참, 과연, 정말로
- 책상물림 : 세상 물정에 어두운 사람
- 추다 : 남을 일부러 칭찬하다.
- 추스르다 : ① 물건을 가볍게 들썩이며 흔들다. ② 물건을 위로 추켜올리다.
- 츱츱하다 : 너절하고 염치가 없다.
- 치받이 : 비탈진 곳의 올라가게 된 방향 반 내리받이
- 치살리다 : 지나치게 추어주다.
- 토막말 : 긴 내용을 간추려 한마디로 표현하는 말, 아주 짤막한 말
- 투미하다 : 어리석고 둔하다.
- 트레바리 : 까닭 없이 남의 말에 반대하기를 좋아하는 성미, 또는 그런 성미를 가진 사람을 놀림조로 이르는 말
- 푸새 : 산과 들에 저절로 나서 자라는 풀
- 한둔 : 한데에서 밤을 지냄. 노숙
- 핫아비 : 아내가 있는 남자 반 홀아비
- 핫어미 : 남편이 있는 여자 반 홀어미
- 해거름 : 해가 질 무렵 준 해름
- 해사하다 : 얼굴이 희고 맑다.
- 해작이다 : 조금씩 들추거나 파서 헤치다.
- 헙헙하다 : ① 대범하고 활발하다. ② 가진 것을 함부로 써버리는 버릇이 있다. 반 조리차하다.
- 홉뜨다 : 눈알을 굴려 눈시울을 치뜨다.

UNIT 2

| 고시넷 SK하이닉스(SKCT) Maintenance/Operator 인적성검사 |

언어이해

기본적인 단어의 의미를 파악하고 문맥으로 단어의 적확한 뜻을 유추할 수 있는지, 주어진 글의 논리적 전개 순서를 파악하고 문단 요지 및 주제를 빠르게 분석하는지를 평가한다.

01 독해의 원리와 유형

1 사실적 독해

1. 개념

글을 구성하는 단어, 문장, 문단의 내용을 정확히 이해하거나 글에 나타난 개념이나 문자 그대로를 이해하는 것을 말한다.

2. 해결 전략

(1) 각 문단의 중심 내용을 통해 글의 주제를 파악한다.

(2) 글의 세부 내용을 확인하고 글에 쓰인 서술 전략을 파악한다.

(3) 글의 내용이 뒤섞인 경우, 논리적 흐름에 따라 글의 전개 순서를 파악한다.

3. 사실적 독해 유형

(1) 주제 찾기

- 필자가 전달하고자 하는 글의 주제, 중심 내용, 의도를 찾는 유형이다.

Step 1 제시문의 문단별 중심 문장, 핵심 소재를 파악한다.

- 중심 문장은 각 문단의 처음이나 끝에 나오는 경우가 많다.
- 각 문단의 중심 문장은 나머지 내용들을 포괄하는 문장이다.
- '따라서', '즉', '그러므로', '결국', '요컨대', '그러나', '하지만' 등 접속사 뒤의 문장이 중심 문장이 된다.
- 예가 뒷받침하는 내용이 중심 문장이 된다.
- 글쓴이의 생각, 가치 판단이 들어 있는 문장에 집중한다.
- 분류가 쓰였을 경우, 분류의 기준이 중심 문장이 된다.
- 대립적인 견해를 중심으로 설명하는 경우, 결론 부분에 유의한다.

Step 2 선택지에서 제시문의 내용에서 확인할 수 있는 선택지를 찾는다.

Step 3 중심 문장의 내용과 핵심 소재를 가장 잘 반영하는 것이나 중심 문장을 유도할 수 있는 질문을 찾는다.

(2) 내용일치

- 제시된 글의 정보, 내용을 정확하게 파악하여 선택지의 내용이 본문과 일치하는 것을 찾는다.

Step 1	글의 진술과 선택지의 진술 내용이 일치하는지를 찾기 위해서 먼저 선택지의 핵심어를 점검한다.

↓

Step 2	선택지의 핵심어가 진술된 해당 문단을 찾는다.

↓

Step 3	문단별 세부 내용을 비교하며 일치 여부를 파악한다.

(3) 전개방식 이해[서술 전략]

- 글에 쓰인 서술 방식이나 내용 연결 구조가 단답형이거나 글 전체의 서술 전략을 문장형으로 찾는다.

Step 1	선택지에 제시된 서술 전략을 파악하고 문장형으로 제시된 경우, 선택지의 핵심어를 정리한다.

↓

Step 2	선택지의 서술 전략이 나온 해당 문단을 제시문에서 찾는다.

↓

Step 3	해당 문단에서 서술 전략이 확인되는지 파악한다.

(4) 문장, 문단 배열하기

- 글의 내용이 어떤 순서로 전개되는 것이 적절한지 묻는 유형으로 문단, 문장의 논리적 배열순서, 특정 문단이나 문장이 전체 글의 어떤 부분에 들어가는 것이 적합한지를 묻는 유형이다.

Step 1	맨 처음, 중간, 끝에 배열될 문단이나 문장을 확인한다.

- 다른 문단에서 언급한 소재를 포괄적으로 언급하는 문단은 맨 처음이나 끝에 온다.
- 전체를 포괄하는 문단이 맨 처음에 올 때에는 문단의 첫 머리에 접속부사나 지시어가 오지 않고 전체에서 말한 소재 순으로 뒤의 내용이 전개된다.
- 전체를 포괄하는 문단이 맨 끝에 나올 때는 결론을 유도하는 접속부사가 쓰이고 전체에서 언급한 소재 순으로 앞의 내용이 전개된다.
- 접속부사나 지시어로 시작하는 문단이나 문장은 맨 앞에 올 수 없다.

↓

Step 2	지시어와 접속부사에 따라 글 내용 연결이 자연스러운지 확인한다.

↓

Step 3	내용의 논리 관계가 성립하는지 확인한다.

- 서사, 과정, 인과, 주지-예시 등의 논리 관계가 성립하는지 확인한다.

2 추론적 독해

1. 개념

글에서 생략된 내용을 추론하거나 숨겨진 필자의 의도, 목적 등을 추론하는 것으로 독자는 자신의 지식과 경험, 문맥, 글에 나타난 표지 등을 이용하여 생략된 내용을 추론하여 의미를 구성하는 것이다.

2. 해결 전략

(1) 글을 읽으면서 뒤에 이어질 내용이나 접속어, 결론 등을 추론해 보고 다른 상황에 적용할 수 있는지를 유추해 본다.
(2) 생략된 내용을 추론할 때는 빈칸 앞과 뒤의 문장에 주목한다.
(3) 글쓴이의 의도를 파악할 때는 문맥에 유의하여 글 전체의 분위기와 논조를 파악한다.

3. 글의 추론 유형

(1) **논리 추론**
- 글에 언급된 내용을 이해한 뒤 글쓴이의 의도, 관점, 전제, 드러나지 않은 정보나 생략된 내용을 어떻게 추론할 수 있는지를 검토한다.

Step 1	제시문에 언급된 글쓴이의 전제, 의도, 관점, 태도 내용 등을 파악한다.
Step 2	선택지의 내용을 기반으로 제시문에 추론의 근거가 있는지 파악한다.
Step 3	추론에 예외가 없는지, 추론 방식에 모순은 없는지 확인한다.

(2) **문맥적 의미 추론**
- 글 전체의 맥락에 따라 주제를 파악한 뒤 소재, 단어, 문장의 문맥적 의미를 파악한다.

Step 1	제시문 전체의 주제나 대립적인 관점을 찾는다.
Step 2	밑줄 친 부분이 앞뒤 맥락에 따라 주제와 관련된 관점이나 대립적인 관점 중 어디에 속하는지 파악한다.
Step 3	소재나 단어의 의미가 주제나 관점과 일치하는지, 밑줄 친 부분의 의미가 주제나 관점에서 벗어나지 않는지 점검한다.

(3) 빈칸 추론

- 글을 읽으면서 뒤에 이어질 내용이나 접속어, 결론 등을 추리해 보고 다른 상황에 적용할 수 있는지를 유추하며, 글쓴이의 입장 등을 생각하며 읽는다.

Step 1	제시문 전체의 주제나 관점을 파악한다.
Step 2	빈칸 앞뒤에 단서가 될 내용이나 단어를 파악한다.
Step 3	선택지의 단어나 문장이 주제나 관점과 일치하는지 점검한다.

3 글의 비판적 이해

1. 개념

글의 사실적인 이해와 추론적인 이해를 넘어서 글의 내용에 대해 판단하여 읽는 것으로 글에 나타난 주제, 글의 구성, 자료의 정확성과 적절성 등을 비판적으로 읽는다.

2. 해결 전략

(1) 글의 논리상 오류가 무엇인지 파악한다.
(2) 글의 주제와 관련되지 않은 내용이 글에 제시되지 않았는지 판단, 평가한다.

3. 유형

(1) 비판하기

- 글에 나타난 글쓴이의 주장에 대해 반론, 자료의 정확성과 적절성 등을 판단할 수 있어야 하고 논증의 사례, 논리적 오류 등을 파악할 수 있어야 한다.

| Step 1 | 글의 주장과 근거를 찾고, 논리적 오류가 없는지 파악한다. |

- 제시문에 드러난 사고 과정의 오류를 점검해야 한다.

| Step 2 | 선택지에서 주장의 근거를 반박할 수 있는 내용을 찾는다. |

- 주장에 대해 단순한 반대를 위한 비판은 타당하지 않다.

| Step 3 | 근거의 타당성과 적절성을 판단한다. |

02 글의 전개방식

1 비교

둘 이상의 사물이나 현상 등을 견주어 공통점이나 유사점을 설명하는 방법
- 예) 영화는 스크린이라는 공간 위에 시간적으로 흐르는 예술이며, 연극은 무대라는 공간 위에 시간적으로 흐르는 예술이다.

2 대조

둘 이상의 사물이나 현상 등을 견주어 상대되는 성질이나 차이점을 설명하는 방법
- 예) 고려는 숭불정책을 지향한 데 비해 조선은 억불정책을 취하였다.

3 분류

작은 것(부분, 종개념)들을 일정한 기준에 따라 큰 것(전체, 유개념)으로 묶는 방법
- 예) 서정시, 서사시, 극시는 시의 내용을 기준으로 나눈 것이다.

4 분석

하나의 대상이나 관념을 그 구성 요소나 부분들로 나누어 설명하는 방법
- 예) 물고기는 머리, 몸통, 꼬리, 지느러미 등으로 되어 있다.

5 정의

시간의 흐름과 관련이 없는 정태적 전개방식으로 어떤 대상의 본질이나 속성을 설명할 때 쓰이는 전개방식. '종차+유개념'의 구조를 지니는 논리적 정의와 추상적이거나 매우 복잡한 개념을 정의할 때 쓰이는 확장적 정의가 있음.

6 유추

생소한 개념이나 복잡한 주제를 보다 친숙하고 단순한 것과 비교하여 설명하는 방법. 서로 다른 범주에 속하는 사물 간의 유사성을 드러내어 간접적으로 설명하는 방법이기 때문에 유추에 의해 진술된 내용은 사실성이 떨어질 가능성이 있음.

7 논증

논리적인 근거를 내세워 어느 하나의 결론이 참이라는 것을 증명하는 방법

1. **명제** : 사고 내용 및 판단을 단적으로 진술한 주제문, 완결된 평서형 문장 형식

(1) **사실 명제** : 진실성과 신빙성에 근거하여 존재의 진위를 판별할 수 있는 명제
   예 '홍길동전'은 김만중이 지은 한문 소설이다.

(2) **정책 명제** : 타당성에 근거하여 어떤 대상에 대한 의견을 내세운 명제
   예 농촌 경제를 위하여 농축산물의 수입은 억제되어야 한다.

(3) **가치 명제** : 공정성에 근거하여 주관적 가치 판단을 내린 명제
   예 인간의 본성은 선하다.

(4) **논거** : 명제를 뒷받침하는 논리적 근거, 즉 주장의 타당함을 밝히기 위해 선택된 자료
   ① 사실 논거 : 객관적 사실로써 증명될 수 있는 논거로 객관적 지식이나 역사적 사실, 통계적 정보 등이 해당된다.
   ② 소견 논거 : 권위자의 말을 인용하거나 일반적인 여론을 근거로 삼는 논거

8 묘사

대상을 그림 그리듯이 글로써 생생하게 표현해 내는 진술방식

(1) **객관적(과학적, 설명적) 묘사** : 대상의 세부적 사실을 객관적으로 표현하는 진술방식으로, 정확하고 사실적인 정보 전달이 목적

(2) **주관적(인상적, 문학적) 묘사** : 글쓴이의 대상에 대한 주관적인 인상이나 느낌을 그려내는 것으로, 상징적인 언어를 사용하며 주로 문학 작품에 많이 쓰임.

9 서사

행동이나 상태가 진행되는 움직임을 시간의 경과에 따라 표현하는 진술방식으로 '무엇이 발생하였는가?'에 관한 질문에 답하는 것

10 과정

어떤 특정한 목표나 결말을 가져오게 하는 일련의 행동, 변화, 기능, 단계, 작용 등에 초점을 두고 글을 전개하는 방법

11 인과

어떤 결과를 가져오게 한 원인 또는 그 원인에 의해 결과적으로 초래된 현상에 초점을 두고 글을 전개하는 방법

03 글의 유형

> 02 언어이해

1 논설문

1. **정의** : 문제에 대한 자신의 주장이나 의견을 논리정연하게 펼쳐서 정당성을 증명하거나 자기가 원하는 방향으로 독자의 생각이나 태도를 변화시키기 위해 쓰는 글이다.

2. **요건** : 명제의 명료성과 공정성, 논거의 확실성, 추론의 논리성, 용어의 정확성

3. **논설문의 유형**

구분 \ 유형	설득적 논설문	논증적 논설문
목적	상대편을 글쓴이의 의견에 공감하도록 유도	글쓴이의 사고, 의견을 정확한 근거로 증명
방법	지적인 면과 감정적인 부분에 호소	지적인 면과 논리적인 부분에 호소
언어 사용	지시적인 언어를 주로 사용하지만 때로는 함축적 언어도 사용	지시적인 언어만 사용
주제	정책 명제	가치 명제, 사실 명제
용례	신문의 사설, 칼럼	학술 논문

4. **독해 요령**

(1) 사용된 어휘가 지시적 의미임을 파악하며 주관적인 해석이 생기지 않도록 한다.
(2) 주장 부분과 증명 부분을 구분하여 필자가 주장하는 바를 올바로 파악해야 한다.
(3) 필자의 견해에 오류가 없는지를 살피는 비판적인 자세가 필요하다.
(4) 지시어, 접속어 사용에 유의하여 필자의 논리 전개의 흐름을 올바로 파악한다.
(5) 필자의 주장, 반대 의견을 구분하여 이해하도록 한다.
(6) 논리적 사고를 통해 읽음으로써 필자의 주장한 바를 이해하고 나아가 비판적 자세를 통해 자기의 의견을 세울 수 있어야 한다.

2 설명문

1. 정의

어떤 사물이나 사실을 쉽게 일러주는 진술방식으로 독자의 이해를 돕는 글이다.

2. 요건

(1) **논리성** : 내용이 정확하고 명료해야 한다.
(2) **객관성** : 주관적인 의견이나 주장이 배제된 보편적인 내용이어야 한다.
(3) **평이성** : 문장이나 용어가 쉬워야 한다.
(4) **정확성** : 함축적 의미의 언어를 배제하고 지시적 의미의 언어로 기술해야 한다.

3. 독해 요령

추상적 진술과 구체적 진술을 구분해 가면서 주요 단락과 보조 단락을 나누고 배경지식을 적극적으로 활용하며 단락의 통일성과 일관성을 확인한다. 또한 글의 설명 방법과 전개 순서를 파악하며 읽는다.

3 기사문

1. 정의

생활 주변에서 일어나는 사건을 발생 순서에 따라 객관적으로 쓰는 글로 육하원칙에 입각하여 작성한다.

2. 특징

객관성, 신속성, 간결성, 보도성, 정확성

3. 형식

(1) **표제** : 내용을 요약하여 몇 글자로 표현한 것이다.
(2) **전문** : 표제 다음에 나오는 한 문단 정도로 쓰인 부분으로 본문의 내용을 육하원칙에 의해 간략하게 요약한 것이다.
(3) **본문** : 기사 내용을 구체적으로 서술한 부분이다.
(4) **해설** : 보충사항 등을 본문 뒤에 덧붙이는 것으로 생략 가능하다.

4. 독해 요령

사실의 객관적 전달에 주관적 해설이 첨부되므로 사실과 의견을 구분하여 읽어야 하며 비판적이고 주체적인 태도로 정보를 선별하는 것이 필요하다. 평소에 신문 기사를 읽고 그 정보를 실생활에서 재조직하여 활용하는 자세가 필요하다.

4 보고문

1. 정의
조사·연구 등의 과정이나 결과를 보고하기 위하여 쓰는 글이다.

2. 특징
객관성, 체계성, 정확성, 논리성

3. 작성 요령
독자를 정확히 파악, 본래 목적과 범위에서 벗어나지 않도록 하며 조사한 시간과 장소를 정확히 밝히고 조사자와 보고 연·월·일을 분명히 밝힌다.

5 공문서

1. 정의
행정기관에서 공무원이 작성한 문서로 행정상의 일반적인 문서이다.

2. 작성 요령
간단명료하게 작성하되 연·월·일을 꼭 밝혀야 하며 중복되는 내용이나 복잡한 부분이 없어야 한다.

3. 기능
(1) **의사 전달의 기능** : 조직체의 의사를 내부나 외부로 전달해 준다.
(2) **의사 보존의 기능** : 업무 처리 결과의 증거 자료로써 문서가 필요할 때나 업무 처리의 결과를 일정 기간 보존할 필요가 있을 때 활용한다.
(3) **자료 제공의 기능** : 문서 처리가 완료되어 보존된 문서는 필요할 때 언제든지 다시 활용되어 행정 활동을 촉진한다.

6 기획서

아이디어를 내고 기획한 하나의 프로젝트를 문서 형태로 만들어 상대방에게 전달하고 시행하도록 설득하는 문서이다.

7 기안서

회사의 업무에 대한 협조를 구하거나 의견을 전달할 때 작성하며, 흔히 사내 공문서로 불린다.

8 보도자료

정부기관이나 기업체, 각종 단체 등이 언론을 대상으로 자신의 정보가 기사로 보도되도록 하기 위해 보내는 자료이다.

9 자기소개서

개인의 가정환경과 성장과정, 입사동기와 근무 자세 등을 구체적으로 기술하여 자신을 소개하는 문서이다.

10 비즈니스 레터(E-mail)

사업상 고객이나 단체를 대상으로 쓰는 편지로 업무나 개인 간의 연락 또는 직접 방문하기 어려운 고객 관리 등을 위해 사용되는 비공식적인 문서이나, 제안서나 보고서 등 공식문서 전달 시에도 사용된다.

11 비즈니스 메모

업무상 중요한 일이나 체크해야 할 일이 있을 때 필요한 내용을 메모 형식으로 작성하여 전달하는 글이다.

종류	내용
전화 메모	업무적인 내용부터 개인적인 전화의 전달사항 등을 간단히 작성하여 당사자에게 전달하는 메모
회의 메모	회의에 참석하지 못한 상사나 동료에게 회의 내용을 간략하게 적어 전달하거나, 회의 내용 자체를 기록하여 참고자료로 남기기 위해 작성한 메모로써 월말이나 연말에 업무 상황을 파악하거나 업무 추진에 대한 궁금증이 있을 때 핵심적인 자료 역할을 함.
업무 메모	개인이 추진하는 업무나 상대의 업무 추진 상황을 적은 메모

04 다양한 분야의 글

1 인문

1. 정의

인간의 조건에 관해 탐구하는 학문으로 경험적인 접근보다는 분석적이고 비판적이며 사변적인 방법을 폭넓게 사용한다. 인문학의 분야로는 철학과 문학, 역사학, 고고학, 언어학, 종교학, 여성학, 미학, 예술, 음악, 신학 등이 있다.

2. 출제 분야

역사	시대에 따른 사회의 변화양상을 밝히거나 특정한 분야의 변화양상을 중심으로 기술되는 경우가 있음. 또한 역사를 보는 관점이나 가치관, 역사 기술의 방법 등을 내용으로 하는 경우도 있음.
철학	인생관이나 세계관을 묻는 문제가 많음. 인간의 기본이 되는 건전한 도덕성과 올바른 가치관의 함양을 통한 인간됨을 목표로 함.
종교 및 기타	종교, 전통, 사상 등 다양한 종류의 지문이 출제됨. 생소한 내용의 지문이 출제되더라도 연구의 대상이 무엇인지 명확히 파악하면 쉽게 접근할 수 있음. 추상적 개념이나 어려운 용어의 객관적인 뜻에 얽매이지 말고 문맥을 통해 이해해야 함.

3. 출제 경향

(1) 인문 제재의 글은 가치관의 문제를 다룬 글이 많으므로 추상적인 개념을 이해하는 능력이 필요하다.
(2) 어려운 용어가 많이 등장하므로 단어의 객관적인 뜻에 얽매이지 말고 문맥을 통해 이해하도록 한다.
(3) 지문을 읽을 때에는 연구의 대상이 무엇인지를 명확히 해야 한다. 자주 반복되는 어휘에 주목하고 단락별 핵심어를 찾아 연결하며 읽는 것이 효과적인 방법이다. 이러한 방법은 전체적인 흐름을 이해하고 주제를 찾는 데 도움이 된다.
(4) 인문 분야의 지문에서는 단어의 문맥적 의미를 묻는 문제가 자주 나옴에 유의하는 것이 좋다.

2 사회

1. 정의

일정한 경계가 설정된 영토에서 종교·가치관·규범·언어·문화 등을 상호 공유하고 특정한 제도와 조직을 형성하여 질서를 유지하는 인간집단에 관한 글이다.

2. 출제 분야

정치	정치학의 지식을 이용함으로써 정치 체계를 이해함. 다양한 정치 이론과 사상, 정치 제도, 정당 집단 및 여론의 역할, 국제 정치의 움직임 등에 관심을 갖고 이에 대한 비판적인 인식을 길러야 함.
경제	경제란 재화와 용역을 생산, 분배, 소비하는 활동 및 그와 직접 관련되는 질서와 행위의 총체로서 우리 생활에 매우 큰 영향을 미치는 사회 활동임. 경제 교육의 중요성이 대두되고 있는 시점에서 출제 빈도도 높으므로 이론적인 것만이 아닌 실생활과 결부된 경제 지식이 요구됨.
문화	문화 일반에 관한 설명과 더불어 영화, 연극, 음악, 미술 등 문화의 구체적인 분야에 대한 이해, 전통문화와 외래문화, 혹은 대중문화와의 관계에 대한 논의 등이 폭넓게 다루어지고 있음.
국제/여성	국제적인 사건이나 변동의 추세를 평소에 잘 파악해 두고 거시적인 안목으로 접근해야 함. 사회에서 여성의 지위나 역할 등에 대한 이해와 글쓴이의 견해 파악이 중요함.

3. 출제 경향

(1) 시사성이 강하고 논리적이면서 많은 사람들이 관심을 갖고 쉽게 이해할 수 있는 사회 현상들이 다루어진다.

(2) 지문들은 대체로 시사적인 문제에 대해 필자의 견해를 내세우고 이를 입증해 가는 논리적인 성격을 지니고 있다. 따라서 필자의 견해를 이해하는 사고 능력, 필자의 의도를 추리하는 능력, 필자의 견해를 내·외적 준거에 따라 비판하는 능력 등이 주된 평가 요소이다.

(3) 어휘력과 논리적 사고력을 측정하는 문제도 출제되며, 필자의 견해에 근거 또는 새로운 정보를 구성할 수 있는 능력과 견해에 대해 비판적으로 반론을 펼 수 있는 능력을 묻는 문제가 출제된다.

3 과학·기술

1. 정의

과학이란 자연에서 보편적 진리나 법칙의 발견을 목적으로 하는 체계적 지식을 의미한다. 생물학이나 수학과 관련된 지문, 과학사의 중요한 이론이나 가설 등에 대한 설명이 출제되며, 경우에 따라 현재 사회적 문제가 되고 있는 과학적 현상에 대한 지문도 출제될 수 있다.

2. 출제 분야

분야	설명
천체·물리	우주 및 일반 물리 현상에 관한 설명이나 천문 연구의 역사 등을 내용으로 함. 우리나라 역사에 나타난 천문 연구에 대한 글들도 많이 제시되고 있음. 천체/물리 제재는 기초 이론에 대한 설명 위주의 글이 주로 제시되며, 낯선 개념을 접하게 되므로 지문의 내용을 파악하는 문제가 주로 출제됨.
생물·화학	생물은 생물의 구조와 기능을, 화학은 물질의 화학 현상과 그 법칙성을 실험 관찰에 의하여 밝혀내는 학문. 최근 유전자 연구가 활발히 진행됨에 따라 윤리의식과 그에 관한 시사적 내용이 다루어질 가능성이 크며, 실생활과 관련하여 기초 과학의 이론도 충분히 검토해야 함.
컴퓨터	계산, 데이터 처리, 언어나 영상 정보 처리 등에 광범위하게 이용되고 있으므로 컴퓨터를 활용한 다른 분야와의 관계를 다룬 통합형 지문이 출제될 수 있음에 주의를 기울여야 함.
환경	일상생활에 직접 영향을 미치는 환경오염문제를 비롯해 생태계 파괴나 지구환경문제 등을 내용으로 함. 환경 관련 지문은 주로 문제 현상에 대한 설명을 통해 경각심을 불러일으키고자 하는 의도나 환경문제의 회복을 위한 여러 대책에 관한 설명이 위주가 되므로 제시된 글의 정보를 정확하게 파악하는 것이 중요함.

4 예술

1. 정의

예술 제재는 일반적 예술론을 다루는 원론적 성격이 강한 글과 구체적인 예술 갈래나 작품 또는 인물에 대한 비평이나 해석을 다룬 각론적이고 실제적인 성격의 글이 번갈아 출제된다.

2. 출제 분야

음악	현대 생활과 연관된 음악의 역할은 물론 동·서양의 음악, 한국 전통 음악에 대한 관심도 필요함.
미술·건축	건축, 조각, 회화 및 여러 시각적 요소들을 포함한 다양한 장르와 기법이 있음을 염두에 두고 관심을 둘 필요가 있음. 미술은 시대정신의 표현이며, 인간의 개인적·집단적 행위를 반영하고 있음을 상기해야 함.
연극·영화	사회의 변화를 민감하게 반영하며, 대중과의 공감을 유도한다는 측면에 관심을 갖고 매체의 특징을 살펴보는 작업이 중요함.
스포츠·무용	스포츠나 무용 모두 원시시대에는 종교의식이나 무속 행사의 형태로 존재하다가 점차 전문적이고 세부적인 분야로 나뉘게 됨. 따라서 다양한 예술 분야의 원시적 형태와 그에 포함된 의식은 물론 보다 세련된 형태로 발전된 예술 분야의 전문성 및 현대적 의미와 가치에 대해 고찰해볼 필요가 있음.
미학	근래에는 미적 현상의 해명에 사회학적 방법을 적용시키거나 언어분석 방법을 미학에 적용하는 등 다채로운 연구 분야가 개척되고 있으므로 고정된 시각이 아니라 현대의 다양한 관점에서 미를 해석하고 적용할 수 있어야 함.

UNIT 3

| 고시넷 SK하이닉스(SKCT) Maintenance/Operator 인적성검사 |

창의수리

사칙연산과 계산 방법을 활용하여 연산 결과의 오류를 판단하고, 제시된 조건을 바탕으로 계산을 수행하여 답을 도출하는 능력, 수리적 지식과 함께 제시된 수의 관계를 파악하는 능력 등을 평가한다.

01 기초계산

1 덧셈의 비교

1. 숫자 각각의 대소를 비교한다.

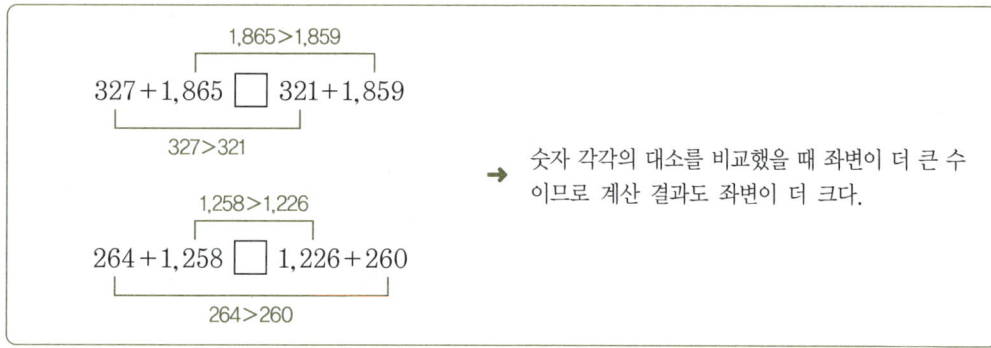

→ 숫자 각각의 대소를 비교했을 때 좌변이 더 큰 수이므로 계산 결과도 좌변이 더 크다.

2. 숫자 각각의 증감을 비교한다.

$$327 + 1{,}865 \;\square\; 309 + 1{,}881$$
(위: −16, 아래: +18)

→ 숫자 각각의 증감을 비교했을 때 18−16=2이므로 계산 결과는 좌변이 더 크다.

2 뺄셈의 비교

1. 빼어지는 수와 빼는 수의 증감을 파악한다.

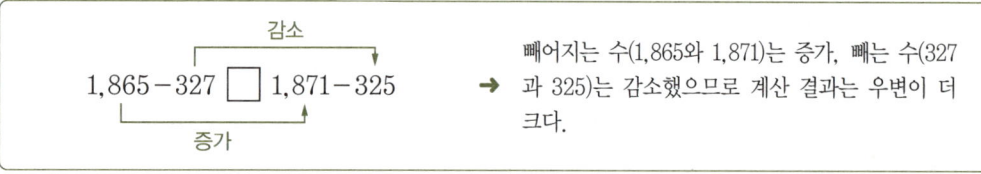

→ 빼어지는 수(1,865와 1,871)는 증가, 빼는 수(327과 325)는 감소했으므로 계산 결과는 우변이 더 크다.

2. 숫자 각각의 증감을 비교한다.

$$1,865 - 327 \;\square\; 1,927 - 375$$

위쪽 +48, 아래쪽 +62

→ 숫자 각각의 증감을 비교했을 때 62−48=14이므로 계산 결과는 우변이 더 크다.

$$1,865 - 327 \;\square\; 1,627 - 82$$

위쪽 −245, 아래쪽 −238

→ 숫자 각각의 증감을 비교했을 때 −238−(−245)=7이므로 계산 결과는 우변이 더 크다.

3 곱셈의 비교

1. 숫자 각각의 대소를 비교한다.

$$32.7 \times 86.5 \;\square\; 85.4 \times 31.9$$

86.5 > 85.4
32.7 > 31.9

→ 숫자 각각의 대소를 비교했을 때 좌변이 더 큰 수이므로 계산 결과도 좌변이 더 크다.

2. 비교하기 쉽게 숫자를 조정한다.

$$300 \times 0.1 \;\square\; 1,400 \times 0.02$$
$$5 \times 300 \times 0.1 \;\square\; 1,400 \times 0.02 \times 5$$
$$1,500 \times 0.1 \;\square\; 1,400 \times 0.1$$

1,500 > 1,400

→ 숫자를 조정한 후, 숫자 각각의 대소를 비교했을 때 좌변이 더 큰 수이므로 계산 결과도 좌변이 더 크다.

3. 숫자 각각의 증가율을 비교한다.

$$300 \times 103 \;\square\; 315 \times 100$$

5% 증가
3% 증가

→ 숫자 각각의 증가율을 비교했을 때 5%>3%이므로 계산 결과는 우변이 더 크다.

4. 곱셈 속산법

(1) %의 계산 : 10%, 5%, 1%를 유효하게 조합하여 간단히 한다.
- 10%는 끝 수 1자릿수를 제한 수
- 1%는 끝 수 2자릿수를 제한 수
- 5%는 10%의 절반

> **예** 230,640의 15%는 다음과 같이 구할 수 있다.
> 230,640의 10%는 23,064
> 230,640의 5%는 10%의 절반이므로 11,532
> 따라서 230,640의 15%는 23,064+11,532=34,596

(2) 배수의 계산
- 25배는 100배를 4로 나눈다.
- 125배는 1,000배를 8로 나눈다.
- 75배는 300배를 4로 나눈다.

4 나눗셈 속산법

1. 근사치를 이용하여 계산한다.

2. 나눗셈의 성질에 착안하여 곱셈으로 다시 계산한다.

3. 공약수로 두 수를 나눠 숫자의 크기를 줄여 계산한다.

4. 나눗수에 가까운 숫자로 나누어 보정하면서 계산한다.

> **예** ▶ 54,027÷162
>   ↓ 두 수의 공약수인 9로 나눔
> 6,003÷18
>   ↓ 두 수의 공약수인 9로 나눔
> 667÷2=333.5
>
> ▶ 421÷1.25
>   125×8=1,000이므로 $1.25 = \frac{10}{8}$ 이다.
>   따라서 $421÷1.25 = 421÷\frac{10}{8} = 421×\frac{8}{10} = 336.8$
>
> ▶ 116,900÷350
>   ↓ 두 수에 2를 곱함
> 233,800÷700
>   ↓ 두 수를 100으로 나눔
> 2,338÷7=334

5 분수의 비교

1. 곱셈을 사용

$\dfrac{b}{a}$와 $\dfrac{d}{c}$의 비교(단, $a, b, c, d > 0$) $bc > ad$이면 $\dfrac{b}{a} > \dfrac{d}{c}$

2. 어림셈과 곱셈을 사용

$\dfrac{47}{140}$과 $\dfrac{88}{265}$의 비교 → $\dfrac{47}{140}$은 $\dfrac{1}{3}$보다 크고 $\dfrac{88}{265}$는 $\dfrac{1}{3}$보다 작으므로 $\dfrac{47}{140} > \dfrac{88}{265}$

3. 분모와 분자의 배율을 비교

$\dfrac{351}{127}$과 $\dfrac{3,429}{1,301}$의 비교

3,429는 351의 10배보다 작고 1,301은 127의 10배보다 크므로 $\dfrac{351}{127} > \dfrac{3,429}{1,301}$

4. 분모와 분자의 차이를 파악

$\dfrac{b}{a}$와 $\dfrac{b+d}{a+c}$의 비교(단, $a, b, c, d > 0$)

$\dfrac{b}{a} > \dfrac{d}{c}$이면 $\dfrac{b}{a} > \dfrac{b+d}{a+c}$ $\dfrac{b}{a} < \dfrac{d}{c}$이면 $\dfrac{b}{a} < \dfrac{b+d}{a+c}$

6 단위환산

단위	단위환산		
길이	• 1cm=10mm • 1in=2.54cm	• 1m=100cm • 1mile=1,609.344m	• 1km=1,000m
넓이	• 1cm^2=100mm^2	• 1m^2=10,000cm^2	• 1km^2=1,000,000m^2
부피	• 1cm^3=1,000mm^3	• 1m^3=1,000,000cm^3	• 1km^3=1,000,000,000m^3
들이	• 1mℓ=1cm^3	• 1dℓ=100cm^3=100mℓ	• 1ℓ=1,000cm^3=10dℓ
무게	• 1kg=1,000g	• 1t=1,000kg=1,000,000g	• 1근=600g
시간	• 1분=60초	• 1시간=60분=3,600초	
할푼리	• 1푼=0.1할	• 1리=0.01할	• 1모=0.001할
데이터 양	• 1KB=1,024B • 1TB=1,024GB	• 1MB=1,024KB • 1PB=1,024TB	• 1GB=1,024MB • 1EB=1,024PB

02 응용수리

1 거리 · 속력 · 시간

1. 공식

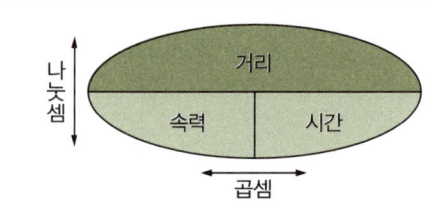

- 거리=속력×시간
- 속력=$\dfrac{거리}{시간}$
- 시간=$\dfrac{거리}{속력}$

2. 풀이 방법

거리, 속력, 시간 중 무엇을 구하는 것인지를 파악하여 공식을 적용하고 방정식을 세운다.

- 단위 변환에 주의한다.
- 1km=1,000m
- 1m=$\dfrac{1}{1,000}$km
- 1시간=60분
- 1분=$\dfrac{1}{60}$시간

2 농도

1. 공식

$$농도(\%) = \dfrac{용질(소금)의\ 질량}{용액(소금물)의\ 질량} \times 100 = \dfrac{용질의\ 질량}{용매의\ 질량 + 용질의\ 질량} \times 100$$

2. 풀이 방법

두 소금물 A, B를 하나로 섞었을 때 →
(1) (A+B) 소금의 양=A 소금의 양+B 소금의 양
(2) (A+B) 소금물의 양=A 소금물의 양+B 소금물의 양
(3) (A+B) 농도=$\dfrac{(A+B)\ 소금의\ 양}{(A+B)\ 소금물의\ 양} \times 100$

3 일의 양

1. 공식

- 일률 = $\dfrac{일량}{시간}$
- 일량 = 시간 × 일률
- 시간 = $\dfrac{일량}{일률}$

2. 풀이 방법

(1) 전체 일을 1로 둔다.
(2) 단위시간당 일의 양을 분수로 나타낸다.

4 약·배수

1. **공약수** : 두 정수의 공통 약수가 되는 정수, 즉 두 정수가 모두 나누어떨어지는 정수를 말한다.

2. **최대공약수** : 공약수 중에서 가장 큰 수로, 공약수는 그 최대공약수의 약수이다.

3. **서로소** : 공약수가 1뿐인 두 자연수이다.

4. **공배수** : 두 정수의 공통 배수가 되는 정수를 말한다.

5. **최소공배수** : 공배수 중에서 가장 작은 수로, 공배수는 그 최소공배수의 배수이다.

6. **최대공약수와 최소공배수의 관계**

$G) \dfrac{A \ B}{a \ b}$ | 두 자연수 A, B의 최대공약수가 G이고 최소공배수가 L일 때 → $A = a \times G$, $B = b \times G$ (a, b는 서로소)라 하면 $L = a \times b \times G$가 성립한다.

7. **약수의 개수**

자연수 n이 $p_1^{e_1} p_2^{e_2} \cdots p_k^{e_k}$로 소인수분해될 때, n의 약수의 개수는 $(e_1+1)(e_2+1)\cdots(e_k+1)$개이다.

5 경우의 수

1. **합의 법칙** : 두 사건 A, B가 동시에 일어나지 않을 때, 사건 A, B가 일어날 경우의 수를 각각 m, n이라고 하면, 사건 A 또는 B가 일어날 경우의 수는 $m+n$가지이다.

2. **곱의 법칙** : 사건 A, B가 일어날 경우의 수를 각각 m, n이라고 하면, 사건 A, B가 동시에 일어날 경우의 수는 $m \times n$가지이다.

3. 순열

| 서로 다른 n개에서 중복을 허용하지 않고 r개를 골라 순서를 고려해 나열하는 경우의 수 | → | 예) $_nP_r = n(n-1)(n-2)\cdots(n-r+1)$ $= \dfrac{n!}{(n-r)!}$ (단, $r \leq n$) |

4. 조합

| 서로 다른 n개에서 순서를 고려하지 않고 r개를 택하는 경우의 수 | → | 예) $_nC_r = \dfrac{n(n-1)(n-2)\cdots(n-r+1)}{r!}$ $= \dfrac{n!}{r!(n-r)!}$ (단, $r \leq n$) |

5. 중복순열

| 서로 다른 n개에서 중복을 허용하여 r개를 골라 순서를 고려해 나열하는 경우의 수 | → | 예) $_n\Pi_r = n^r$ |

6. 중복조합

| 서로 다른 n개에서 순서를 고려하지 않고 중복을 허용하여 r개를 택하는 경우의 수 | → | 예) $_nH_r = {}_{n+r-1}C_r$ |

7. 같은 것이 있는 순열

| n개 중에 같은 것이 각각 p개, q개, r개일 때, n개의 원소를 모두 택해 만든 순열의 수 | → | 예) $\dfrac{n!}{p!q!r!}$ (단, $p+q+r=n$) |

8. 원순열

| 서로 다른 n개를 원형으로 배열하는 경우의 수 | → | 예) $\dfrac{_nP_n}{n} = (n-1)!$ |

6 확률

1. 일어날 수 있는 모든 경우의 수를 n가지, 사건 A가 일어날 경우의 수를 a가지라고 하면 사건 A가 일어날 확률 $P = \dfrac{a}{n}$, 사건 A가 일어나지 않을 확률 $P' = 1 - P$이다.

2. 두 사건 A, B가 배반사건(동시에 일어나지 않을 때)일 경우 $P(A \cup B) = P(A) + P(B)$

3. 두 사건 A, B가 독립(두 사건이 서로 영향을 주지 않을 때)일 경우 $P(A \cap B) = P(A)P(B)$

4. **조건부확률** : 확률이 0이 아닌 두 사건 A, B에 대하여 사건 A가 일어났다고 가정할 때, 사건 B가 일어날 확률 $P(B|A) = \dfrac{P(A \cap B)}{P(A)}$ (단, $P(A) > 0$)

7 기초 통계

종류	내용
백분율	• 전체의 수량을 100으로 하여, 나타내려는 수량이 그중 몇이 되는가를 가리키는 수 • 기호는 %(퍼센트)이며, $\dfrac{1}{100}$이 1%에 해당된다. • 오래전부터 실용계산의 기준으로 널리 사용되고 있으며, 원그래프 등을 이용하면 이해하기 쉽다.
범위	• 관찰값의 흩어진 정도를 나타내는 도구로서 최곳값과 최젓값을 가지고 파악하며, 최곳값에서 최젓값을 뺀 값에 1을 더한 값을 의미한다. • 계산이 용이한 장점이 있으나 극단적인 끝 값에 의해 좌우되는 단점이 있다.
평균	• 관찰값 전부에 대한 정보를 담고 있어 대상집단의 성격을 함축적으로 나타낼 수 있는 값이다. • 자료에 대해 일종의 무게중심으로 볼 수 있다. • 모든 자료의 자료값을 합한 후 자료값의 개수로 나눈 값을 의미한다. $$평균 = \dfrac{자료의\ 총합}{자료의\ 총\ 개수}$$ • 평균의 종류 – 산술평균 : 전체 관찰값을 모두 더한 후 관찰값의 개수로 나눈 값 – 가중평균 : 각 관찰값에 자료의 상대적 중요도(가중치)를 곱하여 모두 더한 값을 가중치의 합계로 나눈 값
분산	• 자료의 퍼져있는 정도를 구체적인 수치로 알려주는 도구이다. • 각 관찰값과 평균값의 차이의 제곱을 모두 합한 값을 개체의 수로 나눈 값을 의미한다. $$분산 = \dfrac{(편차)^2의\ 총합}{변량의\ 개수}$$
표준편차	• 분산값의 제곱근 값을 의미한다(표준편차 $= \sqrt{분산}$). • 평균으로부터 얼마나 떨어져 있는가를 나타내는 개념으로, 평균편차의 개념과 개념적으로는 동일하다. • 표준편차가 크면 자료들이 넓게 퍼져있고 이질성이 큰 것을 의미하며, 작으면 자료들이 집중하여 있고 동질성이 큰 것을 의미한다.

8 다섯숫자요약

평균과 표준편차만으로는 원 자료의 전체적인 형태를 파악하기 어렵기 때문에 최솟값, 하위 25% 값(Q_1, 제1사분위수), 중앙값(Q_2), 상위 25% 값(Q_3, 제3사분위수), 최댓값 등을 활용하며, 이를 다섯숫자요약이라고 부른다.

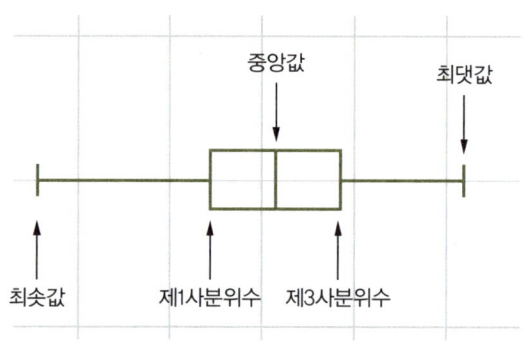

1. **최솟값** : 원 자료 중 값의 크기가 가장 작은 값이다.

2. **최댓값** : 원 자료 중 값의 크기가 가장 큰 값이다.

3. **중앙값** : 관찰값을 최솟값부터 최댓값까지 크기 순으로 배열하였을 때 순서상 중앙에 위치하는 값으로 평균값과는 다르다. 관찰값 중 어느 하나가 너무 크거나 작을 때 자료의 특성을 잘 나타낸다.

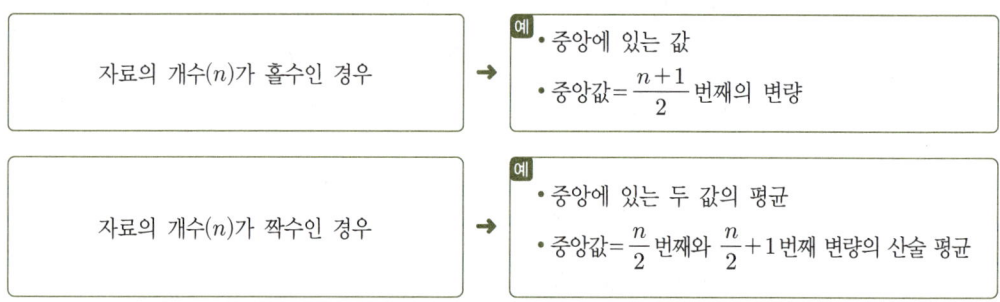

4. **하위 25% 값과 상위 25% 값** : 원 자료를 크기순으로 배열하여 4등분한 값을 의미한다. 백분위수의 관점에서 제25백분위수, 제75백분위수로 표기할 수도 있다.

9 도수분포표

1. **도수분포표** : 자료를 몇 개의 계급으로 나누고, 각 계급에 속하는 도수를 조사하여 나타낸 표이다.

몸무게(kg)	계급값	도수
30 이상 ~ 35 미만	32.5	3
35 ~ 40	37.5	5
40 ~ 45	42.5	9
45 ~ 50	47.5	13
50 ~ 55	52.5	7
55 ~ 60	57.5	3

- 변량 : 자료를 수량으로 나타낸 것
- 계급 : 변량을 일정한 간격으로 나눈 구간
- 계급의 크기 : 구간의 너비
- 계급값 : 계급을 대표하는 값으로 계급의 중앙값
- 도수 : 각 계급에 속하는 자료의 개수

2. **도수분포표에서의 평균, 분산, 표준편차**

- 평균 = $\dfrac{\{(계급값) \times (도수)\}의\ 총합}{(도수)의\ 총합}$
- 분산 = $\dfrac{\{(편차)^2 \times (도수)\}의\ 총합}{(도수)의\ 총합}$
- 표준편차 = $\sqrt{분산} = \sqrt{\dfrac{\{(편차)^2 \times (도수)\}의\ 총합}{(도수)의\ 총합}}$

3. **상대도수**

(1) 도수분포표에서 도수의 총합에 대한 각 계급의 도수의 비율이다.
(2) 상대도수의 총합은 반드시 1이다.

→ 계급의 상대도수 = $\dfrac{각\ 계급의\ 도수}{도수의\ 총합}$

4. **누적도수**

(1) 도수분포표에서 처음 계급의 도수부터 어느 계급의 도수까지 차례로 더한 도수의 합이다.
- 각 계급의 누적도수 = 앞 계급까지의 누적도수 + 그 계급의 도수
(2) 처음 계급의 누적도수는 그 계급의 도수와 같다.
(3) 마지막 계급의 누적도수는 도수의 총합과 같다.

10 손익계산

1. 공식

- 정가 = 원가 $\times \left(1 + \dfrac{\text{이익률}}{100}\right)$
- 정가 = 원가 + 이익
- 할인율(%) = $\dfrac{\text{정가} - \text{할인가(판매가)}}{\text{정가}} \times 100$
- 할인가 = 정가 $\times \left(1 - \dfrac{\text{할인율}}{100}\right)$ = 정가 − 할인액
- 이익 = 원가 $\times \dfrac{\text{이익률}}{100}$

2. 풀이 방법

(1) 정가가 원가보다 a원 비싸다. → 정가=원가+a

(2) 정가가 원가보다 b% 비싸다. → 정가=원가 $\times \left(1 + \dfrac{b}{100}\right)$

(3) 판매가가 정가보다 c원 싸다. → 판매가=정가−c

(4) 판매가가 정가보다 d% 싸다. → 판매가=정가 $\times \left(1 - \dfrac{d}{100}\right)$

11 원리합계

1. 정기예금

(1) 단리 : 원금에 대해서만 이자를 붙이는 방식이다.

$$S = A(1 + rn)$$

** S : 원리합계, A : 원금, r : 연이율, n : 기간(년)

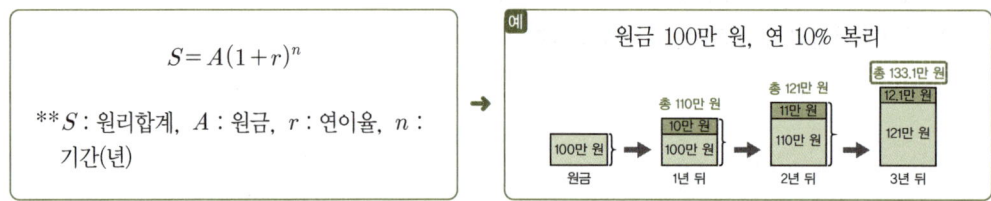

(2) 복리 : 원금뿐만 아니라 원금에서 생기는 이자에도 이자를 붙이는 방식이다.

$$S = A(1 + r)^n$$

** S : 원리합계, A : 원금, r : 연이율, n : 기간(년)

2. 정기적금

(1) 기수불 : 각 단위기간의 첫날에 적립하는 방식으로, 마지막에 적립한 예금도 단위기간 동안의 이자가 발생한다.

> 예
> - 단리 : $S = An + A \times r \times \dfrac{n(n+1)}{2}$
> - 복리 : $S = \dfrac{A(1+r)\{(1+r)^n - 1\}}{r}$

→ $**S$: 원리합계, A : 원금, r : 연이율, n : 기간(년)

(2) 기말불 : 각 단위기간의 마지막 날에 적립하는 방식으로 마지막에 적립한 예금은 이자가 발생하지 않는다.

> 예
> - 단리 : $S = An + A \times r \times \dfrac{n(n-1)}{2}$
> - 복리 : $S = \dfrac{A\{(1+r)^n - 1\}}{r}$

→ $**S$: 원리합계, A : 원금, r : 연이율, n : 기간(년)

3. 72의 법칙

이자율을 복리로 적용할 때 투자한 돈이 2배가 되는 시간을 계산하는 방법이다.

$$\text{원금이 2배가 되기까지 걸리는 시간(년)} = \dfrac{72}{\text{이자율(\%)}}$$

12 간격

1. 직선상에 심는 경우

구분	양쪽 끝에도 심는 경우	양쪽 끝에는 심지 않는 경우	한쪽 끝에만 심는 경우
필요한 나무 수	$\dfrac{\text{직선 길이}}{\text{간격 길이}} + 1 = $ 간격의 수 $+1$	$\dfrac{\text{직선 길이}}{\text{간격 길이}} - 1 = $ 간격의 수 -1	$\dfrac{\text{직선 길이}}{\text{간격 길이}} = $ 간격의 수
직선 길이	간격 길이×(나무 수−1)	간격 길이×(나무 수+1)	간격 길이×나무 수

2. 원 둘레상에 심는 경우

(1) 공식

- 필요한 나무 수 : $\dfrac{\text{둘레 길이}}{\text{간격 길이}} = $ 간격의 수
- 둘레 길이 : 간격 길이×나무 수

(2) 원형에 나무를 심을 때 특징

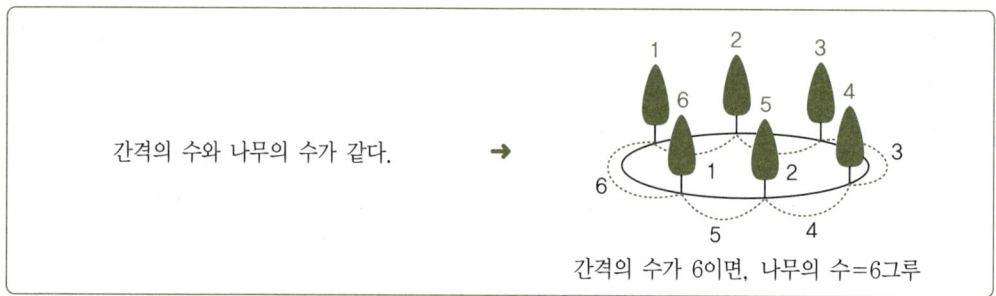

간격의 수와 나무의 수가 같다. → 간격의 수가 6이면, 나무의 수=6그루

(3) 풀이 순서
　① 일직선상에 심는 경우인지 원형상에 심는 경우인지 구분한다.
　② 공식을 적용하여 풀이한다.

13 나이 · 시계각도

1. 나이

(1) x년이 흐른 뒤에는 모든 사람이 x살씩 나이를 먹는다.
(2) 시간이 흘러도 객체 간의 나이 차이는 동일하다.

2. 시침의 각도

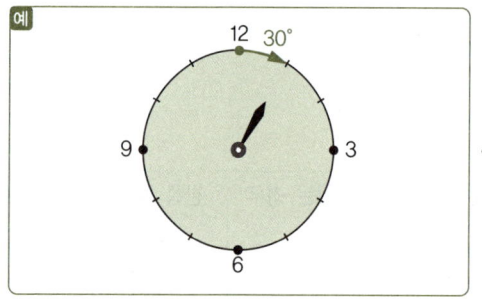

→
- 12시간 동안 회전한 각도 : 360°
- 1시간 동안 회전한 각도 : 360°÷12=30°
- 1분 동안 회전한 각도 : 30°÷60=0.5°
　↳ X시 Y분일 때 시침의 각도 : 30°X + 0.5°Y

3. 분침의 각도

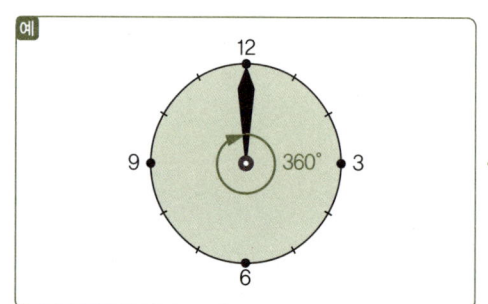

→
- 1시간 동안 회전한 각도 : 360°
- 1분 동안 회전한 각도 : 360°÷60=6°
　↳ X시 Y분일 때 분침의 각도 : 6°Y

4. 시침과 분침이 이루는 각도

예
X시 Y분일 때 시침과 분침이 이루는 각도

→

$|(30°X+0.5°Y)-6°Y|=|30°X-5.5°Y|$
(단, 각도 A가 180°보다 클 경우 360°−A를 한다)

14 곱셈공식

- $(a \pm b)^2 = a^2 \pm 2ab + b^2$
- $(a+b)(a-b) = a^2 - b^2$
- $(a \pm b)^3 = a^3 \pm 3a^2b + 3ab^2 \pm b^3$
- $(x+a)(x+b) = x^2 + (a+b)x + ab$
- $(ax+b)(cx+d) = acx^2 + (ad+bc)x + bd$
- $(a \pm b)^2 = (a \mp b)^2 \pm 4ab$
- $(a+b+c)^2 = a^2 + b^2 + c^2 + 2ab + 2bc + 2ca$
- $(a \pm b)(a^2 \mp ab + b^2) = a^3 \pm b^3$
- $a^2 + b^2 = (a \pm b)^2 \mp 2ab$
- $a^2 + \dfrac{1}{a^2} = \left(a \pm \dfrac{1}{a}\right)^2 \mp 2$ (단, $a \neq 0$)

15 집합

1. **집합** : 주어진 조건에 의하여 그 대상을 명확하게 구분할 수 있는 모임이다.

2. **부분집합** : 두 집합 A, B에 대하여 집합 A의 모든 원소가 집합 B에 속할 때, 집합 A는 집합 B의 부분집합(A⊂B)이라 한다.

3. **집합의 포함 관계에 대한 성질**

   임의의 집합 A, B, C에 대하여
   - ∅⊂A, A⊂A
   - A⊂B이고 B⊂A이면 A=B
   - A⊂B이고 B⊂C이면 A⊂C

4. 합집합, 교집합, 여집합, 차집합

합집합	교집합
$A \cup B = \{x \mid x \in A \text{ 또는 } x \in B\}$	$A \cap B = \{x \mid x \in A \text{이고 } x \in B\}$
여집합	차집합
$A^c = \{x \mid x \in U \text{이고 } x \notin A\}$	$A - B = \{x \mid x \in A \text{이고 } x \notin B\}$

5. 집합의 연산법칙

• 교환법칙	$A \cup B = B \cup A$, $A \cap B = B \cap A$
• 결합법칙	$(A \cup B) \cup C = A \cup (B \cup C)$, $(A \cap B) \cap C = A \cap (B \cap C)$
• 분배법칙	$A \cup (B \cap C) = (A \cup B) \cap (A \cup C)$, $A \cap (B \cup C) = (A \cap B) \cup (A \cap C)$
• 드모르간의 법칙	$(A \cup B)^c = A^c \cap B^c$, $(A \cap B)^c = A^c \cup B^c$
• 차집합의 성질	$A - B = A \cap B^c$
• 여집합의 성질	$A \cup A^c = U$, $A \cap A^c = \varnothing$

16 지수와 로그법칙

1. 지수법칙

$a > 0$, $b > 0$이고 m, n이 임의의 실수일 때

- $a^m \times a^n = a^{m+n}$
- $a^m \div a^n = a^{m-n}$
- $(a^m)^n = a^{mn}$
- $(ab)^m = a^m b^m$
- $\left(\dfrac{a}{b}\right)^m = \dfrac{a^m}{b^m}$ (단, $b \neq 0$)
- $a^0 = 1$
- $a^{-n} = \dfrac{1}{a^n}$ (단, $a \neq 0$)

2. 로그법칙

- 로그의 정의 : $b = a^x \Leftrightarrow \log_a b = x$ (단, $a > 0$, $a \neq 1$, $b > 0$)

$a > 0$, $a \neq 1$, $x > 0$, $y > 0$일 때

- $\log_a xy = \log_a x + \log_a y$
- $\log_a \dfrac{x}{y} = \log_a x - \log_a y$
- $\log_a x^p = p \log_a x$
- $\log_a \sqrt[p]{x} = \dfrac{\log_a x}{p}$
- $\log_a x = \dfrac{\log_b x}{\log_b a}$ (단, $b > 0$, $b \neq 1$)

17 제곱근

1. 제곱근

어떤 수 x를 제곱하여 a가 되었을 때, x를 a의 제곱근이라 한다. → 예 $x^2 = a \Leftrightarrow x = \pm \sqrt{a}$ (단, $a \geq 0$)

2. 제곱근의 연산

$a > 0$, $b > 0$일 때

- $m\sqrt{a} + n\sqrt{a} = (m+n)\sqrt{a}$
- $m\sqrt{a} - n\sqrt{a} = (m-n)\sqrt{a}$
- $\sqrt{a}\sqrt{b} = \sqrt{ab}$
- $\sqrt{a^2 b} = a\sqrt{b}$
- $\dfrac{\sqrt{a}}{\sqrt{b}} = \sqrt{\dfrac{a}{b}}$

3. **분모의 유리화** : 분수의 분모가 근호를 포함한 무리수일 때 분모, 분자에 0이 아닌 같은 수를 곱하여 분모를 유리수로 고치는 것이다.

$a > 0$, $b > 0$일 때

- $\dfrac{a}{\sqrt{b}} = \dfrac{a\sqrt{b}}{\sqrt{b}\sqrt{b}} = \dfrac{a\sqrt{b}}{b}$
- $\dfrac{\sqrt{a}}{\sqrt{b}} = \dfrac{\sqrt{a}\sqrt{b}}{\sqrt{b}\sqrt{b}} = \dfrac{\sqrt{ab}}{b}$
- $\dfrac{1}{\sqrt{a}+\sqrt{b}} = \dfrac{\sqrt{a}-\sqrt{b}}{(\sqrt{a}+\sqrt{b})(\sqrt{a}-\sqrt{b})} = \dfrac{\sqrt{a}-\sqrt{b}}{a-b}$ (단, $a \neq b$)
- $\dfrac{1}{\sqrt{a}-\sqrt{b}} = \dfrac{\sqrt{a}+\sqrt{b}}{(\sqrt{a}-\sqrt{b})(\sqrt{a}+\sqrt{b})} = \dfrac{\sqrt{a}+\sqrt{b}}{a-b}$ (단, $a \neq b$)

18 방정식

1. 등식($A = B$)의 성질

(1) 양변에 같은 수 m을 더해도 등식은 성립한다. $A+m=B+m$

(2) 양변에 같은 수 m을 빼도 등식은 성립한다. $A-m=B-m$

(3) 양변에 같은 수 m을 곱해도 등식은 성립한다. $A \times m = B \times m$

(4) 양변에 0이 아닌 같은 수 m을 나누어도 등식은 성립한다. $A \div m = B \div m$(단, $m \neq 0$)

2. 이차방정식의 근의 공식

$$ax^2 + bx + c = 0 \text{일 때(단, } a \neq 0 \text{)} \quad x = \frac{-b \pm \sqrt{b^2 - 4ac}}{2a}$$

3. 이차방정식의 근과 계수와의 관계 공식

- $ax^2 + bx + c = 0$(단, $a \neq 0$)의 두 근이 α, β일 때 ➔ $\alpha + \beta = -\dfrac{b}{a}$ $\alpha\beta = \dfrac{c}{a}$

- $x = \alpha$, $x = \beta$를 두 근으로 하는 이차방정식 ➔ $a(x-\alpha)(x-\beta) = 0$

4. 이차방정식의 풀이 방법

(1) $AB = 0$의 성질을 이용한 풀이

$AB = 0$이면 $A = 0$ 또는 $B = 0$ ➔ $(x-a)(x-b) = 0$이면 $x = a$ 또는 $x = b$

(2) 인수분해를 이용한 풀이

주어진 방정식을 (일차식)×(일차식)=0의 꼴로 인수분해 하여 푼다.

$$ax^2 + bx + c = 0 \xrightarrow{\text{인수분해}} a(x-p)(x-q) = 0 \longrightarrow x = p \text{ 또는 } x = q$$

(3) 제곱근을 이용한 풀이

- $x^2 = a$(단, $a \geq 0$)이면 $x = \pm\sqrt{a}$
- $ax^2 = b$(단, $\dfrac{b}{a} \geq 0$)이면 $x = \pm\sqrt{\dfrac{b}{a}}$
- $(x-a)^2 = b$(단, $b \geq 0$)이면 $x - a = \pm\sqrt{b}$에서 $x = a \pm \sqrt{b}$

(4) 완전제곱식을 이용한 풀이

이차방정식 $ax^2 + bx + c = 0$(단, $a \neq 0$)의 해는 다음과 같이 고쳐서 구할 수 있다.

- $a=1$일 때, $x^2+bx+c=0$ ➔ $(x+p)^2=q$의 꼴로 변형
- $a\neq 1$일 때, $ax^2+bx+c=0$ ➔ $x^2+\dfrac{b}{a}x+\dfrac{c}{a}=0$
  $(x+p)^2=q$의 꼴로 변형

19 부등식

1. 성질

- $a<b$일 때, $a+c<b+c$, $a-c<b-c$
- $a<b$, $c>0$일 때, $ac<bc$, $\dfrac{a}{c}<\dfrac{b}{c}$
- $a<b$, $c<0$일 때, $ac>bc$, $\dfrac{a}{c}>\dfrac{b}{c}$

2. 일차부등식의 풀이 순서

(1) 미지수 x를 포함한 항은 좌변으로, 상수항은 우변으로 이항한다.
(2) $ax>b$, $ax<b$, $ax\geq b$, $ax\leq b$의 꼴로 정리한다(단, $a\neq 0$).
(3) 양변을 x의 계수 a로 나눈다.

20 비와 비율

1. 비 : 두 수의 양을 기호 ' : '을 사용하여 나타내는 것

비례식에서 외항의 곱과 내항의 곱은 항상 같다. ➔ $A:B=C:D$일 때, $A\times D=B\times C$

2. 비율 : 비교하는 양이 원래의 양(기준량)의 얼마만큼에 해당하는지를 나타낸 것

- 비율 = $\dfrac{\text{비교하는 양}}{\text{기준량}}$
- 비교하는 양 = 비율 × 기준량
- 기준량 = 비교하는 양 ÷ 비율

소수	분수	백분율	할푼리
0.1	$\dfrac{1}{10}$	10%	1할
0.01	$\dfrac{1}{100}$	1%	1푼
0.25	$\dfrac{25}{100}=\dfrac{1}{4}$	25%	2할 5푼
0.375	$\dfrac{375}{1,000}=\dfrac{3}{8}$	37.5%	3할 7푼 5리

※ 백분율(%) : 기준량이 100일 때의 비율
※ 할푼리 : 비율을 소수로 나타내었을 때 소수 첫째 자리, 소수 둘째 자리, 소수 셋째 자리를 이르는 말

03 수열

1 수열

1. **등차수열** : 첫째항부터 차례로 일정한 수를 더하여 만들어지는 수열. 각 항에 더하는 일정한 수, 즉 뒤의 항에서 앞의 항을 뺀 수를 등차수열의 공차라고 한다.

   등차수열 $\{a_n\}$에서
   $$a_2 - a_1 = a_3 - a_2 = \cdots = a_{n+1} - a_n = d(공차)$$

   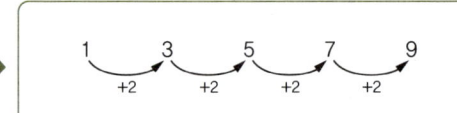

2. **등비수열** : 첫째항부터 차례로 일정한 수를 곱하여 만들어지는 수열. 각 항에 곱하는 일정한 수, 즉 뒤의 항을 앞의 항으로 나눈 수를 등비수열의 공비라고 한다.

   등비수열 $\{a_n\}$에서
   $$\frac{a_2}{a_1} = \frac{a_3}{a_2} = \cdots = \frac{a_{n+1}}{a_n} = r(공비)$$

   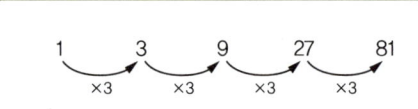

3. **등차계차수열**

   앞의 항과의 차가 등차를 이루는 수열

   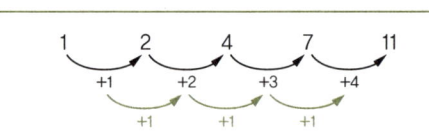

4. **등비계차수열**

   앞의 항과의 차가 등비를 이루는 수열

   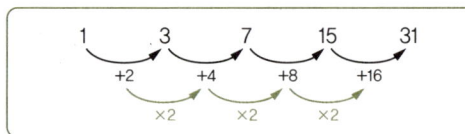

5. **피보나치수열**

   앞의 두 항의 합이 그다음 항이 되는 수열 → 1, 1, 2, 3, 5, 8, 13, 21, 34, …

2 문자 수열

1. 일반 자음

ㄱ	ㄴ	ㄷ	ㄹ	ㅁ	ㅂ	ㅅ
1	2	3	4	5	6	7
ㅇ	ㅈ	ㅊ	ㅋ	ㅌ	ㅍ	ㅎ
8	9	10	11	12	13	14

2. 쌍자음이 포함된 자음(사전에 실리는 순서)

ㄱ	ㄲ	ㄴ	ㄷ	ㄸ	ㄹ	ㅁ	ㅂ	ㅃ	ㅅ
1	2	3	4	5	6	7	8	9	10
ㅆ	ㅇ	ㅈ	ㅉ	ㅊ	ㅋ	ㅌ	ㅍ	ㅎ	
11	12	13	14	15	16	17	18	19	

3. 일반 모음

ㅏ	ㅑ	ㅓ	ㅕ	ㅗ	ㅛ	ㅜ	ㅠ	ㅡ	ㅣ
1	2	3	4	5	6	7	8	9	10

4. 이중모음이 포함된 모음 순서(사전에 실리는 순서)

ㅏ	ㅐ	ㅑ	ㅒ	ㅓ	ㅔ	ㅕ
1	2	3	4	5	6	7
ㅖ	ㅗ	ㅘ	ㅙ	ㅚ	ㅛ	ㅜ
8	9	10	11	12	13	14
ㅝ	ㅞ	ㅟ	ㅠ	ㅡ	ㅢ	ㅣ
15	16	17	18	19	20	21

5. 알파벳

A	B	C	D	E	F	G	H	I
1	2	3	4	5	6	7	8	9
J	K	L	M	N	O	P	Q	R
10	11	12	13	14	15	16	17	18
S	T	U	V	W	X	Y	Z	
19	20	21	22	23	24	25	26	

UNIT 4 자료해석

주어진 자료에 대한 이해를 바탕으로 분석 내용의 적절성을 판단하거나, 제시된 수치에 대한 계산 능력을 바탕으로 문제 해결을 하는 등 다양한 종류의 자료를 이해하는 능력을 평가한다.

01 자료해석이란

1 자료해석의 특징과 대처법

- 자료해석에서 요구하는 것은 주어진 자료만으로 논리적으로 도출해 낼 수 있는 사항을 올바르게 판단하는 능력이다. 선택지의 내용이 상식적으로는 옳다고 여겨지는 경우에도 자료를 통해 논리적으로 이끌어 낼 수 없다면 정답이라고 할 수 없다.
- 비율, 증가율, 지수 등을 올바르게 이해해야 한다.
- 계산 테크닉을 익혀서 쓸데없는 계산을 하지 않도록 한다. 또한 간단한 계산은 암산으로 끝낼 수 있도록 훈련하는 것이 좋다.
- 선택지를 검토할 때에는 옳고 그름의 판단이 쉬운 것부터 순서대로 확인한다.
- 자료의 단위, 각주 등을 놓치지 않도록 주의한다.

2 변동률(증감률)

1. 공식

- 변동률 또는 증감률(%) = $\dfrac{\text{비교시점 수치} - \text{기준시점 수치}}{\text{기준시점 수치}} \times 100$
- 기준시점 수치를 X, 비교시점 수치를 Y, 변동률(증감률)을 g%라 하면

$$g = \dfrac{Y-X}{X} \times 100 \qquad Y - X = \dfrac{g}{100} \times X \qquad Y = \left(1 + \dfrac{g}{100}\right)X$$

2. 계산 방법

값이 a에서 b로 변화하였을 때 $\dfrac{b-a}{a} \times 100$ 또는 $\left(\dfrac{b}{a} - 1\right) \times 100$으로 계산한다.

> 예) 값이 256에서 312로 변화하였을 때 증감률은 $\dfrac{312-256}{256} \times 100 ≒ 22(\%)$이다.
> 다른 방법도 있다. 312는 256의 약 1.22배인데 이는 256을 1로 설정할 때 312는 약 1.22라는 의미이다. 따라서 0.22가 늘어났으므로 증감률은 22%임을 알 수 있다.

3 변동률과 변동량의 관계

변동률이 크다고 해서 변동량(증가량, 변화량, 증감량)이 많은 것은 아니다.

> 예 A의 연봉은 1억 원에서 2억 원으로, B의 연봉은 2,000만 원에서 8,000만 원으로 인상되었다. A의 연봉증가액은 1억 원이고 B의 연봉증가액은 6,000만 원이며, A의 연봉증가율은 $\frac{2-1}{1} \times 100 = 100(\%)$이고, B의 연봉증가율은 $\frac{8,000-2,000}{2,000} \times 100 = 300(\%)$이다. 따라서 연봉증가액은 A가 B보다 많지만, 연봉증가율은 A가 B보다 작다.

4 증가율과 구성비의 관계

전체량을 A, 부분량을 B라고 하면 부분량의 구성비는 $\frac{B}{A}$이다. 만약 어느 기간에 전체량이 a, 부분량이 b 증가했다고 하면 증가 후의 구성비는 $\frac{B(1+b)}{A(1+a)}$이다(단, a, b는 증가율이다). 여기서 $a > b$이면 $\frac{B}{A} > \frac{B(1+b)}{A(1+a)}$, $a < b$이면 $\frac{B}{A} < \frac{B(1+b)}{A(1+a)}$가 된다.

> - 전체량의 증가율 > 부분량의 증가율 ⇨ 구성비 감소
> - 전체량의 증가율 < 부분량의 증가율 ⇨ 구성비 증가

5 지수

- 지수란 구체적인 숫자 자체의 크기보다는 시간의 흐름에 따라 수량이나 가격 등 해당 수치가 어떻게 변화되었는지를 쉽게 파악할 수 있도록 만든 것으로 통상 비교의 기준이 되는 시점(기준시점)을 100으로 하여 산출한다.

- 기준 데이터를 X, 비교 데이터를 Y라 하면, $\text{지수} = \frac{Y}{X} \times 100$

- 데이터 1의 실수를 X, 데이터 2의 실수를 Y, 데이터 1의 지수를 k, 데이터 2의 지수를 g라 하면 다음과 같은 비례식이 성립한다. $X : Y = k : g$

- 비례식에서 외항의 곱과 내항의 곱은 같으므로 $Xg = Yk$이다. 따라서 $Y = \frac{g}{k} \times X$, $X = \frac{k}{g} \times Y$

6 퍼센트(%)와 퍼센트포인트(%p)

퍼센트는 백분비라고도 하는데 전체의 수량을 100으로 하여 해당 수량이 그중 몇이 되는가를 가리키는 수로 나타낸다. 퍼센트포인트는 이러한 퍼센트 간의 차이를 표현한 것으로 실업률이나 이자율 등의 변화가 여기에 해당된다.

> **예** 실업률이 작년 3%에서 올해 6%로 상승하였다.
> → 실업률이 작년에 비해 100% 상승 또는 3%p 상승했다.
> 여기서 퍼센트는 '$\frac{현재\ 실업률 - 기존\ 실업률}{기존\ 실업률} \times 100$'을 하여 '100'으로 산출됐고,
> 퍼센트포인트는 퍼센트의 차이이므로 6-3을 해서 '3'이란 수치가 나온 것이다.

7 가중평균

- 중요도나 영향도에 해당하는 각각의 가중치를 곱하여 구한 평균값을 가중평균이라 한다.
- 주어진 값 $x_1, x_2, \cdots, x_n$에 대한 가중치가 각각 $w_1, w_2, \cdots, w_n$이라 하면

$$가중평균 = \frac{x_1 w_1 + x_2 w_2 + \cdots + x_n w_n}{w_1 + w_2 + \cdots + w_n}$$

8 단위당 양

1. 자동차 천 대당 교통사고 발생건수, 단위면적당 인구수 등과 같이 정해진 단위량에 대한 상대치이다. 따라서 기준이 되는 단위량에 대응하는 실수(위의 예에서는 자동차 대수, 면적)가 주어져 있지 않으면 단위당 양에만 기초해서 실수 그 자체(위의 예에서는 교통사고 발생건수, 인구수)를 비교하는 것은 불가능하다.

2. 계산 방법

- X, Y를 바탕으로 X당 Y를 구하는 경우 → $(X당\ Y) = \frac{Y}{X}$
- X당 Y, X를 바탕으로 Y를 구하는 경우 → $Y = X \times (X당\ Y)$
- X당 Y, Y를 바탕으로 X를 구하는 경우 → $X = Y \div (X당\ Y)$

02 그래프의 종류

꺾은선 그래프
- 시계열 변화를 표시하는 데 적합한 그래프
- 세로축에 양, 가로축에 시계열을 표시한다.

예 〈월별 고객불만 건수〉

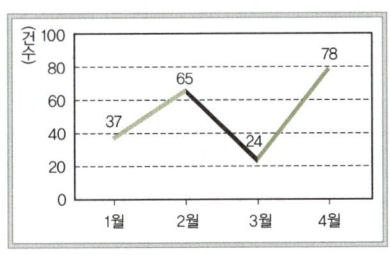

막대 그래프
- 비교하고자 하는 수량을 막대의 길이로 나타냄으로써 각 수량 간의 대소 비교가 가능한 그래프
- 가로축에 시계열을 표시할 경우 꺾은선 그래프와 동일한 효과를 가진다.

예 〈지방 중소병원 고객의 주거지역 분포〉

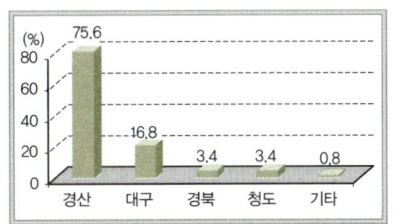

히스토그램
- 도수분포를 나타내는 그래프
- 막대 사이에 간격이 없다.

예 〈볼링 동호회 회원들의 볼링 점수〉

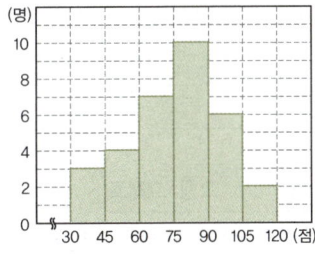

원 그래프
- 원을 분할하여 내역이나 내용의 구성비를 작성하는 그래프
- 전체에 대한 구성비를 표현할 때 적합하다.
- 각 항목의 구성비에 따라 중심각이 정해지고 중심각 360°가 100%에 대응한다.

$$구성비(\%) = \frac{중심각}{360°} \times 100$$

예 〈비용 지출내역〉

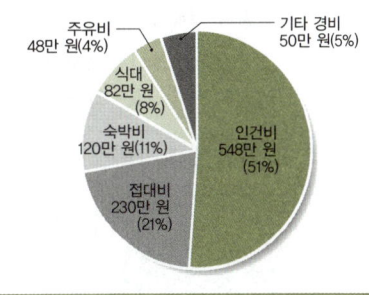

레이더차트(방사형 그래프, 거미줄 그래프)	띠 그래프
• 항목의 수만큼 레이더 형상으로 축을 뻗어 값을 선으로 연결함으로써 합계나 비율의 차이를 비교하는 그래프	• 각 요소의 구성비를 띠 모양으로 나타낸 그래프 • 막대 전체를 100%로 두고 각 항목의 구성비에 따라 막대의 내용을 구별해 구성비를 시각적으로 표현한다.
예 〈식품 A, B의 영양성분〉 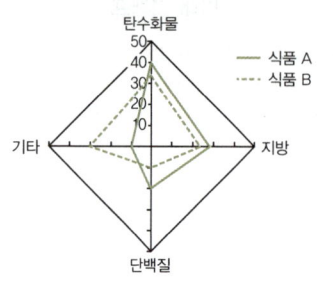	예 〈건설시장의 부문별 시장규모 구성비〉 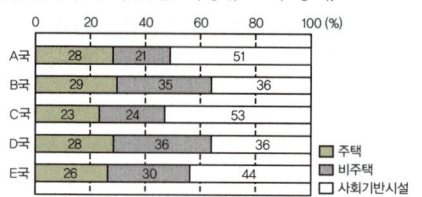
층별 그래프	피라미드도
• 합계와 각 부분의 크기를 백분율 또는 실수로 나타내고 시간적 변화를 보고자 할 때 활용할 수 있는 그래프	• 두 개의 그룹을 대상으로 할 때 사용되며, 하나의 항목에 대한 히스토그램을 좌우에 나누어 표시한다.
예 〈상품별 매출액 추이〉 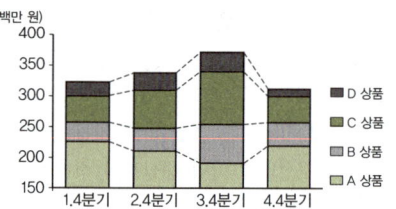	예 〈2030년 인구피라미드〉 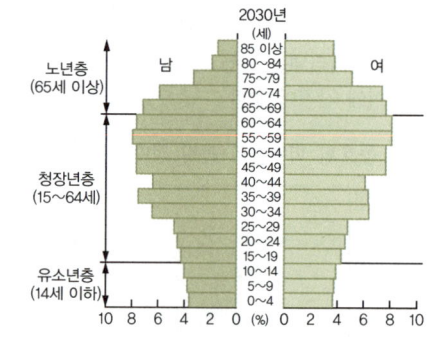
영역 그래프	그림 그래프
• 데이터의 총량과 그 구성비의 추이를 층으로 나타내고 층 폭의 변화로 경향을 볼 수 있는 그래프	• 수를 그림으로 나타내 한눈에 보이도록 만든 그래프
예 〈범죄유형별 시간대별 발생 비율〉 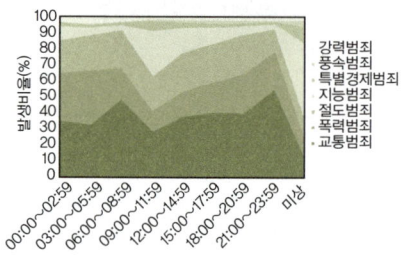	예 〈성남시 인구수〉 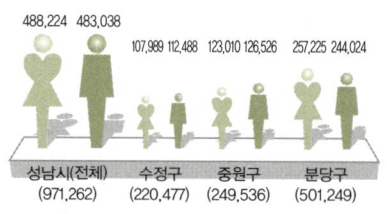

산점도(상관도)	물방울차트
• 2개의 연속형 변수 간의 관계를 보기 위하여 직교좌표의 평면에 관측점을 찍어 만든 그래프 • 두 변수의 관계를 시각적으로 검토할 때 유용하다. 예 〈A 중학교 학생들의 키와 몸무게〉 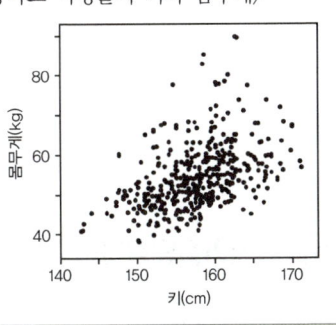	• 원(물방울)의 크기로 데이터의 대소를 비교하는 그래프 예 〈은행별 총자산, 당기순이익, 총자산 이익률〉 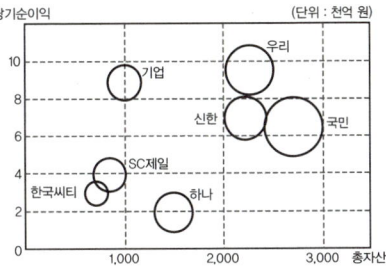
상자그림	삼각도표(삼각좌표)
• 다섯숫자요약(중앙값, 제1사분위수, 제3사분위수, 최댓값, 최솟값)을 시각적으로 표현한 그림 • 이상점이 포함되어 있는지를 쉽게 판단할 수 있다. 예 〈국어, 영어, 수학 성적〉 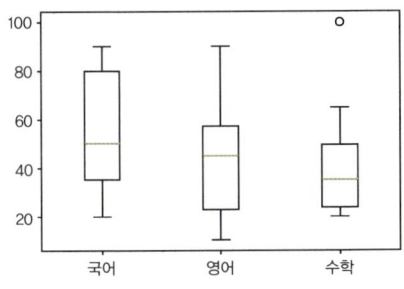	• 3가지 항목의 전체에 대한 구성비를 정삼각형 내부에 점으로 표현한 그래프 • 자료를 세 가지 요소로 분류 가능할 때 사용한다. 예 〈'의료', '연금', '기타 복지'가 사회보험 비용 전체에서 차지하는 비율〉 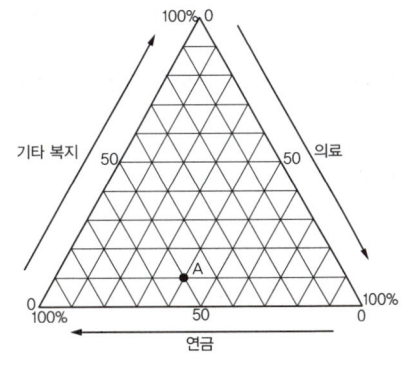

고시넷 SK하이닉스(SKCT) Maintenance/Operator 최신기출유형모의고사

출제 영역 · 문항 수 · 시험 시간

- 언어표현 → 30문항 — 3분
- 언어이해 → 20문항 — 7분
- 창의수리 → 30문항 — 15분
- 자료해석 → 20문항 — 10분

SK하이닉스(SKCT) Maintenance/Operator

파트 2 기출유형모의고사

- **1회** 기출유형문제
- **2회** 기출유형문제
- **3회** 기출유형문제
- **4회** 기출유형문제

SKCT 1회 기출유형문제

문항수 | 100문항
시험시간 | 35분

▶ 정답과 해설 18쪽

영역 1 언어표현

30문항/3분

[01 ~ 03] 다음 중 제시된 단어의 유의어를 고르시오.

01.

하늬바람

① 동풍　　② 서풍　　③ 남풍
④ 북풍　　⑤ 북동풍

02.

미쁘다

① 예쁘다　　② 시쁘다　　③ 미덥다
④ 시답다　　⑤ 궁하다

03.

평범(平凡)

① 특출(特出)　　② 비범(非凡)　　③ 불범(不凡)
④ 유별(有別)　　⑤ 범용(凡庸)

[04 ~ 06] 빈칸에 들어갈 가장 적절한 단어를 고르시오.

04.

```
            설날
         ┌───┴───┐
        동지   정월대보름
```

① 겨울 ② 한복 ③ 팥죽
④ 세배 ⑤ 강강술래

05.

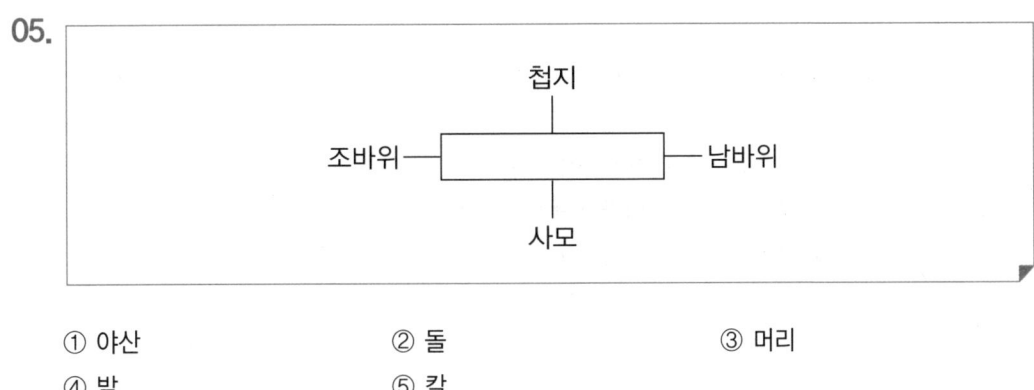

① 야산 ② 돌 ③ 머리
④ 발 ⑤ 칼

06.

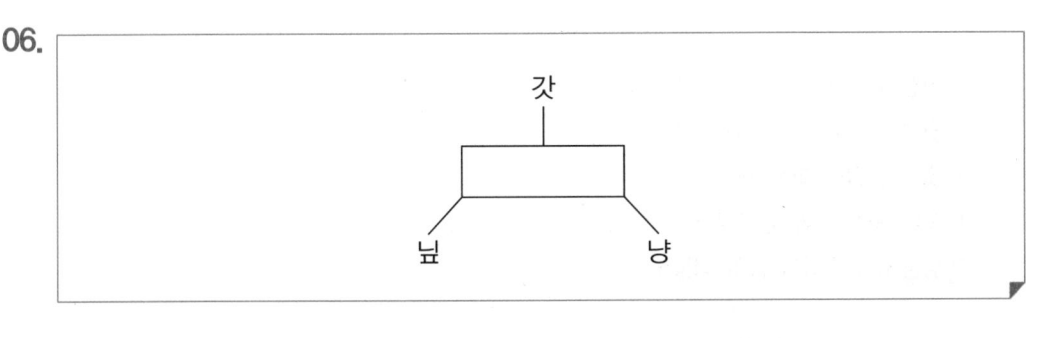

① 단위 ② 음식 ③ 화폐
④ 식물 ⑤ 동전

[07 ~ 09] 다음 제시된 단어의 뜻을 설명하고 있는 것을 고르시오.

07.
찐덥다

① 끊으려 해도 끊어지지 않는다.
② 야무지고 실속이 있다.
③ 꼭 붙어서 떨어지지 않는다.
④ 마음에 흐뭇하고 반갑다.
⑤ 믿고 싶은 마음이 생기다.

08.
옹골지다

① 분명하지 않고 어렴풋하거나 모호하게 하다.
② 실속이 있게 속이 꽉 차 있다.
③ 큰 감격이나 기쁨으로 가슴이 몹시 뿌듯하여 오다.
④ 어려운 일에 부딪혀 앞으로 나아가지 못하고 주춤거리다.
⑤ 어떤 사실이나 내용을 분석하여 따지다.

09.
가뭇없다

① 양심에 가책을 느껴 괴로워하다.
② 알고도 모르는 척 시치미를 떼다.
③ 숫기가 없어 머뭇거리다.
④ 눈에 띄지 않게 감쪽같다.
⑤ 당당하고 거리낌 없이 행동하다.

[10 ~ 11] 다음에서 설명하고 있는 단어로 적절한 것을 고르시오.

10.
| 마음으로는 그렇지 않으나 일부러 그렇게 |

① 모르쇠 ② 지레 ③ 짐짓
④ 드레 ⑤ 헤살

11.
| 사물의 가장 요긴하고 중요한 것 |

① 추요(樞要) ② 모태(母胎) ③ 요지(要旨)
④ 수범(垂範) ⑤ 경향(傾向)

12. 다음 단어들 중에서 서로 관련이 있는 세 단어들을 통해 공통적으로 연상할 수 있는 단어는?

은행나무	편의점	월요일
자판기	삭망	부적
영어	작두	태음력

① 공무원 ② 콩 ③ 동물농장
④ 동전 ⑤ 달

[13 ~ 15] 다음 중 제시된 단어의 반의어를 고르시오.

13.
> 잦다

① 드물다　② 재다　③ 마르다
④ 자주　⑤ 빈번하다

14.
> 탈의(脫衣)

① 개염　② 의절(義絕)　③ 착색(着色)
④ 착의(着衣)　⑤ 탈색(脫色)

15.
> 편향(偏向)

① 공방(攻防)　② 편중(偏重)　③ 공정(公正)
④ 일편(一偏)　⑤ 무사(無事)

[16 ~ 18] 다음 나열된 단어를 통해 연상할 수 있는 단어를 고르시오.

16.

벽, 손목, 뻐꾸기, 전자

① 가을　　② 손잡이　　③ 난로
④ 성장　　⑤ 시계

17.

코다리, 노가리, 황태, 북어

① 명태　　② 고등어　　③ 가오리
④ 꽁치　　⑤ 삼치

18.

한글, 알파벳, 히라가나, 한자

① 문자　　② 그림　　③ 글씨
④ 전달　　⑤ 의미

19. 다음 제시된 단어들의 관계와 단어 관계가 같은 것은?

줄자 : 거리 측정

① 깊이 : 넓이　　② 연필 : 쓰기
③ 카메라 : 현상소　　④ 미술가 : 그림붓
⑤ 망치 : 못

[20 ~ 24] 다음 단어 관계에 따라 빈칸에 들어갈 단어로 가장 적절한 것을 고르시오.

20.

판사-공정 : 회계사-(   )

① 금전
② 숫자
③ 법정
④ 정확
⑤ 간사

21.

바람 : 흔들리다 = 빛 : (   )

① 흐르다
② 반짝이다
③ 캄캄하다
④ 불리다
⑤ 식히다

22.

연필 : 지우개 = 성냥 : (   )

① 불
② 가게
③ 사각형
④ 소화기
⑤ 상자

23.

정신-체력 : 인공-(   )

① 물질　　　　　② 자연　　　　　③ 단위
④ 개체　　　　　⑤ 호수

24.

편향 : 중도(中道)=(   ) : (   )

① 승인 : 허가　　　　② 매립 : 매몰　　　　③ 순종 : 거역
④ 맞은편 : 건너편　　⑤ 중로 : 도중

25. 다음 명제가 모두 참일 때, 반드시 참인 것은?

- 미세먼지 수치가 증가하게 되면서 마스크 판매량이 증가하고 있다.
- 미세먼지에 민감한 사람은 마스크를 낀다.
- 미세먼지에 민감하지 않은 사람은 건강에 둔감하다.

① 건강에 둔감한 사람이 증가하고 있다.
② 마스크를 끼는 사람이 줄어들고 있다.
③ 미세먼지에 민감한 사람은 건강에 민감하다.
④ 건강에 둔감하지 않은 사람은 마스크를 낀다.
⑤ 마스크를 끼지 않는 사람은 건강에 둔감하지 않다.

26. 다음 명제가 모두 참일 때, 반드시 참인 것은?

- 축구를 잘할 수 없으면 농구를 잘할 수 없다.
- 야구를 잘할 수 있으면 농구를 잘할 수 있다.
- 키가 크면 야구를 잘할 수 없다.

① 야구를 잘할 수 있으면 축구를 잘할 수 없다.
② 축구를 잘할 수 있으면 키가 작다.
③ 야구를 잘할 수 있으면 축구를 잘할 수 있다.
④ 농구를 잘할 수 있으면 축구를 잘할 수 없다.
⑤ 키가 크면 농구를 잘할 수 없다.

27. 다음 중 밑줄 친 ⊙과 바꾸어 쓸 수 있는 단어는?

　자신의 조상, 자신이 속한 민족, 더 나아가서 인류의 긴 역사를 떠나서는 어떤 인간의 존재도 ⊙생각할 수 없으며 또한 이러한 인간들을 떠난 미래의 역사도 생각할 수 없다. 한 인간의 개성은 그 자신이 살아온 고유한 과거에서 비롯되며 한 민족의 정체(正體)는 그 민족이 밟아온 독자적인 역사에 지나지 않는다. 개인에게 있어서나 사회에 있어서나 역사의 중요성은 자명하다.

① 예정(豫定)　　② 관조(觀照)　　③ 사색(思索)
④ 고찰(考察)　　⑤ 성찰(省察)

[28 ~ 29] 다음 한자성어와 뜻이 비슷한 속담을 고르시오.

28.

사필귀정(事必歸正)

① 돌다리도 두들겨 보고 건너라.
② 대감 죽은 데는 안 가도 대감 말 죽은 데는 간다.
③ 배 밭에선 갓끈을 고쳐 매지 않는다.
④ 시작이 반이다.
⑤ 뿌린 대로 거둔다.

29.

주마간산(走馬看山)

① 아닌 밤중에 홍두깨
② 수박 겉핥기
③ 귀신이 곡할 노릇이다.
④ 소 잃고 외양간 고친다.
⑤ 목이 빠지게 기다리다.

30. 다음 밑줄 친 내용을 사자성어로 나타낼 때 가장 적절한 것은?

그 사람은 <u>우직하고 성실하다는 것</u> 빼고는 말할 수 없습니다.

① 전전반측(輾轉反側)
② 다기망양(多岐亡羊)
③ 침소봉대(針小棒大)
④ 우공이산(愚公移山)
⑤ 동문서답(東問西答)

영역 2 언어이해

20문항/7분

01. 다음 글의 내용 전개 방식으로 가장 적절한 것은?

> '기준점 효과(Anchoring Effect)'는 일상에서 워낙 흔하고 중요하기 때문에 이름을 알아 두는 게 좋다. 이 현상은 모르는 수량을 측정하기 전 특정 값이 머릿속에 떠오를 때 나타난다. 실험심리학에서 나타나는 매우 신뢰할 만하고 막강한 현상인데, 이때 사람들은 머릿속에 떠오른 값을 기준점 삼아 그와 가까운 숫자를 추정치로 내놓는다. 마치 배가 닻을 내리고 그곳에 정박하는 것과 비슷해 영어로는 '정박하다'는 의미의 'anchoring'이라 부른다. 간디가 114세가 넘어 사망했느냐는 질문을 받으면, 35세가 넘어 사망했느냐는 질문을 받을 때보다 사망 나이를 훨씬 높게 예측한다. 어떤 집이 얼마면 사겠는지 생각할 때에도 질문에서 제시한 가격에 영향을 받는다. 같은 집이라도 표시 가격이 낮을 때보다 높을 때 더 가치 있어 보인다. 숫자에 영향을 받지 않기로 결심해도 소용없다. 기준점 효과 사례는 끝이 없다. 숫자를 예측하는 질문을 받고 답을 생각할 때면 여지없이 나타난다.

① 시간적 순서에 따라 개념이 변화하게 된 흐름을 설명하고 있다.
② 개념과 관련된 반론을 제시하고, 이를 반박하는 형식으로 설명하고 있다.
③ 개념을 설명하기 위하여 관련된 사례를 제시하고 있다.
④ 개념의 사전적 정의를 밝히고, 그 정의에 대해 자세히 분석하는 방식을 따르고 있다.
⑤ 역사적 현상을 설명하고, 개념의 의미에 결정적으로 영향을 미친 사건을 강조하고 있다.

02. 다음 고민에 공감적 이해의 수준이 가장 높은 답변을 한 사람은?

> 요즘 다이어트 중인데, 시간이 부족해서 운동을 제대로 못 하고 있어. 그러다 보니 살이 계속 찌는 것 같아서 걱정이야. 열심히 노력했는데도 큰 성과가 없으니 점점 지치고 있어. 이제 다이어트를 포기해야 하나 싶어 마음이 무거워.

① 그래, 안 되는 걸 붙잡고 있기에는 그만큼의 시간이 아깝지.
② 시간이 없다는 핑계로 너무 쉽게 포기하면 안돼.
③ 다이어트를 하긴 해야 하는데 시간도 부족하고 눈에 띄는 결과가 나타나지 않아서 고민이 되겠네.
④ 나도 요새 다이어트를 시작했는데, 나는 새벽에 일어나서 운동을 해. 아침에 운동을 하니까 상쾌하더라고.
⑤ 다이어트 같은 것보다 스스로를 사랑하는 것에 힘써야 해.

03. 다음 〈가훈 작성 원칙〉을 토대로 작성된 가훈으로 가장 적절하지 않은 것은?

〈가훈 작성 원칙〉
- 긍정적인 메시지를 담아야 한다.
- 가족의 공동 목표를 담아야 한다.
- 비유적으로 표현해야 한다.
- 문장이 간결해야 한다.

① 함께 웃고 함께 울며, 서로를 이해하는 우리가 되자.
② 함께 가는 길, 행복이 머무는 곳으로 만들어 가자.
③ 서로의 빛이 되어 어둠을 밝히자.
④ 우리는 잔잔한 호수처럼 함께 평온한 삶을 살아간다.
⑤ 다 같이 태양처럼 밝게 빛나는 미래를 향해 나가자.

04. 다음 (가) ~ (마)를 순서대로 가장 적절하게 배열한 것은?

> (가) 따라서 특정 동물에게 개별적인 애착을 가질 기회가 거의 없다.
> (나) 윤리적인 문제가 사냥꾼보다 농부에게 더 심각하게 여겨지는 이유는 동물과 맺는 관계의 형태가 다르기 때문이다.
> (다) 그러므로 동물들에게 고통을 주는 도살이나 고의적인 학대는 그들에게 죄의식과 죄책감을 느끼게 한다.
> (라) 사냥꾼은 동물과 일상적으로 생각과 느낌을 주고받을 기회가 없다.
> (마) 그러나 농부는 일부러 피하지 않는 한 각각의 동물들을 알게 되고 개별적인 애착을 갖게 된다.

① (나)-(다)-(라)-(가)-(마) ② (나)-(라)-(가)-(마)-(다)
③ (나)-(라)-(마)-(가)-(다) ④ (라)-(가)-(마)-(다)-(나)
⑤ (라)-(가)-(마)-(나)-(다)

05. 다음 빈칸에 들어갈 접속사로 가장 적절한 것은?

> 나이가 들면 노화로 발생하는 활성산소 탓에 뇌세포가 파괴돼 뇌가 늙는다. 또한 뇌세포를 연결하는 수상돌기가 감소하면서 신경전달 물질의 분비가 줄어 기억력과 정보처리능력, 학습능력, 집중력이 떨어진다. (   ) 뇌기능 감퇴는 사실 20대부터 시작된다. 30대까지는 별문제가 없기 때문에 인지하지 못할 뿐이다.

① 그리고   ② 이처럼   ③ 그래서
④ 그러면   ⑤ 그런데

06. 다음 글의 문맥에 따라 ㉠ ~ ㉣에 들어갈 내용으로 적절하지 않은 것은?

> 독서는 음식을 먹는 것과 같다. 좋아하는 시만 찾아 읽는 것은 (㉠)과 같고, 흥미 위주의 소설이나 잡지를 읽는 것은 (㉡)과 같으며, 처음 대하는 이론을 읽을 때는 (㉢), 필요한 정보를 탐색하는 경우는 (㉣)과 같다고 하겠다.

① 명상하려고 밥을 굶는 것
② 음식점에서 냉면만 찾는 것
③ 꼭꼭 씹어 잘 소화시키는 것
④ 좋아하는 음식만 편식하는 것
⑤ 사진을 보거나 냄새를 맡아 메뉴를 고르는 것

07. 다음 글의 내용과 일치하는 것은?

> 현대 자본주의 사회에서 대중은 예술미보다 상품미에 더 민감하다. 상품미란 이윤을 얻기 위해 대량으로 생산하는 상품이 가지는 아름다움을 의미한다. 같은 값이면 다홍치마라고, 요즘 생산자는 상품을 더 많이 팔기 위해 디자인과 색상에 신경을 쓰고, 소비자는 같은 제품이라도 겉모습이 화려하거나 아름다운 것을 구입하려고 한다. 결국 우리가 주위에서 보는 거의 모든 상품은 상품미를 추구하고 있는 셈이다. 그래서인지 모든 것을 다 상품으로 취급하는 자본주의 사회에서는 돈벌이를 위해서라면 인간까지도 상품미를 추구하는 대상으로 삼는다.

① 현대 사회의 소비자들은 동일한 제품이라면 외양이 고운 것을 선택한다.
② 기업에서 사람을 상품화하는 것은 비난받아 마땅한 일이다.
③ 가치관이 뚜렷한 소비자들은 제품의 디자인보다 활용도를 따진다.
④ 상품미는 제품의 아름다움으로서 이익과 관련이 없다.
⑤ 아직까지는 상품미를 추구하는 상품을 주변에서 보기 어렵다.

08. 다음 글에서 추론할 수 있는 내용으로 가장 적절한 것은?

> 통화 스와프(Currency Swap)는 외환 부족 등 유사시에 상대국의 통화를 이용하여 환시세의 안정을 도모하기 위한 것으로 국가 간에 그 해당하는 액수만큼의 통화를 맞교환하는 것이다. 즉, 거래 당사국들이 일정 기간 동안 자국의 상품이나 금융 자산을 상대국의 것과 바꾸는 것을 말한다. 예를 들어 우리나라와 미국이 통화 스와프 협정을 맺으면 우리는 달러가 부족할 때 미국에 원화를 맡기고 일정액의 수수료만 부담하면 달러를 공급받을 수 있게 된다. 변제할 때에도 서로 계약에 따른 예치 당시의 환시세를 적용하도록 하여 시세 변동에 따른 위험을 예방할 수 있다. 외환 거래가 많은 다국적 기업들은 장기적인 환 위험 관리 수단과 투자 수익의 원천으로 통화 스와프를 적극 활용하고 있으며, 국가 간에는 외환 위기에 대응하기 위한 공동 협조 체제로 상호 협력 강화 수단으로써 활용되고 있다.

① 일정액의 수수료는 스와프를 요청하는 국가에서 부담한다.
② 스와프 협정으로 외환 공급을 받은 후 변제할 때에는 변동금리를 적용한다.
③ 다국적 기업은 장기적인 환 위험 관리 수단으로 통화 스와프를 필수적으로 활용한다.
④ 환율의 변동에 상관없이 협정국에서 차입할 때 소요되는 외환액수와 변제금액은 동일하다.
⑤ 변제할 경우 시세 변동에 따른 위험을 줄이기 위해 변제 당시의 환시세를 적용한다.

09. 다음 글의 전제로 가장 적절한 것은?

> 문학 작품을 산출하는 작가야말로 매우 존귀한 위치에 있으며, 동시에 국가나 민족에 대하여 스스로 준엄하게 책임을 물어야 하는 존재라고 할 수 있다. 언어를 더욱 훌륭하게 만드는 것은 수백 번의 논의와 방책이 아닌 한 명의 위대한 문학가일 수 있다. 괴테가 그 좋은 예이다. 그의 문학이 가진 힘이 독일어를 통일하고 보다 훌륭한 것으로 만드는 데 결정적인 역할을 했다는 것은 이미 주지의 사실이다.

① 문학 작품은 언어에 큰 영향력을 미친다.
② 작가는 문학 작품을 쓸 때 현실을 반영한다.
③ 언어는 작가가 문학 작품을 쓸 때 사용하는 도구이다.
④ 문학 작품의 발달은 언어의 발달과 맥락을 같이한다.
⑤ 괴테는 독일 역사상 가장 위대한 작가이다.

10. 다음 (가)~(마)를 문맥상 순서에 맞게 배열한 것은?

> (가) 문화를 이루는 인간 생활의 거의 모든 측면은 서로 관련을 맺고 있기 때문이다.
> (나) 20세기 인류학자들은 이러한 사실에 주목하여 문화 현상을 바라보았다.
> (다) 그러나 이 입장은 20세기에 들어서면서 어떤 문화도 부분만으로는 총체를 파악할 수 없다는 비판을 받게 되었다.
> (라) 19세기 일부 인류학자들은 결혼이나 가족 등 문화의 일부에 주목하여 문화 현상을 이해하고자 하였다.
> (마) 그들은 모든 문화가 '야만 → 미개 → 문명'이라는 단계적 순서로 발전한다고 설명하였다.

① (라)-(가)-(다)-(나)-(마)
② (라)-(나)-(가)-(다)-(마)
③ (라)-(다)-(나)-(마)-(가)
④ (라)-(마)-(가)-(다)-(나)
⑤ (라)-(마)-(다)-(가)-(나)

11. 다음 글의 흐름에 따라 빈칸 ㉠에 들어갈 문장으로 가장 적절한 것은?

> (㉠) 도시의 과밀화는 상대적으로 거주공간이 부족하게 되는 결과를 낳았다. 따라서 최대한 많은 가구를 수용하기 위해 한정된 공간에 많은 집들이 근접하여 있고, 그것도 부족하여 상하 좌우로 이웃집이 위치해 있다. 그러나 이러한 물리적 이웃이 모두 마음을 줄 수 있는 이웃은 아니다. 전통적인 이웃 형태와 비교하면 더 가까운 위치에, 더 많은 이웃을 갖게 되었지만 사실상 도시의 거주자들은 이사를 자주 하기 때문에 이웃을 깊게 사귈 시간적 여유가 없다. 그뿐만 아니라 폐쇄적인 아파트의 형태와 바쁜 도시 생활로 한가로이 이웃과 대화할 시간을 만들기도 어렵다.

① 현대 도시 생활의 특징은 주거 공간의 밀집화 현상이다.
② 현대 도시 생활의 특징은 가구의 고립화 현상이다.
③ 현대 도시 생활의 특징은 도시화로 인한 활동의 분주함에 있다.
④ 현대 도시 생활의 특징은 개인주의적 경향이 두드러진 점이다.
⑤ 현대 도시 생활의 특징은 전통적 이웃 형태와의 결별이다.

12. 다음 글의 주제로 가장 적절한 것은?

> 경쟁이라는 말은 어원적으로 '함께 추구한다'라는 뜻을 내포한다. 경쟁의 논리가 기술의 진보와 생산성 향상에 크게 기여했음은 부인할 수 없다. 인간의 욕구 수준을 계속 높여 감으로써 새로운 진보와 창조를 가능케 한 것이다. 정치적인 측면에서도 경쟁 심리는 민주주의의 발전의 핵심적인 동인(動因)이었다. 정치적 의지를 관철시키려는 이익집단 또는 정당 간의 치열한 경쟁을 통해 민주주의가 뿌리내릴 수 있었기 때문이다.
> 그러나 오늘날의 경쟁은 어원적 의미와는 달리 변질되어 통용된다. 경쟁은 더 이상 목적을 달성하기 위한 수단들 가운데 하나가 아니다. 경쟁은 그 자체가 하나의 범세계적인 지배 이데올로기로 자리잡게 되었다. 경쟁 논리가 지배하는 사회에서는 승리자와 패배자가 확연히 구분된다. 경쟁 사회에서는 협상을 통해 갈등을 해소하거나 타협점을 찾을 여지가 없다. 그저 경쟁에서 상대방을 이기면 된다는 간단한 논리가 존재할 뿐이다.

① 경쟁의 어원   ② 경쟁의 목적   ③ 경쟁의 변모
④ 경쟁의 공정성   ⑤ 경쟁의 부작용

13. 다음 사건을 통해 필자가 강조하고자 하는 바로 가장 적절한 것은?

> 2015년 7월, 스스로 '임팩트 팀'이라 밝힌 해커 집단이 웹사이트 애슐리 매디슨(Ashley Madison)을 해킹했단 사실을 알려 왔다. 애슐리 매디슨은 기혼자들이 불륜 상대를 찾는 웹사이트로, 이 해킹 사건의 피해자들에게 엄청난 정신적 피해를 주었다. 유출된 데이터는 3,700만 건의 고객 기록과 취약 비밀번호 수백만 건이었다. 하지만 애슐리 매디슨은 해커들이 직원들의 로그인 화면을 통해 해킹 사실을 알려 주기 전까지 이 사실을 파악조차 못하고 있었다. 해커들은 애슐리 매디슨 고객들의 개인정보를 공개해 버렸고, 불륜자로 낙인찍힌 이들은 정신적 고통을 호소하다가 결국 두 건의 자살 사건까지 발생하고 말았다.

① 개인정보 보호의 방법   ② 해킹에 대한 철저한 대비
③ 불륜의 심각성   ④ 해킹 기술의 놀라운 발달
⑤ 개인정보 유출 피해의 심각성

14. 글의 흐름상 (A) ~ (E) 중 〈지문〉이 들어갈 위치는?

| 지문 |

일어난 일에 대한 묘사는 본 사람이 무엇을 중요하게 판단하고, 무엇에 흥미를 가졌느냐에 따라 크게 다르다.

기억이 착오를 일으키는 프로세스는 인상적인 사물을 받아들이는 단계부터 이미 시작된다. (A) 감각적인 지각의 대부분은 무의식중에 기록되고 오래 유지되지 않는다. (B) 대개는 수 시간 안에 사라져 버리며, 약간의 본질만이 남아 장기 기억이 된다. 무엇이 남을지는 선택에 의해서이기도 하고, 그 사람의 견해에 따라서이기도 하다. (C) 분주하고 정신이 없는 장면을 주고, 나중에 그 모습에 대해서 이야기하게 해 보자. (D) 어느 부분에 주목하고, 또 어떻게 그것을 해석했는지에 따라 즐겁기도 하고 무섭기도 하다. (E) 단순히 정신 사나운 장면으로만 보이는 경우도 있다. 기억이란 원래 일어난 일을 단순하게 기록하는 것이 아니다.

① (A) ② (B) ③ (C)
④ (D) ⑤ (E)

15. 다음 상황에서 A 씨의 대처 방법으로 가장 올바르지 않은 것은?

한국의 한 기업의 외국 관련 부서에서 근무하는 A 씨는 상사가 해외출장을 간 어느 날 미국의 한 거래처 사람에게서 온 전화를 받았다. 그 거래처 사람은 일본 지사의 연락처를 요구하였는데, A 씨는 이전에 이미 일본 지사의 대표번호를 알려준 적이 있다. 그럼에도 미국 거래처 사람은 일본 직원들의 개별 연락처를 요구하고 있다.

① 일본 지사의 대표번호를 다시 한 번 안내하고, 추가적인 연락처 제공은 불가능하다고 설명한다.
② 전화를 건 상대방의 부서나 이름이 확인되면 회사 이미지를 위해 신속하게 일본 회사 직원들의 연락처를 알려준다.
③ 상사가 해외출장 중이므로 돌아오면 해당 요청을 다시 검토하겠다고 안내한다.
④ 현재 개인 연락처 제공은 어려우니, 필요시 이메일을 통해 공식적으로 요청해 달라고 안내한다.
⑤ 회사의 보안 정책을 근거로 제시하며 개인 연락처 제공이 어렵다고 안내한다.

16. 다음을 읽고 '글로비시'를 활용하는 방법으로 적절하지 않은 것은?

> IBM 부사장을 지낸 프랑스인 장 폴 네리에르가 제안한 글로비시(Globish)는 전 세계 사람 누구나 쓸 수 있는 간편하고 쉬운 영어를 가리키는 말이다. 그는 글로비시에 대하여 이렇게 말했다. "일을 하면서 극동지역, 라틴 아메리카, 유럽, 그리고 아프리카 여러 나라를 방문할 기회가 많았던 나는 사람들이 영어나 불어로 이야기하는 모습을 자연스럽게 관찰할 수 있었다. 물론 대부분은 영어를 사용했다. 원어민이 아닌 우리의 영어는 불완전했고, 억양도 어색했으며, 대화 내용은 뒤죽박죽이 되기 일쑤였지만 기본적인 의사소통에는 문제가 없었다. 오히려 서로의 영어 수준을 이해하면서 효율적으로 대화했기 때문에 어떤 사람들은 미국인들보다 나와 얘기하길 더 선호하기도 했다. 이 과정에서 내가 깨달은 것은 상대방에게 자신의 말을 이해시키려면 뉴요커들의 도도한 말투와는 사뭇 다른 방식으로 표현해야 한다는 것이었다."

① 자기 나름대로의 속도로 말한다.
② 제스처를 적극 활용한다.
③ 비유적인 표현은 피한다.
④ 주로 부정형의 질문을 사용한다.
⑤ 많은 단어로 풀어 사용한다.

17. 다음 제시된 단어들과 함께 조합하여 의미가 통하는 문장이 되도록 하는 단어는?

> 이 티켓을, 누구나, 신청하면, 그냥, 드리겠습니다.

① 원하는 사람은
② 예약한 사람은
③ 살 사람은
④ 전할 사람은
⑤ 판매할 사람은

18. 다음 글의 제목으로 가장 적절한 것은?

> "전통적인 제도가 신뢰를 잃으면서, 사람들의 소속 욕구를 충족시키기에 직장의 빈약한 유대관계는 불충분했다." 사람들은 이에 대응해 생각이 비슷한 이웃, 교회, 사교모임 등 다른 단체를 찾아냄으로써 공동체 의식을 되찾았다. 이런 역학관계는 인터넷에 의해, 다시 말해 특정한 이념의 관점에 영합하는 뉴스 사이트, 특정 관심사를 가진 사람들이 모이는 게시판에 의해, 관심사를 공유하는 편파적 저장탑 안으로 사람들을 한층 더 분류해 넣는 소셜미디어에 의해 빛의 속도로 증폭될 터였다. 밀레니엄 전환기에 이런 분열은 이념보다는 취향과 가치관에 대한 것이었으나 "정당이 삶의 방식을 대변하게 되고 삶의 방식이 공동체를 규정하게 되면서 모든 게 공화당 지지자 또는 민주당 지지자로 나눌 수 있는 듯이 보인다."라고 비숍은 썼다. 모든 것이란 의료보험이나 투표권이나 지구 온난화에 대한 견해만이 아니라 쇼핑하는 곳, 먹는 것, 보는 영화의 종류를 또한 의미한다.

① 다양한 관심사의 창출
② 새로운 공동체의 탄생
③ 직장 내 공동체 의식 강화
④ SNS에 의한 개인주의 증폭
⑤ 파편화된 SNS의 폐해

19. 다음 글의 주제로 가장 적절한 것은?

> 결핵을 예방하기 위한 BCG는 B형 간염 예방백신과 함께 아이가 태어나서 가장 먼저 맞는 백신이다. 출생 후 4주 이내 1회로 어깨 부위에 접종한다. BCG를 접종한 지 2~3주 후에 주사 부위에 5~7mm 크기로 곪는 것 같은 반응이 나타나고 3개월 이내 아물면서 작은 흉터(반흔)를 남긴다. 곪는 것은 정상적인 반응이므로 무조건 소독하려 하거나 반창고를 붙이면 안 된다. 하지만 접종 부위에 염증반응이 생겨 오랜 기간 회복되지 않고 더 심해지면 치료를 받아야 한다. 결핵 접종방법에는 전통적인 피내용과 최근 민간병원에서 많이 사용하는 경피용이 있다. 최근 경피용이 반흔이 적어 선호되는 경향이 있으나, 면역력 획득에 있어 피내용에 비해 시술자의 경험이나 술기에 따라 달라질 수 있다는 단점이 있다.

① 생후 최초로 맞아야 하는 백신 종류
② 결핵 예방 백신의 종류
③ 결핵 예방 백신 후의 신체 반응
④ 결핵 예방을 위한 백신 접종방법
⑤ 결핵 예방 백신의 장단점

20. 다음 기사의 제목으로 가장 적절한 것은?

> 10대는 성인보다 니코틴 중독에 더욱 취약하고, 금연을 하지 못하고 평생 흡연으로 이어질 가능성이 높아 청소년 흡연에 대한 경각심이 높아지고 있다. 하지만 미국 질병통제예방센터(CDC)가 발표한 20X8년 청소년 흡연 실태 보고서에 따르면 고등학생의 27.1%, 중학생의 7.1%가 최근 30일 내에 담배 제품을 흡입한 적이 있고, 최근 30일 내에 흡연 경험이 있는 10대는 20X7년 360만 명에서 20X8년 470만 명으로 증가했음을 알 수 있다. 한편 미국에서는 18세 이상이면 담배를 구입할 수 있는 현행법이 청소년 흡연율과 연관성이 있다는 주장이 지속적으로 제기되면서 담배 구입 가능 연령 상향 조정의 필요성이 제기되고 있다. 이에 하와이, 캘리포니아, 뉴저지, 오리건, 메인, 매사추세츠, 아칸소 주에서는 21세부터 담배 구매가 가능하도록 현행법을 바꾸었고, 20X8년 7월 1일부터 일리노이 주와 버지니아 주를 시작으로 워싱턴, 유타 주에서도 담배 구매 가능 연령을 향후 상향할 것이라고 발표했다.

① 미국, 청소년 흡연 실태 조사 결과 대다수의 중·고등학생이 흡연 유경험자로 나타나
② 미국, 심각한 청소년 흡연율로 인한 미 전역 담배 구입 연령 상향 조정
③ 흡연 연령과 청소년 흡연율의 관계가 밝혀짐에 따라 담배 구입 연령 상향 조정
④ 미국, 심각한 청소년 흡연율에 다수의 주들 담배 구입 연령 21세로 상향 조정
⑤ 흡연이 유발하는 다양한 질병, 미국 청소년일수록 높게 나타나

영역 3 창의수리

30문항/15분

01. 다음과 같이 기호를 가정할 때 '?'에 들어갈 값은?

$$A*B = AB - A + B$$
$$A◎B = AB + A + B$$
$$(5*6)◎(3*2) = (\ ?\ )$$

① 36 ② 87 ③ 187
④ 191 ⑤ 202

[02 ~ 03] 다음 단위를 고려할 때 '?'에 들어갈 값을 고르시오.

02.

4시간 = (?)초

① 1,800 ② 3,000 ③ 10,800
④ 14,400 ⑤ 36,000

03.

3.25kg = (?)g

① 3.25 ② 32.5 ③ 325
④ 3,250 ⑤ 32,500

[04 ~ 10] 다음 식의 값을 구하시오.

04.
$$234 + 7 \times 895 = (\quad)$$

① 6,115　　② 6,499　　③ 7,216
④ 7,568　　⑤ 7,984

05.
$$4\sqrt{2} + 3\sqrt{3} \times 2\sqrt{6} = (\quad)$$

① $18\sqrt{6}$　　② $22\sqrt{5}$　　③ $18\sqrt{3}$
④ $18\sqrt{2}$　　⑤ $22\sqrt{2}$

06.
$$\frac{32}{9} \times \frac{7}{4} + \frac{1}{2} \times \frac{44}{9} = (\quad)$$

① $\frac{26}{3}$　　② $\frac{31}{3}$　　③ $\frac{37}{3}$
④ $\frac{26}{9}$　　⑤ $\frac{31}{9}$

07.

$$2.34 + 8.9 - 8.572 = (\quad)$$

① 0.2668　② 2.668　③ 26.68　④ 266.8　⑤ 268.6

08.

$$(3\sqrt{5}+5)(\sqrt{5}-1) = (\quad)$$

① $10\sqrt{5}$　② $10+\sqrt{5}$　③ $10+2\sqrt{5}$
④ $10-\sqrt{5}$　⑤ $10-2\sqrt{5}$

09.

$$(\sqrt{27}+4\sqrt{3}) \times 2\sqrt{2} = (\quad)$$

① $9\sqrt{5}$　② $6\sqrt{6}$　③ $12\sqrt{6}$
④ $14\sqrt{6}$　⑤ $17\sqrt{3}$

10.

$$\left\{\left(\frac{2}{5}-\frac{3}{10}\right)+\frac{1}{4}\right\} \times \frac{6}{5} = (\quad)$$

① $\frac{21}{50}$　② $\frac{23}{50}$　③ $\frac{20}{23}$
④ $\frac{21}{20}$　⑤ $\frac{23}{20}$

11. 16으로 나누었을 때 나머지가 10이 되는 자연수가 있다. 이 수를 8로 나누었을 때 나머지는 몇인가?

① 1 ② 2 ③ 3
④ 5 ⑤ 7

12. 40명으로 구성된 어느 학급에서 설문조사를 하였더니 야구를 좋아하는 학생은 24명, 농구를 좋아하는 학생은 17명이었다. 야구와 농구 중 어느 것도 좋아하지 않는 학생이 6명이었다면, 농구만 좋아하는 학생은 모두 몇 명인가?

① 7명 ② 10명 ③ 12명
④ 14명 ⑤ 16명

13. 물품구매를 담당하고 있는 김 대리는 흰색 A4 용지 50박스와 컬러 A4 용지 10박스를 구매하는데 5,000원 할인 쿠폰을 사용해서 총 1,675,000원을 지출했다. 컬러 용지 한 박스의 단가가 흰색 용지 한 박스의 2배라면, 흰색 A4 용지 한 박스의 단가는 얼마인가?

① 20,000원 ② 22,000원 ③ 24,000원
④ 26,000원 ⑤ 27,000원

14. A와 B가 가진 돈의 비는 5 : 4이다. B가 2,000원을 가지고 있을 때, A가 가지고 있는 돈은 얼마인가?

① 2,500원 ② 3,000원 ③ 3,500원
④ 4,000원 ⑤ 4,500원

15. 어떤 시험에 450명이 응시하였다. 응시생 전체의 평균 점수가 59점이고 합격자의 평균 점수가 68점, 불합격자의 평균 점수가 53점일 때, 합격자는 모두 몇 명인가?

① 140명　　　　　　② 160명　　　　　　③ 180명
④ 200명　　　　　　⑤ 220명

16. 어떤 기차가 800m 길이의 터널로 들어가 기차의 맨 끝부분까지 모두 통과하는 데 36초가 걸렸다. 기차의 길이가 100m라면, 이 기차의 속력은 얼마인가?

① 60km/h　　　　　② 70km/h　　　　　③ 80km/h
④ 90km/h　　　　　⑤ 100km/h

17. 연속하는 두 수의 곱이 1,406일 때, 이 두 수를 더한 값은 얼마인가? (단, 두 수 모두 자연수이다)

① 65　　　　　　　② 75　　　　　　　③ 85
④ 95　　　　　　　⑤ 105

18. 다음 그림과 같이 어느 마을에 반지름이 $r$km인 호수가 있고, 그 호수의 반지름과 동일한 폭의 산책로가 호수 전체를 둘러싸고 있다. 산책로 둘레의 길이는 모두 얼마인가?

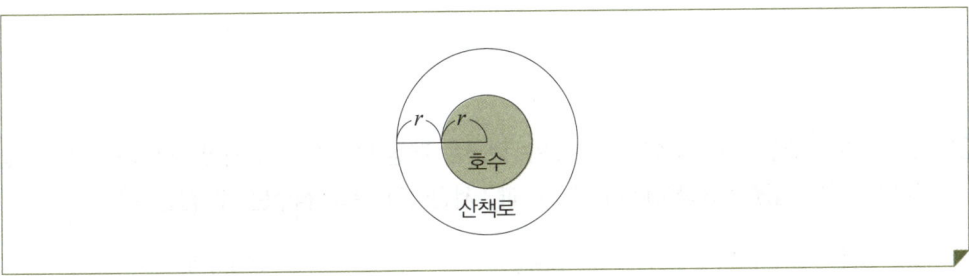

① $\frac{1}{2}\pi r$km　　　　　② $3\pi r$km　　　　　③ $5\pi r$km
④ $6\pi r$km　　　　　⑤ $7\pi r$km

19. 모든 모서리 길이의 합이 144cm인 정육면체의 겉넓이는 얼마인가?

① 144cm² ② 288cm² ③ 432cm²
④ 720cm² ⑤ 864cm²

20. 일정한 속도로 걷는 해진이와 4km/h로 걷는 지수가 같은 지점에서 동시에 반대쪽을 향해 출발했다. 2시간 15분 후 둘 사이의 거리가 21.375km라고 할 때, 해진이의 속도는 얼마인가?

① 5km/h ② 5.25km/h ③ 5.5km/h
④ 5.75km/h ⑤ 6km/h

21. 길이가 250m인 보도에 은행나무를 5m 간격으로 심으려고 한다. 보도의 처음과 끝에도 심는다고 할 때, 필요한 은행나무는 몇 그루인가?

① 49그루 ② 50그루 ③ 51그루
④ 52그루 ⑤ 54그루

22. 은영, 미희, 소연, 선주 4명의 수학 점수 평균은 75점이다. 여기에 서진이의 수학 점수를 합하면 5명의 점수 평균이 80점이 된다고 할 때, 서진이의 수학 점수는 몇 점인가?

① 75점 ② 85점 ③ 90점
④ 95점 ⑤ 100점

23. 가로의 길이가 8cm, 높이가 6cm인 직육면체의 부피가 192cm³라고 할 때, 세로의 길이는?

① 4cm   ② 8cm   ③ 12cm
④ 14cm   ⑤ 16cm

24. 어떤 모임에 참가한 모든 회원들이 서로 한 번씩 악수를 하니 악수를 총 6번 하게 됐을 때, 이 모임의 회원 수는 모두 몇 명인가?

① 3명   ② 4명   ③ 5명
④ 6명   ⑤ 7명

25. 다음은 16명의 학생을 대상으로 일일 컴퓨터 이용 시간을 조사한 자료이다. 이 자료에서 최빈값을 a, 중앙값을 b라 할 때, $a+b$의 값은?

구분	A	B	C	D	E	F	G	H	I	J	K	L	M	N	O	P
자료	3	2	12	0	0	3	2	3	0	1	1	3	0	1	0	2

① 1.4   ② 1.5   ③ 1.6
④ 1.7   ⑤ 1.8

26. 8%의 소금물에 12%의 소금물을 섞은 다음 물 200g을 더 넣었더니 7%의 소금물 600g이 되었다. 첨가된 12%의 소금물의 양은 얼마인가?

① 150g   ② 200g   ③ 250g
④ 350g   ⑤ 400g

27. 다음 등식이 x에 대한 일차방정식이 되도록 하는 정수 a의 값은?

$$ax^2+3x-2=-x^2+2x-5$$

① -1
② 0
③ 1
④ 2
⑤ 3

28. 길이 20cm 테이프들의 각 끝 3cm에 풀칠을 하여 연결하였더니 전체 길이가 224cm가 되었다. 연결한 테이프는 모두 몇 개인가?

① 11개
② 12개
③ 13개
④ 14개
⑤ 15개

29. 세 모서리의 길이가 각각 24cm, 30cm, 48cm인 직육면체 모양의 케이크가 있다. 이 케이크를 될 수 있는 대로 큰 정육면체 모양으로 잘라 나눌 때, 만들어지는 정육면체의 개수는?

① 80개
② 120개
③ 160개
④ 200개
⑤ 240개

30. 하루 동안 10명이 5시간씩 일을 할 경우 끝마치는 데 20일이 걸리는 일이 있다. 매일 10시간씩 10명이 일하면 며칠 만에 끝마칠 수 있겠는가?

① 4일
② 8일
③ 10일
④ 11일
⑤ 12일

영역 4 자료해석

20문항/10분

01. 다음 자료에 대한 설명으로 옳은 것은?

〈20XX년 서울특별시 및 광역시 유기동물보호소 유기동물 현황〉

(단위: 마리)

구분	개	고양이	기타	계
서울	8,513	10,798	440	19,751
부산	3,011	2,249	37	5,297
대구	2,145	2,641	64	4,850
인천	3,500	1,753	61	5,314
광주	1,287	655	0	1,942
대전	2,215	1,408	39	3,662
울산	1,741	1,591	86	3,418
계	22,412	21,095	727	44,234

① 유기된 고양이가 유기된 개보다 많은 지역은 서울특별시뿐이다.
② 유기동물의 수가 두 번째로 적은 지역은 대전광역시이다.
③ 인천광역시 유기동물의 수는 광주광역시와 울산광역시 유기동물의 수를 합한 것보다 많다.
④ 서울특별시에서 유기된 고양이 수는 대구광역시에서 유기된 고양이 수의 4배가 넘는다.
⑤ 전체 유기동물의 수가 두 번째로 많은 지역은 부산광역시이다.

02. 다음은 직장인 1,000명을 대상으로 저축 여부를 설문조사한 결과이다. 이에 대한 설명으로 옳지 않은 것은?

(단위 : 명)

연령	저축을 하고 있는가?		계
	저축을 하고 있다.	저축을 하지 않는다.	
20대	178	72	250
30대	175	25	200
40대	201	99	300
50대	136	64	200
60대	21	29	50

① 60대의 50% 이상이 저축을 하지 않는다.
② 전체 조사자 중 저축자의 수는 700명 이상이다.
③ 저축을 하지 않는 50대의 수는 저축을 하지 않는 30대 수의 2배 이상이다.
④ 30대부터 연령대가 높아질수록 저축자의 비율이 계속 낮아지고 있다.
⑤ 20~30대 저축자의 비율이 40~50대 저축자의 비율보다 높다.

03. 다음 중 '전 산업'과 '숙박 및 음식점업'의 20X3년 1월 근로자 1인당 월평균 임금총액을 순서대로 나열한 것은? (단, 백의 자리에서 반올림한다)

〈근로자 1인당 월평균 임금총액〉

(단위 : 천 원, 전년 동월 대비 %)

구분	20X4년 1월		20X4년 12월		20X5년 1월	
전 산업	4,118	15.6	3,997	1.0	4,024	-2.3
숙박 및 음식점업	2,144	15.1	2,054	5.9	2,181	1.7
사업시설관리 및 사업지원 서비스업	2,244	8.5	2,247	0.1	2,206	-1.7
예술, 스포츠 및 여가관련 서비스업	2,908	13.0	3,449	10.9	2,919	0.4

① 3,562천 원, 1,863천 원
② 3,562천 원, 2,068천 원
③ 2,573천 원, 3,562천 원
④ 2,068천 원, 2,573천 원
⑤ 1,863천 원, 3,562천 원

04. 다음은 △△기업 경영지원팀의 인사 고과평가 결과 중 일부이다. 능력과 태도 모두 '우수'인 직원은 경영지원팀 전체의 몇 %인가? (단, '우수'는 90점 이상, '보통'은 70 ~ 80점, '나쁨'은 60점 이하이다)

(단위 : 명)

태도 \ 능력	100점	90점	80점	70점	60점 이하
100점	2	3	5	2	3
90점	3	4	3	3	1
80점	1	1	3	5	1
70점	2	2	2	2	1
60점 이하	1	3	2	3	2

① 12%
② 20%
③ 30%
④ 40%
⑤ 50%

05. 박 사원은 다음 자료를 바탕으로 시장 추이를 분석해 〈자료〉와 같이 정리했다. 이 중 자료를 바르게 이해한 내용을 모두 고른 것은?

〈20XX년 지역별 민간아파트 단위면적(3.3m²)당 분양가격〉

(단위 : 천 원/3.3m²)

구분	5월	6월	7월	8월	9월
전국 평균	8,358	8,344	8,333	8,395	8,459
서울	19,446	18,867	18,742	19,274	19,404
부산	9,501	9,453	9,457	9,411	9,258
대구	8,274	8,360	8,360	8,370	8,449
인천	9,844	10,058	9,974	9,973	9,973
광주	7,523	7,659	7,612	7,622	7,802
대전	8,341	8,333	8,333	8,333	8,048
울산	8,153	8,153	8,153	8,493	8,493

※ 6대 광역시 : 부산, 대구, 인천, 광주, 대전, 울산

―| 자료 |―
㉠ 5월 대비 9월에 분양가격이 하락한 지역은 2곳이다.
㉡ 인천은 '6대 광역시' 중 분양가격이 가장 높은 지역이다.
㉢ 서울은 울산의 단위면적당 분양가격의 2배 이상을 유지한 지역이다.
㉣ 단위면적당 분양가격 증감 추이가 전국 평균과 동일한 지역은 서울뿐이다.

① ㉠, ㉡ ② ㉡, ㉢ ③ ㉠, ㉡, ㉢
④ ㉡, ㉢, ㉣ ⑤ ㉠, ㉡, ㉢, ㉣

[06 ~ 07] 다음은 우리나라 도시와 농촌 간 소득격차에 대한 자료이다. 이어지는 질문에 답하시오.

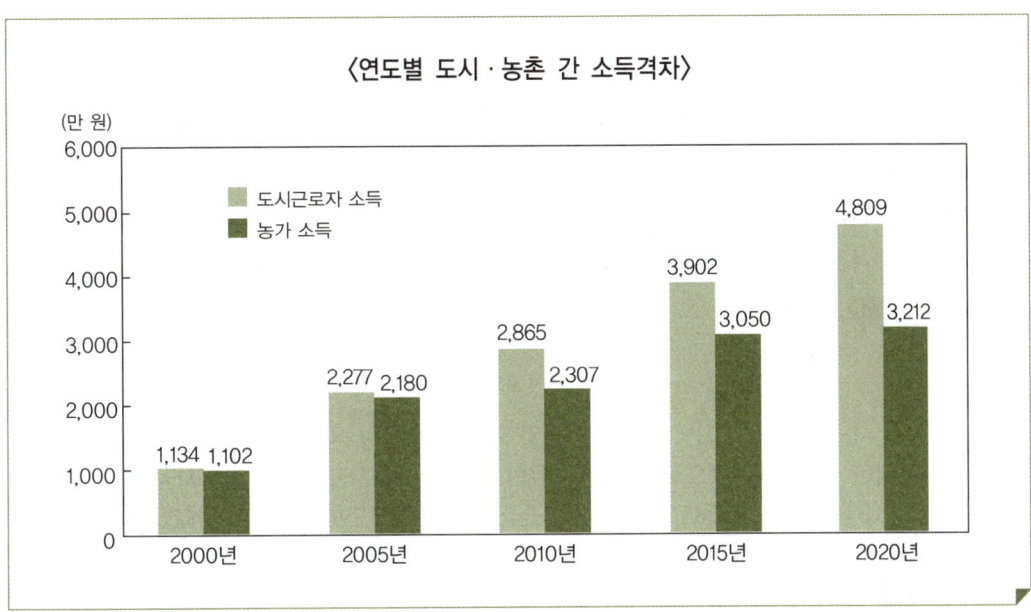

06. 도시와 농촌 간 소득격차가 가장 큰 해의 농가 소득은 그 해 도농 전체 소득의 몇 %인가? (단, 소수점 아래 둘째 자리에서 반올림한다)

① 약 39.6% ② 약 39.8%
③ 약 40.0% ④ 약 40.2%
⑤ 약 40.5%

07. 2010년 대비 2020년의 도시근로자 소득과 농가 소득의 증가분은 각각 얼마인가?

① 1,835만 원, 801만 원 ② 1,844만 원, 805만 원
③ 1,935만 원, 901만 원 ④ 1,944만 원, 905만 원
⑤ 1,944만 원, 1,032만 원

08. 다음 자료를 이용하여 〈보고서〉를 작성하려고 한다. 〈보고서〉를 작성하기 위해 추가로 필요한 자료를 〈보기〉에서 모두 고른 것은?

〈유턴 시도 중 교통사고 사망자 및 부상자 수(20X1 ~ 20X5년)〉

구분	20X1년	20X2년	20X3년	20X4년	20X5년	합계
사고건수(건)	8,239	8,690	8,261	8,123	8,013	41,326
사망자수(명)	89	72	77	65	65	368
부상자수(명)	12,869	13,491	12,864	12,469	12,332	64,025
치사율(%)	1.08	0.83	0.93	0.80	0.88	0.89

| 보고서 |

　유턴 시도 중 교통사고는 5년간 총 41,326건이 발생하여, 약 5일에 1명이 사망하고 하루에 35명이 부상하는 것으로 나타났다. 유턴 시도 중 교통사고 발생유형별 사망사고는 측면충돌(66.3%), 보행자 충돌(11.4%), 정면충돌(6.3%), 추돌(5.2%)의 순으로 나타났다. 측면 충돌 사고에 의한 사망자를 분석하면 반대 방향 직진차량 외에도 같은 방향으로 직진하는 차량과 충돌하는 사망사고가 10건 중 4건으로 확인됐다.

| 보기 |

㉠ 유턴 시도 중 교통사고 발생유형별 사망자 수
㉡ 유턴 시도 중 교통사고 운행유형별 부상자 수
㉢ 유턴 시도 중 교통사고 가해자 및 피해자 유형별 현황

① ㉠
② ㉡
③ ㉠, ㉢
④ ㉡, ㉢
⑤ ㉠, ㉡, ㉢

09. 다음은 ○○회사 직원 A ~ D의 주평균 야근에 대한 자료이다. 다음 중 ㉠ ~ ㉣에 들어갈 값이 올바르게 연결된 것은?

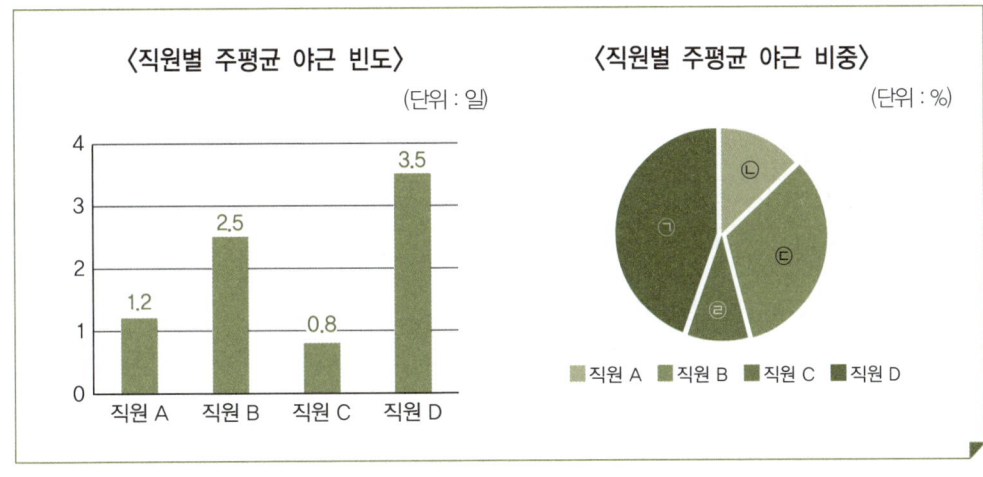

① ㉠ 44
② ㉡ 15
③ ㉡ 20
④ ㉢ 32
⑤ ㉣ 11

10. 다음은 어떤 분야의 무역수지를 나타낸 표이다. 2025년의 수출액은 전년 대비 7% 상승했고, 수입액은 전년 대비 10% 상승했다고 할 때, 2025년보다 무역수지가 더 큰 해는 모두 몇 개인가? (단, 소수점 아래 첫째 자리에서 반올림한다)

(단위: 억 불)

구분	2018년	2019년	2020년	2021년	2022년	2023년	2024년
수출	1,835	1,710	2,290	2,560	2,534	2,630	2,759
수입	1,488	1,197	1,512	1,686	1,625	1,655	1,682
무역수지	347	513	778	874	909	975	1,077

① 0개
② 1개
③ 2개
④ 3개
⑤ 4개

11. 다음 국적별 외래객 입국 현황 자료에 대한 설명 ㉠ ~ ㉣ 중 옳지 않은 설명을 모두 고른 것은?

(단위 : 명)

국적		20X3년 5월	20X4년 5월	20X5년 5월
아시아주		1,034,009	1,122,374(8.5%)	1,256,875(12%)
	일본	201,489	188,420(-6.5%)	178,735(-5.1%)
	중국	517,031	618,083(19.5%)	705,844(14.2%)
미국		67,928	70,891(4.4%)	80,489(13.5%)
캐나다		13,103	14,541(11%)	15,617(7.4%)

※ 괄호 안의 숫자는 전년 동월 대비 증가율을 의미한다.

㉠ 20X5년 5월 입국자 수의 비율이 전년 동월에 비해 가장 많이 늘어난 국가는 미국이다.
㉡ 제시된 시기별 일본과 중국 입국자 수를 합하면 매년 아시아주의 50% 이상을 차지한다.
㉢ 중국인 입국자 수는 20X6년 5월에도 증가할 것이다.
㉣ 매년 5월 입국자 수가 꾸준히 늘어난 국가는 1곳이다.

① ㉠
② ㉡
③ ㉡, ㉢
④ ㉠, ㉢, ㉣
⑤ ㉠, ㉡, ㉢, ㉣

12. 다음 자료에 대한 설명으로 옳지 않은 것은?

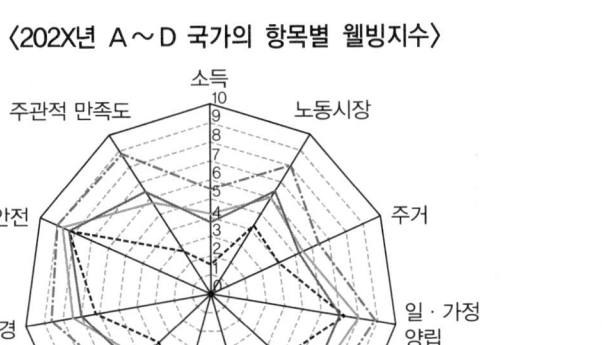

⟨202X년 A~D 국가의 항목별 웰빙지수⟩

※ 웰빙지수는 각 항목별로 0 ~ 10으로 표시되고 숫자가 클수록 지수가 높으며, 그래프의 0 ~ 10 사이 간격은 균등함.

※ 종합웰빙지수 = $\dfrac{\text{각 항목 웰빙지수의 합}}{\text{전체 항목 수}}$

① A 국가의 종합웰빙지수는 7 이상이다.
② B 국가와 D 국가의 종합웰빙지수 차이는 1 미만이다.
③ D 국가의 웰빙지수가 B 국가보다 높은 항목의 수는 전체 항목 수의 50% 미만이다.
④ A 국가와 C 국가의 웰빙지수 차이가 가장 작은 항목과 B 국가와 D 국가의 웰빙지수 차이가 가장 작은 항목은 동일하다.
⑤ A 국가와 C 국가의 웰빙지수 차이가 가장 큰 항목은 '주관적 만족도'이다.

13. 다음 20XX년도 학교급별 인원에 대한 자료를 파악한 내용으로 적절한 것은?

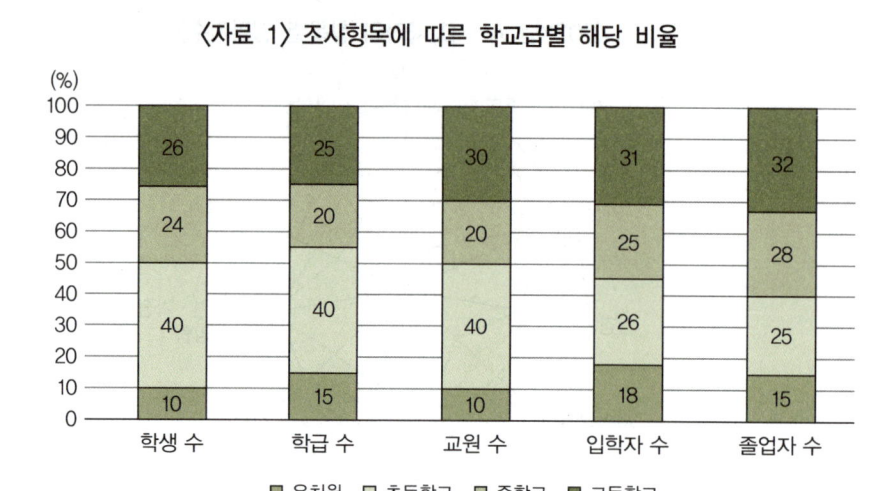

① 초등학교 학급당 학생 수는 25명이다.
② 교원 1명당 학생 수는 고등학교가 가장 많다.
③ 모든 조사항목에서 초등학교의 비율이 가장 높다.
④ 중학교 졸업자 수는 중학교 입학자 수보다 많다.
⑤ 전체 고등학교 학생 수 대비 고등학교 졸업자의 비율은 30% 이하이다.

14. 다음 자료에 대한 설명으로 옳은 것을 〈보기〉에서 모두 고르면?

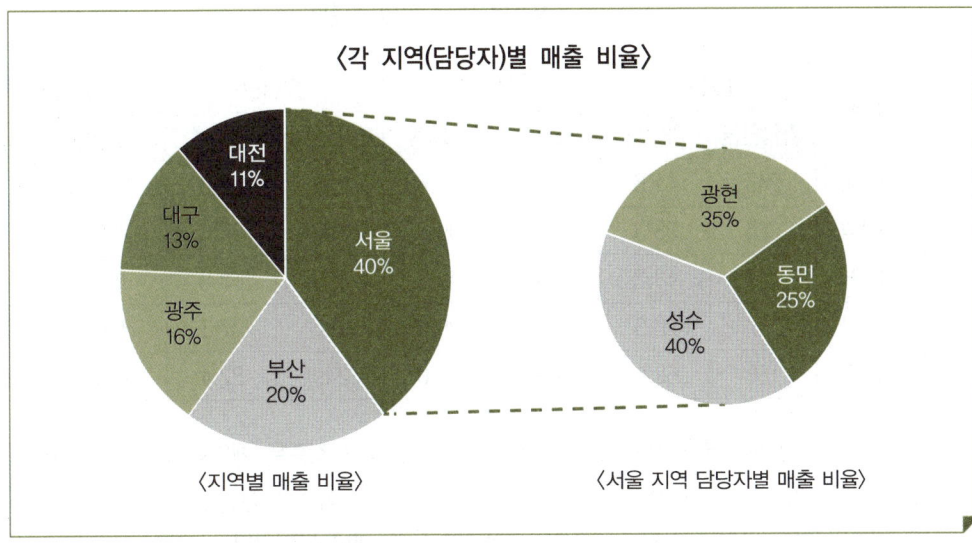

| 보기 |

ㄱ. 전체 매출 중 광현이 차지하는 비중은 13% 미만이다.
ㄴ. 전체 매출 중 동민이 차지하는 비중은 10% 이상이다.
ㄷ. 전체 매출 중 광현과 동민이 차지하는 비중은 대구와 대전의 매출 비중의 합보다 작다.
ㄹ. 전체 매출 중 성수가 차지하는 비중은 대구의 비중보다 크다.

① ㄱ, ㄴ　　　② ㄱ, ㄷ　　　③ ㄴ, ㄷ
④ ㄴ, ㄹ　　　⑤ ㄷ, ㄹ

15. 다음 자료에 대한 설명으로 옳지 않은 것은?

〈직종별 연금 가입 현황〉

(단위 : 백 명, %)

구분	20X6년		20X7년		20X8년		20X9년	
	가입인원	가입률	가입인원	가입률	가입인원	가입률	가입인원	가입률
전문직	245	81.6	260	85.6	295	88.3	270	90.0
정규직	295	98.3	298	99.3	296	95.6	298	90.4
계약직	145	48.3	148	49.3	190	63.8	193	72.5
노동자	85	28.3	75	25.0	94	27.1	92	28.2
사업자	188	62.6	225	75.0	249	82.4	265	89.2

① 20X6 ~ 20X9년 동안 연금 가입인원이 꾸준히 상승한 직종은 계약직과 사업자뿐이다.
② 20X6 ~ 20X9년 동안 연금 가입률이 매년 가장 높은 직종은 정규직이다.
③ 직종별 연금 가입률 순위는 20X6 ~ 20X9년 동안 매년 동일하다.
④ 20X6년 대비 20X9년의 연간 연금 가입인원 변동 수가 가장 큰 직종은 계약직이다.
⑤ 20X8년 대비 20X9년 연금 가입인원이 증가한 직종은 3가지이다.

16. 다음은 우리나라 가구의 연도별·유형별 평균 부채 보유액을 나타낸 자료이다. 20X4년 대비 20X5년의 증가율이 10%를 넘는 항목은?

(단위 : 만 원)

구분		부채	금융부채			
			담보대출	신용대출	신용카드 관련 대출	기타
평균	20X4년	7,099	5,041	4,070	678	57	236
	20X5년	7,531	5,447	4,332	768	58	289

① 부채(전체)   ② 금융부채(전체)   ③ 담보대출
④ 신용대출   ⑤ 신용카드 관련 대출

17. 다음은 A 기업 직원의 출신지역을 구분하여 정리한 자료이다. 전체 직원 수는 750명이고, 서울·경기도 출신자 수가 강원도 출신자 수의 3배라면 강원도 출신 직원은 모두 몇 명인가?

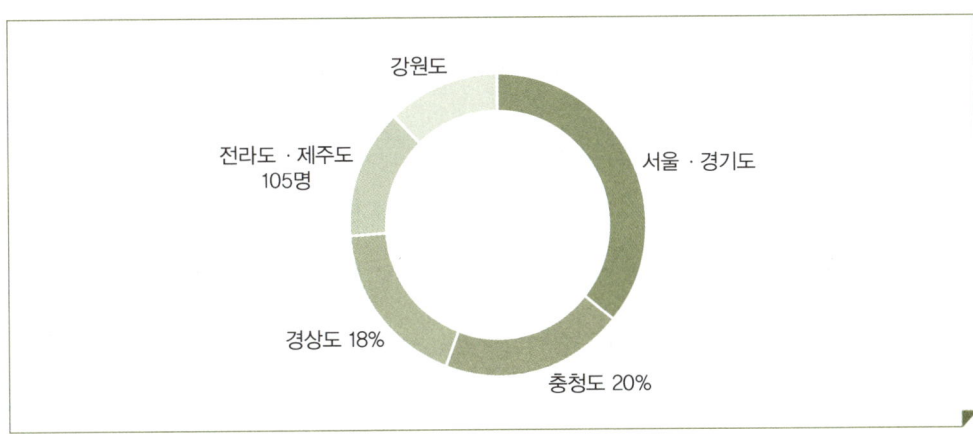

① 80명 ② 85명 ③ 90명
④ 95명 ⑤ 100명

18. 사과맛 쿠키 20봉지, 막대 과자 30봉지, 이온 음료 15병, 비타민 음료 15병, 샌드위치 40개를 구매하고자 할 때, 가장 저렴한 마트와 구입 비용이 바르게 연결된 것은? (단, 반드시 하나의 마트에서 모든 물건을 구매해야 하고 세트 상품은 낱개로 구매할 수 없다)

구분		A 마트 가격(원)	B 마트 가격(원)
과자	사과맛 쿠키 10봉지	13,000	12,000
	막대 과자 20봉지	14,000	15,000
	초콜릿 쿠키 10봉지	12,000	11,000
음료	이온 음료 15병	14,000	22,000
	비타민 음료 15병	21,000	23,000
샌드위치 20개		42,000	46,000
비고		10만 원 이상 구매 시 5% 할인	12만 원 이상 구매 시 8% 할인

① A 마트 - 161,500원
② A 마트 - 164,350원
③ B 마트 - 161,000원
④ B 마트 - 164,450원
⑤ B 마트 - 165,720원

19. 다음은 워라밸(일과 삶의 균형)에 대한 조사 자료이다. 이에 대한 옳은 설명을 ㉠~㉣에서 모두 고른 것은?

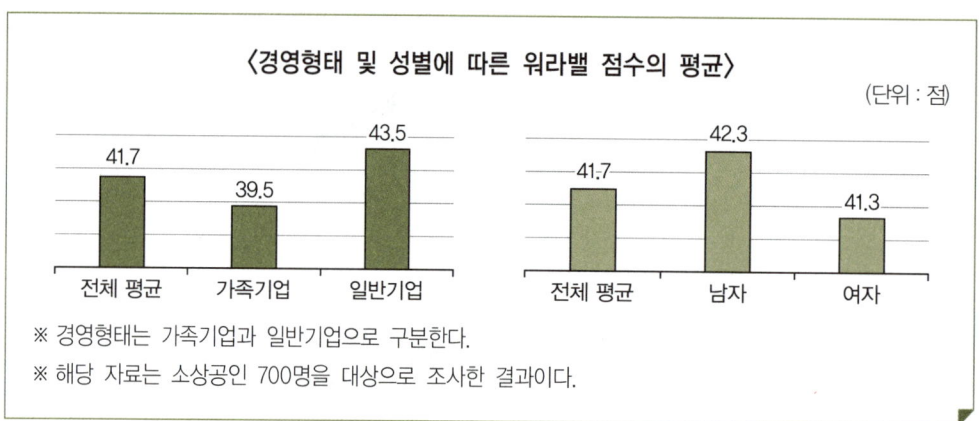

※ 경영형태는 가족기업과 일반기업으로 구분한다.
※ 해당 자료는 소상공인 700명을 대상으로 조사한 결과이다.

㉠ 조사대상 중 남자는 420명이다.
㉡ 조사대상 중 여자는 60%를 차지한다.
㉢ 조사대상 중 일반기업을 경영하는 사람은 455명이다.
㉣ 조사대상 중 가족기업을 경영하는 사람은 315명이다.

① ㉠, ㉢   ② ㉠, ㉣   ③ ㉡, ㉢
④ ㉡, ㉣   ⑤ ㉢, ㉣

20. 다음 중 20X2년도 '교통 및 물류' 분야 예산에 대한 설명으로 적절하지 않은 것은?

〈20X2년 중앙정부 분야별 세출 예산〉

(단위 : 조 원)

분야	예산		
	20X0년	20X1년	20X2년
보건·복지·고용	167	185	195
일반·지방행정	79	84.7	98.1
교육	72.6	71.2	84.2
국방	48.7	51.4	53
산업·중소기업·에너지	23.7	28.6	31.3
농업·수산·식품	21.5	22.7	23.7
교통 및 물류	19.2	21.4	22.8
공공질서·안전	20.8	22.3	22.3
환경	9	10.6	11.9
과학기술	8.2	9	9.6
문화·체육·관광	8	8.5	9.1
외교·통일	5.5	5.7	6

※ 20X1년 대비 20X2년 총지출 8.9% 증가 예상

① 외교·통일 분야 예산의 세 배 이상이다.
② 국방 분야 예산의 절반에 미치지 못한다.
③ 문화·체육·관광 분야 예산의 세 배 이상이다.
④ 전체 분야 가운데 일곱 번째로 많은 예산이 배정되었다.
⑤ 과학기술 분야 예산의 두 배 이상이다.

SKCT 2회 기출유형문제

문항수 | 100문항
시험시간 | 35분

▶ 정답과 해설 34쪽

영역 1 언어표현

30문항/3분

[01 ~ 05] 다음 중 제시된 단어의 유의어를 고르시오.

01.

엎다

① 돌다   ② 뒤집다   ③ 서다   ④ 눕다   ⑤ 앉다

02.

사려(思慮)

① 관념   ② 사념   ③ 고심   ④ 수색   ⑤ 개념

03.

파탄하다

① 그릇되다   ② 보호하다   ③ 비난하다   ④ 중단하다   ⑤ 초라하다

04.

아랑곳

① 참견   ② 배짱   ③ 의문   ④ 방해   ⑤ 수척

05. | 마파람 |

① 동풍   ② 서풍   ③ 남풍   ④ 북풍   ⑤ 북서풍

[06 ~ 10] 다음 중 제시된 단어의 반의어를 고르시오.

06. | 면밀하다 |

① 독실하다   ② 자세하다   ③ 초라하다   ④ 엉성하다   ⑤ 보호하다

07. | 수렴 |

① 찬탈   ② 발산   ③ 소실   ④ 확대   ⑤ 사념

08. | 당기다 |

① 줄이다   ② 미루다   ③ 낮추다   ④ 올리다   ⑤ 늘리다

09.

기껍다

① 슬프다　② 기쁘다　③ 솔직하다　④ 아름답다　⑤ 놀랍다

10.

고사하다

① 절하다　② 악수하다　③ 즐거워하다　④ 수락하다　⑤ 슬프다

[11 ~ 12] 다음 단어 관계에 따라 빈칸에 들어갈 단어로 가장 적절한 것을 고르시오.

11.

가을 : 처서 = 봄 : (　)

① 백로　② 곡우　③ 소만　④ 단오　⑤ 망종

12.

(　) : 시계 = 차례 : (　)

① 전화, 귀띔　　② 시각, 번호　　③ 달력, 순서
④ 약속, 대기　　⑤ 대기, 전화

[13 ~ 16] 다음 빈칸에 들어갈 단어로 가장 적절한 것을 고르시오.

13.
치밀 – 세밀의 관계는 전부 – (   )의 관계와 같다.

① 개체 ② 전체 ③ 일부
④ 부분 ⑤ 중간

14.
계산기 – 계산의 관계는 피아노 – (   )의 관계와 같다.

① 건반 ② 악기 ③ 기타
④ 연주 ⑤ 악보

15.
오른쪽 – 왼쪽의 관계는 불의 – (   )의 관계와 같다.

① 부당 ② 평등 ③ 정의
④ 불행 ⑤ 중립

16.
장미꽃 – 식물의 관계는 호랑이 – (   )의 관계와 같다.

① 동물 ② 식물 ③ 조류
④ 인간 ⑤ 사자

17. 다음 문장의 흐름에 따라 빈칸에 들어갈 적절한 단어는?

> 앞으로 농산물 가격이 어떻게 변화될지 그 (   )을/를 잘 파악해야 한다.

① 작용(作用)   ② 추이(推移)   ③ 동선(動線)
④ 당락(當落)   ⑤ 반추(反芻)

18. 다음 중 ㉠과 ㉡의 관계와 단어 관계가 유사한 것은?

> 로열 콘세르트헤보, 베를린 필하모니, 빈 필하모니와 같은 명가 오케스트라는 개인, 팀, 리더가 한데 어우러져 장인정신을 발휘함으로써 100년 이상 최고의 정상을 지켜올 수 있었는데, 그 비결은 연주자들에게 있다. ㉠연주자 개개인은 전문성이 높을 뿐 아니라 품격 높은 연주로 ㉡청중에게 감동을 주기 위해 최선을 다하고 있다. 악기를 다루는 전문적 기량뿐만 아니라 악보에 대한 통찰력을 바탕으로 최고의 연주 실력을 발휘하는 것이다.

① 창조 : 모방   ② 교수 : 학생   ③ 소설가 : 시인
④ 럼주 : 사탕수수   ⑤ 찬성 : 반대

[19 ~ 23] 다음 제시된 단어의 뜻으로 옳은 것을 고르시오.

19.

> 여우비

① 바람이 없는 날 가늘게 내리는 비
② 햇빛이 비추는 날씨에 살짝 내리다가 금방 그치는 비
③ 갑자기 쏟아지다가 금방 그치는 비
④ 농사에 꼭 필요할 때 맞춘 것처럼 내리는 비
⑤ 겨우 먼지나 적시게 내리는 비

20.
| 염두 |

① 어떤 사물의 맨 끝
② 생각의 시초
③ 감히 무엇을 하려는 마음
④ 겉으로 드러나지 않은 속마음
⑤ 일을 어떻게 하기로 결정함.

21.
| 투기(投機) |

① 기회를 잡아 큰돈을 버는 일
② 내던져 버림.
③ 지나치게 시기함.
④ 물건이나 편지를 보냄.
⑤ 서로 맞붙어 다툼.

22.
| 박멸 |

① 망하여 없어짐.
② 남김없이 무찔러 멸망시킴.
③ 죽어서 없어짐.
④ 모조리 잡아서 없애 버림.
⑤ 사라져 없어짐.

23.
| 소명(疏明) |

① 어떤 사건이나 사실의 이유 또는 근거를 설명함.
② 간절히 원하고 바라는 일
③ 지정된 임무나 지위를 맡음.
④ 윗사람이 아랫사람에게 어떤 일을 하도록 시킴.
⑤ 어떤 일이나 임무를 하도록 부르는 명령

[24 ~ 28] 다음에서 설명하고 있는 단어로 적절한 것을 고르시오.

24.

수염 또는 머리털이 가지런하지 않게 덮여 있음.

① 다소곳하다　　② 거북하다　　③ 더부러지다
④ 덥수룩하다　　⑤ 얌전하다

25.

생각이나 기억이 문득 떠오르는 모양

① 얼추　② 은근　③ 얼핏　④ 슬쩍　⑤ 힐끔

26.

하는 짓이나 말이 바르지 않고 못마땅함.

① 시다　② 떫다　③ 꼽다　④ 헤다　⑤ 달다

27.

값을 깎는 것

① 에누리　② 고수레　③ 실랑이　④ 인정　⑤ 흥정

28.

| 어떤 것을 하고자 노력하는 것 |

① 지양(止揚)　② 지향(志向)　③ 발전(發展)　④ 고취(鼓吹)　⑤ 응징(膺懲)

29. 다음 글의 내용과 가장 관련있는 사자성어는?

> A 시는 산림자원을 보존하기 위해 숲 가꾸기 사업 및 산물 수집단을 적극적으로 운영한 결과 2만 명이 넘는 일자리를 창출하였다. 결과적으로 일자리 창출과 함께 산림 자원도 증대시키는 만족스러운 결과를 얻었다고 평가받고 있다.

① 지록위마(指鹿爲馬)　② 일거양득(一擧兩得)　③ 침소봉대(針小棒大)
④ 건곤일척(乾坤一擲)　⑤ 목불식정(目不識丁)

30. 다음 문장과 가장 관련 있는 사자성어는?

> 독서는 간접 경험의 가장 좋은 방법이다.

① 풍수지탄(風樹之嘆)　② 천석고황(泉石膏肓)　③ 설상가상(雪上加霜)
④ 한우충동(汗牛充棟)　⑤ 고장난명(孤掌難鳴)

영역 2 언어이해

20문항/7분

01. 다음 중 밑줄 친 (A)의 특징으로 가장 적절하지 않은 것은?

> 미국 노동부와 노동통계국은 (A) <u>그린 잡</u>을 두 가지 개념으로 본다. 하나는 환경이나 천연자원에 이득이 되는 제품과 서비스를 만드는 직업이고, 또 다른 하나는 자원을 덜 쓰고 생산과정이 친환경적인 직업이다. 미국만 따지면 직접적인 자연 복구산업 105억 달러를 포함해 총 340억 달러 수준의 시장이 형성돼 있다. 그린 잡 직종에 100만 달러가 투자될 때마다 104~397개 일자리가 생긴다고 노동통계국은 설명한다. 석유와 가스 산업이 동일 투자 대비 5.3개 직업을 만드는 데에 비하면 훨씬 많다. 특히 민간부분이 상당한 일자리를 만드는 것으로 분석됐다. 그린 잡은 특정 구역을 대상으로 고용과 산업이 형성돼 이득을 창출하기 때문에 지역밀착형으로 집중되어 만들어지므로 각 지역의 노동력과 자원을 소비하는 경향이 있다. 또한 계절과 주기에 따라 인력을 유동적으로 요구하여 상대적으로 계약직이 많은 편이지만 평균 임금보다는 많은 보상을 받는 편이다.

① 환경이나 천연자원에 이득이 되는 제품과 서비스를 창출한다.
② 고용 상태가 비교적 안정적이다.
③ 지역 경제 활성화에 기여할 가능성을 갖는다.
④ 석유와 가스 산업에 비해 효율적인 고용 창출효과를 갖는다.
⑤ 특히 민간부분에서 많은 일자리를 창출한다.

02. 다음 글을 통해 알 수 있는 플라톤의 직업관은?

> 플라톤은 인간의 욕망은 다양하고 그 다양한 욕망을 충족시키기 위해 서로 반대되는 입장을 가진 구성원들 사이에 상호 협조를 위한 기구로서 국가가 필요하며, 이를 위해 국가 내의 계급 사이에 분업과 전문화가 필요하다고 주장했다. 플라톤은 국가가 통치계급, 방위계급, 생산계급 세 가지 계급으로 이루어지며 계급에 따라 지혜, 용기, 절제의 세 가지 덕목을 실천해야 한다고 하였다. 통치계급으로서의 철인은 지혜를, 방위계급으로서의 군인은 용기를, 생산계급으로서의 시민은 절제를 각각 구현한다. 따라서 생산계급은 오직 생산, 통치계급은 국가 통치, 방위계급은 국가 수호라는 맡은 바 임무에 따른 전문적 일에 전념할 때 비로소 이상적인 국가가 유지되고 그 속에서 정의가 실현될 수 있다고 보았다.

① 직업은 변치 않는 도덕성 유지 조건이자 생계유지 수단이다.
② 직업은 신분상승의 매개체이므로 열심히 일해야 한다.
③ 직업에는 귀천이 없으며 모든 인간은 동등한 위치의 직업을 가져야 한다.
④ 직업은 욕구 충족적 수단이자 상호 보완적이며 직업에 따른 사회적 분업이 필요하다.
⑤ 정신노동은 육체노동보다 더 월등하므로 계급에 따라 직업의 차등을 두어야 한다.

03. 다음 중 밑줄 친 ㉠에 해당하는 사례로 가장 적절한 것은?

> 놀이가 상품 소비의 형식을 띠면서 놀이를 즐기는 방식도 변화하였다. 과거의 놀이가 주로 직접 참여하는 형식으로 이루어졌다면, ㉠자본주의 사회의 놀이는 대개 참여가 아니라 구경이나 소비의 형태로 이루어진다. 생산자가 이미 특정한 방식으로 소비하도록 놀이 상품을 만들어 놓았기 때문이다. 그런데 이른바 디지털 혁명이 일어나면서 놀이에 자발적으로 직접 참여하여 즐기고자 하는 사람들이 늘어나고 있다. 이런 성향은 비교적 젊은 세대로 갈수록 더하다. 이는 젊은 세대가 놀이의 주체가 되려는 욕구가 크기 때문이다. 인터넷은 주요 특성인 쌍방향성을 통해 그런 욕구의 실현 가능성을 높여 준다. 이는 텔레비전과 같은 대중 매체가 대다수의 사람들을 구경꾼으로 만들었던 것과는 근본적으로 차이가 있다.

① 진희는 직장 동료가 추천해 준 식당에 찾아가서 저녁을 먹었다.
② 성호는 제휴 카드 할인을 통해 저렴하게 미술관을 관람하였다.
③ 민지는 여행사에서 제시한 상품을 통해 일본 여행을 다녀왔다.
④ 우주는 드라마 속에 등장하는 간접광고를 보고 놀이공원에 갔다.
⑤ 현수는 학교에서 추천한 이벤트에 당첨되어 공짜로 콘서트를 관람하였다.

04. 다음 중 빈칸에 들어갈 말로 가장 적절한 것은?

> 한국 전통 춤이 가진 특성의 하나를 단적으로 나타내는 말로 "손 하나만 들어도 춤이 된다."라는 표현이 있다. 겉으로는 동작이 거의 없는 듯하면서도 그 속에 잠겨 흐르는 미묘한 움직임이 있다는 것이다. 이를 흔히 '정중동(靜中動)'이라고 한다. (   ) 가장 간소한 형태로 가장 많은 의미를 담아내고, 가장 소극적인 것으로 가장 적극적인 것을 전개하여 불필요한 것이나 잡다한 에피소드를 없애고 사상(事象)의 본질만을 드러낸다.

① 정중동은 우리나라를 대표하는 가장 고귀한 춤이다.
② 정중동은 화려하고 다양한 동작으로 강렬하게 완성된다.
③ 정중동은 여인의 한을 담고 있는 슬픈 몸짓으로 표현된다.
④ 정중동은 수많은 움직임을 하나의 움직임으로 집중하여 완결시킨 경지이다.
⑤ 정중동은 한국인들이 지니고 있는 한의 정서를 표현한다.

05. 다음 글의 주제로 가장 적절한 것은?

> 제2차 세계 대전 중, 태평양의 한 전투에서 일본군은 미군 흑인 병사들에게 자신들은 유색인과 전쟁할 의도가 없으니 투항하라고 선전하였다. 이 선전물을 본 백인 장교들은 그것이 흑인 병사들에게 미칠 영향을 우려하여 급하게 부대를 철수시켰다. 사회학자인 데이비슨은 이 사례로부터 아이디어를 얻어서 대중 매체가 수용자에게 미치는 영향과 관련한 '제3자 효과(Third-person Effect)' 이론을 발표하였다. 이 이론의 핵심은 사람들이 대중 매체의 영향력을 차별적으로 인식한다는 데에 있다. 사람들은 수용자의 의견과 행동에 미치는 대중 매체의 영향력이 자신보다 다른 사람들에게서 더 크게 나타나리라고 믿는 경향이 있다는 것이다. 예를 들어, 선거 때 어떤 후보에게 탈세 의혹이 있다는 신문 보도를 보았다고 하자. 그때 사람들은 후보를 선택하는 데에 자신보다 다른 독자들이 더 크게 영향을 받을 것이라고 여긴다. 이러한 현상을 데이비슨은 '제3자 효과'라고 하였다.

① 제3자 효과의 의의 및 현대적 재조명
② 제3자 효과 이론의 등장 배경 및 개념 정의
③ 유해한 대중 매체가 수용자에게 미치는 영향력
④ 제3자 효과를 이용한 대중 매체 규제의 필요성
⑤ 제3자 효과의 예시와 현대사회에서 보이는 한계

06. 다음 중 홀로 나머지와 다른 이야기를 하는 사람은?

> A : 아이들 자신과 관련 있는 이야기를 쓴 책이 좋다고 생각해. 자신과 관련 있는 이야기라면 재미도 있고 공감도 많이 할 수 있어.
> B : 아이들은 재미가 없으면 책을 잘 읽으려고 하지 않아. 하지만 재미가 없더라도 좋은 책을 많이 읽는 습관을 기르는 것이 중요해.
> C : 많이 팔리는 책이 좋다고 생각해. 많은 사람들이 읽었다면 좋은 책일 거야.
> D : 누가 책을 썼느냐가 중요하다고 생각해. 글쓴이가 유명하면 책 내용도 아이들에게 좋지 않겠어?
> E : 그런 책이 모두 좋다고는 할 수 없어. 그보다는 아이들 수준에 맞아야 한다고 생각해. 어른들이 좋다고 해도 너무 어려워서 읽지 못한다면 소용없어.

① A ② B ③ C
④ D ⑤ E

07. 다음 글의 내용을 뒷받침하는 사례로 가장 적절한 것은?

> 프랑스의 사회보장에 관한 모든 법과 이미 실현된 국가 사회주의는 다음과 같은 원리에서 영감을 얻고 있다. 즉, 노동자는 한편으로는 집단 공동체에, 또 한편으로는 자신의 고용주에게 그의 생명과 노고를 바친다는 것이다. 또한 노동자가 사회보장 사업에 참여하는 상황에서 그의 노동으로 이익을 본 자들은 단순히 임금을 지불하는 것만으로는 노동자에게 빚을 갚은 것이 아니며, 공동체를 대표하는 국가는 고용주와 함께 노동자의 협력을 얻어서 노동자의 실업·질병·노령화 및 사망에 대한 일정한 생활 보장을 노동자에게 주어야 한다는 것이다.

① 프랑스의 기업가들이 가족을 책임지고 있는 노동자에게 생활보장을 해 주었고 노동자는 부조, 금고 등을 통하여 스스로의 이익을 지켰다.
② 영국에서는 오랫동안 지속된 극심한 불황기에 동업자들이 노동자에게 부조를 하였으나 막대한 경비가 들어 노동자들의 생활과 삶을 보호할 수 없었다.
③ 고대 문명 중에는 50년마다 한 번씩 노예를 해방하고 그들의 땅을 돌려주는 기념절을 지낸 곳도 있었다.
④ 일부 개인의 이익을 위한 투기와 고리대금의 투기를 방지하기 위해서 구소련이나 중국과 같은 사회주의 사회에서는 이자를 엄격하게 금지하였다.
⑤ 구소련에서는 처음에는 미술품에 대해 국가가 작품료를 지급하였는데 작가들이 국가의 은혜를 입고 작품발표를 하지 않게 되자 작품료를 지급하지 않았다.

08. 다음 글의 빈칸에 들어갈 내용으로 가장 적절한 것은?

　　우리는 환경이 우리가 존중하는 분위기와 관념을 구현하고, 우리에게 그것을 일깨워 주기를 은근히 기대한다. 건물이 일종의 심리적 틀처럼 우리를 지탱하여 우리에게 도움이 되는 우리 자신의 모습을 유지해 주기를 기대한다. 벽지, 벤치, 그림, 거리가 우리의 진정한 자아의 실종을 막아 주기를 기대한다.

　　어떤 장소의 전망이 우리의 전망과 부합되고 또 그것을 정당화해 준다면 우리는 그곳을 '집'이라는 말로 부르곤 한다. 어떤 건물과 관련하여 집 이야기를 하는 것은 단지 그것이 우리가 귀중하게 여기는 내적인 노래와 조화를 이룬다는 사실을 인정하는 방식일 뿐이다. 집은 공항이나 도서관일 수도 있고, 정원이나 도로변 식당일 수도 있다.

　　집을 사랑한다는 것은 또 우리의 정체성이 스스로 결정되는 것이 아님을 인정하는 것이다. (　　　　　　　　　　　　　　　　　　　　) 우리의 약한 면을 보상하기 위해서다. 우리에게는 마음을 받쳐줄 피난처가 필요하다. 우리에게는 우리 자신이 바람직한 모습을 바라보게 해 주고, 중요하면서도 쉬이 사라지는 측면들이 살아있도록 유지해 줄 방이 필요하다.

① 벽지, 벤치, 그림 등을 진정한 자아의 실종을 막도록 배치해야 한다.
② 삶을 통해 얻게 되는 다양한 스트레스를 집에서 풀 수 있어야 한다.
③ 우리의 정체성을 견지하기 위해 타인과 함께 사는 지혜가 필요하다.
④ 우리에게는 물리적인 집뿐만 아니라 심리적인 의미의 집도 필요하다.
⑤ 우리가 인간으로서 가지는 정체성은 우리가 사는 집에 의해서 결정된다.

09. 다음 글의 빈칸에 들어갈 사자성어로 가장 적절한 것은?

> ( )은 한 가문이 멸문의 화를 입거나 나라가 기강과 재물이 무너져 내려 멸망하는 것을 탄식한다는 의미다. 「사기(史記)」의 송미자세가(宋微子世家)에 나오는 말이다. 은(殷) 나라의 마지막 임금 주왕(紂王)은 술과 여색에 빠져 백성을 돌보지 않았다. 미자(微子), 기자(箕子), 비간(比干) 등 세 충직한 신하들의 충고도 듣지 않고 갈수록 폭군이 되어 갔고 결국 나라는 멸망했다. 화려했던 도읍은 흔적도 없이 사라졌고 옛 궁터에는 풀과 곡식만 무성하게 자라났다. 훗날 기자(箕子)가 은나라의 옛 도성을 지나다가 슬픔과 한탄을 담아 시를 지었다. ( )은 바로 그 시에 나오는 말이다.

① 풍수지탄 ② 맥수지탄 ③ 만시지탄
④ 상전벽해 ⑤ 연하고질

10. 다음 글에서 추론할 수 없는 내용은?

> 톨스토이의 견해에 따르면, 생각이 타인에게 전달될 필요가 있듯이 감정도 그러하다. 이때 감정을 타인에게 전달하는 주요 수단이 예술이다. 예술가는 자신이 표현하고픈 감정을 떠올린 후, 작품을 통해 타인도 공감할 수 있도록 전달한다. 그런데 이때 전달되는 감정은 질이 좋아야 하며, 한 사회를 좋은 방향으로 이끌어 나갈 수 있어야 한다. 연대감이나 형제애가 바로 그러한 감정이다.

① 톨스토이는 예술과 감정의 긍정적 연관성에 주목하면서 예술의 가치를 옹호하였다.
② 톨스토이의 견해에 따르면, 타인에게 감정을 전달하는 언어도 예술에 해당한다.
③ 톨스토이는 연대감을 형성하는 노동요를 높이 평가했을 것이다.
④ 톨스토이는 예술이 한 사회를 좋은 방향으로 이끌어 나가야 한다고 보았다.
⑤ 톨스토이의 견해에 따르면, 생각과 감정은 타인에게 전달될 필요가 있다.

11. 다음 글에 나타난 저자의 견해로 적절하지 않은 것은?

> 가림토 문자는 논란이 되고 있는 《환단고기》라는 책에 등장하는 고대 한국의 문자이다. 이 책이 세간의 관심을 끈 것은 기원전 2181년에 이미 고대 한국의 문자가 만들어졌다는 기록 때문이다. 그런데 문제는 만약 이러한 고대 한국의 문자가 있었다면 왜 우리의 고대 자료에 한 번도 등장하지 않았는가 하는 점이다.
>
> 일본에서는 훈민정음이 일본의 신대 문자를 본뜬 것이라는 주장이 있어 왔다. 신대 문자는 이미 오래 전부터 전해 내려오고 있었다니 훈민정음이 이 문자의 영향을 받지 않았나 하는 주장이 제기되었던 것이다. 그러나 이러한 주장은 그 진위를 다시 한번 고려해 볼 필요가 있다. 일본에서의 신대 문자 사용에 대한 문헌조사 결과, 그 문자의 존재를 뒷받침할 근거가 불충분하여 학계에서도 그러한 문자가 존재했을 가능성은 거의 없다는 것이 정설이다. 우리의 가림토 문자도 이와 비슷한 문제점을 가지고 있으니 언어학적으로는 그리 큰 의미가 없다고 하겠다.

① 훈민정음은 가림토 문자의 영향을 받아 만들어졌다.
② 가림토 문자는 언어학적으로 큰 의미를 가지고 있지 않다.
③ 일본의 신대 문자는 그 존재의 확실성이 부족하다.
④ 훈민정음이 일본의 신대 문자를 본뜬 것이라는 주장은 사실이 아닐 가능성이 높다.
⑤ 고대 한국의 문자가 있었다면 우리의 고대 자료에 등장했어야 한다.

12. 다음 글의 내용과 일치하는 것은?

> 한 나라의 경제가 안정적으로 성장하기 위해서는 일자리만큼 중요한 것은 없다. 일자리가 있어야만 국민에게 소득이 발생하고 이를 통해 소비해야 경제가 활성화되는 등 경제가 선순환할 수 있다. 즉, 경제가 성장하기 위해서는 양질의 일자리 창출이 반드시 뒷받침되어야 한다.
> 고성장기업(High-Growth Firms)은 일정 기간에 고용 또는 매출액, 수익 등에서의 성장률이 여타 기업들보다 현저히 높은 기업을 뜻한다. 여기서 현저히 높은 정도는 나라별·학자별로 다양하며 가장 많이 준용되는 것은 OECD의 정의이다. OECD는 종업원 수가 10인 이상인 기업 중에서 고용 또는 매출액이 3년간 연속적으로 20% 이상 증가한 기업을 고성장기업으로 정의하였다. 그중 가젤(Gazelles) 기업은 보통 고성장기업 중에서 창업한 지 5년이 지나지 않은 신생기업을 말한다.
> 고성장기업을 주목하는 주된 이유는 신규 일자리 창출에 대한 기여도가 매우 높기 때문이다. 전체 기업 중에서 고성장기업은 매우 적은 비중을 차지하지만 소수의 고성장기업이 전체 신규 일자리에서 상당한 비중을 창출하는 것으로 나타났다.

① 양질의 일자리 창출을 위해서는 고성장기업보다 탄탄한 중견기업의 역할이 더 중요하다.
② 고성장기업은 지나치게 빠른 성장으로 인해 경제의 선순환에 악영향을 준다.
③ 양질의 신규 일자리를 창출하는 데 있어서 고성장기업의 비중은 상당히 높다.
④ OECD의 정의에 따르면 매출액이 상위 20% 안에 포함되는 기업을 고성장기업이라 칭한다.
⑤ 고성장기업은 가젤 기업에 비해 일자리 창출 효과가 높다.

13. 다음 글의 제목으로 가장 적절한 것은?

저탄소 녹색성장은 생산과 소비라는 두 가지 기본 요소로 구성되는 경제계에서 자원과 자연을 포함하는 광의의 경제관을 전제로 경제활동 및 환경 문제를 해결하겠다는 인식의 대전환을 요구하고 있다. 실제 경제활동은 자연환경이 자정역량에 의해서 항상 깨끗할 것이고 자원은 무한히 공급될 수 있다는 인식하에 이루어지고 있다. 그 결과 지구의 성장은 환경 문제로 둔화될 것이라는 주장이 확산되고 있을 뿐만 아니라 환경오염은 인류의 삶을 위협할 정도로 악화되고 있다. 이 같은 환경오염 문제를 해결하고, 특히 성장의 동력으로 활용하기 위해서는 경제계와 환경계가 상호 영향을 주고 있는 불가분의 관계에 있다는 사실을 인식해야 할 것이다. 그리고 환경계까지 포함하는 광의의 시장이 형성되어야 한다.

그 이유는 첫째, 환경은 생산과 소비활동에 필요한 자원과 에너지를 공급하는 동시에 경제활동을 일부 제약하기도 한다. 둘째, 환경은 경제활동의 결과 발생된 잔여물을 일정 한도 내에서 흡수하여 정화하는 역할을 수행하고 있다. 한편 생산자, 소비자, 정부 등 모든 경제 주체는 경제활동 결과로 필연적으로 발생하는 잔여물을 환경계로 방출하고 있다. 이처럼 환경과 경제는 서로 영향을 주고받으면서 양자 간에 순환하는 구조를 갖고 있다. 따라서 경제활동에 공급되는 자연자원은 가급적 효율적으로 사용되어야 할 것이고 배출되는 잔여물의 재생 또는 재활용 기능을 강화한 자원순환형 경제 구조를 요구해야 할 것이다.

① 저탄소 녹색성장의 배경
② 자연의 위대한 재활용 기능
③ 환경과 경제의 중요성
④ 자원순환형 경제의 필요성
⑤ 환경이 경제에 미치는 영향

14. 다음 글의 빈칸에 들어갈 언어의 특성으로 알맞은 것은?

> 낱말의 소리는 그것이 지시하는 대상과 아무런 관계가 없다. 우리가 주거하는 곳을 한국어로 '집'이라고 하는데 영어로는 '하우스'고 프랑스어에선 '메종'이라 한다. 스페인어는 '카사', 러시아어는 '돔', 힌디어는 '바완', 아프리카 스와힐리어는 '니움바'다. 집과 하우스 사이의 언어적 연관성을 캐내는 일은 정말 부질없는데, 이는 (   ) 때문이다. 즉, 집을 집이라 부르는 것은 무슨 이유가 있는 게 아니라 그냥 그렇게 이름이 붙었기 때문이다.
>
> 의성어는 소리를 흉내 내는 말이기 때문에 대상과 관련이 있다. 하지만 이마저도 언어 간의 차이가 생각보다 크다. 강아지는 한국어로 '멍멍' 짖지만, 영어로는 '바우와우', 프랑스어로는 '우아프우아프' 짖는다. 스페인에선 '과우과우', 러시아에선 '가프가프' 짖는다고 하니, 전 세계의 강아지들이 고개를 갸웃할 일이다.

① 언어의 자의성 ② 언어의 독자성 ③ 언어의 역사성
④ 언어의 다의성 ⑤ 언어의 창조성

15. 다음 (가)~(라)를 순서대로 가장 적절하게 배열한 것은?

> (가) 다양한 문화들은 텔레비전, 세계여행, 국제어인 영어, 보편적인 인권 개념, 소비자 보호주의, 지역 전통에 모순되는 초지역적인 간섭 등의 침범에 의해 굴복되어 왔다.
> (나) 예를 들어 라디오는 사라와크에 사는 다야족의 '긴 노래'를 짧게 만들었다.
> (다) 현대의 세계화는 때때로 문화적인 파괴를 통하여 독자성을 해쳐 왔다.
> (라) 그 결과 이 지역의 오랜 전통문화 양식은 무선 라디오 도입 이후 20년도 되지 않아 완전히 말살되었다.

① (가)-(나)-(다)-(라) ② (가)-(나)-(라)-(다) ③ (다)-(가)-(나)-(라)
④ (다)-(나)-(라)-(가) ⑤ (다)-(라)-(가)-(나)

16. 다음 글을 읽고 이해한 내용으로 적절하지 않은 것은?

> 건축물에서의 피난 관련 사항은 건축허가 요건을 이루는 중요한 규정이다. 일반적으로 피난은 건축물의 화재상황을 염두에 두고 검토되기 때문에 건축법에서는 대피 관련 규정의 상당 부분을 화재상황으로 상정하고 있고, 방화규정과 피난규정을 엄격히 구분하고 있지 않다.
> 건축물에서의 피난요건을 규정하는 방식은 크게 두 가지로 사양방식과 성능방식이 있다. 사양방식이란 건축 상황을 일반화시켜 놓고 피난시설의 개수, 치수, 면적, 위치 등을 구체적으로 규정하는 방식을 말한다. 반면 성능방식이란 건축물의 특수한 상황에서 법으로 규정된 사양을 맞출 수는 없으나 시뮬레이션을 통해 사람들이 안전하게 대피할 수 있음을 입증하는 방식이다. 우리나라의 건축법은 전적으로 사양방식을 채택하고 있으나 해외에서는 사양방식을 기본으로 하되 필요에 따라 일부 층이나 특정 공간에서 성능방식을 채택할 수 있도록 규정하고 있다.

① 우리나라는 건축 상황을 일반화시킨 뒤 피난시설의 개수, 치수, 면적, 위치 등을 구체적으로 규정하는 방식을 채택하고 있다.
② 해외에서는 건물 규모에 따라 성능방식과 사양방식을 달리 적용하고 있다.
③ 해외에서는 일부 층이나 특정 공간에 대해 필요에 따라 건축적 특수상황에서 시뮬레이션을 통해 사람들이 안전하게 대피할 수 있음을 입증하는 방법을 채택하기도 한다.
④ 피난규정과 방화규정은 엄격히 구분되지 않고 있는데, 이는 피난이 건축물의 화재상황을 염두에 두고 검토되기 때문이다.
⑤ 건축허가를 받기 위해서는 피난 관련 사항을 준수해야 한다.

17. 다음 글의 중심내용으로 가장 적절한 것은?

> 속도는 기술 혁명이 인간에게 선사한 엑스터시(Ecstasy)의 형태이다. 오토바이 운전자와는 달리 뛰어가는 사람은 언제나 자신의 육체 속에 있으며, 뛰면서 생기는 미묘한 신체적 변화와 가쁜 호흡을 생각할 수밖에 없다. 뛰고 있을 때 그는 자신의 체중, 나이를 느끼고 그 어느 때보다도 더 자신과 자기 인생의 시간을 의식한다. 그러나 인간이 기계에 속도의 능력을 위임하고 나면 모든 게 변한다. 이때부터 그의 고유한 육체는 관심 밖에 있게 되고 그는 비신체적 속도, 비물질적 속도, 순수한 속도, 속도 그 자체, 속도 엑스터시에 몰입한다. 기묘한 결합테크닉의 싸늘한 몰개인성과 엑스터시 불꽃. 어찌하여 느림의 즐거움은 사라져 버렸는가?

① 무한정한 속도 경쟁의 문화는 왜곡된 현대성의 한 예이다.
② 속도 추구에만 몰입할 것이 아니라 느린 삶의 미학을 회복해야 한다.
③ 사람들은 성취의 과정이나 그 질보다는 속도와 양에 매달린다.
④ 현대 사회의 몰개인성은 지나친 속도 경쟁 때문이다.
⑤ 기계에게 속도의 능력을 부여함으로써 인간은 속도 자체의 즐거움을 잃어버렸다.

18. 다음 중 (가)와 (나)의 공통된 서술 방식으로 가장 적절한 것은?

> (가) 신화는 인류의 보편적 속성에 기반하여 형성(形成)되고 발전되어 왔지만 그 구체적인 내용은 각 민족마다 다르게 나타난다. 즉, 나라마다 각각 다른 지리·기후·풍습 등의 특성이 반영되어 각 민족 특유의 신화가 만들어진다. 그래서 고대 그리스의 신화와 중국의 신화는 신화적 발상과 사유에 있어서는 비슷하지만 내용은 전혀 다르게 전개된다.
>
> (나) 자본주의 시장경제가 잘 굴러가기 위해서는 끝없는 욕망으로 인해 늘 불만족하는 사람들이 있어야 한다. 그런 사람들은 열심히 일해서 돈을 벌고자 하는 욕심이 강하기 때문에 노동시장에서 노동공급을 원활하게 하며, 다른 한편으로는 노동시장에서 번 돈을 상품시장에서 펑펑 써서 상품이 잘 팔리게 해 준다. 달리 말하면 자본주의 시장경제는 다른 어떤 체제보다도 인간을 더 행복하게 만들 수 있는 능력을 가지고 있지만, 결국 사람들을 끊임없이 불만족하게 해야 잘 굴러갈 수 있다는 모순을 내포하고 있다.

① 전제 - 예시
② 주지 - 부연
③ 전제 - 주지
④ 주장 - 이유 제시
⑤ 주장 - 예시

[19 ~ 20] 다음 글을 읽고 이어지는 질문에 답하시오.

'읽는 문화'의 실종, 그것이 바로 현대사회의 특징이다. 신문의 판매 부수가 날로 떨어져 가는 반면에 텔레비전의 시청률은 나날이 증가하고 있다. 또한 깨알 같은 글로 구성된 20쪽 이상의 책보다 그림과 여백이 압도적으로 많이 들어간 만화책 같은 것이 늘어나고 있다. '보는 문화'가 읽는 문화를 대체해 가고 있는 것이다. 읽는 일에는 피로가 동반하지만 보는 놀이에는 휴식이 따라온다. 그러니 일을 저버리고 놀이만 좇는 문화가 범람하고 있지 않은가. 보는 놀이가 머리를 비게 하는 것은 너무나 당연하다. 읽는 일이 (   )되지 않는 한 우리 사회는 생각 없는 사회로 치달을 수밖에 없다. 책의 문화는 바로 읽는 일과 직결되며 생각하는 사회를 만드는 지름길이다.

19. 윗글의 주제로 가장 적절한 것은?

① 만화책을 통해 읽는 즐거움을 느껴야 한다.
② 놀이 후에는 충분한 휴식을 취해야 한다.
③ 사회에 책 읽는 문화가 퍼지도록 권장해야 한다.
④ 사람이라면 누구나 생각하며 살아야 한다.
⑤ 읽는 문화보다 보는 문화가 우월하다.

20. 윗글의 빈칸에 들어갈 말로 가장 적절한 것은?

① 장려 ② 근절 ③ 제거
④ 추가 ⑤ 인정

영역 3 창의수리

30문항/15분

[01 ~ 12] 다음 식의 값을 구하시오.

01.

$$45 \times 56 = (\quad)$$

① 1,940　　② 2,375　　③ 2,520
④ 3,105　　⑤ 3,135

02.

$$5.5 + 35 \times 35 = (\quad)$$

① 1,237.7　　② 1,230.5　　③ 1,135.5
④ 1,100.5　　⑤ 1,001.5

03.

$$\frac{1}{3} + \frac{5}{6} \times \left(-\frac{8}{9}\right) = (\quad)$$

① $\frac{10}{27}$　　② $\frac{11}{27}$　　③ $-\frac{10}{27}$
④ $-\frac{11}{27}$　　⑤ $-\frac{12}{27}$

04.

$$34+765\div17-25=(\quad)$$

① 47 ② 49 ③ 54
④ 57 ⑤ 59

05.

$$(29-16)^2+5^2=(\quad)$$

① 146 ② 169 ③ 194
④ 221 ⑤ 223

06.

$$7.6+2.4\times\frac{3}{10}=(\quad)$$

① 5.12 ② 6.17 ③ 7.64
④ 8.32 ⑤ 9.24

07.

$$19.1 \times 2.9 = (\quad)$$

① 55.39　　② 56.42　　③ 57.77
④ 58.94　　⑤ 59.49

08.

$$31 - 169 \div 13 + 47 = (\quad)$$

① 61　　② 63　　③ 65
④ 67　　⑤ 69

09.

$$54.214 - 49.417 + 1.542 = (\quad)$$

① 6.339　　② 6.735　　③ 7.341
④ 7.832　　⑤ 7.929

10.

$$\frac{2}{5} + \frac{1}{10} \times \left(-\frac{2}{3}\right) = (\quad)$$

① $-\frac{1}{2}$　　② $\frac{1}{3}$　　③ $\frac{1}{5}$
④ $\frac{2}{3}$　　⑤ $\frac{3}{5}$

11.

$$4\sqrt{9} \times \sqrt{3} = ()$$

① $4\sqrt{12}$ ② $12\sqrt{12}$ ③ $5\sqrt{27}$
④ $7\sqrt{3}$ ⑤ $12\sqrt{3}$

12.

$$-15 \div 5 - (-3)^2 = ()$$

① -12 ② -6 ③ 6
④ 12 ⑤ 15

13. 다음 숫자들의 배열 규칙에 따라 A와 B에 들어갈 숫자의 합은?

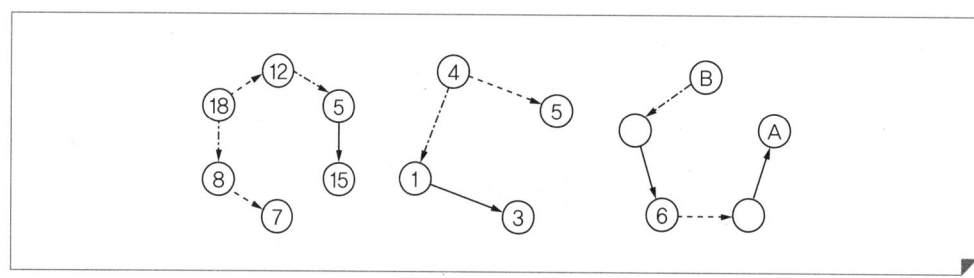

① 23 ② 24 ③ 25
④ 26 ⑤ 27

14. 다음 숫자들의 배열 규칙에 따라 '?'에 들어갈 알맞은 숫자는?

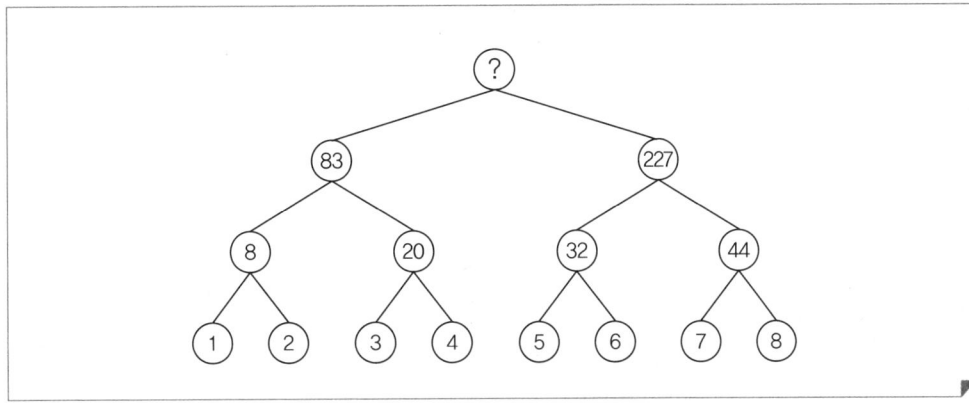

① 927 ② 929 ③ 931
④ 1,029 ⑤ 1,131

15. A는 매달 20만 원을, B는 매달 50만 원을 저축하기로 하였다. 현재 A가 모은 돈은 200만 원이고 B가 모은 돈은 100만 원이라면, B가 모은 돈이 A가 모은 돈의 두 배가 넘는 것은 지금부터 몇 개월 후인가?

① 25개월 ② 27개월 ③ 29개월
④ 31개월 ⑤ 33개월

16. 가로와 세로의 길이가 각각 10cm, 14cm인 직사각형이 있다. 이 직사각형의 가로와 세로를 똑같은 길이만큼 늘려 새로운 직사각형을 만들었더니 넓이가 기존보다 80% 증가하였다. 새로운 직사각형의 가로 길이는 몇 cm인가?

① 12cm ② 14cm ③ 16cm
④ 18cm ⑤ 20cm

17. K 회사는 이번에 새로 출시된 상품들을 광고하려 한다. 광고 시간은 상품별로 20초와 25초 두 종류로 나누어 진행하며, 다음 광고로 넘어갈 때마다 1초의 간격이 있다고 한다. 정확하게 4분 30초 동안 11개의 상품을 광고하고 싶다면, 최대 몇 개의 상품을 25초로 광고할 수 있는가?

① 3개　　　　　② 5개　　　　　③ 6개
④ 7개　　　　　⑤ 8개

18. 10명의 사원들에게 25, 26, 27, 28일 중 하루를 특별휴가로 지급하려 한다. 하루에 최대 3명까지 휴가를 쓸 수 있다면 휴가를 분배할 수 있는 경우의 수는? (단, 어떤 사원이 어느 날짜에 휴가를 쓰는지는 고려하지 않는다)

① 10가지　　　　② 16가지　　　　③ 48가지
④ 80가지　　　　⑤ 100가지

19. 무궁화호가 출발하고 1시간 뒤 시속 120km로 출발한 새마을호가 출발한 지 3시간 후 무궁화호를 따라잡았다. 서울과 부산까지의 거리가 400km라면, 무궁화호가 서울에서 출발하여 부산에 도착하는 데 걸리는 시간은 얼마인가? (단, 소수점 아래 둘째 자리에서 반올림한다)

① 4.2시간　　　　② 4.4시간　　　　③ 5.2시간
④ 5.4시간　　　　⑤ 5.6시간

20. A, B사의 지난달 매출액의 비는 2 : 3이고, 두 회사의 지난달 매출액의 합은 100억 원이었다. 이번 달 매출액은 지난달에 비해 A 회사는 20% 증가하였고 B 회사는 25% 감소하였다. 두 회사의 이번 달 매출액의 합은?

① 90억 원　　　　② 91억 원　　　　③ 92억 원
④ 93억 원　　　　⑤ 94억 원

21. 그림과 같은 동심원이 있다. 안쪽 원에 접하는 직선과 바깥쪽 원과의 교점을 각각 A, B라고 하면 $\overline{AB}$=20(cm)이다. 이때 색칠된 영역의 넓이는 얼마인가? (단, π=3.14로 계산한다)

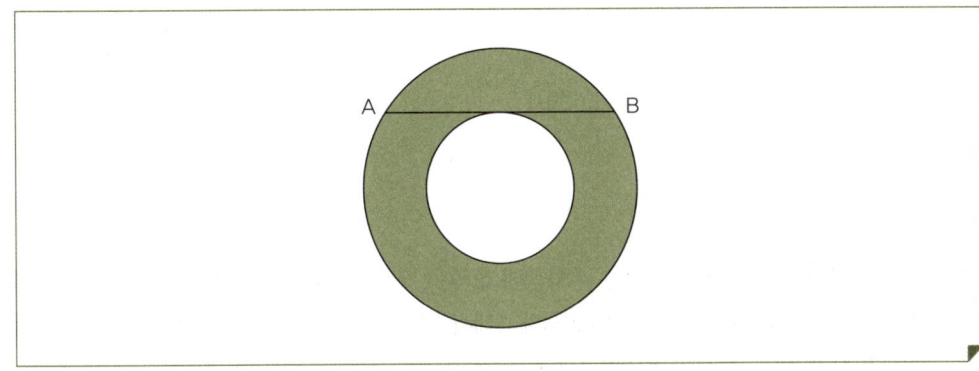

① 105cm^2 ② 157cm^2 ③ 210cm^2
④ 314cm^2 ⑤ 419cm^2

22. A 대학교에서 경영학을 전공하는 학생은 전체 남학생 중 12.6%, 전체 여학생 중 21.4%로, 이는 A 대학교 전체 학생 수의 19.2%라고 한다. 이때, 남학생 전체의 수는 여학생 전체의 수의 몇 배인가?

① $\frac{1}{5}$배 ② $\frac{1}{4}$배 ③ $\frac{1}{3}$배
④ $\frac{2}{3}$배 ⑤ $\frac{3}{4}$배

23. 구슬을 전부 꿰는 데 A 혼자서는 5시간, B 혼자서는 7시간이 걸린다. 둘이 함께 구슬을 전부 꿰면 몇 시간이 걸리겠는가?

① 1시간 ② 1시간 55분 ③ 2시간
④ 2시간 30분 ⑤ 2시간 55분

24. 고 씨에게는 43세의 남편과 8세, 6세, 4세의 자녀가 있다. A년 후에 부부 연령의 합계가 자녀 연령 합계의 배가 되고 남편의 나이가 자녀들의 나이 합보다 1살 많아진다고 할 때, 고 씨의 현재 나이는 몇 세인가?

① 40세　　　　　　② 41세　　　　　　③ 42세
④ 43세　　　　　　⑤ 44세

25. 승용차 100대를 수용할 수 있는 주차장에 오후가 되면 4분마다 1대꼴로 차가 나가고 3분마다 2대꼴로 차가 들어온다. 오후 2시 정각에 1대가 나가고 2대가 들어와 78대가 되었다면, 이 주차장이 만차가 되는 시각은 언제인가?

① 오후 2시 45분　　② 오후 2시 48분　　③ 오후 2시 50분
④ 오후 2시 51분　　⑤ 오후 2시 55분

26. 어느 카페에서 개업 이벤트로 가로와 세로 각각 5칸인 총 25칸짜리 박스 안에 무료 음료 쿠폰 5개를 서로 다른 칸에 하나씩 넣어 두고, 한 사람당 칸을 고를 기회를 3번씩 준다고 한다. 2번만에 쿠폰이 있는 칸을 고를 확률은? (단, 소수점 아래 첫째 자리에서 반올림한다)

① 9%　　　　　　　② 11%　　　　　　　③ 14%
④ 16%　　　　　　　⑤ 17%

27. 어떤 물건의 가격을 50% 인상하였다가 얼마 후 다시 20% 인하하였더니 A 원이 되었다. 이 물건의 원래 가격은 얼마인가?

① $\frac{3}{4}A$ 원　　　② $\frac{4}{5}A$ 원　　　③ $\frac{5}{6}A$ 원
④ $\frac{6}{7}A$ 원　　　⑤ $\frac{7}{8}A$ 원

28. 어떤 회사에 사원 Y명과 사장 한 명이 근무하는데, 사원들의 평균 월급은 X원이고, 사장의 월급은 $3X$원이다. 사원들의 월급과 사장의 월급을 더한 회사 전체의 평균 월급은 얼마인가?

① $\dfrac{X(3X+1)}{Y}$원
② $\dfrac{3(X+XY)}{XY}$원
③ $\dfrac{3(X+1)}{X+Y}$원
④ $\dfrac{X(Y+3)}{Y+1}$원
⑤ $\dfrac{XY}{3(X+Y)}$원

29. P, Q, R은 1박 2일 여행 중이다. 3인의 기차 왕복 운임 360,000원은 P가 내고, 모든 식비 108,000원은 Q가, 숙박비 120,000원은 R이 지불했다. 여행비용을 3명이 똑같이 지불하기로 해 Q와 R은 P에게 각각 a원, b원을 주면 모두 정산된다. a, b는 각각 얼마인가?

	a	b		a	b
①	88,000원	76,000원	②	89,000원	74,000원
③	92,000원	72,000원	④	94,000원	70,000원
⑤	96,000원	68,000원			

30. ○○사는 하계 워크숍에 참석한 직원들에게 객실을 배정하고 있다. 〈조건〉을 참고할 때, 워크숍에 참석한 직원들은 최대 몇 명인가?

| 조건 |
- 객실 1개에 4명씩 배정하면 12명이 객실 배정을 받지 못한다.
- 객실 1개에 6명씩 배정하면 객실은 2개가 남고 하나의 객실은 6명 미만이 사용한다.

① 60명
② 64명
③ 68명
④ 72명
⑤ 76명

영역 4 자료해석

20문항/10분

01. 다음은 20X5년 지역 규모별 중·고등학교 수를 나타낸 자료이다. 이를 바탕으로 빈칸 ㉠과 ㉡에 들어갈 수치를 구하여 바르게 연결한 것은? (단, 소수점 아래 첫째 자리에서 반올림한다)

(단위 : 개)

구분		중학교			고등학교		
		전체	국공립	사립	전체	국공립	사립
지역규모	대도시	1,004	775	229	823	393	430
	중소도시	972	799	173	835	393	430
	읍·면지역	1,089	859	230	623	529	306
	도서벽지	139	130	9	63	57	208

- 중소도시 고등학교에서 사립학교의 비중은 (㉠)%이다.
- 전체 고등학교와 전체 중학교 수의 차이는 (㉡)개이다.

	㉠	㉡		㉠	㉡		㉠	㉡
①	50	850	②	52	86	③	51	860
④	52	0	⑤	51	870			

02. 다음은 A ~ D 기관의 근로시간과 근로자 수를 나타낸 자료이다. 노동투입량지수가 높은 순서대로 나열한 것은?

구분	근로시간(시간)	근로자 수(명)
A 기관	25	18
B 기관	30	16
C 기관	20	19
D 기관	10	35

※ 노동투입량지수＝근로시간×근로자 수

① A>B>C>D
② A>C>D>B
③ B>A>C>D
④ B>A>D>C
⑤ B>D>A>C

03. 다음은 연료별 자동차의 연간 주행거리 및 비중을 나타낸 자료이다. 이에 대한 설명으로 옳지 않은 것은?

구분	연간 주행거리(백만 km)					비중(%)			
	전체	휘발유	경유	LPG	전기	휘발유	경유	LPG	전기
20X0년	290,009	108,842	130,146	45,340	5,681	38	45	16	2
20X1년	298,323	110,341	137,434	44,266	6,282	37	46	15	2
20X2년	311,236	115,294	149,264	39,655	7,023	37	48	13	2
20X3년	319,870	116,952	156,827	37,938	8,153	37	49	12	3
20X4년	327,073	116,975	164,264	36,063	9,771	36	50	11	3

① 20X0년 대비 20X4년의 연간 주행거리 증가율이 가장 큰 것은 경유 자동차이다.
② LPG를 사용하는 자동차의 연간 주행거리는 매년 감소하고 있다.
③ 휘발유를 사용하는 자동차의 연간 주행거리는 매년 증가하고 있다.
④ 20X4년 기준 경유 자동차는 전체 주행거리의 50%를 차지하고 있다.
⑤ 전기를 사용하는 자동차의 연간 주행거리는 매년 증가하고 있다.

04. 다음은 인접한 4개 국가의 상호 전력 수출입 현황을 나타낸 표이다. 이에 대한 옳은 설명을 〈보기〉에서 모두 고른 것은?

(단위 : 천 kW)

수출국 \ 수입국	N국	K국	S국	E국
N국	–	420	234	270
K국	153	–	552	635
S국	277	432	–	405
E국	105	215	330	–

| 보기 |

가. 전력의 수출량이 수입량보다 많은 국가는 2개이다.
나. 전력의 무역수지가 0에 가장 가까운 국가는 S국이다.
다. N국의 전력 총수입량의 2배가 넘는 전력량을 수출하는 국가는 2개이다.
라. N국이 모든 국가로의 수출량을 절반으로 줄이면 나머지 3개국의 수입량은 모두 1,000천 kW 이하로 줄어든다.
※ 무역수지=수출−수입

① 가, 나, 다
② 가, 나, 라
③ 가, 다, 라
④ 나, 다, 라
⑤ 가, 나, 다, 라

05. P 공장에서는 a~e 5대의 기계로 제품을 생산한다. 다음은 P 공장의 각 기계가 하루 동안 생산하는 제품의 개수와 불량품의 개수를 정리한 표이다. b 기계보다 불량률이 낮은 기계의 수는?

구분	하루 생산량(개)	불량품의 개수(개)
a 기계	5,610	17
b 기계	5,830	19
c 기계	5,400	16
d 기계	5,950	21
e 기계	5,670	18

① 0개 ② 1개 ③ 2개
④ 3개 ⑤ 4개

06. 다음 자료에 대한 분석으로 옳은 것은?

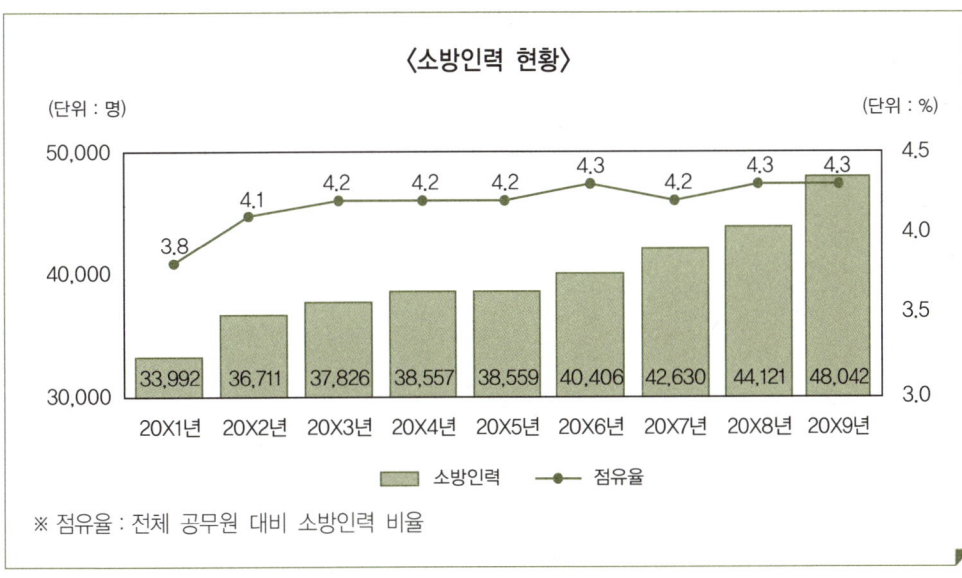

① 분석기간 중 전년 대비 소방인력 수가 가장 큰 비율로 증가한 해는 20X2년이다.
② 분석기간 중 전체 공무원 대비 소방인력 비율은 매년 4%를 초과한다.
③ 20X9년 소방인력은 8년 전 대비 1만 5천 명 이상 증가하였다.
④ 20X6년부터 20X9년까지 소방인력은 매년 4만 명 이상이다.
⑤ 20X1년 전체 공무원 수는 100만 명 이상이다.

07. 다음은 ○○시의 세입 통계이다. 이에 대한 설명으로 옳은 것은?

〈20X0 ~ 20X2년 ○○시 세입 통계〉

구분	20X0년		20X1년		20X2년	
	액수(억 원)	비율	액수(억 원)	비율	액수(억 원)	비율
지방세	116,837	31%	130,385	28%	134,641	25%
세외수입	27,019	7%	23,957	5%	25,491	5%
지방교부세	52,000	14%	70,000	15%	80,000	15%
조정교부금	25,000	7%	35,000	8%	60,000	11%
국고보조금	93,514	24%	109,430	23%	123,220	23%
도비보조금	24,876	6%	36,756	8%	44,978	8%
보전수입 등 내부거래	42,743	11%	61,069	13%	72,105	13%
총계	381,989		466,597		540,435	

① 세외수입의 액수는 20X0년 이후 지속적으로 증가하였다.
② 전년 대비 세입 증가액은 20X1년이 20X2년보다 적다.
③ ○○시의 세입 중 가장 큰 비중을 차지하는 것은 지방세이다.
④ 전체 세입에서 지방세가 차지하는 비중은 20X0년 이후로 계속 증가하였다.
⑤ 20X1년 지방교부세의 전년 대비 증가액은 20X1년 국고보조금의 전년 대비 증가액보다 적다.

08. 다음 L 지역 건축물 현황의 ㉠~㉣에 들어갈 수치를 바르게 연결한 것은? (단, 소수점 아래 첫째 자리에서 반올림한다)

⟨L 지역 건축물 현황⟩

L 지역 건축물은 상업용, 주거용, 공업용, 문화·교육·사회용과 기타로 구성되어 있다. 상업용이 4만 3,846동, 공업용이 1만 4,164동, 문화·교육·사회용이 6,378동, 기타가 1만 1,598동이다.

구분	합계		주거용	
	동 수(동)	연면적(m²)	동 수(동)	연면적(m²)
합계	220,573	189,019,253	144,587	95,435,474
10년 미만	35,541	53,926,006	19,148	25,000,123
10년 이상~15년 미만	17,552	26,141,452	8,035	13,447,067
15년 이상~20년 미만	23,381	24,463,931	13,716	11,443,662
20년 이상~25년 미만	20,587	26,113,376	11,449	13,176,750
25년 이상~30년 미만	30,279	30,608,783	20,129	17,948,163
30년 이상~35년 미만	23,442	12,875,191	17,220	7,409,831
35년 이상	48,724	12,114,897	37,972	6,001,760
기타	21,067	2,775,617	16,918	1,008,118
노후건축물 비중(%)	㉠	㉡	㉢	㉣

※ 노후건축물=사용승인 후 30년 이상 된 건물(기타 건축물은 포함하지 않음)

① ㉠ 43% ② ㉡ 13% ③ ㉢ 21%
④ ㉣ 30% ⑤ ㉣ 38%

09. 다음은 우리나라의 막걸리 출하량 추이를 나타낸 자료이다. 이에 대한 설명으로 옳지 않은 것은?

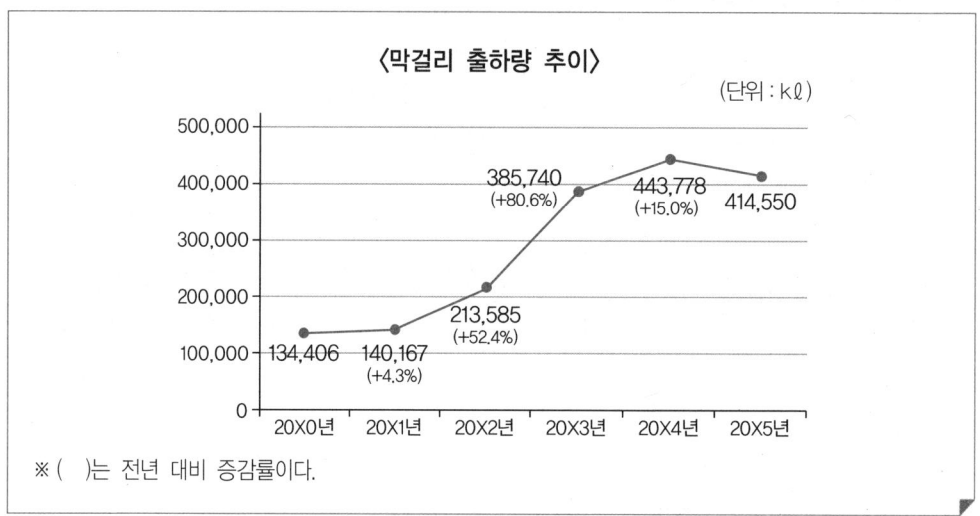

① 20X0년부터 20X3년까지 막걸리 출하량이 지속적으로 증가했다.
② 20X4년 막걸리 출하량은 20X1년 막걸리 출하량의 약 3.3배이다.
③ 20X1 ~ 20X4년 중 전년 대비 막걸리 출하량의 증감률이 가장 큰 해는 20X3년이다.
④ 20X0 ~ 20X5년 중 막걸리 출하량이 가장 많았던 해는 20X4년, 가장 적었던 해는 20X0년이다.
⑤ 20X5년 막걸리 출하량은 20X0년 막걸리 출하량의 3배 이상이다.

10. 다음은 A 시, B 시의 물가 변동률을 나타낸 자료이다. 이에 대한 설명으로 옳은 것은?

〈A 시, B 시의 물가 변동률〉

(단위 : %)

구분	A 시	B 시
20X0년	0.62	2.45
20X1년	2.00	2.17
20X2년	4.47	3.43
20X3년	3.17	4.62
20X4년	4.98	4.95
20X5년	7.19	6.62
20X6년	10.19	6.07

① B 시의 물가 변동률은 매년 상승하고 있다.
② A 시의 물가 변동률은 매년 B 시 물가 변동률의 2배 이하이다.
③ A 시 물가 변동률의 전년 대비 증가율이 가장 높은 해는 20X6년이다.
④ B 시의 물가 변동률이 A 시의 물가 변동률보다 높은 연도는 4개이다.
⑤ 20X1 ~ 20X6년 중 전년 대비 물가 변동률의 차이가 가장 큰 연도는 A 시와 B 시가 동일하다.

11. 다음 자료를 참고할 때, 2014년도와 2023년도의 전체 암 수검자 중 위암 수검자 비율의 차이는 몇 %p인가? (단, 소수점 아래 둘째 자리에서 반올림한다)

〈연도별 국가 암 조기검진사업 수검자 수〉

(단위 : 천 명)

구분	2014년	2015년	2016년	2017년	2018년	2019년	2020년	2021년	2022년	2023년
전체	5,749	6,492	7,118	8,617	8,902	9,525	9,122	8,878	9,868	10,703
위암	2,085	2,347	2,511	3,033	3,044	3,079	2,995	2,844	3,074	3,255
간암	141	147	152	206	241	267	247	251	208	216
대장암	984	1,210	1,552	1,764	2,165	2,465	2,367	2,359	2,579	2,885
유방암	1,295	1,427	1,499	1,820	1,746	1,822	1,692	1,636	1,822	1,939
자궁경부암	1,244	1,361	1,404	1,794	1,706	1,892	1,821	1,788	2,185	2,408

① 6.4%p
② 6.2%p
③ 5.9%p
④ 5.5%p
⑤ 5.2%p

12. 다음 자료에 대한 설명으로 옳은 것은 모두 몇 개인가? (단, 모든 계산은 소수점 아래 둘째 자리에서 반올림한다)

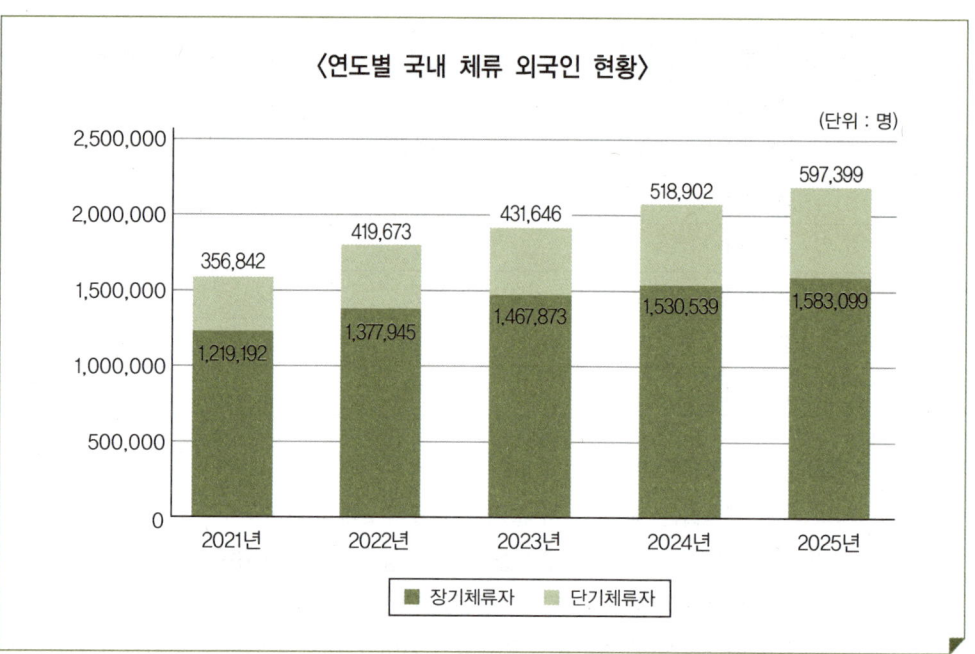

㉠ 2021년 이후 국내에 체류하고 있는 외국인 수는 점점 증가하고 있다.
㉡ 단기체류자 대비 장기체류자 수의 배율은 2022년보다 2024년에 더 높았다.
㉢ 2025년 장기체류자 수는 2021년 장기체류자 수 대비 약 29.8% 증가했다.
㉣ 2024년 장기체류자의 전년 대비 증가량은 2023년 장기체류자의 전년 대비 증가량보다 많다.

① 0개　　　　② 1개　　　　③ 2개
④ 3개　　　　⑤ 4개

13. 다음은 보이스피싱 피해신고 건수 및 금액에 대한 자료이다. 이에 대한 설명으로 옳은 것은?

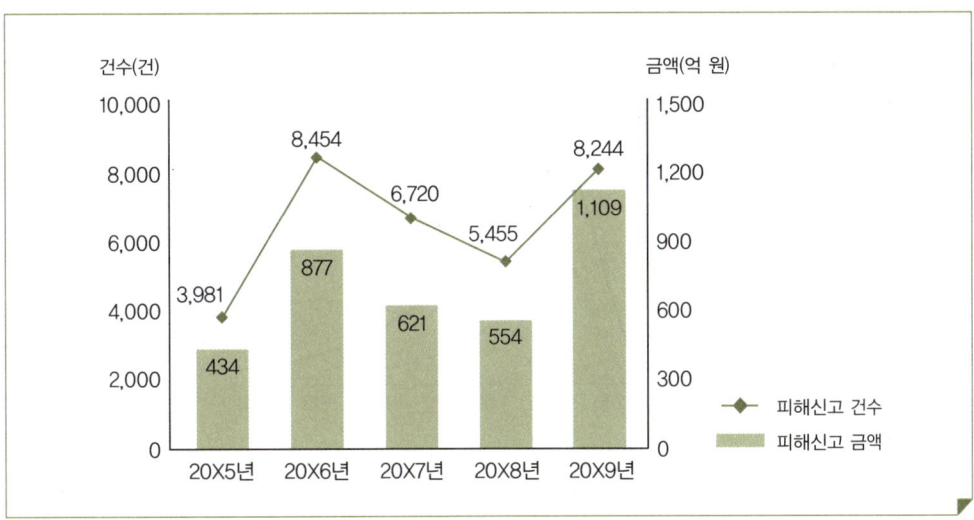

① 보이스피싱 피해신고 건수는 20X5년 이후 점차 감소하다가 20X9년 다시 급격히 증가하였다.
② 보이스피싱 피해신고 건수가 가장 많았던 해와 적었던 해에, 피해신고 금액도 가장 높고 낮았다.
③ 20X5 ~ 20X9년 보이스피싱 피해신고 금액의 평균은 700억 원에 미치지 못한다.
④ 전년 대비 20X9년 보이스피싱 피해신고 건수의 증가율은 50% 이상이다.
⑤ 20X9년 보이스피싱 피해신고 금액은 20X5년에 비해 약 2.3배 증가하였다.

14. 다음은 지역별 교통카드 지출내역에 대한 자료이다. A ~ D 중 1인당 교통카드 지출액이 가장 많은 지역은?

구분	지출액(억 원)	인구(만 명)
A 지역	60,264	972
B 지역	19,437	341
C 지역	16,225	295
D 지역	15,730	242

① A 지역
② B 지역
③ C 지역
④ D 지역
⑤ B 지역, D 지역

15. 다음 그래프에 대한 설명으로 옳은 것은?

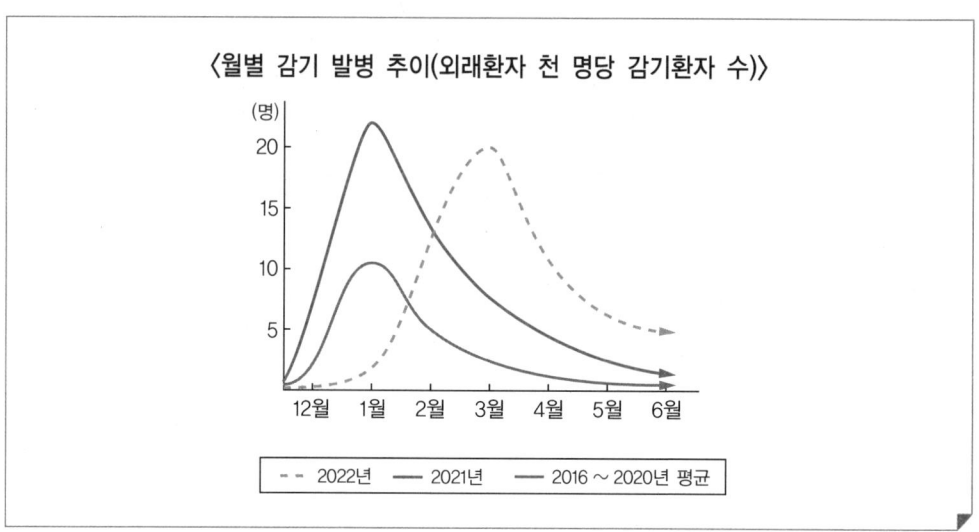

① 2016년 이후 월별 전체 감기환자 수는 1월에 가장 많았다.
② 2016 ~ 2020년 사이의 월별 감기환자 수가 외래환자 천 명당 15명을 초과하는 경우는 없었다.
③ 2022년의 외래환자 천 명당 감기환자 수는 3월까지 증가한 후 감소하였다.
④ 해가 갈수록 감기환자 수는 계속해서 증가하고 있다.
⑤ 2021년과 2022년의 2월 감기환자 수는 같다.

16. 다음 ○○사 사원 60명의 출·퇴근 방식에 관한 조사 자료를 통해 알 수 있는 내용으로 옳은 것은? (단, 제시된 자료의 내용만을 고려하며, 대중교통 수단은 한 가지만 이용하는 것으로 가정한다)

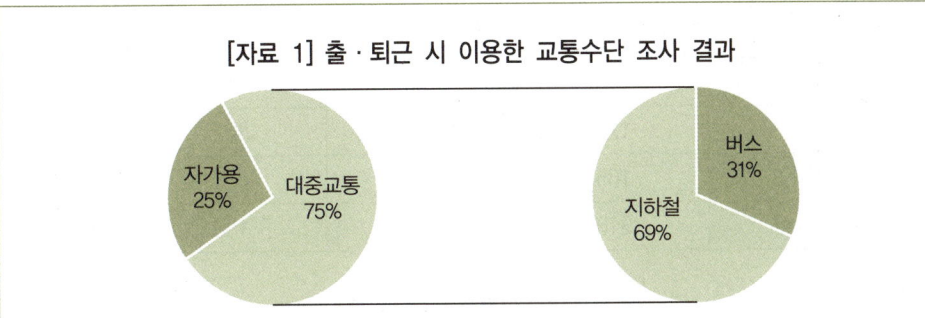

[자료 1] 출·퇴근 시 이용한 교통수단 조사 결과

[자료 2] 전체 사원의 출·퇴근 시 환승 횟수 조사 결과

환승 횟수	없음	1번	2번	3번
비율	42%	27%	23%	8%

※ 모든 계산은 소수점 아래 첫째 자리에서 반올림한 값이다.
※ 자가용 이용자는 환승 횟수 '없음'으로 응답하였다.

① 자가용을 이용하는 사원은 25명이다.
② 버스를 이용하는 사원은 13명이다.
③ 환승 횟수가 3번 이상인 사원은 4명이다.
④ 대중교통을 이용하는 사원 중 한 번도 환승을 하지 않는 사원은 15명이다.
⑤ 대중교통을 이용하는 사원 중 환승 횟수가 한 번 이상인 사원은 전체 사원의 58%이다.

17. 다음 자료의 ㉠, ㉡에 들어갈 수치로 알맞은 것은?

〈Y년의 인구 전입·전출 현황〉

(단위 : 명)

전출지\전입지	A	B	C	D
A	–	190	145	390
B	123	–	302	260
C	165	185	–	110
D	310	220	130	–

〈지역별 인구 현황〉

(단위 : 명)

연도\지역	A	B	C	D
Y년	3,232	3,120	2,931	3,080
Y+1년	3,105	3,030	(㉠)	(㉡)

※ 전입·전출한 인구는 내년 인구 현황에 반영한다.

	㉠	㉡		㉠	㉡		㉠	㉡
①	2,794	3,060	②	2,794	3,180	③	3,048	3,180
④	3,048	3,060	⑤	2,659	3,180			

18. 다음은 연도별 외환보유액 관련 자료이다. 이에 대한 해석으로 옳은 것은?

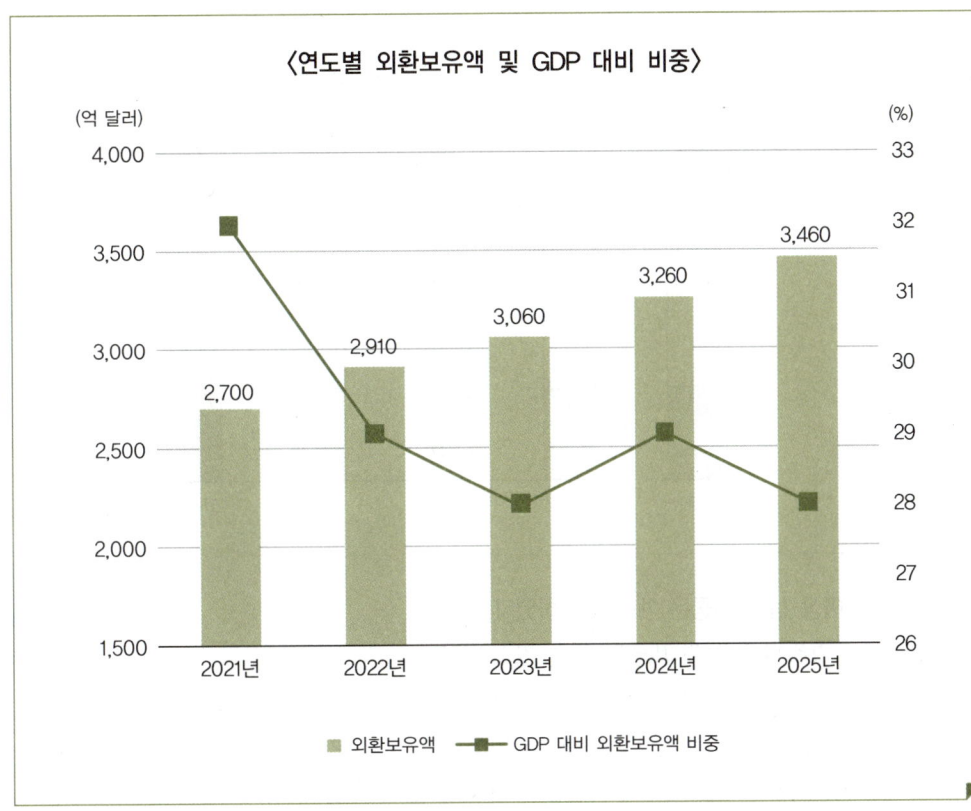

① 2024년에 비해 2025년의 GDP는 증가하였다.
② 전년 대비 외환보유액 증가량이 가장 적은 연도는 2025년이다.
③ 전년 대비 외환보유액 증가량이 가장 많은 연도는 2024년이다.
④ GDP 대비 외환보유액 비중은 매년 감소하였다.
⑤ 2024년 대비 2025년의 외환보유액은 약 10% 이상 증가하였다.

19. 다음 경지규모별 농가 비중 추이에 관한 그래프를 해석한 내용 중 적절하지 않은 것은?

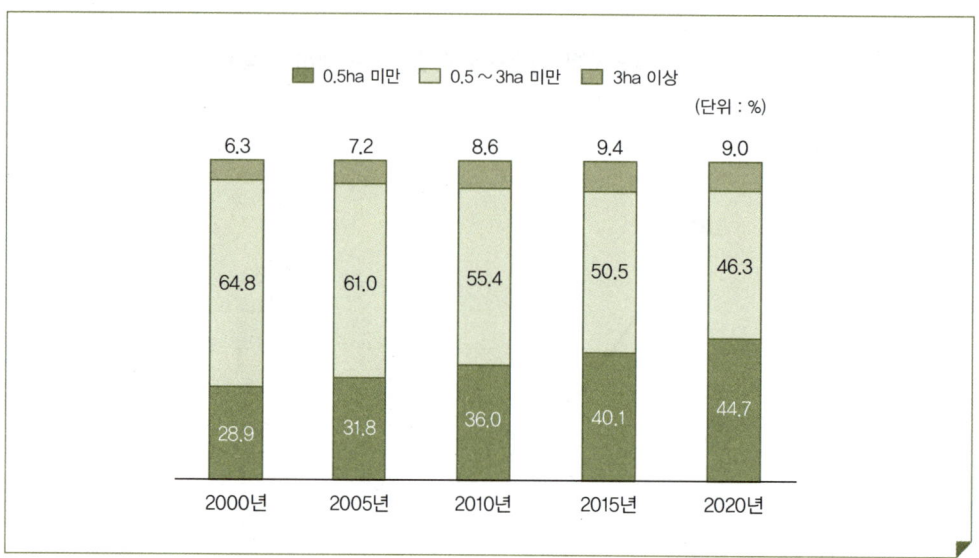

① 3ha 이상 농가 비중은 계속 증가하였다.
② 0.5～3ha 미만 농가 비중이 계속 감소하였다.
③ 0.5～3ha 미만 농가가 전체에서 차지하는 비중이 항상 가장 크다.
④ 0.5ha 미만 농가의 비중이 꾸준히 증가하였다.
⑤ 2020년 0.5ha 미만 농가의 비중은 3ha 이상 농가 비중의 4배 이상이다.

20. 다음은 6가지 운동종목별 남자 및 여자 국가대표 선수의 평균 연령과 평균 신장에 대한 자료이다. 이에 대한 〈보기〉의 설명 중 적절하지 않은 내용을 모두 고른 것은?

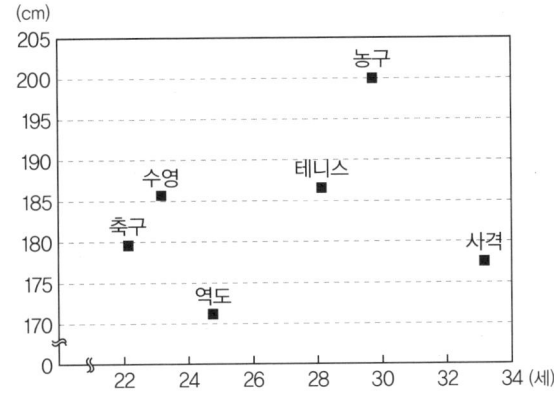

〈자료 1〉 남자 국가대표 선수의 평균 연령과 평균 신장

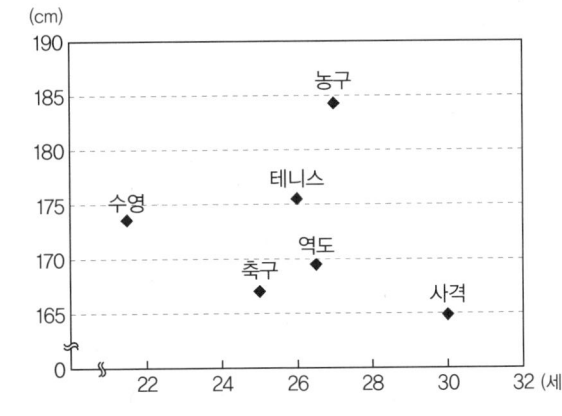

〈자료 2〉 여자 국가대표 선수의 평균 연령과 평균 신장

| 보기 |

㉠ 국가대표 선수의 평균 연령이 높은 순서대로 나열하면 남자와 여자의 종목 순서는 동일하다.
㉡ 국가대표 선수의 평균 신장이 큰 순서대로 나열하면 남자와 여자의 종목 순서는 동일하다.
㉢ 종목별로 볼 때, 남자 국가대표 선수의 평균 연령은 해당 종목 여자 국가대표 선수의 평균 연령보다 높다.
㉣ 종목별로 볼 때, 남자 국가대표 선수의 평균 신장은 해당 종목 여자 국가대표 선수의 평균 신장보다 크다.

① ㉠, ㉡ ② ㉡, ㉣ ③ ㉢, ㉣ ④ ㉠, ㉡, ㉢ ⑤ ㉠, ㉢, ㉣

SKCT 3회 기출유형문제

문항수 | 100문항
시험시간 | 35분

▶ 정답과 해설 49쪽

영역 1 언어표현

30문항/3분

[01 ~ 03] 다음 중 제시된 단어의 유의어가 아닌 것을 고르시오.

01. 보다

① 구경하다 ② 찾다 ③ 잊다
④ 관찰하다 ⑤ 읽다

02. 쏟다

① 집중하다 ② 털어놓다 ③ 따르다
④ 뿌리다 ⑤ 앞지르다

03. 바꾸다

① 변경하다 ② 수정하다 ③ 변환하다
④ 변신하다 ⑤ 가꾸다

[04 ~ 06] 다음 중 제시된 단어의 반의어를 고르시오.

04.
수더분하다

① 까다롭다　② 듬직하다　③ 깨끗하다
④ 시끄럽다　⑤ 멍징하다

05.
되바라지다

① 엎어지다　② 내성적이다　③ 다소곳하다
④ 모이다　⑤ 살갑다

06.
역연(歷然)

① 당연(當然)　② 태연(泰然)　③ 자연(自然)
④ 막연(漠然)　⑤ 확연(確然)

[07 ~ 08] 다음 밑줄 친 단어의 반의어를 고르시오.

07.

종혁이는 평소에는 과묵하지만 일단 이야기를 시작하면 굉장한 <u>달변(達辯)</u>이었다.

① 능변(能辯) ② 배변(排便) ③ 강변(强辯)
④ 언변(言辯) ⑤ 눌변(訥辯)

08.

공기압은 타이어를 <u>팽창(膨脹)</u>시켜 자동차가 주행하기에 알맞은 상태가 되게 한다.

① 확대(擴大) ② 팽배(澎湃) ③ 수축(收縮)
④ 팽대(膨大) ⑤ 광대(廣大)

[09 ~ 10] 다음 제시된 단어 중 3개 이상의 서로 관련있는 단어를 통해 공통으로 연상되는 단어를 고르시오.

09.

수영, 집중, 방어, 한글, 보리, 파도, 지구, 배, 조소

① 지하철 ② 바다 ③ 전쟁
④ 이름   ⑤ 미술

10.

마우스, 숟가락, 눈금자, 빗물, 비닐봉지, 모니터, 빨대, 침대, 도로, 키보드

① 식사   ② 작곡   ③ 컴퓨터
④ 실내장식 ⑤ 음료수

[11 ~ 13] 다음 제시된 단어들 중에서 서로 관련이 있는 세 단어들을 통해 공통적으로 연상할 수 있는 단어를 고르시오.

11.

김밥	정조	탕평책
이순신	지폐	광해군
은행	사화	무기

① 모자 ② 영화 ③ 금리
④ 편지 ⑤ 칼

12.

요정	포도주	숭례문
권선징악	방화범	내면
유리구두	면도	조랑말

① 판례 ② 동화 ③ 화재
④ 정신병 ⑤ 인과응보

13.

천문대	돗자리	개
보름달	지네	빨간 모자
토끼	도시	립스틱

① 별자리 ② 독 ③ 늑대
④ 거북이 ⑤ 화장

[14 ~ 19] 다음 제시된 단어 간 관계를 파악하여 빈칸에 들어갈 알맞은 단어를 고르시오.

14.

```
           야채
   ┌────┬──┴──┬────┐
   무   ( )  고구마  우엉
```

① 당근   ② 상추   ③ 시금치
④ 토마토 ⑤ 딸기

15.

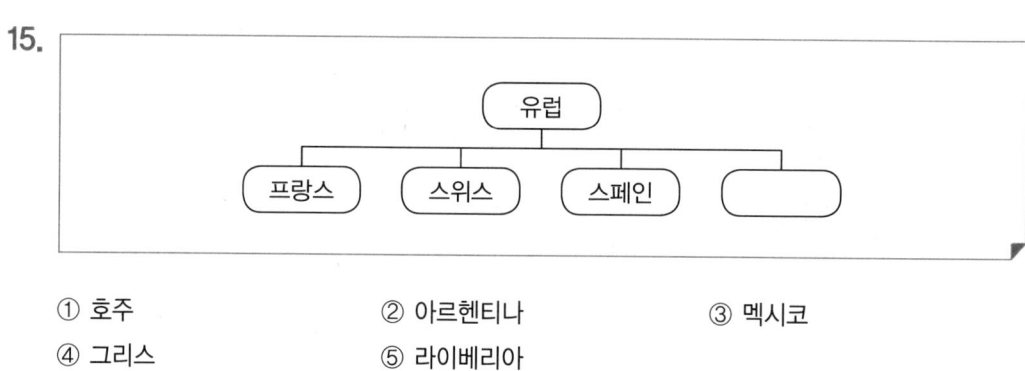

① 호주   ② 아르헨티나   ③ 멕시코
④ 그리스   ⑤ 라이베리아

16.

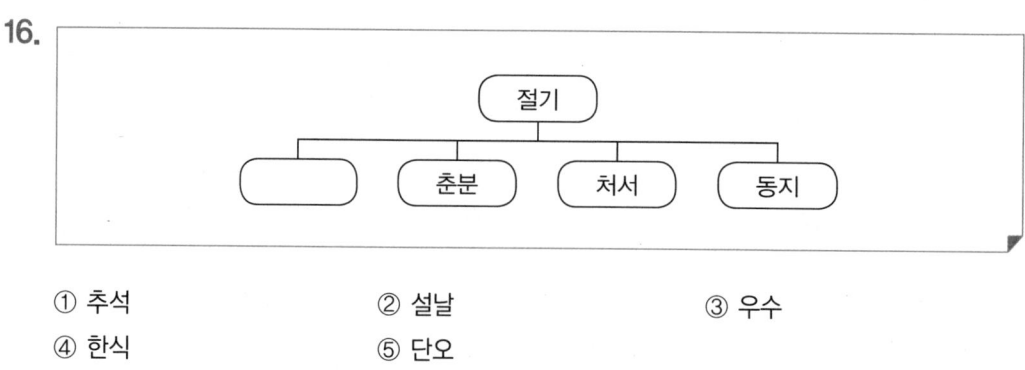

① 추석   ② 설날   ③ 우수
④ 한식   ⑤ 단오

17.

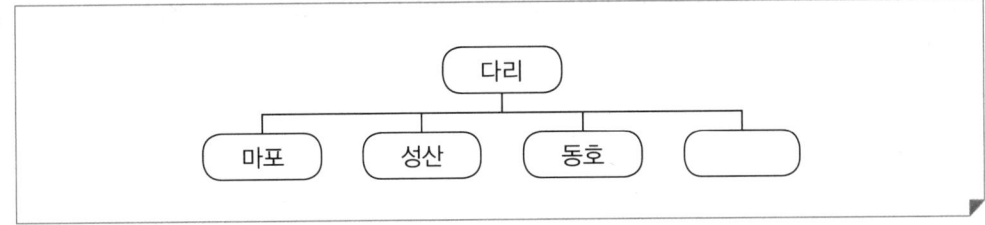

① 청담　　　　　② 진도　　　　　③ 영도
④ 광안　　　　　⑤ 동백

18.

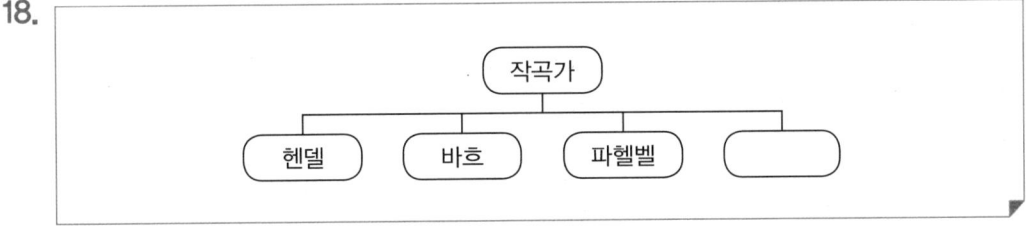

① 하이든　　　　② 리스트　　　　③ 슈베르트
④ 비발디　　　　⑤ 브람스

19.

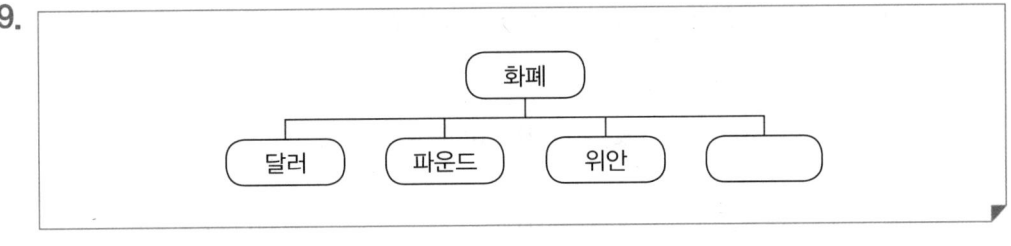

① 킬로그램　　　② 근　　　　　　③ 온스
④ 원　　　　　　⑤ 권

[20 ~ 23] 다음 중 나머지 단어의 의미를 모두 포괄할 수 있는 것을 고르시오.

20. ① 마르다　　② 없어지다　　③ 야위다
　　④ 갈증이 나다　⑤ 자르다

21. ① 이용하다　② 부리다　　③ 쓰다
　　④ 덮다　　　⑤ 나타내다

22. ① 누르다　　② 차지하다　③ 물다
　　④ 치르다　　⑤ 찌르다

23. ① 덮다　　　② 두르다　　③ 감다
　　④ 돌리다　　⑤ 씻다

24. 다음 단어 관계에 따라 빈칸에 들어갈 알맞은 단어는?

　　승용차 : 기차 = 헬스클럽 : (　　)

① 덤벨　　　　② 러닝머신　　③ 보디빌딩
④ 공원산책로　⑤ 스쿼시

[25 ~ 27] 다음 제시된 단어 관계에 따라 A와 B에 들어갈 알맞은 단어를 고르시오.

25.

소나티네 : (A) = 수채화 : (B)

	A	B		A	B
①	피아노	유화	②	소나티나	서양화
③	악곡	회화	④	바로크	일러스트
⑤	연주	화가			

26.

(A) : (B) = 육류 : 베이컨

	A	B		A	B
①	소금	건조	②	식기	나트륨
③	사과	염전	④	조미료	설탕
⑤	사탕	꿀			

27.

토로 : 피력 = (A) : (B)

	A	B		A	B
①	사람	엄마	②	어버이	부모
③	우정	가족	④	사랑	부모
⑤	조부모	자손			

28. 다음 글의 내용과 가장 관련이 있는 한자성어는?

> 최근 영국·홍콩을 비롯하여 해외 조세 피난처로 분류되는 60여 개 국가로 빠져나가는 자금이 급증하고 있다. 이 지역을 이용해 비자금을 조성하거나 탈세하는 사례는 한 개인의 단순한 세금 탈루나 재산 해외 은닉 차원을 넘어 국부를 유출시키는 행위라 볼 수 있다. 따라서 이를 그대로 방치한다면 국민의 납세 회피를 조장하고, 나라의 경제 성장 동력을 훼손할 수 있기 때문에 국가 차원에서 엄정히 대응해야 할 필요가 있다.

① 박이부정(博而不精) ② 부화뇌동(附和雷同) ③ 도탄지고(塗炭之苦)
④ 발본색원(拔本塞源) ⑤ 갑론을박(甲論乙駁)

29. 다음 글의 내용과 가장 관련이 있는 한자성어는?

> 옛날 변방 노인이 기르던 말이 오랑캐 땅으로 도망쳐 버렸다. 사람들이 모두 이를 위로했다. 그런데 후에 말이 오랑캐의 준마를 데리고 돌아왔다. 사람들이 모두 이를 축하하였다. 그러자 말타기를 좋아하던 노인의 아들이 그 말을 타고 달리다가 말에서 떨어져 다리가 부러졌다. 사람들이 모두 이를 위로했다. 그 후에 오랑캐가 요새에 쳐들어오자 장정들이 활을 들고 싸움터에 나갔다. 변방 근처의 사람들은 열에 아홉이 죽었는데, 노인의 아들은 다리가 절름발이인 까닭에 무사할 수 있었다.

① 새옹지마(塞翁之馬) ② 면종복배(面從腹背) ③ 난형난제(難兄難弟)
④ 선공후사(先公後私) ⑤ 맥수지탄(麥秀之嘆)

30. 다음에서 설명하는 한자성어는?

> 달아난 양을 찾다가 여러 갈래 길에서 길을 잃었다는 뜻으로, 학문의 길이 나뉘어져 진리를 찾기 어려움.

① 곡학아세(曲學阿世) ② 다기망양(多岐亡羊) ③ 입신양명(立身揚名)
④ 읍참마속(泣斬馬謖) ⑤ 삼순구식(三旬九食)

영역 2 언어이해

20문항/7분

01. 다음 글의 중심내용으로 옳은 것은?

> 컴퓨터는 처리할 수 있는 정보의 양과 속도 면에서 인간의 능력을 훨씬 뛰어넘는다. 그러나 컴퓨터의 기능이 복잡하기는 하더라도 궁극은 공식에 따라 진행되는 수리적, 논리적인 여러 조작의 집적으로 이루어지는 지능이다. 공식에 따르지 않는 지적, 정신적 기능이 컴퓨터에는 있을 수 없다. 심리학에서는 컴퓨터처럼 공식에 따르는 정신 기능을 수렴적 사고라 하고 이에 비해 인간이 이루어 내는 종합적 사고를 발산적 사고라 한다. 발산적 사고는 과학, 문학, 예술, 철학 등에서도 아주 중요한 지적 기능이다. 이러한 지능은 컴퓨터에는 없다. 컴퓨터가 아무리 발달한다 해도 컴퓨터가 '죄와 벌'과 같은 문학 작품을 써낼 수는 없다. 지나치게 컴퓨터에 의존하거나 중독되는 일은 이런 발산적 사고의 퇴화를 가져올 수 있다.

① 컴퓨터의 위해 ② 컴퓨터의 속성 ③ 컴퓨터의 능력
④ 컴퓨터와 인간의 사고 ⑤ 컴퓨터의 역사

02. 다음 글의 제목으로 가장 적절한 것은?

> 육체적인 생명을 유지하기 위해 끊임없이 음식을 섭취하듯, 정신적인 생명을 유지하기 위해서도 끊임없이 지식을 섭취해야 한다. 정신적 성장을 돕는 가장 쉬운 방법은 책을 읽는 것이다. 독서를 통해 받아들인 간접 체험이 우리의 정신을 살찌게 한다.

① 독서와 인생 ② 독서와 생명 ③ 독서와 체험
④ 독서와 지식 ⑤ 독서와 휴식

03. 다음 글쓴이가 전달하려는 내용과 가장 관련이 깊은 것은?

> 직장에서 자신이 말한 제안이나 의견이 거절당하거나 추진하려던 업무가 거부당할 때, 감정이 앞서 자기 입장만을 생각하며 '도대체 왜 안 될까?'라고 생각하기 쉬운데, 이때 계속해서 자기 자신만 옳다고 믿고 행동하면 결국 독선에 빠지게 된다. 이러한 독선에 빠지지 않으려면 상황을 인정하고 협의하려는 태도가 필요하다. 만약 한 사원이 선배에게 제시한 의견이 거절당했을 경우, 자신의 입장만을 생각하기에 앞서 선배의 요구나 필요한 사항을 파악하는 것이 중요하다. 선배가 원하며 나 자신도 만족하면서 일할 수 있는 방향으로 나아가도록 협의하고 설득해야 하는 것이다. 따라서 업무를 성공적으로 수행하려면 꾸준한 노력과 연습을 통해 설득력을 키우는 것이 필요하다. 누군가를 설득한다는 것이 쉽지만은 않은 일이지만, 무조건 아부하거나 예스맨이 되어 설득하는 것은 지양해야 한다.

① 생각하는 습관
② 고정관념 타파
③ 신의성실의 확립
④ 상대 논리의 구조화
⑤ 상호 간 언행의 일치

04. 다음 글의 밑줄에 해당되는 내용으로 가장 적절한 것은?

> 전통 사회에서는 사람들의 삶의 형태가 비교적 단순하였으나, 오늘날 현대 사회에서는 여러 요인들로 인하여 사람들이 보다 다양한 삶을 살아가게 되었다. <u>위와 같은 변화의 긍정적인 면이 있다면?</u>

① 공동체에 대한 개인의 의식이 강해졌다.
② 서로의 다양한 삶으로 보다 풍요로운 삶을 누릴 수 있게 되었다.
③ 서로 간의 갈등과 대립으로 삶이 혼란스러워졌다.
④ 전체 사회에 대한 통제가 쉬워지게 되었다.
⑤ 조직 내에서 본인의 주장을 피력하는 것을 꺼리는 풍조가 발생했다.

05. 다음 글의 ㉠, ㉡에 들어갈 알맞은 접속사를 차례대로 연결한 것은?

변절이란 무엇인가. 절개를 바꾸는 것, 곧 자기가 심신으로 이미 신념하고 표방했던 자리에서 방향을 바꾸는 것이다. (㉠) 사람이 철이 들어서 세워 놓은 주체의 자세를 뒤집는 것은 모두 다 넓은 의미의 변절이다. (㉡) 사람들이 욕하는 변절은 개과천선의 변절이 아니고 좋고 바른 데서 나쁜 방향으로 바꾸는 변절이다.

	㉠	㉡		㉠	㉡
①	그리고	즉	②	그러므로	그러나
③	그러나	그리고	④	또한	그러나
⑤	즉	그러나			

06. 다음 〈대화〉를 읽고 성 사원에게 해줄 수 있는 조언으로 가장 적절한 것은?

| 대화 |

김 부장 : 성 사원, 지난주에 보고한 계약 건은 어떻게 마무리 되었나요?
성 사원 : 직접 그곳 사장을 만나 보니, 인상이 좋고 신뢰해도 될 것 같습니다.
김 부장 : 그래서요?
성 사원 : 품질도 우수하고 납기 시기도 맞출 수 있을 것 같습니다. 또 그곳 공장에 방문해보니 시설 투자도…….
김 부장 : 아니, 그런데 지난주에는 가격 협상만 남았다고 하지 않았나요? 가격 협상이 제대로 끝났는지를 물어본 거예요, 저는.
성 사원 : 그러니까…… 그게…… 아직 결정이…….

① 상대의 감정에 충분히 공감하면서 대화에 참여해야 한다.
② 대화 분위기를 고려하여 적절한 단어를 사용해야 한다.
③ 대화 상대가 요구하는 것이 무엇인지 파악하고 말해야 한다.
④ 대화 상대의 기분이 어떠한지를 파악하고 대답해야 한다.
⑤ 분위기를 전환하는 용도의 간단한 칭찬을 해야 한다.

07. 다음에서 설명하는 워커홀릭과 가장 거리가 먼 사람은?

> 얼마 전, 해외사이트에서 만든 세계지도가 발표되어 화제를 모았다. 그 지도는 각 나라의 장점이나 단점을 하나의 키워드로 나타내 만든 지도인데, 우리나라를 나타낸 키워드는 무엇이었을까? 바로 '워커홀릭'이었다. 우리나라를 대표하는 이 키워드는 위키피디아, 세계은행, 기네스북 등의 자료를 토대로 선정했다고 알려졌다. 그렇다면 우리나라의 대표 키워드가 '워커홀릭'인 이유는 무엇일까? 그 이유는 우리나라 근로자의 노동시간이 다른 나라와 비교했을 때 압도적으로 높았기 때문이다. 지난 2012년 기획재정부가 발표한 OECD 국가와 주요 고용지표 비교 보고서에 의하면 우리나라 주당 평균 노동시간은 44.6시간으로 OECD 국가 평균 근로시간인 32.9시간에 비해 10여 시간이나 더 많은 것으로 나타났다.

① 일을 할 때가 마음이 가장 안정된다고 말하는 갑 과장
② 쉬는 시간에도 업무에 대한 생각이 떠나지 않는 을 대리
③ 직장생활로 평소 인간관계에 너무 소원한 병 과장
④ 업무가 성공리에 이루어질 때마다 동기부여를 받는 정 대리
⑤ 취미생활 역시 업무와 관련 있게 정하려는 무 부장

08. 다음 ○○사원의 말에 공감하며 올바른 경청을 하고 있는 사람은?

> ○○사원 : 능력 있는 직장인이 되기 위해서는 계속 배워야 한다고 생각해. 그래서 퇴근 후에는 영어 학원, 주말에는 컴퓨터 학원을 다녀야겠어.

① 수연 : 뭐라고? 잠시 딴 생각을 했어. 다시 말해 줄래?
② 종호 : 주말에 쉬는 사람이 더 많을 텐데 끊임없이 자기개발하는 모습이 대단한 것 같아.
③ 지은 : 4차 산업혁명 시대에 걸맞은 사람이 되기 위해 끊임없이 노력하는 모습이 멋있어.
④ 현정 : 중국어와 컴퓨터로는 부족해. 영어까지 배워야 진정한 능력 있는 직장인이 될 수 있지.
⑤ 재민 : 하지만 가까운 미래에 직장 업무는 모두 AI로 대체될 거야.

09. 다음 중 공감을 기반으로 대화하는 사람으로 가장 적절하지 않은 경우는?

① A는 친구가 실연의 아픔을 털어놓자 "네가 그런 감정을 느끼는 건 당연해. 많이 힘들었겠구나." 라고 말했다.
② B는 친구가 자신의 생각과 다른 정치적 견해를 말하자 "그런 관점도 이해가 돼. 나는 좀 다르게 생각하지만, 다른 의견도 존중해."라고 말했다.
③ C는 친구가 회사에서 스트레스를 받은 상황을 이야기하자 "힘들었을 수 있지만, 그런 일은 직장 생활에서 자주 일어날 수 있는 일이야. 그러니 그 일에 너무 신경쓰지 않는 게 너에게 좋아."라고 조언했다.
④ D는 친구가 어려움을 겪고 있다고 말하자 고개를 끄덕이며 "네가 정말 힘든 상황에 처한 것 같아. 내가 어떤 도움을 주면 좋을까?"라고 말했다.
⑤ E는 친구가 계속되는 면접 탈락에 힘들어 하자 "끝이 없어 보여도 언젠간 합격할 수 있을 거야." 라고 말했다.

10. 다음 글에서 설명하는 구성원 행동주의와 관련된 기업의 사례로 가장 적절하지 않은 것은?

> 기존의 구성원들은 회사가 가고자 하는 방향에 순응하는 것을 미덕으로 생각했다. 이는 충성심이 높은 직원일수록 더욱 잘 나타내는 특징이었다. 그런데 최근 몇 년 사이 두드러지게 달라진 현상이 감지되고 있다. 그중 하나가 바로 '구성원 행동주의(Employee Activism)'의 부상이다. 구성원 행동주의란 직원들이 회사에 보다 적극적으로 자신의 의사를 개진하고 뜻을 같이하는 동료들과 함께 자발적으로 집단행동을 하는 현상을 의미한다.

① 매장 내 총기류 판매 반대를 위한 동맹파업
② 전범국을 대상으로 한 판매 반대를 위한 파업
③ 인권 침해 가능성이 있는 정부에 안면 인식 기술 제공 반대
④ 북극곰을 보호하기 위한 한정판 음료수 출시
⑤ 인명 살상을 위한 군사용 목적의 기술 제공 반대

11. 다음 글의 결론으로 가장 적절한 것은?

> 어떤 시점에 당신만이 느끼는 어떤 감각을 가리켜 W라는 용어의 의미로 삼는다고 해 보자. 그 이후에 가끔 그 감각을 느끼게 되면, "W라고 불리는 그 감각이 나타났다."라고 당신은 말할 것이다. 그렇지만 그 경우에 당신이 그 용어를 올바로 사용했는지 그렇지 않은지를 어떻게 결정할 수 있는가? 만에 하나 첫 번째 감각을 잘못 기억할 수도 있는 것이고, 혹은 실제로는 단지 희미하고 어렴풋한 유사성밖에 없는데도 첫 번째 감각과 두 번째 감각 사이에 밀접한 유사성이 있는 것으로 착각할 수도 있다. 더구나 그것이 착각인지 아닌지를 판단할 근거가 없다. 만약 W라는 용어의 의미가 당신만이 느끼는 그 감각에만 해당한다면, W라는 용어의 올바른 사용과 잘못된 사용을 구분할 방법은 어디에도 없게 된다.

① 감각은 느낄 때마다 다르기 때문에 같은 감각이란 존재하지 않는다.
② 감각에 대하여 만든 용어는 올바른지 올바르지 못한지 잘 구분해야 한다.
③ 감각에 대하여 만들어진 용어는 잘못된 기억과 착각을 유발한다.
④ 혼자 느끼는 감각에 대하여 만든 용어는 무의미하다.
⑤ 개인이 용어를 규정짓는 것은 다수에 의했을 때에 비하여 그 적절성이 떨어진다.

12. 다음 글의 문맥상 빈칸에 들어갈 어휘로 가장 적절한 것은?

> 정부 정책이 추구하는 궁극적 목표는 '국민의 행복 추구'이다. 개인의 행복을 결정하는 요소는 매우 다양하다. 소득 수준, 직업, 주거 환경 등 경제적 측면뿐 아니라 학업 수준, 혼인 여부, 고용 형태 등 사회적 조건 모두가 행복 및 불행을 결정한다. 나아가 가족관계, 인간관계 등에서 비롯되는 개인의 주관적 감정 역시 행복에 영향을 미친다. 따라서 국민의 행복 증진을 위해서는 먼저 '행복에 대한 (　　)인 이해'에서 벗어나야 한다. 소득 불평등 해소는 행복 증진의 가장 실제적인 요소이다. 정부의 주요 목표가 국민 행복 증진이라면, 소득 불평등 해소를 위한 구체적 정책 방향을 모색해야 한다.

① 관념적
② 구체적
③ 방어적
④ 사회적
⑤ 합리적

13. 다음 글을 읽고 잘못된 추론을 한 사람은?

> 대부분의 포유류는 손과 발에 물갈퀴가 없다. 태아기에 손·발가락 사이에서 '세포사(細胞死)'가 일어나 세포가 제거되기 때문이다. 그렇다면 세포사는 왜 일어나는 걸까. 최근 미국과 일본 연구팀이 세포사가 진행되는 진화의 과정에 대기 중 산소가 중요한 역할을 한다는 사실을 밝혀내 국제 학술지에 발표했다. 세포사는 진화 과정에서 동물이 물속에서부터 산소가 많은 육지로 올라온 것과 관계가 있으며, 이 때문에 조류와 포유류의 손발 모양을 만드는 세포사가 개구리 등 양서류 대부분에서는 일어나지 않는 것이다.

① A : 포유류도 태아 시기에는 물갈퀴가 있었구나.
② B : 포유류의 손, 발에 물갈퀴가 없는 이유는 세포사 때문이었어.
③ C : 세포사는 대기 중 산소 농도로 인해 조절되는구나.
④ D : 진화가 진행되면서 많은 동물들이 육지에 적응하게 되었어.
⑤ E : 진화 초기 단계에서는 산소 농도가 매우 높아 물갈퀴가 존재했겠네.

14. 다음 글에 나타난 사랑에 대한 필자의 입장으로 가장 적절하지 않은 것은?

> 사랑은 본래 '주는 것'이다. 시장형 성격의 사람은 사랑을 받은 것에 대한 교환의 의미로만 주어야 한다고 본다. 대부분의 비생산적인 성격의 사람은 주는 것을 가난해지는 것으로 생각해서 주려고 하지 않는다. 다만 어떤 사람은 환희의 경험보다 고통을 감수하는 희생이라는 의미에서 사랑을 주는 것을 덕으로 삼는다. 그들은 모두 사랑에 대해 오해하고 있다. 생산적인 성격의 사람은 사랑을 주는 것이 잠재적인 능력의 최고 표현이며 생산적인 활동이라고 본다. 이것은 상대방의 생명과 성장에 적극적인 관심을 가지는 것이고 자발적으로 책임지는 것이며, 착취 없이 존경하는 것이다.

① 사랑은 능동적으로 활동하여 자신의 생동감을 고양하는 것이다.
② 사랑은 상대방을 있는 그대로 존중하는 것이다.
③ 사랑은 상대방에 대해 적극적인 관심을 갖는 것이다.
④ 사랑은 자신을 희생하여 상대방이 원하는 것을 들어주는 것이다.
⑤ 사랑을 주는 행위는 잠재 능력의 최고 표현이다.

15. 다음 글의 빈칸에 들어갈 문장으로 알맞은 것은?

> 과거를 향유했던 사람들은 비교적 사람의 내면세계를 중요시했다. 겉으로 드러나는 모습은 허울에 불과하다고 믿었기 때문이다. 그러나 현 시대를 살아가는 사람들의 모습을 보면 인간관계에 있어 그 누구도 타인의 내면세계를 깊이 알려고 하지 않을뿐만 아니라 사실 그럴 만한 시간적 여유도 없다. 그런 이유로 '느낌'으로 와닿는 무언가만을 중시하며 살아간다. 그 '느낌'이란 것은 꼭 말로 설명할 수는 없다 하더라도 (   ) 따라서 옷차림새나 말투 하나만 보고도 금방 어떤 '느낌'이 형성될 수도 있다.

① 사람과 사람 사이를 보이지 않게 연결해 주는 구실을 한다.
② 내면에서 우러나오는 것이기 때문이다.
③ 겉으로 드러난 모습에 의해 영향을 받기 마련이다.
④ 현 시대를 살아가는 사람에게는 매우 중요한 요소이다.
⑤ 내면세계와 밀접하게 관련되어 있음을 알 수 있다.

16. 다음 글의 뒤에 이어질 내용으로 가장 적절하지 않은 것은?

> 인간은 흔히 자기 뇌의 10%도 쓰지 못하고 죽는다고 한다. 또 사람들은 천재 과학자인 아인슈타인조차 자기 뇌의 15% 이상을 쓰지 못했다는 말을 덧붙임으로써 이 말에 신빙성을 더한다. 이 주장을 처음 제기한 사람은 19세기 심리학자인 윌리엄 제임스로 추정된다. 그는 "보통 사람은 뇌의 10%를 사용하는데 천재는 15∼20%를 사용한다."라고 말한 바 있다. 인류학자 마거릿 미드는 한발 더 나아가 그 비율이 10%가 아니라 6%라고 수정했다. 그러던 것이 1990년대에 와서는 인간이 두뇌를 단지 1% 이하로 활용하고 있다고 했다. 최근에는 인간의 두뇌 활용도가 단지 0.1%에 불과해서 자신의 재능을 사장시키고 있다는 연구 결과도 제기됐다.

① 인간의 두뇌가 가진 능력을 제대로 발휘하지 못하도록 하는 요소가 무엇인지 연구해야 한다.
② 어른들도 계속적인 연구와 노력을 통하여 자신의 능력을 충분히 발휘할 수 있도록 해야 한다.
③ 학교는 자라나는 학생이 재능을 발휘할 수 있도록 여건을 조성해 주어야 한다.
④ 인간의 두뇌 개발을 촉진시킬 수 있는 프로그램을 개발해야 한다.
⑤ 어린 시절부터 개성적인 인간으로 성장할 수 있도록 조기교육을 실시해야 한다.

17. 다음 글을 참고했을 때, 올바른 거절 방법으로 가장 적절하지 않은 것은?

> 전국 직장인 2천 명을 대상으로 착한 아이 콤플렉스에 대한 설문조사를 실시한 결과 응답자의 약 83.9%가 착한 아이 콤플렉스로 인해 거절이 어렵다고 밝혔다. 이들 중 약 84.2%는 직장에서 착한 아이 콤플렉스를 경험했다고 답했는데, 그 상황으로는 '동료의 부탁을 거절하지 못할 때', '상사의 무리한 주문에 싫은 티를 내지 못할 때' 등이 언급되었다. 직장인들은 착한 아이 콤플렉스에 대해 사회생활에서 피할 수 없다는 태도를 보였으며 착한 아이 콤플렉스를 갖는 이유로는 '누구에게나 좋은 사람으로 기억되고 싶어서', '작은 것 하나로 평가되는 사회 분위기 때문', '소심한 성격 때문에 거절을 못해서', '나에 대한 사람들의 뒷담화가 두려워서'라고 응답하였다.

① 거절의 의사결정 전에 신중하게 고민하는 시간을 충분히 가진다.
② 거절을 할 때에는 분명한 이유가 있어야 한다.
③ 상대방이 부탁할 때에는 주의를 기울여 문제의 본질을 파악한다.
④ 무작정 거절 의사만 밝히기보다는 대안을 함께 제시한다.
⑤ 요구를 거절하는 것에 대한 사과의 표현을 먼저 한다.

18. 다음 (가)~(마)를 문맥에 맞게 순서대로 나열한 것은?

> (가) 도자기 접시를 포크로 긁는 소리나 칠판에 분필이 잘못 긁히는 소리는 대부분의 사람들이 혐오스럽다고 생각한다.
> (나) 고주파에 오래 노출될 경우 청각이 손상될 수 있어서 경계심이 발동되기 때문이다.
> (다) 세상에는 혐오스러운 소리가 수없이 많다.
> (라) 최근까지 혐오감을 일으키는 원인은 소리의 고주파라고 생각해 왔다.
> (마) 왜 이런 소리들이 혐오감을 유발할까?

① (가)-(마)-(라)-(나)-(다)
② (다)-(가)-(마)-(나)-(라)
③ (다)-(가)-(마)-(라)-(나)
④ (라)-(가)-(나)-(다)-(마)
⑤ (라)-(가)-(나)-(마)-(다)

[19 ~ 20] 다음 글을 읽고 이어지는 질문에 답하시오.

(가) 인간에게서 육체적인 부분이나 육체를 이용한 행동들을 다 배제하고 나면 인간이라는 존재는 도대체 무엇일까? 프랑스의 철학자 데카르트는 "생각이야말로 나에게 속하는 것임을 발견한다."라고 결론 내린다. 이 생각만은 '존재한다'고 할 수 있고, '확실하다'고 할 수 있다. 인간이라는 존재는 오직 '하나의 생각', '하나의 정신', '하나의 이성'일 뿐임을 데카르트는 명확하게 규정한다. 인간의 정신과 이성만이 인간의 고유한 특성일 수 있다는 이야기다. 그가 말한 유명한 "(   )"가 그의 주장이 가장 잘 드러나 있는 예이다.

(나) 인간을 정신과 육체로 분리하는 사고는 더 나아가 인간과 자연을 분리하는 사고로 연결된다. 육체의 세계, 자연의 세계는 일종의 기계적 세계로, 이는 인간의 정신으로 하는 수학적 탐구에 종속된다. 정신을 특징으로 하는 인간은 주체가 되는데 비해 자연은 객체, 관찰과 이용의 대상이 되어 버린다. 정신과 육체, 인간과 자연을 분리한다는 의미에서 이러한 사고방식을 기계적 이원론이라고 부르기도 한다.

19. (가) 문단에 있는 빈칸에 들어갈 내용으로 옳은 것은?

① 의식은 반드시 경험을 전제하지만, 경험은 의식을 전제로 하지 않는다.
② 아는 것이 힘이다.
③ 나는 내가 모른다는 사실을 안다.
④ 나는 생각한다. 고로 존재한다.
⑤ 이 세상에서 영원히 변하지 않는 것은 변한다는 사실뿐이다.

20. (나) 문단을 환경보호단체에서 비판해야 한다면 어떤 주장을 내세울 수 있겠는가?

① 자연은 사람을 기다려 주지 않습니다. 더 손쓸 수 없게 되기 전에 자연을 보호합시다.
② 자연은 잠시 후손에게 빌려 쓰는 것일 뿐, 우리만의 소유물이 아닙니다.
③ 환경을 아끼는 마음이 자연보호 문제를 해결하는 데 무엇보다 중요합니다.
④ 선진화된 기술로 환경문제를 해결할 수 있습니다. 위대한 인간의 지성을 믿읍시다.
⑤ 자연과 인간은 따로 살 수 없습니다. 자연은 인간이 이용해야 할 대상이 아닙니다.

영역 3 창의수리

30문항/15분

01. A, B, C의 대소를 바르게 비교한 것은?

$$A = \left(\frac{189}{21} + 2.8\right) \times 10$$
$$B = (11^2 + 18) - 4^2$$
$$C = (15 - 32 + 1)^2 \div 2$$

① A > C > B
② B > A > C
③ B > C > A
④ C > A > B
⑤ C > B > A

02. 다음 중 계산했을 때 가장 큰 수가 나오는 식은?

① 180+270-25
② 230+280-36
③ 830-420+53
④ 750-510+194
⑤ 405+210-212

03. 다음 단위를 고려할 때 '?'에 들어갈 값은?

$$2.5m + 3{,}250mm = (\ ?\ )cm$$

① 5.75
② 57.5
③ 575
④ 5,750
⑤ 57,500

04. 다음 단위를 고려할 때 '?'에 들어갈 값은?

$$1.7t + 6,500g = (\ ?\ )kg$$

① 1.765
② 17.65
③ 170.65
④ 176.5
⑤ 1,706.5

[05 ~ 10] 다음 식의 값을 구하시오.

05.

$$2.84 + 7.72 - 6.09 = (\quad)$$

① 4.37
② 4.47
③ 4.57
④ 4.67
⑤ 4.77

06.

$$\frac{5}{7} \div \frac{7}{12} \times \frac{2}{3} = (\quad)$$

① $\frac{5}{18}$
② $\frac{7}{18}$
③ $\frac{11}{36}$
④ $\frac{25}{49}$
⑤ $\frac{40}{49}$

07.

$$777 - 21 \times 23 = (\quad)$$

① 284　　　② 294　　　③ 304
④ 314　　　⑤ 324

08.

$$0.7 \times 0.8 \div 0.4 = (\quad)$$

① 0.4　　　② 1.4　　　③ 2.4
④ 3.4　　　⑤ 4.4

09.

$$2.5 - 0.2 \times 0.6 = (\quad)$$

① 2.38　　　② 2.4　　　③ 2.42
④ 2.44　　　⑤ 2.46

10.

$$(-\sqrt{3})^3 + \sqrt{24} \times \sqrt{8} \div \sqrt{3} + (\sqrt{3}+2)^2 = (\quad)$$

① $\sqrt{2}+12$　　　② $\sqrt{3}+15$　　　③ $\sqrt{5}+10$
④ $\sqrt{5}+15$　　　⑤ $\sqrt{6}+10$

11. 다음 그림과 같이 반지름이 6cm인 원에 지름이 6cm인 반원 두 개가 겹쳐져 있다. 색칠된 부분의 넓이는?

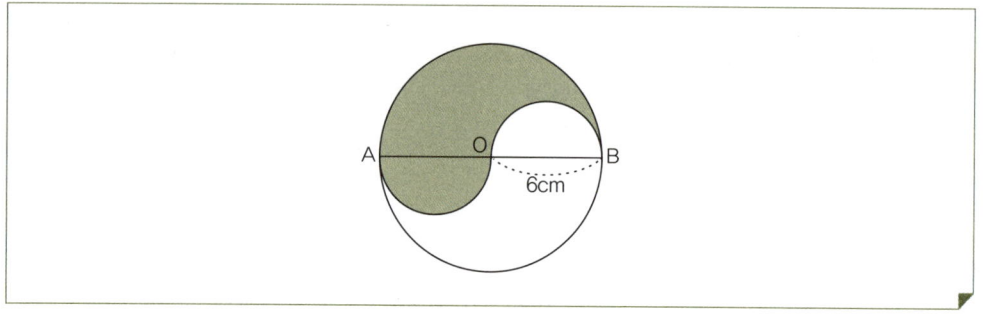

① 16πcm²   ② 17πcm²   ③ 18πcm²
④ 19πcm²   ⑤ 20πcm²

12. 세로의 길이가 120cm, 가로의 길이가 90cm인 벽에 남는 부분 없이 정사각형 모양의 타일을 붙이려고 한다. 타일 개수를 최소로 사용하려고 할 때, 필요한 타일의 한 변의 길이는?

① 10cm   ② 15cm   ③ 20cm
④ 25cm   ⑤ 30cm

13. 물 500g에 소금을 넣어 농도 20%의 소금물을 만들려고 할 때, 넣어야 하는 소금의 양은?

① 110g   ② 115g   ③ 120g
④ 125g   ⑤ 130g

14. A 미술관의 이번 달 관람객 수는 10,000명이었다. 한 달에 관람객 수가 5%씩 증가한다면 2달 후의 관람객 수는?

   ① 10,500명　　② 10,750명　　③ 11,025명
   ④ 11,250명　　⑤ 12,250명

15. 12명의 학생 가운데 9명의 점수 총합은 630점이고 나머지 3명 중 두 명의 평균 점수는 84점이며 남은 한 명의 점수는 12명의 평균 점수보다 16점 높다고 한다. 이때 12명의 평균 점수는?

   ① 70점　　② 74점　　③ 86점
   ④ 90점　　⑤ 92점

16. 도로 한쪽 편 150m에 10m 간격으로 벚나무를 심으려 한다. 도로 양쪽 끝에 모두 심는 경우 벚나무 묘목은 몇 그루가 필요한가?

   ① 14그루　　② 15그루　　③ 16그루
   ④ 17그루　　⑤ 18그루

17. 물통에 물을 가득 채우려고 하는데 A 수도꼭지를 사용하면 4분, B 수도꼭지를 사용하면 6분이 걸린다. 처음에는 A 수도꼭지만 사용하다 A 수도꼭지를 잠근 후 B 수도꼭지를 사용하여 물통에 물을 채우는 데 걸린 시간이 총 5분이라면 B 수도꼭지만 사용한 시간은?

   ① 1분　　② 2분　　③ 3분
   ④ 4분　　⑤ 5분

18. 철수와 영희가 달리기 시합을 했다. 영희가 출발점에서 시속 6km로 먼저 출발하였고, 철수는 20초 후에 시속 10km의 속력으로 뒤따라갔다. 철수가 출발한 후 영희를 따라잡게 되는 시점은?

① 30초 후　　　　　　② 35초 후　　　　　　③ 40초 후
④ 45초 후　　　　　　⑤ 50초 후

19. 대학 입시 합격 발표를 앞두고 있는 지은이가 A 대학에 합격할 확률은 20%, B 대학에 합격할 확률은 70%라고 한다. 지은이가 A 대학에 떨어지고 B 대학에 합격할 확률은?

① 56%　　　　　　　② 58%　　　　　　　③ 60%
④ 62%　　　　　　　⑤ 63%

20. 혜경이는 100원짜리 연필과 120원짜리 볼펜을 2,100원어치 샀다. 구입한 연필의 개수가 볼펜 개수의 3배일 때 구입한 연필의 개수는?

① 5개　　　　　　　② 9개　　　　　　　③ 12개
④ 15개　　　　　　　⑤ 16개

21. 어떤 삼각형의 세 각 중 가장 큰 각은 가장 작은 각 크기의 2배이고 다른 한 각의 크기는 60°이다. 이때 가장 큰 각의 크기는?

   ① 70° ② 80° ③ 90°
   ④ 100° ⑤ 110°

22. 100보다 작은 자연수 x와 54의 최대공약수는 18이고, x와 40의 최대공약수는 4이다. x와 54의 최소공배수를 a, x와 40의 최소공배수를 b라 할 때 $a+b$의 값은?

   ① 256 ② 324 ③ 468
   ④ 548 ⑤ 642

23. 5%의 소금물과 11%의 소금물을 섞어 8%의 소금물 400g을 만들려고 한다. 5%의 소금물은 얼마가 필요한가?

   ① 100g ② 200g ③ 300g
   ④ 400g ⑤ 500g

24. A 농장에 있는 닭과 소는 총 34마리이다. 이들의 다리 수가 총 92개라면 A 농장에 있는 닭은 모두 몇 마리인가?

   ① 12마리 ② 16마리 ③ 18마리
   ④ 22마리 ⑤ 24마리

25. ○○기관은 임용시험에서 320명의 합격자를 선발하기로 하였다. 이 중 행정직렬은 200명을 선발하고, 기술직렬은 35명을 선발한다. 전체 응시자 수는 6,400명이고 행정직렬에는 5,200명, 행정직렬과 기술직렬을 제외한 나머지 직렬에는 710명이 지원하였을 때, 기술직렬의 경쟁률은 얼마인가?

① 12 : 1 ② 13 : 1 ③ 14 : 1
④ 15 : 1 ⑤ 16 : 1

26. 원가가 100,000원인 물건에 30%의 이익을 붙여 판매하다가 15%를 할인하여 판매할 때, 할인된 판매가는?

① 110,500원 ② 115,000원 ③ 119,500원
④ 120,000원 ⑤ 120,500원

27. C 회사의 직원 35명 가운데 이번 연휴기간에 해외여행을 간 직원은 15명, 친척 집에 간 직원은 16명, 해외여행과 친척 집을 모두 간 직원은 7명이다. 두 곳 다 가지 않은 직원은 몇 명인가?

① 7명 ② 8명 ③ 9명
④ 10명 ⑤ 11명

28. 어느 뷔페의 이용 요금은 어른 1인당 12,900원, 어린이 1인당 8,200원이다. 총 8명이 이 뷔페에서 식사를 하고 9만 원 이하를 지불했다고 할 때, 어른은 최대 몇 명인가?

① 4명　　　　　　② 5명　　　　　　③ 6명
④ 7명　　　　　　⑤ 8명

29. A와 B가 같은 방향으로 달리기 시합을 하던 도중에 A가 넘어지면서 더 이상 움직일 수가 없게 되었고, 15초 뒤 A가 넘어진 지점에 뒤따라오던 B가 도착하였다. A와 B의 속력은 각각 13m/s, 8m/s이며 항상 일정한 속력으로 달린다고 할 때, A가 달린 거리는?

① 195m　　　　　② 252m　　　　　③ 305m
④ 312m　　　　　⑤ 410m

30. 양궁 선수 A와 B는 각각 $\frac{7}{8}$과 $\frac{8}{9}$의 확률로 10점 과녁을 명중시킨다고 한다. 두 선수가 동시에 화살을 날렸을 때 두 명 모두 10점 과녁에 명중시키지 못할 확률은?

① $\frac{1}{72}$　　　　　② $\frac{1}{36}$　　　　　③ $\frac{1}{9}$
④ $\frac{5}{36}$　　　　　⑤ $\frac{7}{9}$

영역 4 자료해석

20문항/10분

01. 다음 자료를 분석한 내용 중 가장 적절하지 않은 것은?

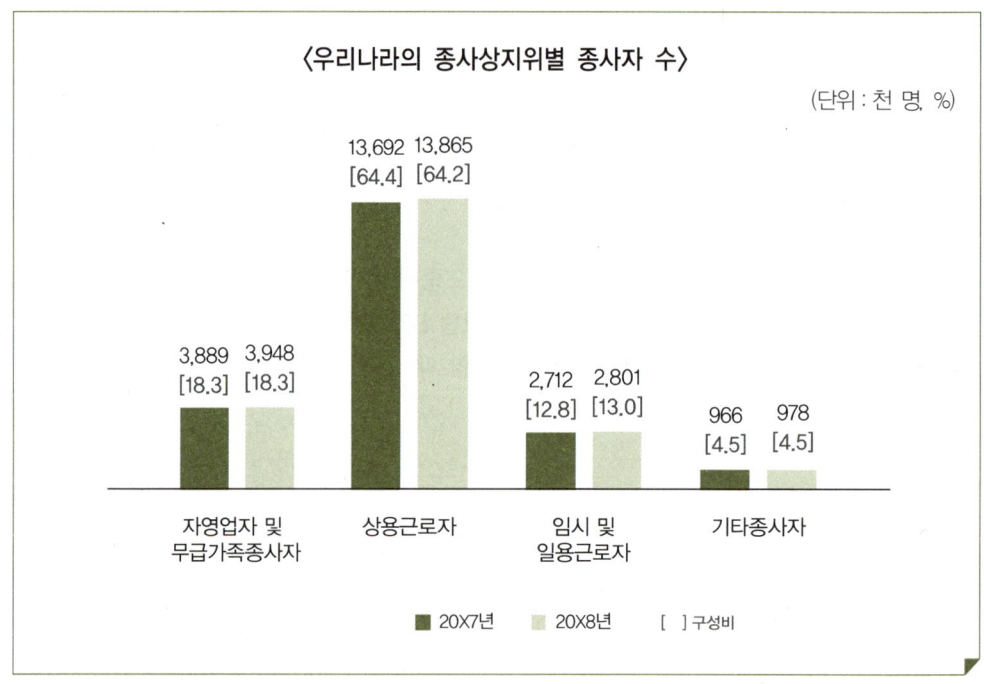

① 우리나라는 상용근로자 수가 가장 많다.
② 20X8년에 1년 전보다 종사자 수가 가장 많이 증가한 지위는 상용근로자이다.
③ 종사자 수가 증가했다고 해서 그 비중도 반드시 증가하는 것은 아니다.
④ 20X8년에 1년 전보다 종사자 수가 감소한 지위는 기타종사자뿐이다.
⑤ 20X8년에는 1년 전보다 전체 종사자 수가 증가하였다.

02. 다음 자료를 보고 일일 평균 차량 통행속도가 가장 빠른 곳부터 순서대로 나열한 것은?

〈시간대·도로별 차량의 평균속도〉

(단위 : km/h)

구분	통행속도		
	오전	낮	오후
도시고속도로	54.9	59.2	40.2
주간선도로	27.9	24.5	20.8
보조간선도로	25.2	22.4	19.6
기타도로	23.1	20.5	18.6

① 도시고속도로 - 기타도로 - 보조간선도로 - 주간선도로
② 도시고속도로 - 주간선도로 - 보조간선도로 - 기타도로
③ 도시고속도로 - 주간선도로 - 기타도로 - 보조간선도로
④ 도시고속도로 - 보조간선도로 - 주간선도로 - 기타도로
⑤ 도시고속도로 - 보조간선도로 - 기타도로 - 주간선도로

03. 주 52시간 근로제 적용 후 ○○기업 직원들의 근로시간이 다음과 같이 파악되었다. 직원 전체의 노동시간의 합이 36,000시간일 때, 옳은 설명을 〈보기〉에서 모두 고른 것은?

〈직원 근로시간 분포〉

노동시간(시간)	40~44	45~49	50~54	55~60	합계
근로자 수(명)	50	250	250	150	700

|보기|

㉠ 근로자당 평균 노동시간은 50시간 이상이다.
㉡ 적어도 100명 이상의 근로자가 58시간 이상 일을 한다.
㉢ 절반 이상의 근로자들이 50시간 이상 일한다.
㉣ 50시간 미만 일하는 근로자의 비율은 전체의 50%를 넘는다.

① ㉠
② ㉠, ㉡
③ ㉠, ㉣
④ ㉡, ㉣
⑤ ㉠, ㉢, ㉣

04. 제시된 자료에 대한 해석으로 가장 적절한 것은?

〈20X3년 주택형태별 에너지 소비 현황〉

(단위 : 천 TOE)

구분	연탄	석유	도시가스	전력	열에너지	기타	합계
단독주택	411.8	2,051.8	2,662.1	2,118.0	–	110.3	7,354
아파트	–	111.4	5,609.3	2,551.5	1,852.9	–	10,125
연립주택	1.4	33.0	1,024.6	371.7	4.3	–	1,435
다세대주택	–	19.7	1,192.6	432.6	–	–	1,645
상가주택	–	10.2	115.8	77.6	15.0	2.4	221
총합	413.2	2,226.1	10,604.4	5,551.4	1,872.2	112.7	20,780

※ 전력 : 전기에너지와 심야전력 에너지 포함
※ 기타 : 장작 등 임산 연료

① 단독주택은 모든 유형 에너지를 소비한다.
② 모든 주택형태에서 소비되는 에너지 유형은 4가지이다.
③ 아파트는 다른 주택형태에 비해 가구당 에너지 소비량이 많다.
④ 모든 주택형태에서 가장 많이 소비한 에너지 유형은 도시가스이다.
⑤ 단독주택에서 소비한 전력 에너지량은 단독주택 전체 에너지 소비량의 30% 이상을 차지한다.

05. 다음은 연령대별 구직급여 신청자 수를 나타낸 자료이다. 이에 대한 분석으로 옳은 것은?

(단위 : 명)

구분	20대 이하	30대	40대	50대	60대 이상	전체
20X1년 2/4분기	38,597	51,589	47,181	48,787	32,513	218,667
20X1년 3/4분기	37,549	49,613	47,005	49,770	35,423	219,360

① 20X1년 3/4분기의 구직급여 신청자 수가 전 분기에 비해 줄어들었다.
② 20X1년 2/4분기 신청자 중 30대의 수가 많은 것은 이직 때문이다.
③ 60대 이상 고령자의 구직급여 신청 증가 비율이 다른 연령대에 비하여 가장 높게 나타났다.
④ 20X1년 3/4분기에 20대나 30대는 전 분기에 비하여 신청자 수가 조금씩 늘었다.
⑤ 20X1년 3/4분기에 유일하게 전 분기 대비 신청자 수가 증가한 연령대는 60대 이상이다.

06. 다음은 학생들의 1차, 2차, 3차 시험 점수이다. 평균 점수가 가장 높은 학생(A)과 가장 낮은 학생(B)을 바르게 고른 것은?

(단위 : 점)

구분	1차 시험	2차 시험	3차 시험
철수	84	71	82
영희	93	62	76
동수	95	59	83
지수	87	81	69
영서	71	76	92

	A	B		A	B		A	B
①	철수	영희	②	동수	지수	③	영서	영희
④	영서	지수	⑤	동수	철수			

07. 다음은 20X1년 난청 환자 수를 나타낸 자료이다. 전체 여성 난청 환자 중 80세 이상 환자가 차지하는 비율은? (단, 소수점 아래 둘째 자리에서 반올림한다)

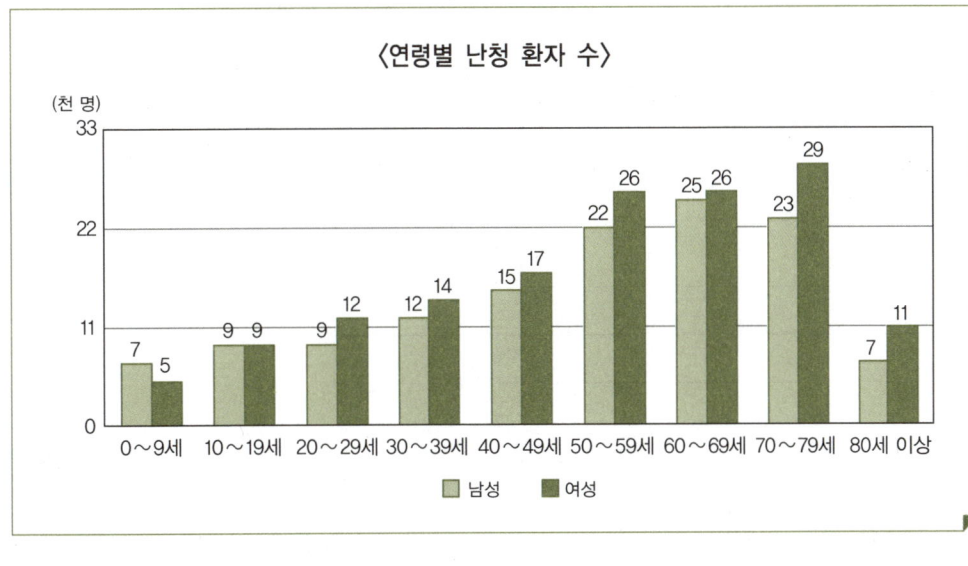

① 5.1% ② 7.4% ③ 9.3% ④ 11.8% ⑤ 13.4%

08. 다음은 S 과수원에서 일 년 동안 생산할 수 있는 사과와 배의 생산가능곡선이다. 이에 대한 설명으로 옳지 않은 것은?

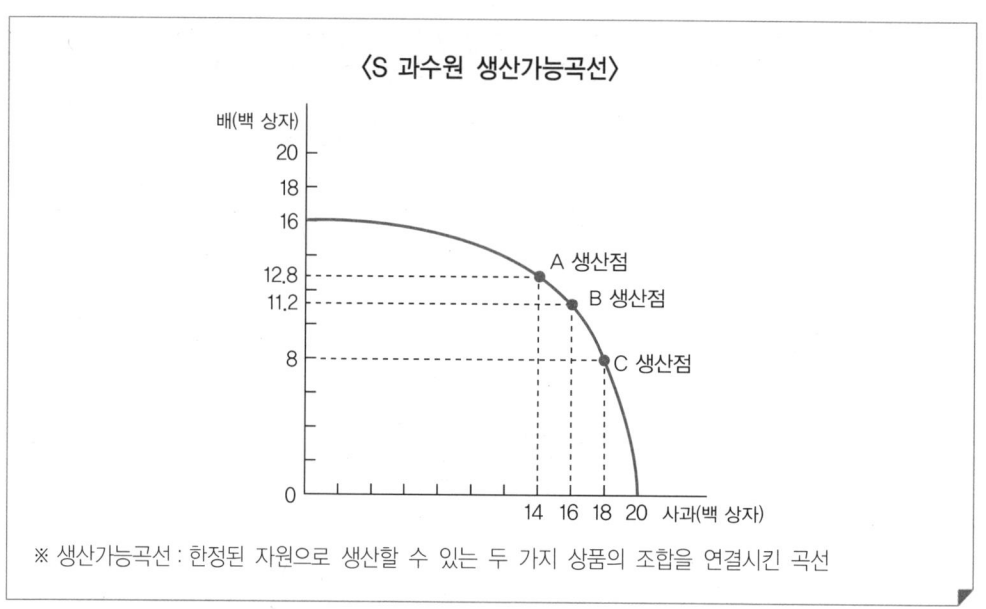

① S 과수원은 최대 2,000상자의 사과를 생산할 수 있다.
② 생산점을 A에서 C로 옮길 경우 배의 생산량은 480상자 늘어난다.
③ 생산점을 B에서 A로 옮길 경우 사과의 생산량은 200상자 줄어든다.
④ A ~ C 생산점 중 사과와 배의 총생산량이 가장 많은 생산점은 B 생산점이다.
⑤ A ~ C 생산점 중 C 생산점에서 가장 많은 사과를 생산할 수 있다.

09. 다음 표에 대한 설명으로 옳지 않은 것은?

〈연도별 4개 질환 만성질환자 수〉

(단위 : 천 명)

구분	20X6년	20X7년	20X8년	20X9년
고혈압	3,199	3,563	3,867	4,252
당뇨병	1,344	1,485	1,572	1,749
심장질환	488	530	554	606
뇌혈관질환	357	396	432	466

① 4개 질환의 만성질환자 수는 매년 늘어나고 있다.
② 당뇨병 만성질환자 수가 전년도에 비해 가장 많이 증가한 해는 20X9년이다.
③ 4년 동안의 심장질환 만성질환자 수는 총 2,178,000명이다.
④ 20X7년도 4개 질환 만성질환자 중 고혈압 환자가 차지하는 비율은 약 62.5%이다.
⑤ 20X9년도 4개 질환 만성질환자 중 뇌혈관질환 환자가 차지하는 비율은 7%를 넘지 않는다.

10. 다음 자료에 대한 설명으로 옳지 않은 것은?

〈전년 대비 주택전세가격 증감률〉

(단위 : %)

구분	20X3년	20X4년	20X5년	20X6년	20X7년	20X8년	20X9년
전국 평균	12.3	3.5	4.7	3.4	4.9	1.3	0.6
수도권	11.0	2.1	6.2	4.8	7.1	2.0	1.4
서울	10.8	2.1	6.6	3.6	7.3	2.0	2.0
강남	11.1	2.4	6.7	3.3	7.9	1.8	2.6
강북	10.6	1.8	6.5	3.8	6.5	2.1	1.5

① 강남 지역 주택전세가격 상승률은 전국 평균보다 매년 더 크다.
② 전국의 주택전세가격은 매년 차이가 있으나 전년 대비 꾸준히 상승하고 있다.
③ 20X4년 이후부터 수도권의 전년 대비 주택전세가격 증가율은 전국 평균보다 늘 높았다.
④ 조사기간 중 전국적으로 전년 대비 주택전세가격 상승률이 가장 컸던 해는 20X3년이다.
⑤ 20X6년과 20X8년을 제외하고는 강남의 전년 대비 주택전세가격 증감률이 강북보다 높다.

11. 다음은 2011 ~ 2020년 A국의 수출입액 현황을 나타낸 자료이다. 이에 대한 설명으로 옳지 않은 것은?

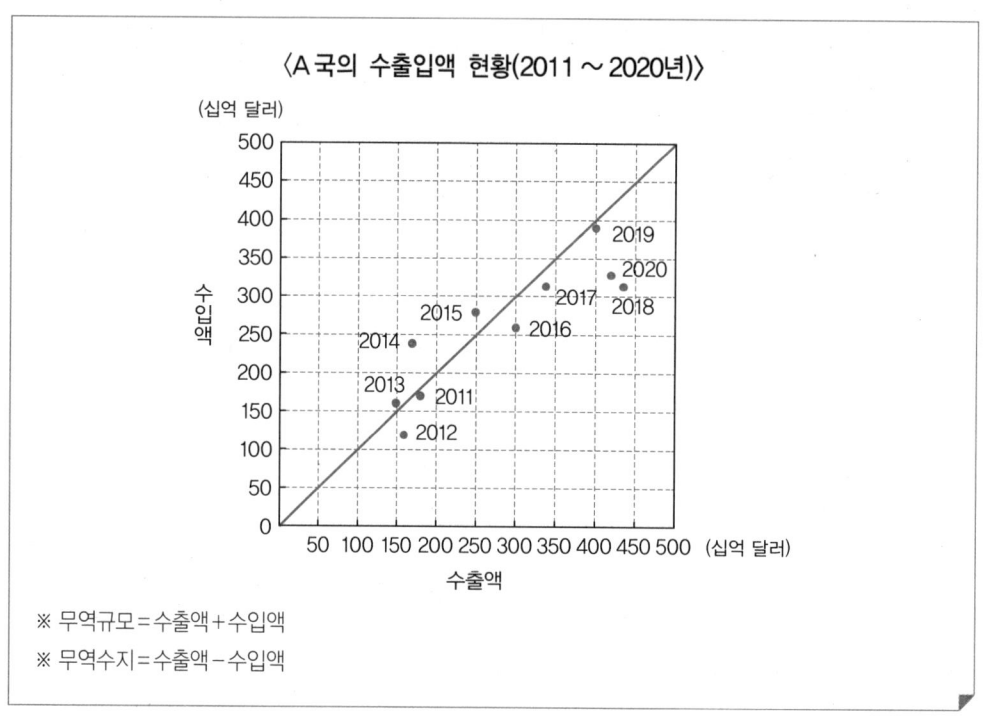

① 무역규모가 가장 큰 해는 2019년이고, 가장 작은 해는 2012년이다.
② 수출액 대비 수입액의 비율이 가장 높은 해는 2014년이다.
③ 무역수지 적자폭이 가장 큰 해는 2014년이며, 흑자폭이 가장 큰 해는 2018년이다.
④ 2012년 이후 전년 대비 무역규모가 감소한 해에는 수출액도 감소하였다.
⑤ 수출액이 가장 큰 해는 2018년이고, 수입액이 가장 큰 해는 2019년이다.

12. 다음은 K 대학의 연령별 편입 응시생 현황이다. 정치학과 편입 응시생의 평균 연령은 몇 세인가? (단, 소수점 아래 둘째 자리에서 반올림한다)

(단위 : 명)

학과 \ 연령	23세	24세	25세	26세	27세
경영학과	10	12	13	16	13
경제학과	12	10	15	13	16
행정학과	18	16	8	13	15
정치학과	20	21	14	18	15
회계학과	8	9	17	20	22
세무학과	9	10	11	10	11
계	77	78	78	90	92

① 약 22.5세 ② 약 23.0세 ③ 약 24.9세
④ 약 25.5세 ⑤ 약 26.2세

13. 다음은 우리나라의 연도별 화재 발생 현황에 관한 자료이다. 화재 발생 건수가 가장 많은 해의 재산피해 금액은?

〈연도별 화재 발생 현황〉

(단위 : 건, 명, 백만 원)

구분		20X3년	20X4년	20X5년	20X6년	20X7년	20X8년	20X9년
발생 건수		32,340	31,778	47,882	49,631	47,318	41,863	43,875
인명피해	소계	2,342	2,180	2,459	2,716	2,441	1,892	1,862
	사망	505	446	424	468	409	304	263
	부상	1,837	1,734	2,035	2,248	2,032	1,588	1,599
재산피해		171,374	150,792	248,432	383,141	251,853	266,776	256,548

① 150,792백만 원 ② 248,432백만 원 ③ 251,853백만 원
④ 266,776백만 원 ⑤ 383,141백만 원

14. 다음 자료에 대한 분석으로 가장 적절한 것은?

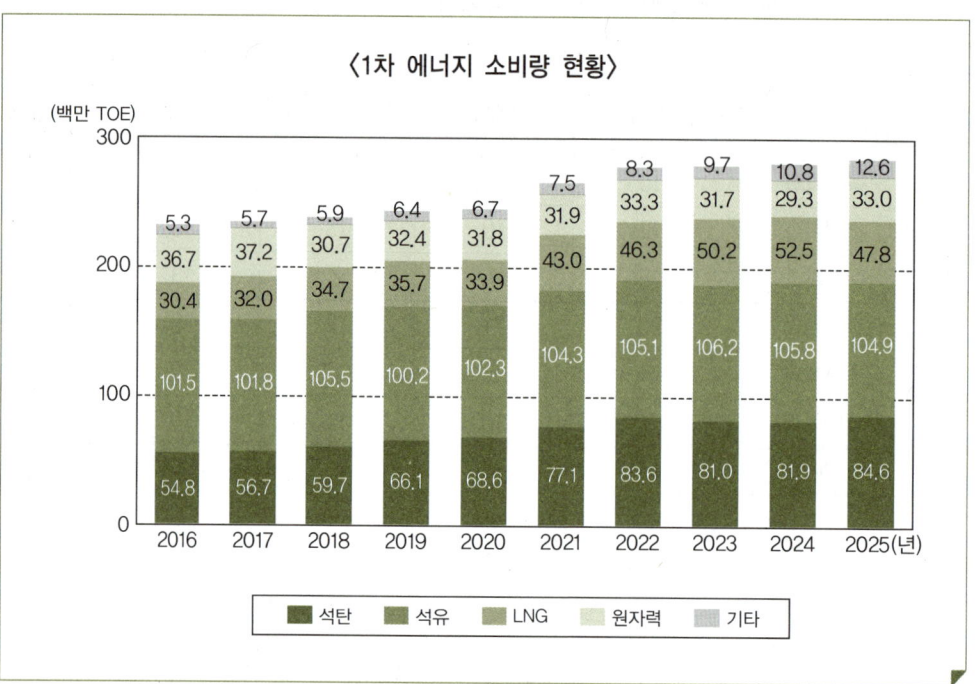

① 석유 소비량은 매해 나머지 에너지 소비량의 합보다 많다.
② 석탄 소비량이 완만한 하락세를 보이고 있다.
③ 기타 에너지 소비량이 지속적으로 감소하는 추세이다.
④ 원자력 소비량은 증감을 거듭하고 있다.
⑤ 최근 LNG 소비량의 증가 추세는 그 정도가 심화되었다.

[15 ~ 16] 다음은 K 씨 가구의 가스사용량과 관련한 자료이다. 이어지는 질문에 답하시오.

〈K 씨 가구의 용도별 가스사용량 구성비〉

(단위 : %)

구분	오락	업무	음식	조명	방범	기타
2024년	33	27	23	8	6	3
2025년	38	27	22	6	4	3

〈K 씨 가구의 연도별 가스사용량〉

(단위 : m^3)

2019년	2020년	2021년	2022년	2023년	2024년
310	345	390	420	440	480

15. 다음 중 K 씨 가구의 가스사용에 대한 설명으로 적절하지 않은 것은?

① 2025년에 전년 대비 오락에 사용한 가스의 양이 더 증가했다.
② 2024년에 음식 용도로 쓴 가스의 양보다 오락 용도로 쓴 가스의 양이 더 많다.
③ 2024년과 2025년에 용도별 비중이 변하지 않은 것은 두 가지이다.
④ 2019 ~ 2024년의 평균 가스사용량은 400m^3를 초과하지 않는다.
⑤ 2019 ~ 2024년의 가스사용량은 지속적으로 증가하고 있다.

16. K 씨 가구에서 2025년에 오락 용도로 쓴 가스의 양은 2024년 오락 용도로 쓴 가스의 양 대비 34.40m^3 더 많다. 2025년 K 씨 가구가 사용한 방범 용도의 가스량은 얼마인가? (단, 소수점 아래 셋째 자리에서 반올림한다)

① 23.27m^3 ② 22.28m^3 ③ 21.53m^3
④ 20.29m^3 ⑤ 20.27m^3

17. 다음 자료를 참고할 때, 해외 직구 1건당 평균 직구금액이 가장 큰 시기는?

(단위 : 건, 천만 원)

구분	20X1년	20X2년	20X3년	20X4년	20X5년
해외 직구 수	1,116	1,553	1,586	1,740	2,359
해외 직구금액	10.4	15.4	15.2	16.3	21.1

① 20X1년　　② 20X2년　　③ 20X3년
④ 20X4년　　⑤ 20X5년

18. 다음 자료를 참고할 때, 2015년 대비 2025년 연안 습지 면적이 5% 이상 감소한 지역은 몇 개인가?

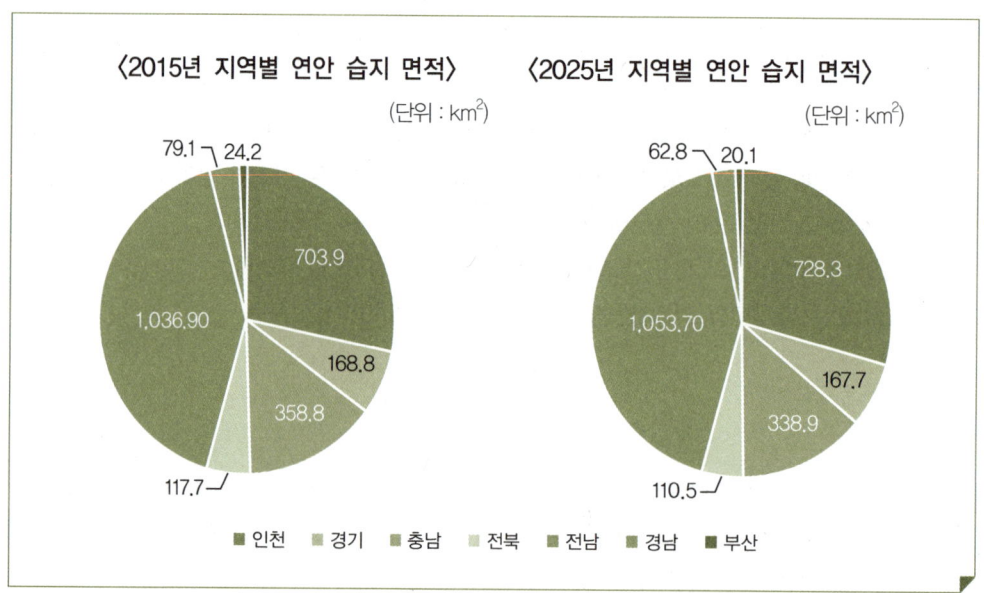

① 2개　　② 3개　　③ 4개
④ 5개　　⑤ 6개

19. 다음은 ○○산업의 불량품 폐기량을 그 처리 방법에 따라 연도별로 나타낸 표이다. 20X1년 대비 20X5년도에 소각 처리한 불량품의 증가율로 옳은 것은? (단, 소수점 아래 둘째 자리에서 반올림한다)

(단위 : 톤/일)

구분	20X1년	20X2년	20X3년	20X4년	20X5년
분해	23,228	24,500	20,122	20,000	18,950
소각	12,292	15,666	16,700	16,912	17,200
재판매	139,600	160,065	177,200	182,165	200,135
해외반출	6,500	7,100	7,955	8,888	9,300
합계	181,620	197,331	221,977	228,053	245,585

① 38.3%   ② 39.9%   ③ 42.1%
④ 44.8%   ⑤ 48.2%

20. 다음은 △△백화점의 상품군별 매출액 비중을 나타낸 자료이다. 20X0년과 20X1년 매출액이 각각 77억 원, 94억 원이었을 때, 다음 중 자료에 대한 설명으로 옳은 것은?

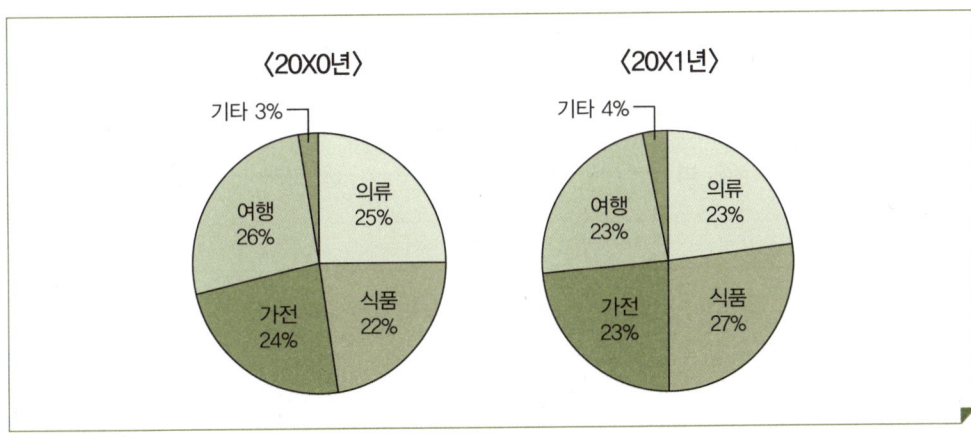

① 20X0년과 20X1년 기타군의 매출액 차이는 가전과 같다.
② 여행과 의류 매출액의 합은 20X0년이 20X1년에 비해 많다.
③ 20X0년과 20X1년 가전 관련 매출액 차이는 약 2억 원이다.
④ 20X1년 매출액이 20X0년과 비교해서 세 번째로 크게 변화한 것은 여행이다.
⑤ 20X0년 대비 20X1년 매출액의 변화폭이 가장 큰 것은 식품군이다.

SKCT 4회 기출유형문제

문항수 | 100문항
시험시간 | 35분

▶ 정답과 해설 65쪽

영역 1 언어표현

30문항/3분

[01 ~ 06] 다음 제시된 세 단어를 통해 연상할 수 있는 단어를 고르시오.

01.

해수욕   장마   매미

① 거미   ② 여름   ③ 모래사장   ④ 휴가   ⑤ 우산

02.

베를린   시계   돌

① 유럽   ② 벽   ③ 자격루   ④ 모래   ⑤ 제주도

03.

베개   감기   소리

① 바이러스   ② 휴식   ③ 목   ④ 병원   ⑤ 잠

04. 삼지창   지옥   날개

① 악마   ② 까마귀   ③ 포크   ④ 흡혈귀   ⑤ 저승사자

05. 아프리카   여우   오아시스

① 사막   ② 강   ③ 원주민   ④ 비   ⑤ 장마

06. 가을   양식   중고

① 단풍   ② 책   ③ 시장   ④ 카페   ⑤ 캐나다

[07 ~ 11] 다음 제시된 단어 중 3개 이상의 서로 관련 있는 단어를 통해 공통으로 연상되는 단어를 고르시오.

07. 토끼 안경 샐러드 말 손가락 새 깻잎 부리 가위

① 달리기   ② 채소   ③ 학용품   ④ 구관조   ⑤ 반지

08.

| 물 | 결혼 | 카레 | 장마 | 멸치 | 초콜릿 | 인도 | 달력 | 여름 | 날씨 |

① 생선　　② 요가　　③ 전화기　　④ 비　　⑤ 카카오

09.

| 곤충 | 씨름 | 음악 | 싸움 | 수도 | 스모 | 테너 | 라자냐 | 날다 |

① 오페라　　② 반지　　③ 파리　　④ 먹다　　⑤ 박물관

10.

| 개 | 언덕 | 맥주 | 길 | 차 | 고래 | 고개 | 잔치 | 오르막 |

① 나침반　　② 등　　③ 포유류　　④ 해양　　⑤ 보리

11.

| 그리스 | 프로메테우스 | 벌레 | 연기 | 나방 | 소방서 | 동화 | 산 | 소송 |

① 가요　　② 신화　　③ 재판　　④ 불　　⑤ 사슴

[12 ~ 16] 제시된 단어들 중에서 서로 관련이 있는 세 단어들을 통해 공통적으로 연상할 수 있는 단어를 고르시오.

12.

대나무	눈동자	포유류
어수룩	고래	번개
바람	구름	방패

① 숨   ② 연   ③ 전쟁   ④ 창   ⑤ 초짜

13.

증기기관차	카카오	소나기
이집트	건국	승차권
은하	장화	초콜릿

① 철도   ② 비   ③ 우산   ④ 코코아   ⑤ 사막

14.

호랑이	동아줄	그리스
전투	목마	업적
월계수	제우스	미인

① 스파르타   ② 신화   ③ 태양   ④ 거울   ⑤ 도시

15.

금관악기	날씨	알밤
바지	묵	겨울잠
독수리	기상	그림

① 도토리   ② 일기   ③ 대머리   ④ 나팔   ⑤ 화가

16.

치즈	도화지	양궁
보드	쇼핑백	캐릭터
천막	온라인	명화

① 기둥　　② 게임　　③ 생선　　④ 시장　　⑤ 비밀

[17 ~ 19] 다음 단어 관계에 따라 빈칸에 들어갈 알맞은 단어를 고르시오.

17.
절약 : 절감 = 공급 : (　)

① 제시　　② 제공　　③ 생산　　④ 수급　　⑤ 수요

18.
찬성 : 반대 = 자부심 : (　)

① 자경　　② 긍지　　③ 자애　　④ 자존심　　⑤ 자괴감

19.
인쇄기 : 인쇄 = 색연필 : (　)

① 조각　　② 유화　　③ 스케치북　　④ 채색　　⑤ 크레파스

[20 ~ 26] 다음 제시된 단어 관계에 따라 A와 B에 들어갈 알맞은 단어를 고르시오.

20.

염분 : (A) = (B) : 코끼리

	A	B		A	B		A	B
①	짜다	풀	②	나트륨	사자	③	조미료	점보
④	바닷물	코	⑤	음식	태국			

21.

(A) : 하나비 = 한강 : (B)

	A	B		A	B		A	B
①	호랑나비	가람	②	할아버지	아리수	③	흰나비	미리내
④	아버지	한울	⑤	잔나비	소설			

22.

관포지교(管鮑之交) : (A) = 수불석권(手不釋卷) : (B)

	A	B		A	B
①	거안제미(擧案齊眉)	읍참마속(泣斬馬謖)	②	백아절현(伯牙絕絃)	위편삼절(韋編三絕)
③	결초보은(結草報恩)	건곤일척(乾坤一擲)	④	자가당착(自家撞着)	백면서생(白面書生)
⑤	다다익선(多多益善)	동문서답(東問西答)		

23.

(A) : 널빤지 = (B) : 돌

	A	B		A	B		A	B
①	못	계란	②	마루	제방	③	나무	구슬
④	목재	흙	⑤	목수	화석			

24.

웅성웅성 : (A) = (B) : 훌쩍

	A	B		A	B		A	B
①	수런수런	울적	②	소록소록	홀짝	③	왁자지껄	비쩍
④	소곤소곤	꺽꺽	⑤	와글와글	잉잉			

25.

굽다 : 불 = (A) : (B)

	A	B		A	B		A	B
①	보다	눈	②	흐르다	물	③	피다	꽃
④	자다	밤	⑤	하마	코			

26.

웃음 : (A) = (B) : 대경

	A	B		A	B		A	B
①	빙긋	국경	②	재채기	경대	③	대소	놀람
④	울음	지름	⑤	실소	고래			

[27 ~ 28] 다음 중 나머지 단어의 의미를 모두 포괄할 수 있는 것을 고르시오.

27. ① 헤아리다 ② 뽐내다 ③ 재빠르다 ④ 쌓다 ⑤ 재다

28. ① 바꾸다 ② 갈다 ③ 문지르다 ④ 으깨다 ⑤ 고치다

29. 다음 글의 ㉠ ~ ㉣에 들어갈 한자성어로 적절하지 않은 것은?

> 총리와 장관 후보자에 대한 국회 인사청문회가 사자성어 학습장이 됐다. 다만 부정적 예문이 대부분인 게 안타깝다. 먼저 (㉠)(이)다. 다들 '위장전입이 뭐 어떠냐'는 투다. 자녀의 학업을 위해선데 말이다. 이쯤 되면 (㉡)이/가 맞다. 남이 하면 불륜, 내가 하면 로맨스다. 법적·도덕적 흠결을 (㉢)(으)로 호도하며 어물쩍 넘기는 거다. 일국의 지도자로서 (㉣)(이)다. 낯가죽이 두꺼워 부끄러움을 모른다는 말이다.

① 아전인수(我田引水) ② 견강부회(牽强附會) ③ 허장성세(虛張聲勢)
④ 후안무치(厚顔無恥) ⑤ 인지상정(人之常情)

30. 다음 밑줄 친 ㉠을 설명하기 위해 인용할 한자성어로 적절하지 않은 것은?

> 동양 사상에서는 ㉠<u>자연을 존중하며, 인간과 자연을 주관과 객관으로 엄격히 구별하지 않았다.</u> 인간을 자연의 일부로서 '자연에서 태어나 자연으로 돌아간다'라는 평범한 명제가 순순히 받아들여졌다. 서구인들은 인간의 힘으로 자연을 정복할 수 있다고 보았지만, 동양인들은 자연에 비할 때 인간은 미미한 존재라고 생각하여 자연과의 조화를 추구했다. 이러한 사상은 단편적으로 동양화에 잘 나타나 있다. 커다란 화폭에 산과 구름, 나무와 강이 펼쳐진 한편에 자연스럽게 사람이 그려져 있는 것이다.

① 창해일속(滄海一粟) ② 물아일체(物我一體) ③ 물심일여(物心一如)
④ 주객일체(主客一體) ⑤ 장주지몽(莊周之夢)

영역 2 언어이해

20문항/7분

01. 다음 글의 주제로 가장 적절한 것은?

> 　우리는 무엇이 옳은가를 결정하기 위해 다른 사람들이 옳다고 생각하는 것에 대해 알아보기도 한다. 이것을 '사회적 증거의 법칙'이라고 한다. 이 법칙에 따르면 주어진 상황에서 어떤 행동이 옳고 그른가는 얼마나 많은 사람들이 같은 행동을 하느냐에 의해 결정된다고 한다.
> 　다른 사람들이 하는 대로 행동하는 경향은 여러모로 매우 유용하다. 일반적으로 다른 사람들이 하는 대로 행동하게 되면, 즉 사회적 증거에 따라 행동하면 실수할 확률이 그만큼 줄어드는데, 다수의 행동이 올바르다고 인정되는 경우가 많기 때문이다. 그러나 이러한 사회적 증거의 특성은 장점인 동시에 약점이 될 수도 있다. 우리가 주어진 상황에서 어떻게 행동해야 할 것인가를 결정하는 지름길로 사용될 수 있지만, 맹목적으로 이를 따르게 될 경우에는 그 지름길에 숨어서 기다리고 있는 불로소득자들에 의해 이용당할 수도 있기 때문이다.

① 다른 사람들이 생각하고 행동하는 것에 대해 항상 비판적으로 바라봐야 한다.
② 사회적 증거는 장점인 동시에 약점이 될 수 있으므로 무분별하게 따르면 안 된다.
③ 사회적 증거에 따라 행동하면 실수할 확률이 커지므로 삼가야 한다.
④ 결정을 내리지 못할 때는 무조건 많은 사람들이 하는 행동을 따라 하는 것이 바람직하다.
⑤ 소수의 행동이 다수의 행동보다 올바르다고 인정되는 경우가 더 많다.

02. 다음 글을 이해한 내용으로 가장 적절하지 않은 것은?

> 프랑스와 이탈리아 사람들은 @를 '달팽이'라고 부른다. 역시 이 두 나라 사람들은 라틴계 문화의 뿌리도 같고, 디자인 강국답게 보는 눈도 비슷하다. 그런데 독일 사람들은 그것을 '원숭이 꼬리'라고 부른다. 그리고 동유럽의 폴란드나 루마니아 사람들은 꼬리를 달지 않고 그냥 '작은 원숭이'라고 부른다. 더욱 이상한 것은 북유럽의 핀란드로 가면 '원숭이 꼬리'가 '고양이 꼬리'로 바뀌게 되고, 러시아로 가면 그것이 원숭이와는 앙숙인 '개'로 둔갑한다는 사실이다. 아시아는 아시아대로 다르다. 중국 사람들은 @를 점잖게 쥐에다 노(老)자를 붙여 '라오수(小老鼠)' 또는 '라오수하오(老鼠號)'라 부른다. 일본은 쓰나미의 원조인 태풍의 나라답게 '나루토(소용돌이)'라고 한다. 혹은 늘 하는 버릇처럼 일본식 영어로 '앳 마크'라고도 한다. 팔이 안으로 굽어서가 아니라 30여 개의 인터넷 사용국 중에서 @와 제일 가까운 이름은 우리나라의 골뱅이인 것 같다. 골뱅이 위의 단면을 찍은 사진을 보여 주면 어느 나라 사람이든 무릎을 칠 것이 분명하다.

① 사람들은 문화에 따라 같은 대상을 다르게 표현한다.
② 프랑스는 라틴계 문화의 영향을 받았다.
③ 다른 나라 사람들은 @와 골뱅이가 가장 가깝다는 것에 동의한다.
④ 핀란드에서는 @를 고양이 꼬리로 부른다.
⑤ 프랑스와 이탈리아는 디자인 강국이다.

03. 다음 글의 주제로 가장 적절한 것은?

> 정보 사회라고 하는 오늘날, 우리는 실제적 필요와 지식 정보의 획득을 위해서 독서하는 경우가 많다. 사실은 일정한 목적의식이나 문제의식을 안고 달려드는 독서일수록 능률적인 것이다. 르네상스 시대 만능의 인물이었던 괴테는 그림에 열중하기도 했다. 그는 의아해하는 주위 사람들에게 그림의 대상이 되는 집이나 새를 더 관찰하기 위해서 그림을 그리는 것이라고 대답했다고 전해진다. 그림을 그리겠다는 목적의식을 가지고 집이나 꽃을 관찰하면 평소보다 분명하고 세세하게 그 대상이 떠오를 것이다. 마찬가지로 일정한 주제의식이나 문제의식을 가지고 독서를 할 때, 보다 창조적이고 주체적인 독서 행위가 성립될 것이다.

① 특정 목적이나 문제의식을 가진 독자일수록 효율적인 독서를 할 수 있다.
② 독서의 목적은 독자들이 무엇을 필요로 하느냐에 따라 달라진다.
③ 독자들은 각자 필요한 지식 정보를 획득하기 위해 다양한 책을 읽는다.
④ 독자들이 그림을 그린다면 주체적인 독서를 하는 데에 도움이 될 것이다.
⑤ 창조적이고 주체적으로 독서를 하다보면 독서의 목적이 더 뚜렷해진다.

04. 다음 글의 내용을 보충하기 위한 사례로 가장 적절하지 않은 것은?

> 이솝 우화 '개미와 베짱이'에서는 베짱이의 게으름을 비난하지만 최근 여러 분야에서 베짱이와 같이 재미와 놀이를 좋아하는 인간의 본능을 긍정적인 방향으로 활용하는 '게임화' 전략을 자주 찾아볼 수 있다. 게임화란 게임이 아닌 분야에 재미·보상·경쟁 등 게임적 요소를 접목하는 것으로, 설계자는 이를 통해 자신이 의도한 메시지를 자연스럽게 전달하며 목적을 달성한다. 이 전략에서는 보상을 받을수록 성과가 높아지는 인간의 보상 심리와 다른 사람과의 대결에서 승리하려는 욕구인 경쟁 심리를 이용한다.
>
> 게임화의 대표적인 예로 우리나라 지식 공유 사이트의 회원 등급 체계를 이야기할 수 있다. 질문자에게 답변이 채택될 때마다 포인트를 부여하고 채택 답변 수에 따른 등급 체계를 둠으로써 사용자가 더 높은 등급을 얻기 위해 양질의 답변을 제공하도록 하는 것이다. 이는 '포인트'라는 보상을 받으며 남들보다 높은 등급을 차지하고자 하는 사람들의 경쟁 심리를 이용한 경우라 할 수 있다.

① 게임 산업이 발달함에 따라 게임을 직업으로 삼는 프로게이머가 증가하고 있다.
② 미국의 인기 커피전문점인 A 카페는 음료 구매 시 별 스탬프를 부여하여 무료 음료를 제공하는 쿠폰 이벤트를 시행한다.
③ B 의과 대학에서는 수술 과정의 의료 시뮬레이션 실습을 통해 학생의 단계별 달성도를 평가한다.
④ C 음악 예능 프로그램은 관객이 가면으로 얼굴을 가린 두 가수의 노래를 듣고 즉석에서 투표하여 승자를 선택한다.
⑤ D 애플리케이션은 사용자의 운동 목표를 관리하고 다른 사람과 운동 기록을 공유하며 운동하는 프로그램이다.

05. 다음 문장을 순서대로 가장 적절하게 배열한 것은?

> (가) 국어 연구사란 말할 것도 없이 국어에 관한 연구의 역사를 일컫는 것이다.
> (나) 그 이유는 현대의 국어에 관한 연구를 이 시점에서 평가하기 어렵고, 더욱이 그러한 연구를 평가하는 데 필요한 사료를 접하기 힘들기 때문이다.
> (다) 이런 토대 위에서 연구된 논문이 충실하기 어렵고, 더구나 전진을 향한 방향 제시를 통하여 새로운 이론을 개발하기는 불가능하다고 해야 할 것이다.
> (라) 그런데 현대의 국어 연구에 대한 역사적 서술은 거의 체계화되지 못하고 있다.

① (가)-(나)-(라)-(다) ② (가)-(라)-(나)-(다) ③ (가)-(라)-(다)-(나)
④ (라)-(나)-(다)-(가) ⑤ (라)-(다)-(나)-(가)

06. 다음 글을 읽고 ㉠과 ㉡에 대해 파악한 내용으로 가장 적절하지 않은 것은?

> 앨런 배들리는 최초의 작업기억의 기억 요소를 ㉠중앙집행장치, 시공간잡기장, 음운고리로 구성하였고, 2000년대에 들어서는 ㉡일화적완충기가 주기억장치에 하위 요소로 추가되었다. 각 하위 요소들은 위계적으로 구조화되어 있다. 시공간잡기장은 시각적 정보를 부호화*한다. 일화적완충기는 시공간잡기장, 음운고리, 중앙관리자로부터 정보를 모으고 통합하는 임시저장소 역할을 하며, 이전의 경험들을 해석하고 새로운 문제를 해결하며 미래 활동을 계획하기 위해 정보를 능동적으로 조작하는 역할을 한다. 중앙집행장치는 음운고리와 시공간잡기장 그리고 일화적완충기의 정보들을 통합하고 어느 것에 얼마나 주의를 기울여야 하며, 또 어떤 것을 무시해야 하는지를 결정한다는 점에서 앞서 언급한 요소들의 상위에 위치한다. 중앙집행장치는 불필요한 정보를 억압함으로써 통제자의 역할을 하며 문제해결을 위한 전략을 선택하게 하고 판단과정을 처리하지만 정보를 저장하지는 않는다.
> *부호화 : 나중에 필요할 때 잘 기억해 낼 수 있는 형태로 기억하는 과정

① ㉠은 ㉡의 기능을 통제하는 역할을 한다.
② ㉠의 기능이 손상되면 기억 저장에 어려움을 겪는다.
③ ㉡이 ㉠보다 비교적 더 최근에 등장한 개념이다.
④ ㉡의 기능이 손상되면 앞으로 할 일을 계획하는 데에 어려움을 겪을 수 있다.
⑤ ㉡은 정보를 모으고 통합하는 기능을 한다.

07. 다음 글을 이해한 내용으로 가장 적절한 것은?

> 1950년대 프랑스의 영화 비평계에는 작가주의라는 비평 이론이 새롭게 등장했다. 작가주의란 감독을 단순한 연출자가 아닌 '작가'로 간주하고, 작품과 감독을 동일시하는 관점을 말한다. 작가주의는 상투적인 영화가 아닌 감독 개인의 영화적 세계와 독창적인 스타일을 일관되게 투영하는 작품들을 옹호한다.
>
> 한편, 작가주의적 비평은 할리우드 영화를 재발견하기도 했다. 작가주의적 비평가들에 의해 복권된 대표적인 할리우드 감독이 바로 스릴러 장르의 거장인 알프레드 히치콕이다. 히치콕은 제작 시스템과 장르의 제약 속에서도 일관된 주제 의식과 스타일을 관철한 감독으로 평가받았다. 그는 관객의 오인을 부추기는 '맥거핀' 기법을 하나의 극적 장치로 자신만의 이야기 법칙을 만들어 가는 데 종종 활용하였다. 즉, 특정 소품을 맥거핀으로 활용하여 확실한 단서처럼 보이게 한 다음 일순간 허망한 것으로 만들어 관객을 당혹스럽게 한 것이다.

① 작가주의 비평 이론은 감독을 연출자로 고정시키는 관점을 말한다.
② 작가주의적 비평은 할리우드를 영화의 범주에 들이지 않으며 무시해 버렸다.
③ 맥거핀은 관객의 오인을 부추겨 당혹스럽게 만드는 영화적 장치이다.
④ 알프레드 히치콕은 할리우드 감독으로 작가주의와는 거리가 멀다.
⑤ 작가주의는 1960년대 프랑스의 영화 비평계에서 처음으로 등장하였다.

08. 다음 기사를 읽고 '프탈레이트'에 대해 파악한 내용으로 가장 적절하지 않은 것은?

> 내년 1월부터 플라스틱을 부드럽게 만드는 유해성 화학물질인 프탈레이트를 전자제품에 사용할 수 없게 된다. 프탈레이트는 현재 가전 전원 코드부터 냉장고 소음방지고무, 충전용 케이블 등에 사용되고 있다. 대형 가전부터 소형 가전에까지 이 물질이 널리 사용되고 있어 전자제품 업계에 미치는 영향이 클 것으로 전망된다.
> 프탈레이트는 동물이나 사람의 생체 호르몬 작용을 방해하는 내분비 교란 물질이다. 프탈레이트는 카드뮴에 비견될 정도의 독성을 갖고 있으며 동물실험 결과 간과 신장, 심장, 허파 등에 부정적인 영향을 미치고, 여성 불임, 정자 수 감소 등으로 생식기관에 유해한 독성 물질로 보고된 바 있다.

① 플라스틱을 유연하게 만들어 전자제품에 사용된다.
② 간, 신장, 심장, 허파 등에 악영향을 준다.
③ 내분비계의 작용이 원활하도록 하는 물질이다.
④ 생체 호르몬 작용에 영향을 끼치는 물질이다.
⑤ 카드뮴에 비견될 정도의 독성을 지닌 물질이다.

09. 다음 글에서 전달하고자 하는 내용으로 가장 적절한 것은?

> 1920년대 중국에서 벌어진 내전 중에 병사들을 이끌고 적진으로 향해 가던 한 장교가 작은 강을 만나게 되었다. 장교는 그 동네의 노인에게 강의 평균 수심이 얼마냐고 물었다. 노인은 평균 수심이 1.4미터라고 알려 주었고, 장교는 평균 수심이 1.4미터인 데 반해 병사들의 평균 키가 1.65미터이므로 걸어서 행군이 가능하다고 판단하고 진격을 명하였다. 그런데 이 강은 강 가운데를 비롯해 여러 곳의 수심이 병사들의 평균 키보다 훨씬 깊어서 강을 건너는 중에 물에 빠져 죽는 병사들이 생겨났다. 특히 평균 키보다 작은 병사들의 희생이 컸다.

① 통계는 거짓말을 하지 않는다.
② 평균은 다양한 상황에서 가장 많이 활용되고 있다.
③ 한 집단을 평가할 때 평균은 유용한 수단으로 사용된다.
④ 평균값을 활용하기에 적절한 상황과 적절하지 않은 상황을 구분해야 한다.
⑤ 현대 사회는 점점 더 많은 변수들에 의해 다양해지는 상황의 연속이다.

10. 다음 글을 읽고 추론한 내용으로 가장 적절하지 않은 것은?

> 도금은 물질이 닳거나 부식되지 않도록 보호하기 위해 금속 표면에 다른 물질을 덮어씌우는 일을 말한다. 오늘날 도금은 일반적으로 전기 도금을 가리키는데, 전기 도금은 전기 분해의 원리를 이용하여 한 금속을 다른 금속 위에 덧씌우는 도금 방법을 의미한다. 일반적으로 금이나 은, 구리, 니켈 등을 사용하는데, 내구성이 뛰어나다는 장점이 있어서 다양한 분야에서 필수적으로 여겨지는 가공 기술이다.
>
> 전기 도금 중, 구리 도금을 하는 방법은 우선 도금할 물체를 음극에 연결하고 양극에는 구리를 매단다. 그리고 전해액으로 구리의 이온이 포함된 용액을 사용한다. 두 전극을 전해질 용액에 담그고 전류를 흘려주면 양극에 있는 구리가 산화되어 이온이 발생하며, 음극에서는 이온이 구리로 환원되어 도금이 된다.
>
> 최근에는 플라스틱을 이용한 도금 기술이 많이 사용되고 있다. 분사 스프레이로 플라스틱을 분사해 금속 표면에 색을 입히는 것이다. 이 방법은 고가의 설비가 필요 없어 경제적이지만, 공정 시 사용되는 재료가 인체에 상당히 해로운 영향을 미친다는 단점이 있다.

① 전기 도금을 하면 그 특성 덕분에 다른 도금 방법들보다 칠이 쉽게 벗겨지지 않는다.
② 숟가락을 은이나 니켈로 도금하기 위해서는 두 과정 모두 음극에 숟가락을 연결해야만 한다.
③ 금속이 산화되면 이온이 발생하게 된다.
④ 플라스틱 도금을 통해 금속에 원하는 색을 입히는 것이 가능하다.
⑤ 금속으로 플라스틱을 도금하는 과정은 다른 도금 방법들과 비교하여 인체에 더 유해하다.

11. 다음은 자율주행자동차의 센서에 대한 설명문이다. ㉠에 들어갈 내용으로 적절한 것을 〈보기〉에서 모두 고르면?

> 자율자동차가 외부환경을 인지하는 데 사용되는 센서는 대표적으로 '카메라(Camera)', '레이더(Radar)', '라이다(Lidar)' 등으로 구성된다. 이들 센서는 각각의 장단점이 뚜렷하기 때문에 단독으로 활용하기보다는 함께 작용하여 상호보완을 하게 된다. 최근 카메라 센서는 단일 렌즈를 사용하는 모노(Mono) 방식에서 두 개의 렌즈를 사용하는 스테레오(Stereo) 방식으로 진화하고 있다. 스테레오 방식은 사람의 두 눈으로 바라보듯 두 개의 렌즈를 통해 3차원으로 인지할 수 있어 단순한 형상에 대한 정보뿐만 아니라 원근감까지 측정할 수 있다. 그러나 스테레오 방식은 모노 방식에 비해 (㉠) 따라서 업체들은 비용 절감을 위해 모노 방식의 카메라를 고수하면서 그 성능을 고도화하거나 혹은 스테레오 방식을 사용하면서 영상 신호데이터 처리 속도를 높이기 위한 칩을 적용하고 있다.

| 보기 |

ⓐ 가격이 비싸다.
ⓑ 정밀도가 떨어진다.
ⓒ 날씨의 영향을 많이 받는다.
ⓓ 처리해야 할 데이터 양이 많아 속도가 느려진다.

① ⓐ, ⓓ
② ⓑ, ⓒ
③ ⓒ, ⓓ
④ ⓐ, ⓑ, ⓓ
⑤ ⓐ, ⓑ, ⓒ, ⓓ

12. 다음 글의 주제로 가장 적절한 것은?

> 지금까지의 산업 사회에서 문화와 경제는 각각 독자적 영역을 유지해 왔다. 그러나 지식정보 사회에서는 경제 성장에 따라 소득 수준이 향상되고 교육 기회가 확대되면서 물질적 풍요를 뛰어넘는 삶의 질을 고민하게 되었다. 뿐만 아니라 정보 통신이 급격하게 발달함에 따라 세계 각국의 다양한 문화를 보다 빠르게 수용하면서 문화적 욕구와 소비를 가속화시켰고, 그 상황 속에서 문화와 경제는 서로 도움이 되는 보완적 기능을 하게 되었다.
> 이제 문화는 배부른 사람이나 유한계급의 전유물이 아니라 생활 그 자체가 되었다. 고급문화와 대중문화의 경계가 무너지고 서로 다른 문화가 뒤섞여 새로운 문화가 생겨나고 있다. 이렇게 해서 나타나는 퓨전 문화가 대중적 관심을 끌고 있는 가운데, 이율배반적인 것처럼 보였던 문화와 경제의 공생 시대가 열린 것이다. 특히 경제적 측면에서 문화는 고전 경제학에서 말하는 생산의 3대 요소인 토지·노동·자본을 대체하는 생산요소가 되었을 뿐만 아니라 경제적 자본 이상의 주요한 자본이 되고 있다.

① 문화와 경제가 상생하는 지식정보 사회
② 21세기 지식정보 사회의 경쟁 원천
③ 퓨전 문화의 등장 배경
④ 산업 사회와 지식정보 사회의 특징
⑤ 경제 성장과 퓨전 문화의 탄생

13. 다음 글의 중심내용으로 가장 적절한 것은?

> 소위 말하는 특종을 잡기 위해서는 재정적 뒷받침이 필요한데, 그럴 여력이 없는 상태에서 언론사가 선택할 수 있는 가장 좋은 전략은 정치적 지향성을 강하게 드러내는 것이다. 구독자들은 언론사와 자신의 정치적 지향점이 같다고 느끼면 더 많은 후원을 하는 경향이 있기 때문이다. 특히 대안언론은 재정적으로 매우 열악하여 자체적인 수익 없이 구독자들의 후원을 통해 유지되는 곳이 대부분이다. 구독자 수가 많지 않은 언론에 광고할 회사를 찾기 쉬운 것도 아니고, 광고를 수주해도 수익성이 낮은 실정이니 사실상 구독자들에게 받는 후원금이 대안언론의 가장 큰 수입원이 된다. 따라서 대안언론에게는 후원금을 많이 받아내는 전략이 곧 생존전략이다.

① 대안언론이 정치성을 띠는 것은 불가피한 측면이 있다.
② 언론사에 대한 기부 활동은 제한되어야 한다.
③ 대안언론에 대한 지원을 확대해야 한다.
④ 언론은 공정해야 하므로 정치적인 행태를 보여서는 안 된다.
⑤ 대안언론의 수익구조를 개선할 필요가 있다.

14. 다음 글을 읽고 추론한 내용으로 가장 적절한 것은?

> 아파트를 분양받을 경우 전용면적, 공용면적, 공급면적, 계약면적, 서비스면적이라는 용어를 자주 접하게 된다. 전용면적은 아파트의 방이나 거실, 주방, 화장실 등을 모두 포함한 면적으로, 개별 세대 현관문 안쪽의 전용 생활공간을 말한다. 다만, 발코니 면적은 전용면적에서 제외된다. 공용면적은 주거공용면적과 기타공용면적으로 나뉜다. 주거공용면적은 세대가 거주를 위하여 공유하는 면적으로 세대가 속한 건물의 공용계단, 공용복도 등의 면적을 더한 것을 말한다. 기타공용면적은 주거공용면적을 제외한 지하층, 관리사무소, 노인정 등의 면적을 더한 것이다. 공급면적은 통상적으로 분양에 사용되는 용어로 전용면적과 주거공용면적을 더한 것이며, 계약면적은 공급면적과 기타공용면적을 더한 것이다. 서비스면적은 발코니 같은 공간의 면적으로 전용면적과 공용면적에서 제외된다.

① 발코니 면적은 계약면적에 포함된다.
② 관리사무소 면적은 공급면적에 포함된다.
③ 계약면적은 전용면적, 주거공용면적, 기타공용면적을 더한 것이다.
④ 공용계단과 공용복도의 면적은 공급면적에 포함되지 않는다.
⑤ 개별 세대 내 거실과 주방의 면적은 주거공용면적에 포함된다.

15. 다음 글을 통해 필자가 전달하고자 하는 바로 가장 적절한 것은?

> 사람들은 흔히 뉴스를 세상에서 일어난 일을 사실적이고 객관적으로 기술한 정보라고 생각한다. 만약 어떤 사건이나 이슈가 완벽하게 사실적이고 객관적으로 기술될 수 있다면, 서로 다른 미디어가 취재해서 보도하더라도 같은 뉴스가 만들어질 것이니 우리 사회에는 굳이 그렇게 많은 뉴스 미디어가 존재할 필요가 없을 것이다. 하지만 현실에는 수많은 뉴스 생산 주체들이 뉴스를 생산한다. 이는 현실에서 일어난 하나의 사건이 뉴스 미디어에 따라 다르게 보도될 수 있다는 것을 의미한다.
>
> 과거에는 뉴스를 만드는 사람들은 언론사에 속해 있었고, 언론사의 수도 많지 않았기 때문에 누가 뉴스를 만들었는지에 대한 답을 쉽게 얻을 수 있었다. 하지만 미디어 환경 및 뉴스 산업 구조의 변화로 인해 뉴스 생산환경이 급속하게 변화하였고, 지금은 언론사에 속한 기자뿐만 아니라 블로거, 시민기자, 팟캐스터 등 다양한 사람들이 뉴스 생산에 기여한다. 따라서 뉴스를 바르게 이해하기 위해서는 뉴스 생산자의 역할과 임무에 대한 이해가 선행되어야 한다.

① 뉴스가 가지는 가치는 다양성에 있다.
② 뉴스는 생산자에 따라 다르게 구성된다.
③ 뉴스는 이용자의 특성에 따라 다르게 구성된다.
④ 뉴스에는 생산자의 특정한 시각과 가치가 담겨 있다.
⑤ 올바른 뉴스 소비를 위해서는 이용자의 능동적인 판단이 필요하다.

16. 다음 글을 읽고 이해한 내용으로 가장 적절하지 않은 것은?

> 노동자가 작업장에서 안전하게 일하고 건강을 유지·증진할 수 있게 하는 활동을 '노동안전보건활동'이라고 한다. '안전'과 '보건'은 일하는 모든 과정이 안전하고 건강한 상태를 의미하는데, '안전'은 주로 외부의 여러 요인에 의한 '손상'이나 '사고'로부터의 예방과 관련이 있으며, '보건'은 손상 이외에 인간 몸에서의 구조적, 신체적, 기능적 변화를 뜻하는 '질병'으로부터의 예방을 뜻하는 것으로 구별되는 개념이다.
> 일하는 과정에서 이러한 '안전'과 '보건'이 유지·증진될 수 있도록 제도적으로 기준을 만든 법이 '산업안전보건법'이며 일하는 사람들의 안전과 건강을 위해 사업주가 지켜야 할 법이다. 산업안전보건법에 제시되어 있는 규정을 제대로 지키는 것이 원칙이지만 그렇지 못하는 경우도 많기 때문에 노동자가 산업안전보건법을 제대로 이해하여 사업주가 법을 잘 지키는지 확인하고, 동료 노동자와 함께, 더불어 노동조합을 통하여 일터에서 '산업안전보건활동'에 참여하는 것이 중요하다.

① '안전'과 '보건'은 구별되는 개념이구나.
② '안전'과 '보건'은 둘 다 예방과 관련이 있네.
③ '안전'과 '보건'은 일하는 모든 과정이 안전하고 건강한 상태를 의미해.
④ '산업안전보건법'이 잘 지켜지기 위해서는 노동자의 노력도 필요하네.
⑤ 사업자의 '안전'과 '보건'이 유지·증진될 수 있도록 제도적 장치가 마련되어 있구나.

17. 다음 문장을 순서대로 가장 적절하게 배열한 것은?

> (가) 왜냐하면 신문 광고는 한정된 지면 사정 때문에, 방송은 20초라는 한정된 시간 때문이다.
> (나) 그렇지만 광고의 본래 기능인 상품에 대한 생활 과학적 정보는 증발하고 상품과는 상관없는 뜬구름 같은 이미지만이 너울거리는 사실은 심히 걱정스럽다.
> (다) 광고의 중요 기능 중의 하나는 상품에 대한 과학적 정보의 제공이라고 흔히 말한다.
> (라) 그러나 그런 기능을 하는 광고란 별로 없다.

① (다)-(가)-(라)-(나)　② (다)-(나)-(가)-(라)　③ (다)-(나)-(라)-(가)
④ (다)-(라)-(가)-(나)　⑤ (다)-(라)-(나)-(가)

18. 다음 글의 제목으로 가장 적절한 것은?

> 어느 대학의 심리학 교수가 그 학교에서 강의를 재미없게 하기로 정평이 나 있는 한 인류학 교수의 수업을 대상으로 실험을 계획했다. 그 심리학 교수는 인류학 교수에게 이 사실을 철저히 비밀로 하고, 그 강의를 수강하는 학생들에게만 사전에 다음의 주의 사항을 전달했다. 첫째, 그 교수의 말 한 마디 한 마디에 주의를 집중하면서 열심히 듣고 둘째, 얼굴에는 약간 미소를 띠면서 눈을 반짝이며 고개를 끄덕이기도 하고 간혹 질문도 하면서 강의가 매우 재미있다는 반응을 겉으로 나타내며 듣는 것이다.
>
> 한 학기 동안 계속된 이 실험의 결과는 흥미로웠다. 우선 재미없게 강의하던 그 인류학 교수는 줄줄 읽어 나가던 강의 노트에서 눈을 떼고 학생들과 시선을 마주치기 시작했고 가끔 한두 마디 유머 섞인 농담을 던지기도 하더니, 그 학기가 끝날 즈음엔 가장 열의 있게 강의하는 교수로 면모를 일신하게 되었다. 더욱 더 놀라운 것은 학생들의 변화였다. 처음에는 실험 차원에서 열심히 듣는 척하던 학생들이 이 과정을 통해 정말로 강의를 흥미로워하며 적극적으로 되었고, 나중에는 소수이긴 하지만 아예 전공을 인류학으로 바꾸기로 결심한 학생들도 나오게 되었다.

① 학생 간 의사소통의 중요성
② 교수 간 의사소통의 중요성
③ 언어적 메시지의 중요성
④ 공감하는 듣기의 중요성
⑤ 비언어적 표현의 중요성

19. 다음 (가)와 (나)를 읽고 이해한 내용으로 적절한 것을 〈보기〉에서 모두 고르면?

(가) 경북 영주의 한 대장간에서 만든 호미가 아마존 원예용품 '톱10'에 당당히 이름을 올렸다. 정원 가꾸는 방법을 소개하는 유튜브에 호미가 등장하면서 뜨기 시작하였고 칭찬 일색이다. 국내에선 호미가 한 자루에 5,000원이지만 해외에선 최고 20달러(2만 2,600원)에 팔린다. 올 들어 3개월간 1,000개 넘게 수출했다. 60대 대장장이는 후계자가 없어 고민했는데 최근 해외동포 청년이 기술을 배우러 오겠다고 했단다. 가장 한국적인 것이 가장 세계적인 것이 될 수 있다는 얘기다. 선조들의 지혜가 담긴 물건을 잘 골라 인터넷 유통에 제대로 연결하면 대박을 낼 수 있는 시대다.
(나) 선각자들이 깨달은 진리는 옛날식으로 표현되었으므로 후대의 시각으로 그 안에 깃든 의미를 늘 재음미하고 재해석해야 생명력이 사라지지 않는다.

| 보기 |

ㄱ. 신토불이에 자부심을 갖자.
ㄴ. 실용적인 상품은 경쟁력이 있다.
ㄷ. 외국 상품에 대한 무분별한 선호는 지양하자.
ㄹ. 사라져가는 무형문화재도 다시 살펴볼 필요가 있다.

① ㄱ, ㄷ
② ㄴ, ㄹ
③ ㄱ, ㄴ, ㄹ
④ ㄴ, ㄷ, ㄹ
⑤ ㄱ, ㄴ, ㄷ, ㄹ

20. 다음 글을 읽고 유추할 수 있는 속담으로 가장 적절한 것은?

> 대왕 단보가 빈(邠)이라는 곳에 있었을 때 오랑캐가 쳐들어왔다. 왕이 모피와 비단을 보내어 달래려 했으나 받지 않고, 이후 보낸 말도 받지 않았다. 오랑캐가 바라는 것은 땅이었다. 대왕 단보가 말했다.
> "나는 백성의 아비나 형과 살면서 그 아들이나 동생을 죽도록 내버려두는 일은 차마 견딜 수가 없다. 너희들은 모두 힘써 격려하며 이곳에 살도록 하라. 내 신하가 되든 오랑캐의 신하가 되든 무슨 차이가 있겠느냐. 나는 사람을 먹여 살리는 땅을 뺏으려고 사람을 해쳐서는 안 된다는 말을 들었다."
> 그래서 대왕 단보가 지팡이를 짚고 그곳을 떠나자 백성들은 서로 잇달아 그를 따랐으며, 이윽고 기산(岐山) 밑에서 나라를 다시 이룩했다.

① 가난 구제는 임금도 못 한다.
② 벙어리 호적(胡狄)을 만나다.
③ 사또 행차엔 비장이 죽어난다.
④ 사람이 돈이 없어서 못 사는 게 아니라 명이 모자라서 못 산다.
⑤ 배 주고 속 빌어먹는다.

영역 3 창의수리

⏱ 30문항/15분

[01 ~ 12] 다음 식의 값을 구하시오.

01.

$$31.415 + 12.469 - 24.941 = (\quad)$$

① 17.884 ② 17.953 ③ 18.874
④ 18.943 ⑤ 18.953

02.

$$3(\sqrt{3} + 2\sqrt{2}) + 2(4\sqrt{3} - 5\sqrt{2}) = (\quad)$$

① $10\sqrt{3} - 2\sqrt{2}$ ② $9\sqrt{3} - 5\sqrt{2}$ ③ $11\sqrt{3} - 4\sqrt{2}$
④ $8\sqrt{3} - 5\sqrt{2}$ ⑤ $7\sqrt{3} - 4\sqrt{2}$

03.

$$7 \times (-5)^2 \div \frac{7}{10} = (\quad)$$

① 250 ② 255 ③ 260
④ 265 ⑤ 270

04.

$$2.14 \times 103 = (\quad)$$

① 2.2042　　② 22.042　　③ 220.42
④ 224.2　　⑤ 2204.2

05.

$$34.569 \div 2.3 = (\quad)$$

① 1,503　　② 150.3　　③ 15.03
④ 0.153　　⑤ 0.1503

06.

$$\sqrt{2} \times 2\sqrt{2} = (\quad)$$

① 2　　② 4　　③ 8
④ 16　　⑤ 32

07.

$$\left(-\frac{1}{2}\right) - \left(-\frac{1}{4}\right) - \frac{2}{3} = (\quad)$$

① $\frac{11}{12}$　　② $-\frac{11}{12}$　　③ $\frac{13}{12}$
④ $-\frac{13}{12}$　　⑤ $\frac{5}{4}$

08.
$$\frac{2}{3} \times \left(-\frac{3}{8}\right) \times \frac{4}{7} = (\quad)$$

① $\frac{1}{7}$　　　② $-\frac{1}{7}$　　　③ $-\frac{11}{24}$
④ $\frac{11}{24}$　　　⑤ $\frac{17}{24}$

09.
$$95.8 - 15.905 = (\quad)$$

① 6.095　　　② 79.895　　　③ 80.705
④ 80.975　　　⑤ 110.705

10.
$$3.5 + 3.09 \times 2.1 \div 0.24 = (\quad)$$

① 25.75　　　② 28.375　　　③ 30.5375
④ 45.0625　　　⑤ 45.375

11.
$$-3.5 - (-7.1) = (\quad)$$

① 4.6　　　② 3.6　　　③ -4.6
④ -3.6　　　⑤ -2.6

12.

$$37.45 \div 3.5 = (\quad)$$

① 10.7   ② 10.72   ③ 11.7
④ 11.72 ⑤ 11.75

13. 다음 숫자들의 배열 규칙에 따라 A와 B에 들어갈 숫자의 합은?

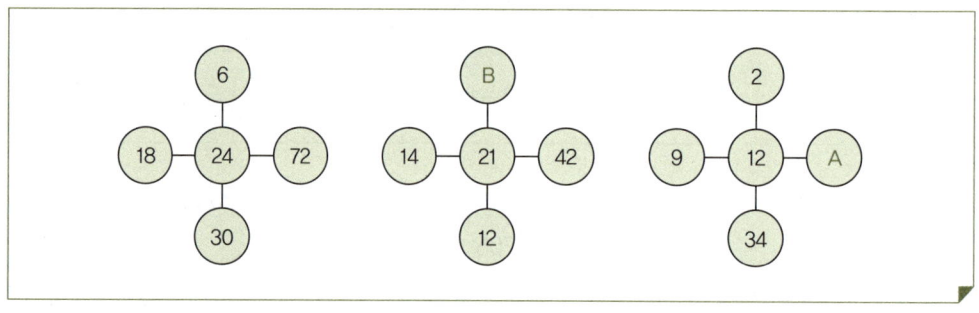

① 16   ② 22   ③ 28
④ 39   ⑤ 48

14. 다음 숫자들의 배열 규칙에 따라 A에 들어갈 알맞은 숫자는?

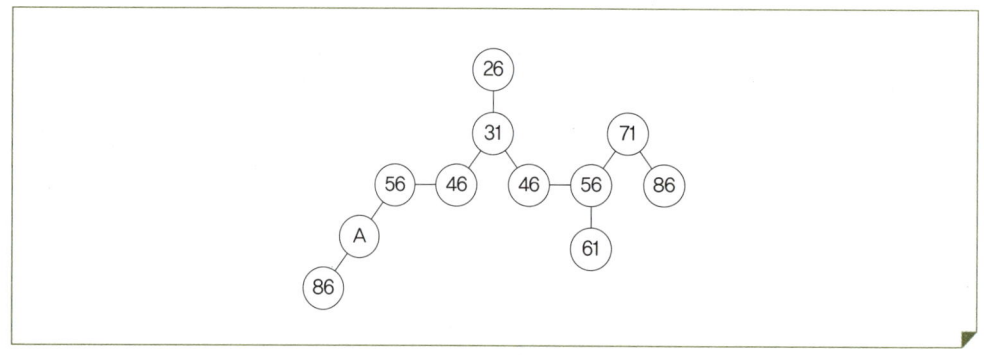

① 61   ② 66   ③ 71
④ 76   ⑤ 81

15. 최 대리는 김 부장의 고등학교 후배로 둘은 12살 차이인 띠동갑이다. 4년 전에 최 대리 나이의 3배 값과 김 부장 나이의 2배 값이 같았다면, 현재 최 대리의 나이는 몇 살인가?

    ① 28살　　　　　　② 30살　　　　　　③ 32살
    ④ 34살　　　　　　⑤ 35살

16. 현재 지점에서 20km 떨어진 A 지점까지 3시간 이내로 왕복을 하려고 한다. A 지점까지 갈 때 15km/h의 속력으로 달렸다면, 돌아올 때는 최소한 몇 km/h의 속력으로 달려야 하는가?

    ① 8km/h　　　　　　② 8.5km/h　　　　　　③ 10km/h
    ④ 12km/h　　　　　　⑤ 15km/h

17. A ~ F 여섯 명이 회의를 하기 위해 원형 탁자에 둘러앉았다. 이 중 A와 B가 서로 이웃하여 앉게 되는 경우의 수는 모두 몇 가지인가?

    ① 30가지　　　　　　② 38가지　　　　　　③ 45가지
    ④ 48가지　　　　　　⑤ 50가지

18. A 컨트리클럽 관리과 김 대리는 직선형 골프코스 경계에 흰색 OB 말뚝을 설치하려 한다. 처음 7m 간격으로 설치하려던 계획을 5m 간격으로 바꾸었더니 6개의 말뚝이 더 필요하게 되었다. 코스의 양끝에도 말뚝을 설치한다면, 골프코스의 길이는 몇 m인가?

    ① 100m　　　　　　② 105m　　　　　　③ 107m
    ④ 110m　　　　　　⑤ 112m

19. 반지름이 각각 16cm, 20cm, 26cm인 A, B, C 세 개의 굴렁쇠가 있다. 세 사람이 동시에 A, B, C 굴렁쇠를 각각 굴리기 시작하여 같은 위치에서 멈추었다면 C 굴렁쇠는 최소 몇 바퀴를 회전하는가? (단, 굴렁쇠는 중간에 멈추지 않고 한 바퀴를 완전히 돈 이후에 멈춘다고 가정한다)

① 21번 ② 27번 ③ 35번
④ 38번 ⑤ 40번

20. 피자가게에서 부가세를 15%로 잘못 알아 피자 가격을 부가세 포함 18,400원으로 책정하였다. 부가세를 10%로 계산하면 부가세를 포함한 피자 가격은 얼마인가?

① 16,600원 ② 16,800원 ③ 17,600원
④ 17,800원 ⑤ 18,000원

21. 16장의 종이에 큰 활자와 작은 활자를 사용하여 21,000자의 활자를 찍어야 하는데, 큰 활자는 한 장에 1,200자가 들어가고, 작은 활자는 한 장에 1,500자가 들어간다. 작은 활자를 사용해야 하는 종이는 몇 장인가? (단, 종이 한 장당 들어가는 활자는 큰 활자 또는 작은 활자 중 한 종류여야만 한다)

① 6장 ② 7장 ③ 8장
④ 9장 ⑤ 10장

22. A가 하면 18일, B가 하면 27일 걸리는 일이 있다. 둘은 공동 작업으로 일을 시작했으나, 도중에 B가 일을 그만두어 A 혼자 일을 해 끝마치기까지 총 16일이 걸렸다. 전체 일한 날 중 B가 참여하지 않은 날은 며칠인가?

① 9일 ② 10일 ③ 11일
④ 12일 ⑤ 13일

23. 어떤 학교에서 개최한 수영대회에 전체 학생 수의 78%가 참가했다. 수영대회 참가자 중 35%가 장거리 수영 경기에 출전하여 그중 70%가 완주하였다면, 장거리 수영 경기를 완주한 학생은 전체 학생 수의 몇 %인가? (단, 소수점 아래 첫째 자리에서 반올림한다)

① 3% ② 7% ③ 12%
④ 15% ⑤ 19%

24. K 그룹 신입사원들이 연수원에 도착하여 인원수에 맞게 방을 배정하려고 한다. 한 방에 6명씩 들어가면 4명이 남고, 한 방에 8명씩 들어가면 방이 3개 남으며 마지막 방에는 2명만이 들어가게 된다. 연수원에 도착한 신입사원은 모두 몇 명인가?

① 88명 ② 92명 ③ 102명
④ 106명 ⑤ 108명

25. A, B, C, D 4개 수의 평균이 18이고 B, C의 평균이 17이며 B, C, D의 평균이 20일 때, A, D의 평균은?

① 10 ② 15 ③ 19
④ 21 ⑤ 22

26. K 회사 신입사원 채용에 지원하여 승아가 합격할 확률은 $\frac{1}{3}$, 재연이 합격할 확률은 $\frac{1}{4}$, 윤수가 합격할 확률은 $\frac{1}{6}$이다. 이 중 적어도 한 명이 신입사원으로 합격할 확률은?

① $\frac{2}{9}$ ② $\frac{7}{12}$ ③ $\frac{13}{24}$
④ $\frac{31}{42}$ ⑤ $\frac{37}{42}$

27. 혜정이는 10만 원짜리 백화점 상품권을 인터넷에서 15% 할인된 가격으로 구매한 다음, 백화점에 가서 40% 할인행사를 하고 있는 정가 12만 원짜리 구두를 이 상품권으로 구입하였다. 구두를 구매한 금액은 기존 할인율에서 몇 %p를 더 할인받은 가격인가? (단, 소수점 첫째 자리에서 반올림하며, 사용하고 상품권에 남은 금액은 현금으로 돌려받는다)

① 7%p ② 9%p ③ 11%p
④ 12%p ⑤ 13%p

28. ○○사의 해외 파견 주재원의 수는 총 120명이다. 이 중 해외 근무 무경험자와 해외 근무 경험자의 비는 2 : 1이고, 해외 근무 경험자 중 과장급 이하와 차장급 이상의 비는 2 : 3이다. 해외 근무 경험자 중 과장급 이하인 주재원의 수는 몇 명인가?

① 12명 ② 14명 ③ 16명
④ 18명 ⑤ 20명

29. 유 사원은 사내 운동회에서 사용할 티셔츠를 구매하려고 한다. 빨강, 파랑, 노랑, 주황, 검정 총 5가지 색상 중 3가지 색상을 선택해 구매할 때, 선택할 수 있는 색상 조합은 몇 가지인가?

① 10가지 ② 15가지 ③ 20가지
④ 25가지 ⑤ 30가지

30. AA 통신사가 한 달 단말기 이용료를 x% 인상하면 가입 회원 수는 $0.5x$% 감소한다고 한다. 이 회사의 단말기 이용료로 인한 수입이 8% 이상 증가하도록 하는 최솟값 x는?

① 5 ② 10 ③ 15
④ 20 ⑤ 25

영역 4 자료해석

20문항/10분

01. 20X9년 전체 인적재난 중 교통사고의 발생 비율과 인명피해 비율은? (단, 소수점 아래 둘째 자리에서 반올림한다)

〈20X9년 주요 유형별 인적재난 발생 현황〉

(단위 : 건, 명)

구분	발생건수	인명피해	사망
교통사고	221,711	346,620	5,229
화재	43,875	1,862	263
등산	4,243	3,802	90
물놀이, 익사 등	2,393	1,322	489
해양	1,750	219	38
추락	2,699	2,383	189
농기계	918	925	90
자전거	4,188	3,865	36
전기(감전)	581	581	46
열차	277	275	124
환경오염	4,216	4,093	115
전체	286,851	365,947	6,709

	발생 비율	인명피해 비율		발생 비율	인명피해 비율
①	77.3%	94.7%	②	77.3%	91.7%
③	75.3%	98.7%	④	75.3%	94.7%
⑤	73.3%	91.7%			

02. 다음 그래프를 보고 추측한 내용이 적절하지 않은 사람은?

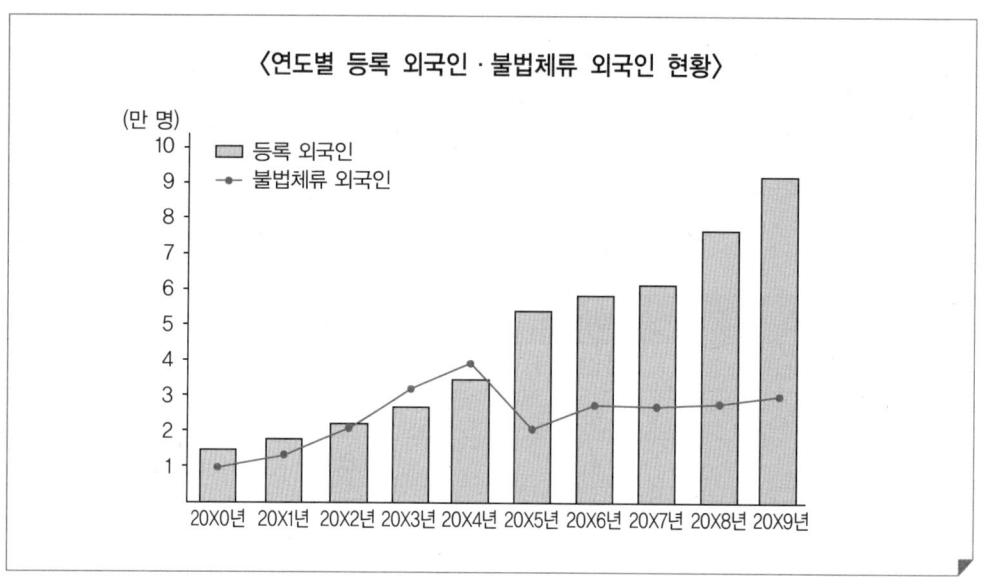

- A : 등록 외국인 수가 매년 증가하고 있지만 변수가 발생하면 그 수가 줄어들 수도 있어.
- B : 불법체류 외국인의 수는 20X4년에 최고치를 기록하면서 처음으로 등록 외국인 수보다 많아졌어.
- C : 20X5년에 등록 외국인 수가 급격히 증가한 이유는 불법체류 외국인이 등록 외국인이 되었기 때문은 아닐까?
- D : 20X6년 이후 불법체류 외국인의 숫자는 비교적 안정적으로 유지되고 있어.

① A
② B
③ C
④ D
⑤ C, D

03. 다음은 A 기업의 기업경쟁력 평가에 관한 자료이다. 이에 대한 설명으로 옳은 것을 〈보기〉에서 모두 고르면?

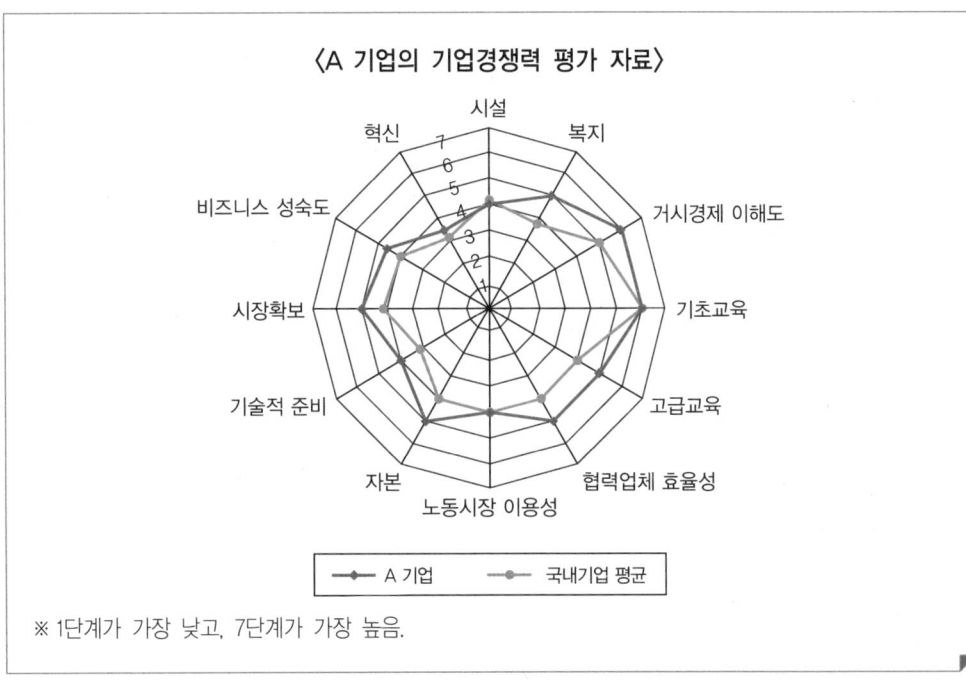

| 보기 |

㉠ A 기업과 국내기업 평균 간의 기업경쟁력 차이는 복지 부문보다 노동시장 이용성 부문에서 더 작게 나타난다.
㉡ 시장확보 부문에서 국내기업 평균 경쟁력 수준은 A 기업보다 높다.
㉢ A 기업의 12개 부문 중 기업경쟁력이 가장 낮게 평가된 분야는 혁신이다.
㉣ A 기업은 12개 부문 각각 국내 평균보다 높은 기업경쟁력을 보이고 있다.

① ㉠, ㉡   ② ㉠, ㉢   ③ ㉡, ㉢
④ ㉡, ㉣   ⑤ ㉢, ㉣

04. 다음은 공항철도 여객 수송실적을 나타낸 자료이다. 이에 대한 설명으로 옳지 않은 것은?

〈공항철도 월별 여객 수송실적(20XX년)〉

(단위 : 천 명)

구분	승차인원	유입인원	수송인원
1월	2,843	2,979	5,822
2월	(A)	2,817	5,520
3월	3,029	3,302	6,331
4월	3,009	3,228	6,237
5월	3,150	3,383	6,533
6월	3,102	3,259	6,361
7월	3,164	3,267	6,431
8월	3,103	(B)	6,720
9월	2,853	3,480	6,333
10월	3,048	3,827	6,875
11월	2,923	3,794	6,717
12월	3,010	3,900	(C)

※ 유입인원 : 다른 철도를 이용하다가 공항철도로 환승하여 최종 종착지에 내린 승객의 수
※ 수송인원=승차인원+유입인원

① 20XX년 공항철도의 수송인원은 매 분기 증가하고 있다.
② 20XX년 2분기 공항철도 전체 유입인원은 1천만 명보다 적다.
③ 9월의 공항철도 유입인원은 8월에 비해 1만 5천 명 이하로 감소했다.
④ 유입인원이 가장 많았던 달과 수송인원이 가장 많았던 달은 일치한다.
⑤ 승차인원이 가장 많았던 달의 승차인원은 가장 적었던 달보다 40만 명 이상 더 많다.

05. A는 팀장의 지시에 따라 8페이지로 된 팸플릿을 제작하기 위해 다음 자료를 참고하여 인쇄단가를 비교하고 있다. 해당 팸플릿을 1,000부와 500부 인쇄할 경우, 둘의 비용 차이는 얼마인가?

〈팸플릿 인쇄단가〉

(단위 : 원)

구분	500부 이하	500부 초과~ 1,000부 이하	1,000부 초과~ 2,000부 이하	2,000부 초과~ 3,000부 이하
8페이지	249,000	277,000	335,000	461,000

※ 부가세 10% 별도
※ 팸플릿 부수 범위 내에서는 비용 일괄 책정

① 24,800원　　② 28,000원　　③ 30,800원
④ 32,400원　　⑤ 34,800원

06. 다음은 학생별 국어, 수학, 영어, 탐구 점수이다. 표에 대한 분석으로 적절하지 않은 것은? (단, 모든 시험은 100점 만점이다)

(단위 : 점)

구분	국어	수학	영어	탐구
승한	80	84	76	90
세영	73	90	81	82
윤지	92	73	81	78
성욱	86	80	74	82

① 총점이 두 번째로 높은 학생은 세영이다.
② 국어에 20% 가중치를 두면 총점이 제일 높은 학생은 윤지이다.
③ 탐구 반영 비율을 절반으로 줄이면 동점자가 3명 나온다.
④ 영어에 40% 가중치를 두면 총점이 두 번째로 높은 학생은 세영이다.
⑤ 수학에 30% 가중치를 두면 총점이 제일 낮은 학생은 윤지이다.

07. 다음은 최근 5년간의 주요 대도시 환경 소음도를 나타낸 자료이다. 이에 대한 설명으로 옳은 것은?

〈주요 대도시 주거지역(도로) 소음도〉

(단위 : dB)

구분	20X1년 낮	20X1년 밤	20X2년 낮	20X2년 밤	20X3년 낮	20X3년 밤	20X4년 낮	20X4년 밤	20X5년 낮	20X5년 밤
서울	68	65	68	66	69	66	68	66	68	66
부산	67	62	67	62	67	62	67	62	68	62
대구	68	63	67	63	67	62	65	61	67	61
인천	66	62	66	62	66	62	66	62	66	61
광주	64	59	63	58	63	57	63	57	62	57
대전	60	54	60	55	60	56	60	54	61	55

※ 주거지역(도로) 소음환경기준 : 낮(06:00 ~ 22:00) 65dB 이하, 밤(22:00 ~ 06:00) 55dB 이하

① 조사기간 중 매해 낮 시간대 소음환경기준을 만족한 도시는 대구와 광주 두 도시뿐이다.
② 20X3 ~ 20X5년 동안 모든 주요 대도시의 밤 시간대 소음도의 증감 폭은 1dB 이하이다.
③ 20X4년 이후로 밤 시간대 소음도는 대전을 제외한 주요 도시 모두 환경기준을 초과하였다.
④ 조사기간 중 밤 시간대 평균 소음도가 가장 높았던 해는 20X3년으로 소음환경기준보다 6dB이 더 높았다.
⑤ 조사기간 중 낮 시간대 주거지역 소음의 평균이 가장 높은 대도시는 서울이었으며 대전의 낮 시간대 평균보다 9dB 이상 높았다.

08. 다음은 20XX년 ○○회사의 직무분야별 입사지원 현황이다. 경쟁률이 재무 분야보다 높은 분야의 개수는?

(단위 : 명)

직무분야	채용인원	지원인원
경영	4	130
재무	11	346
마케팅	6	200
기계	5	208
전기	5	157
건축	9	290

① 1개 ② 2개 ③ 3개
④ 4개 ⑤ 5개

09. 다음 〈표〉와 〈공식〉을 따를 때, 운동에너지가 가장 큰 물체(X)와 가장 작은 물체(Y)는?

〈표〉 물체별 질량과 속력

물체	질량(kg)	속력(m/s)
(가)	10	6
(나)	8	7
(다)	6	8
(라)	12	5
(마)	15	4

〈공식〉

운동에너지(E) = $\frac{1}{2} \times (질량) \times (속력)^2$

	X	Y		X	Y		X	Y
①	(나)	(가)	②	(나)	(마)	③	(다)	(라)
④	(다)	(마)	⑤	(라)	(가)			

10. 다음 자료에 대한 내용으로 옳지 않은 것은?

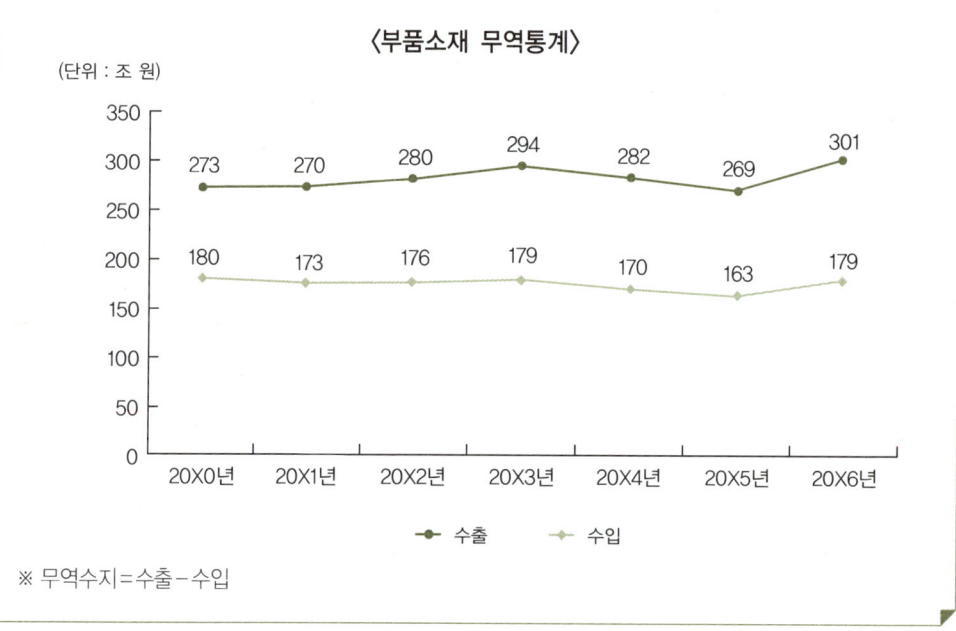

〈부품소재 산업동향〉

(단위 : 조 원)

구분	20X0년	20X1년	20X2년	20X3년	20X4년	20X5년	20X6년
생산	584	642	658	660	650	638	658
내수	491	545	( )	( )	538	532	( )

※ 내수＝생산－수출＋수입

〈부품소재 무역통계〉

※ 무역수지＝수출－수입

① 조사기간 중 부품소재 생산 규모가 전년 대비 가장 큰 비율로 증가한 해는 20X1년이다.
② 조사기간 중 20X4년 부품소재 생산, 수출, 수입 규모는 모두 전년 대비 하락하였다.
③ 조사기간 중 부품소재 생산 규모는 20X1년 이후 600조 원을 상회한다.
④ 조사기간 중 부품소재 무역수지 규모가 가장 큰 해는 20X6년이다.
⑤ 조사기간 중 부품소재 무역수지는 꾸준히 증가하였다.

11. 다음은 지역별 전통시장 형태에 관한 자료이다. 이에 대한 설명으로 옳은 것은?

(단위 : 개, %)

구분	전체 수	상가건물형 시장 비율	노점형 시장 비율	장옥형 시장 비율	상가주택 복합형 시장 비율
서울	217	47.5	0.5	0.9	51.1
부산	154	52.6	0.6	0.6	46.2
대구	107	50.5	-	-	49.5
인천	51	51.0	-	-	49.0
광주	21	57.1	4.8	9.5	28.6
대전	30	50.0	-	-	50.0
울산	40	57.5	5.0	10.0	27.5
경기	144	39.6	14.6	2.1	43.7
강원	73	52.1	21.9	1.4	24.6
충북	65	38.5	3.1	3.1	55.3
충남	73	49.3	6.8	17.8	26.1
전북	67	34.3	-	28.4	37.3
전남	116	29.3	5.2	52.6	12.9
경북	171	42.7	3.5	26.3	27.5
경남	157	61.8	2.5	19.1	16.6
제주	25	32.0	-	44.0	24.0

① 전체 지역 중 전통시장 수가 가장 적은 곳은 제주 지역이다.
② 충남의 노점형 시장 수는 약 3개이다.
③ 경북의 전통시장은 상가건물형 시장이 가장 많다.
④ 인천과 전북의 전통시장 수의 합은 경기 지역의 전통시장 수보다 많다.
⑤ 강원의 상가주택 복합형 시장 수는 20개가 넘는다.

12. 다음은 게임산업의 주요 국가 수출액 현황에 대한 자료이다. 이에 대한 설명으로 옳은 것은?

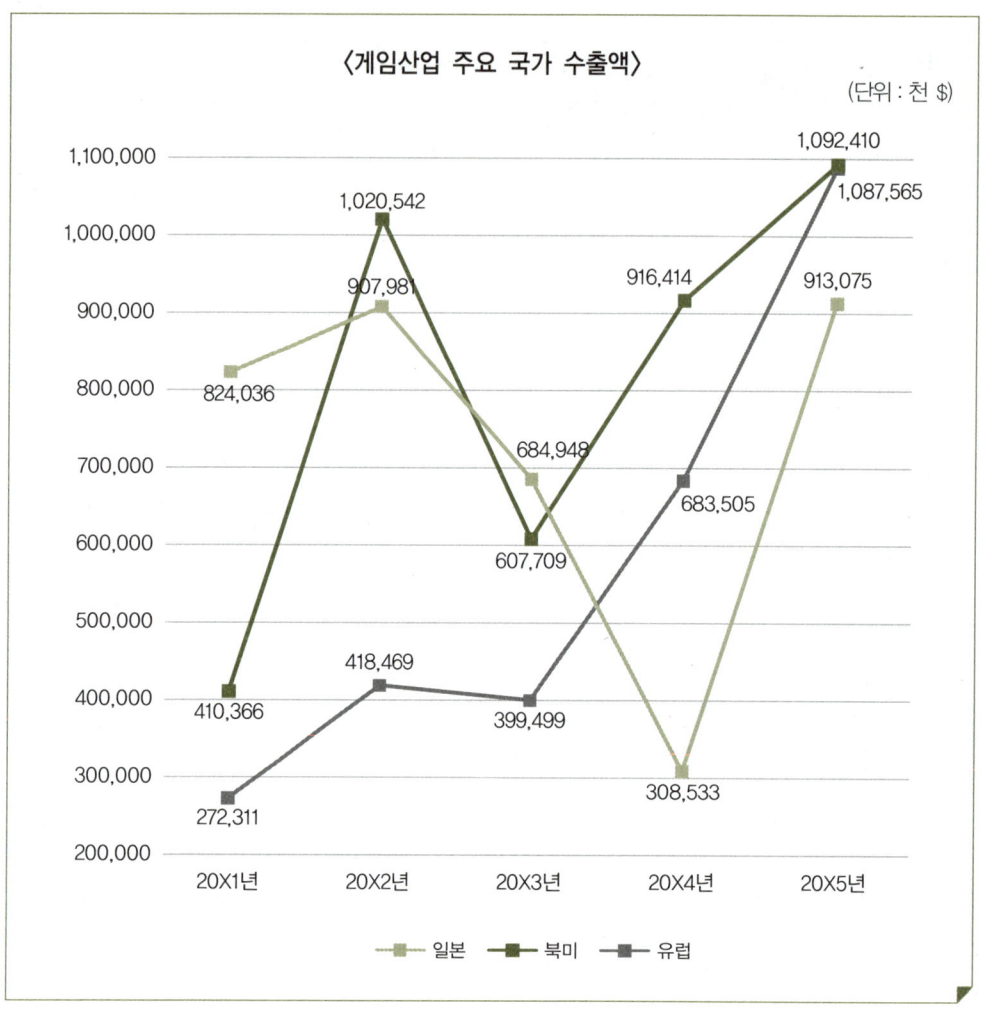

① 조사기간 동안 게임산업 주요 국가 수출액 총합은 꾸준히 증가하는 추세이다.
② 20X3 ~ 20X5년 유럽과 북미의 게임산업 수출액 증감 추이는 동일하다.
③ 조사기간 중 게임산업 주요 국가 수출액 총합이 가장 작은 연도는 20X3년이다.
④ 조사기간 동안 유럽 국가의 게임산업 수출액은 매년 증가하는 추세이다.
⑤ 전년 대비 게임산업 수출액의 감소율이 가장 큰 것은 20X3년 북미이다.

[13 ~ 14] 다음 자료를 참고하여 이어지는 질문에 답하시오.

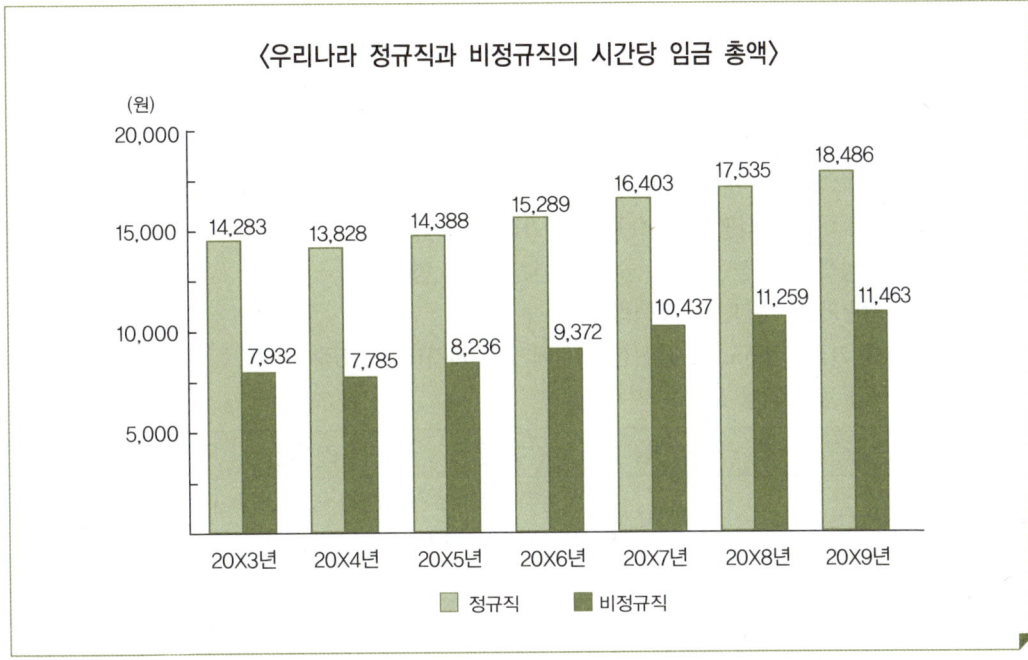

13. 전년 대비 정규직의 시간당 임금 증가액이 가장 컸던 해는?

① 20X5년 ② 20X6년 ③ 20X7년
④ 20X8년 ⑤ 20X9년

14. 위의 자료에 대한 설명으로 옳은 것은?

① 정규직 근로자와 비정규직 근로자의 시간당 임금 격차가 가장 컸던 해는 20X3년이다.
② 20X5년 이후 비정규직 근로자의 시간당 평균 임금은 약 10,284원이다.
③ 20X3 ~ 20X7년 정규직 근로자의 시간당 평균 임금은 약 13,838원이다.
④ 20X7년 이후 비정규직 근로자의 전년 대비 시간당 임금인상률이 가장 높았던 해는 20X7년이다.
⑤ 비정규직 근로자의 시간당 임금 총액은 꾸준히 증가하였다.

15. 다음 성과상여금 지급기준을 참고할 때, A 씨가 지급받을 상여금에 대한 설명으로 적절한 것은?

〈성과상여금 지급기준〉

- 대상 : 지급기준일 현재 근무자
- 기준일 : 전년도 말일
- 지급방법 : 연 1회 개인별 평가 후 개인별 차등지급
- 평가항목 : 근무성적평정(50점)+조직평가점수(45점)+출산 가점(5점)
  - 근무성적평정 : 전년도 상·하반기 평가점수의 평균
  - 조직평가점수 : 전년도 조직평가점수
  - 출산 가점 : 전년도 중 출산한 여성에게 부여(다태아도 5점 부여)
- 지급등급 및 지급률

구분	S 등급	A 등급	B 등급	C 등급
지급인원	상위 20%	상위 20% 초과 ~60% 이내	상위 60% 초과 ~90% 이내	하위 10%
지급률	172.5%	125%	85%	0%

※ 예산범위 내, 지급등급별 인원비율 및 지급률을 10%p 범위 내 자율 조정 가능
※ 지급제외자 : 실제 근무기간 2개월 미만인 자, 성과상여금 부당수령자, 징계처분자

① 이번 달에 쌍둥이를 출산한 경우, 내년도 상여금 지급 시 출산 가점을 2번 받는다.
② 정원이 70명인 조직에서 A 씨의 성과평가점수의 총합 순위가 44등인 경우, A 등급을 받을 수는 없다.
③ A 씨는 지난해 질병휴직, 어학연수 등을 이유로 10.5개월을 휴직했으나 개인성적 및 조직평가가 우수했기에 이번 성과상여금 지급을 기대할 수 있다.
④ 전년도 상·하반기 평가점수의 평균이 47.5점이고 전년도 조직평가점수가 만점인 경우, 172.5%의 상여금을 받을 것이다.
⑤ A 씨는 지난해 개인 및 조직성과가 모두 뛰어나서 S 등급을 받을 것이 확정되었기에 일신상의 이유로 휴직을 원하는데도 성과상여금을 받기 위해서는 휴직을 보류해야 한다.

16. A 편의점의 202X년 2월 라면 판매량 중 S사 S 라면이 차지하는 비율은? (단, 소수점 아래 둘째 자리에서 반올림한다)

〈202X년 상반기 A 편의점 라면 판매량〉
(단위 : 개)

구분	1월	2월	3월	4월	5월	6월	계
N사 S 라면	1,935	1,235	993	1,853	1,108	1,056	8,180
N사 J 라면	1,052	891	1,021	1,219	993	920	6,096
S사 S 라면	1,210	(?)	1,035	1,212	1,013	978	6,582
O사 P 라면	897	768	546	974	789	922	4,896
O사 J 라면	345	471	890	789	346	278	3,119
기타	568	567	614	578	945	761	4,033
계	6,007	5,066	5,099	6,625	5,194	4,915	32,906

① 17.3%   ② 22.4%   ③ 27.3%
④ 32.4%   ⑤ 35.1%

17. 20X1년의 교통비에서 20X2년의 저축비를 뺀 값은 얼마인가? (단, 20X1년의 연봉은 2,500만 원, 20X2년의 연봉은 3,000만 원이다)

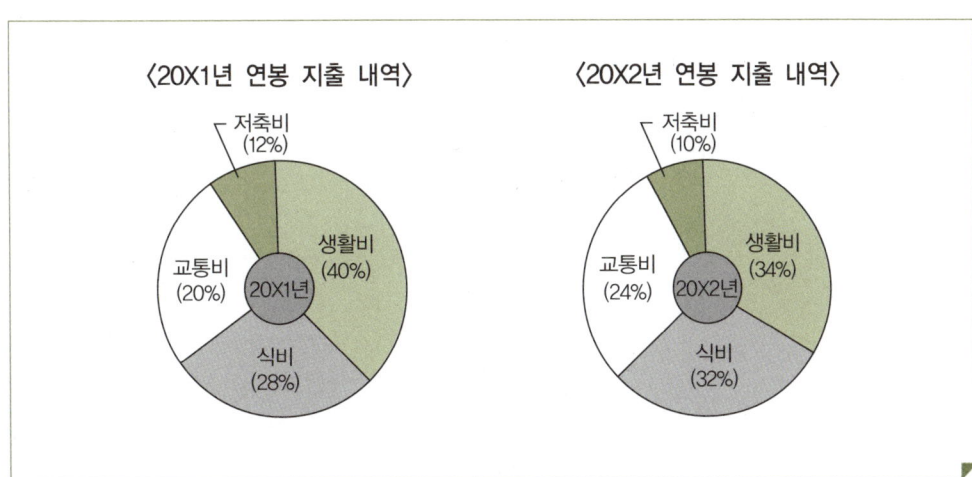

① 100만 원   ② 200만 원   ③ 300만 원
④ 400만 원   ⑤ 500만 원

18. 다음 대륙별 인구 전망을 나타내는 자료에 대한 옳은 설명을 〈보기〉에서 모두 고른 것은?

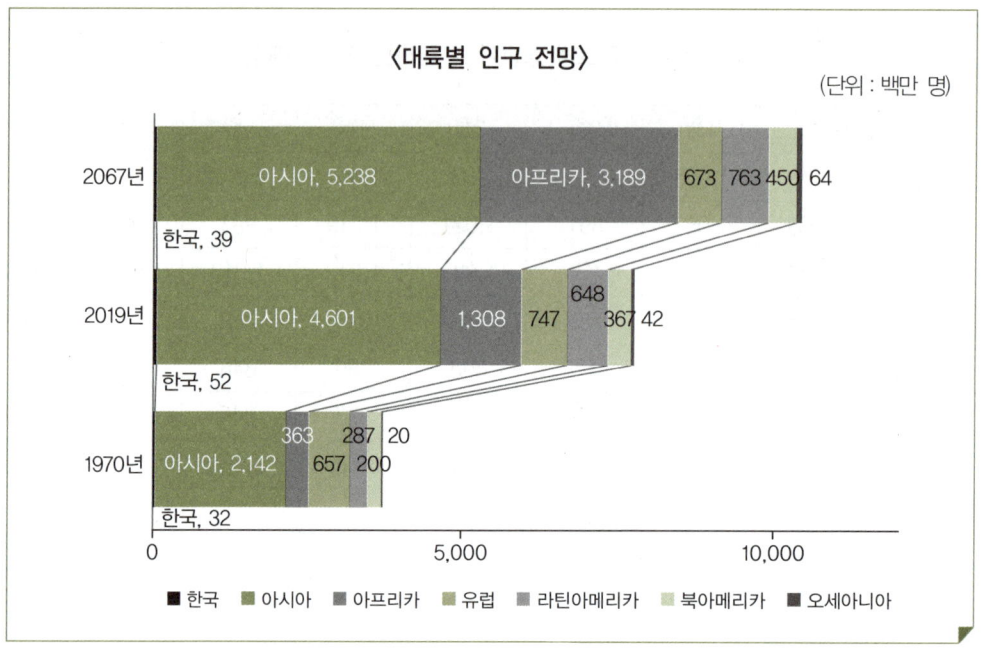

| 보기 |

(가) 아시아 인구 중 한국의 인구가 차지하는 비중은 1970년보다 2019년이 더 낮다.
(나) 세계 인구 중 아프리카의 인구가 차지하는 비중은 2019년보다 2067년이 더 높다.
(다) 1970년 대비 2067년의 인구 증가율은 북아메리카가 오세아니아보다 더 크다.
(라) 2067년에는 2019년 대비 모든 대륙의 인구 증가가 세계 인구 증가의 원인이 된다.

① (가), (나) ② (가), (라) ③ (나), (다)
④ (나), (라) ⑤ (다), (라)

19. 다음 20XX년 월별·도시별 미세먼지(PM2.5) 대기오염도 자료에 대한 설명으로 옳은 것은?

〈미세먼지(PM2.5) 대기오염도〉

(단위 : $\mu g/m^3$)

구분	1월	2월	3월	4월	5월
서울	29	28	25	21	19
인천	27	23	21	16	15
부산	21	22	16	17	17
대구	26	26	20	18	20
광주	27	21	18	17	18

① 조사기간 동안 미세먼지(PM2.5) 대기오염도는 항상 부산이 가장 낮았다.
② 조사기간 동안 미세먼지(PM2.5) 대기오염도는 항상 서울이 가장 높았다.
③ 조사기간 동안 미세먼지(PM2.5) 대기오염도는 평균적으로 1월에 가장 높았다.
④ 조사기간 동안 5개 지역의 미세먼지(PM2.5) 대기오염도는 지속적으로 감소했다.
⑤ 조사기간 동안 가장 낮은 미세먼지(PM2.5) 대기오염도를 기록한 지역은 광주다.

20. 다음 OECD 주요국의 지적재산권 사용료에 관한 자료에 대한 설명으로 옳지 않은 것은?

〈OECD 주요국의 지적재산권 사용료〉

(단위 : 100만 달러)

구분	사용료 수입			사용료 지급		
	20X0년	20X1년	20X2년	20X0년	20X1년	20X2년
한국	5,167	6,199	6,622	10,546	10,056	9,292
일본	37,336	36,427	39,013	20,942	17,034	19,672
프랑스	14,273	14,974	15,625	12,333	13,982	13,319
독일	15,507	15,235	17,596	10,687	9,761	10,489
영국	19,826	19,370	16,318	10,420	12,940	11,740

① 20X0년 독일의 지적재산권 사용료 수입은 한국의 3배 이상이다.
② 조사기간 중 지적재산권 사용료 수입과 지급 규모가 가장 큰 나라는 일본이다.
③ 조사기간 중 한국을 제외한 다른 나라들은 사용료 지급보다 사용료 수입이 더 많다.
④ 20X2년 영국의 지적재산권 사용료 지급은 전년 대비 10% 이상 감소하였다.
⑤ 20X2년 프랑스의 지적재산권 사용료 지급은 전년 대비 64,000만 달러 이상 감소하였다.

고시넷 SK하이닉스(SKCT) Maintenance/Operator 최신기출유형모의고사

SK하이닉스(SKCT) Maintenance/Operator

파트 3 인성검사

- **01** 인성검사의 이해
- **02** 인성검사 연습

인성검사의 이해

1 인성검사, 왜 필요한가?

채용기업은 지원자가 '직무적합성'을 지닌 사람인지에 대해 인성검사와 필기시험을 통해 판단한다. 인성검사에서 말하는 인성(人性)이란 그 사람의 성품, 즉 각 개인이 가지고 있는 사고와 태도 및 행동 특성을 의미한다. 인성은 사람의 생김새처럼 사람마다 다르기 때문에 몇 가지 유형으로 분류하고 이에 맞추어 판단한다는 것 자체가 억지스럽고 어불성설일지 모른다. 그럼에도 불구하고 기업들의 입장에서는 입사를 희망하는 사람이 어떤 성품을 가졌는지에 대한 정보가 필요하다. 그래야 해당 기업의 인재상에 적합하고 담당할 업무에 적격인 인재를 채용할 수 있기 때문이다.

지원자의 성격이 외향적인지 아니면 내향적인지, 어떤 직무와 어울리는지, 조직에서 다른 사람과 원만하게 생활할 수 있는지, 업무 수행 중 문제가 생겼을 때 어떻게 대처하고 해결할 수 있는지에 대한 전반적인 개성은 자기소개서나 면접을 통해서도 어느 정도 파악할 수 있다. 그러나 이것들만으로는 인성을 충분히 파악할 수 없기 때문에, 객관화되고 정형화된 인성검사로 지원자의 성격을 판단하고 있다.

채용기업은 직무적성검사를 높은 점수로 통과한 지원자라 하더라도 해당 기업과 거리가 있는 성품을 가졌다면 탈락시키게 된다. 일반적으로 직무적성검사 통과자 중 인성검사로 탈락하는 비율은 10% 내외라고 알려져 있다. 물론 인성검사에서 탈락하였다 하더라도 특별히 인성에 문제가 있는 사람이 아니라면 절망할 필요는 없다. 자신을 되돌아보고 다음 기회를 대비하면 되기 때문이다. 탈락한 기업이 원하는 인재상이 아니었다면 맞는 기업을 찾으면 되고, 적합한 경쟁자가 많았기 때문이라면 자신을 다듬어 경쟁력을 높이면 될 것이다.

2 인성검사의 특징

우리나라 대다수의 채용기업은 인재개발 및 인적자원을 연구하는 한국행동과학연구소(KIRBS), 에스에이치알(SHR), 한국사회적성개발원(KSAD), 한국인재개발진흥원(KPDI) 등 전문기관에 인성검사를 의뢰하고 있다.

이 기관들의 인성검사 개발 목적은 비슷하지만 기관마다 검사 유형이나 평가 척도는 약간의 차이가 있다. 또 지원하는 기업이 어느 기관에서 개발한 검사지로 인성검사를 시행하는지는 사전에 알 수 없다. 그렇지만 공통으로 적용하는 척도와 기준에 따라 구성된 여러 형태의 인성검사지로 사전 테스트를 해 보고 자신의 인성이 어떻게 평가되는가를 미리 알아보는 것은 가능하다.

인성검사는 필기시험 당일 직무능력평가와 함께 실시하는 경우와 직무능력평가 합격자에 한하여 면접과 함께 실시하는 경우가 있다. 인성검사의 문항은 100문항 내외에서부터 최대 500문항까지 다양하다. 인성검사에 주어지는 시간은 문항 수에 비례하여 30 ~ 100분 정도가 된다.

문항 자체는 단순한 질문으로 어려울 것은 없지만, 제시된 상황에서 본인의 행동을 정하는 것이 쉽지만은 않다. 문항 수가 많을 경우 이에 비례하여 시간도 길게 주어지지만, 단순하고 유사하며 반복되는 질문에 방심하여 집중하지 못하고 실수하는 경우가 있으므로 컨디션 관리와 집중력 유지에 노력하여야 한다. 특히 같거나 유사한 물음에 다른 답을 하는 경우가 가장 위험하니 주의해야 한다.

3 인성검사 척도 및 구성

1 미네소타 다면적 인성검사(MMPI)

MMPI(Minnesota Multiphasic Personality Inventory)는 1943년 미국 미네소타 대학교수인 해서웨이와 매킨리가 개발한 대표적인 자기 보고형 성향 검사로서, 오늘날 가장 대표적으로 사용되는 객관적 심리검사 중 하나이다. MMPI는 약 550여 개의 문항으로 구성되며, 각 문항을 읽고 '예(YES)' 또는 '아니오(NO)'로 대답하게 되어 있다.

MMPI는 4개의 타당도 척도와 10개의 임상척도로 구분된다. 500개가 넘는 문항들 중 중복되는 문항들이 포함되어 있는데 내용이 똑같은 문항도 10문항 이상 포함되어 있다. 이 반복 문항들은 응시자가 얼마나 일관성 있게 검사에 임했는지를 판단하는 지표로 사용된다.

구분	척도명	약자	주요 내용
타당도 척도 (바른 태도로 임했는지, 신뢰할 수 있는 결론인지 등을 판단)	무응답 척도 (Can not say)	?	응답하지 않은 문제와 복수로 답한 문제들의 총합으로 빠진 문제를 최소한으로 줄이는 것이 중요하다.
	허구 척도 (Lie)	L	자신을 좋은 사람으로 보이게 하려고 고의적으로 정직하지 못한 답을 판단하는 척도이다. 허구 척도가 높으면 장점까지 인정받지 못하는 결과가 발생한다.
	신뢰 척도 (Frequency)	F	검사 문제에 빗나간 답을 한 경향을 평가하는 척도로 정상적인 집단의 10% 이하의 응답을 기준으로 일반적인 경향과 다른 정도를 측정한다.
	교정 척도 (Defensiveness)	K	정신적 장애가 있음에도 다른 척도에서 정상적인 면을 보이는 사람을 구별하는 척도로 허구 척도보다 높은 고차원으로 거짓 응답을 하는 경향이 나타난다.
임상척도 (정상적 행동과 그렇지 않은 행동의 종류를 구분하는 척도로, 척도마다 다른 기준으로 점수가 매겨짐)	건강염려증 (Hypochondriasis)	Hs	신체에 대한 지나친 집착이나 신경질적 혹은 병적 불안을 측정하는 척도로 이러한 건강염려증이 타인에게 어떤 영향을 미치는지도 측정한다.
	우울증 (Depression)	D	슬픔·비관 정도를 측정하는 척도로 타인과의 관계 또는 본인 상태에 대한 주관적 감정을 나타낸다.
	히스테리 (Hysteria)	Hy	갈등을 부정하는 정도를 측정하는 척도로 신체 증상을 호소하는 경우와 적대감을 부인하며 우회적인 방식으로 드러내는 경우 등이 있다.
	반사회성 (Psychopathic Deviate)	Pd	가정 및 사회에 대한 불신과 불만을 측정하는 척도로 비도덕적 혹은 반사회적 성향 등을 판단한다.
	남성-여성특성 (Masculinity-Feminity)	Mf	남녀가 보이는 흥미와 취향, 적극성과 수동성 등을 측정하는 척도로 성에 따른 유연한 사고와 융통성 등을 평가한다.

	편집증 (Paranoia)	Pa	과대망상, 피해망상, 의심 등 편집증에 대한 정도를 측정하는 척도로 열등감, 비사교적 행동, 타인에 대한 불만과 같은 내용을 질문한다.
	강박증 (Psychasthenia)	Pt	과대 근심, 강박관념, 죄책감, 공포, 불안감, 정리정돈 등을 측정하는 척도로 만성 불안 등을 측정한다.
	정신분열증 (Schizophrenia)	Sc	정신적 혼란을 측정하는 척도로 자폐적 성향이나 타인과의 감정 교류, 충동 억제불능, 성적 관심, 사회적 고립 등을 평가한다.
	경조증 (Hypomania)	Ma	정신적 에너지를 측정하는 척도로 생각의 다양성 및 과장성, 행동의 불안정성, 흥분성 등을 나타낸다.
	사회적 내향성 (Social introversion)	Si	대인관계 기피, 사회적 접촉 회피, 비사회성 등의 요인을 측정하는 척도로 외향성 및 내향성을 구분한다.

2 캘리포니아 성격검사(CPI)

CPI(California Psychological Inventory)는 캘리포니아 대학의 연구팀이 개발한 인성검사로 MMPI와 함께 세계에서 가장 널리 사용되고 있는 인성검사 툴이다. CPI는 다양한 인성 요인을 통해 지원자가 답변한 응답 왜곡 가능성, 조직 역량 등을 측정한다. MMPI가 주로 정서적 측면을 진단하는 특징을 보인다면, CPI는 정상적인 사람의 심리적 특성을 주로 진단한다.

CPI는 약 480개 문항으로 구성되어 있으며 다음과 같은 18개의 척도로 구분된다.

구분	척도명	주요 내용
제1군 척도 (대인관계 적절성 측정)	지배성(Do)	리더십, 통솔력, 대인관계에서의 주도권을 측정한다.
	지위능력성(Cs)	내부에 잠재되어 있는 내적 포부, 자기 확신 등을 측정한다.
	사교성(Sy)	참여 기질이 활달한 사람과 그렇지 않은 사람을 구분한다.
	사회적 자발성(Sp)	사회 안에서의 안정감, 자발성, 사교성 등을 측정한다.
	자기 수용성(Sa)	개인적 가치관, 자기 확신, 자기 수용력 등을 측정한다.
	행복감(Wb)	생활의 만족감, 행복감을 측정하며 긍정적인 사람으로 보이고자 거짓 응답하는 사람을 구분하는 용도로도 사용된다.
제2군 척도 (성격과 사회화, 책임감 측정)	책임감(Re)	법과 질서에 대한 양심, 책임감, 신뢰성 등을 측정한다.
	사회성(So)	가치 내면화 정도, 사회 이탈 행동 가능성 등을 측정한다.
	자기 통제성(Sc)	자기조절, 자기통제의 적절성, 충동 억제력 등을 측정한다.
	관용성(To)	사회적 신념, 편견과 고정관념 등에 대한 태도를 측정한다.
	호감성(Gi)	타인이 자신을 어떻게 보는지에 대한 민감도를 측정하며, 좋은 사람으로 보이고자 거짓 응답하는 사람을 구분한다.
	임의성(Cm)	사회에 보수적 태도를 보이고 생각 없이 적당히 응답한 사람을 판단하는 타당성 척도로도 사용된다.

제3군 척도 (인지적, 학업적 특성 측정)	순응적 성취(Ac)	성취동기, 내면의 인식, 조직 내 성취 욕구 등을 측정한다.
	독립적 성취(Ai)	독립적 사고, 창의성, 자기실현을 위한 능력 등을 측정한다.
	지적 효율성(Le)	지적 능률, 지능과 연관이 있는 성격 특성 등을 측정한다.
제4군 척도 (제1~3군과 무관한 척도의 혼합)	심리적 예민성(Py)	타인의 감정 및 경험에 대해 공감하는 정도를 측정한다.
	융통성(Fx)	개인적 사고와 사회적 행동에 대한 유연성을 측정한다.
	여향성(Fe)	남녀 비교에 따른 흥미의 남향성 및 여향성을 측정한다.

3 SHL 직업성격검사(OPQ)

OPQ(Occupational Personality Questionnaire)는 세계적으로 많은 외국 기업에서 널리 사용하는 CEB사의 SHL 직무능력검사에 포함된 직업성격검사이다. 4개의 질문이 한 세트로 되어 있고 총 68세트 정도 출제되고 있다. 4개의 질문 안에서 '자기에게 가장 잘 맞는 것'과 '자기에게 가장 맞지 않는 것'을 1개씩 골라 '예', '아니오'로 체크하는 방식이다. 단순하게 모든 척도가 높다고 좋은 것은 아니며, 척도가 낮은 편이 좋은 경우도 있다.

기업에 따라 척도의 평가 기준은 다르다. 희망하는 기업의 특성을 연구하고, 채용 기준을 예측하는 것이 중요하다.

척도	내용	질문 예
설득력	사람을 설득하는 것을 좋아하는 경향	- 새로운 것을 사람에게 권하는 것을 잘한다. - 교섭하는 것에 걱정이 없다. - 기획하고 판매하는 것에 자신이 있다.
지도력	사람을 지도하는 것을 좋아하는 경향	- 사람을 다루는 것을 잘한다. - 팀을 아우르는 것을 잘한다. - 사람에게 지시하는 것을 잘한다.
독자성	다른 사람의 영향을 받지 않고, 스스로 생각해서 행동하는 것을 좋아하는 경향	- 모든 것을 자신의 생각대로 하는 편이다. - 주변의 평가는 신경 쓰지 않는다. - 유혹에 강한 편이다.
외향성	외향적이고 사교적인 것을 좋아하는 경향	- 다른 사람의 주목을 끄는 것을 좋아한다. - 사람들이 모인 곳에서 중심이 되는 편이다. - 담소를 나눌 때 주변을 즐겁게 해 준다.
우호성	친구가 많고 대세의 사람이 되는 것을 좋아하는 경향	- 친구와 함께 있는 것을 좋아한다. - 무엇이라도 얘기할 수 있는 친구가 많다. - 친구와 함께 무언가를 하는 것이 많다.
사회성	세상 물정에 밝고 사람 앞에서도 낯을 가리지 않는 성격	- 자신감이 있고 유쾌하게 발표할 수 있다. - 공적인 곳에서 인사하는 것을 잘한다. - 사람들 앞에서 발표하는 것이 어렵지 않다.

구분	설명	특징
겸손성	사람에 대해서 겸손하게 행동하고 누구라도 똑같이 사귀는 경향	- 자신의 성과를 그다지 내세우지 않는다. - 절제를 잘하는 편이다. - 사회적인 지위에 무관심하다.
협의성	사람들에게 의견을 물으면서 일을 진행하는 경향	- 사람들의 의견을 구하며 일하는 편이다. - 타인의 의견을 묻고 일을 진행시킨다. - 친구와 상담해서 계획을 세운다.
돌봄	측은해 하는 마음이 있고, 사람을 돌봐 주는 것을 좋아하는 경향	- 개인적인 상담에 친절하게 답해 준다. - 다른 사람의 상담을 진행하는 경우가 많다. - 후배의 어려움을 돌보는 것을 좋아한다.
구체적인 사물에 대한 관심	물건을 고치거나 만드는 것을 좋아하는 경향	- 고장 난 물건을 수리하는 것이 재미있다. - 상태가 안 좋은 기계도 잘 사용한다. - 말하기보다는 행동하기를 좋아한다.
데이터에 대한 관심	데이터를 정리해서 생각하는 것을 좋아하는 경향	- 통계 등의 데이터를 분석하는 것을 좋아한다. - 표를 만들거나 정리하는 것을 좋아한다. - 숫자를 다루는 것을 좋아한다.
미적가치에 대한 관심	미적인 것이나 예술적인 것을 좋아하는 경향	- 디자인 감각이 뛰어나다. - 미술이나 음악을 좋아한다. - 미적인 감각에 자신이 있다.
인간에 대한 관심	사람의 행동에 대한 동기나 배경을 분석하는 것을 좋아하는 경향	- 다른 사람을 분석하는 편이다. - 타인의 행동을 보면 동기를 알 수 있다. - 다른 사람의 행동을 잘 관찰한다.
정통성	이미 있는 가치관을 소중히 하고, 익숙한 방법으로 사물을 대하는 것을 좋아하는 경향	- 실적이 보장되는 확실한 방법을 취한다. - 낡은 가치관을 존중하는 편이다. - 보수적인 편이다.
변화 지향	변화를 추구하고 변화를 받아들이는 것을 좋아하는 경향	- 새로운 일을 하는 것을 좋아한다. - 해외여행을 좋아한다. - 경험이 없는 일이라도 시도해 보는 것을 좋아한다.
개념성	지식욕이 있고 논리적으로 생각하는 것을 좋아하는 경향	- 개념적인 사고가 가능하다. - 분석적인 사고를 좋아한다. - 순서를 만들고 단계에 따라 생각한다.
창조성	새로운 분야에 대해 공부를 하는 것을 좋아하는 경향	- 새로운 것을 추구한다. - 독창성이 있다. - 신선한 아이디어를 낸다.
계획성	앞을 생각해서 사물을 예상하고, 계획적으로 실행하는 것을 좋아하는 경향	- 과거를 돌이켜보며 계획을 세운다. - 앞날을 예상하며 행동한다. - 실수를 돌아보며 대책을 강구하는 편이다.

치밀함	정확한 순서를 세워서 진행하는 것을 좋아하는 경향	- 사소한 실수는 거의 하지 않는다. - 정확하게 요구되는 것을 좋아한다. - 사소한 것에도 주의하는 편이다.
꼼꼼함	어떤 일이든 마지막까지 꼼꼼하게 마무리 짓는 경향	- 맡은 일을 마지막까지 해결한다. - 마감 시한은 반드시 지킨다. - 시작한 일은 중간에 그만두지 않는다.
여유	평소에 침착하고 스트레스에 강한 경향	- 감정의 회복이 빠르다. - 분별없이 함부로 행동하지 않는다. - 스트레스에 잘 대처한다.
근심·걱정	어떤 일이 잘 진행되지 않으면 불안을 느끼고, 중요한 약속이나 일의 앞에는 긴장하는 경향	- 계획대로 되지 않으면 근심·걱정이 많다. - 신경 쓰이는 일이 있으면 불안하다. - 중요한 만남 전에는 기분이 편하지 않다.
호방함	사람들이 자신을 어떻게 생각하는지를 신경 쓰지 않는 경향	- 사람들이 자신을 어떻게 생각하는지 그다지 신경 쓰지 않는다. - 상처받아도 동요하지 않고 아무렇지 않은 태도를 취한다. - 사람들의 비판을 신경 쓰지 않는다.
억제	감정을 표현하지 않는 경향	- 쉽게 감정적으로 되지 않는다. - 분노를 억누른다. - 격분하지 않는다.
낙관적	사물을 낙관적으로 보는 경향	- 낙관적으로 생각하고 일을 진행시킨다. - 문제가 일어나도 낙관적으로 생각한다.
비판적	비판적으로 사물을 생각하고, 이론·문장 등의 오류에 신경 쓰는 경향	- 이론의 모순을 찾아낸다. - 계획이 갖춰지지 않은 것이 신경 쓰인다. - 누구도 신경 쓰지 않는 오류를 찾아낸다.
행동력	운동을 좋아하고 민첩하게 행동하는 경향	- 동작이 날렵하다. - 여가를 활동적으로 보낸다. - 몸을 움직이는 것을 좋아한다.
경쟁성	지는 것을 싫어하는 경향	- 승부를 겨루게 되면 지는 것을 싫어한다. - 상대를 이기는 것을 좋아한다. - 싸워 보지 않고 포기하는 것을 싫어한다.
출세 지향	출세하는 것을 중요하게 생각하고, 야심적인 목표를 향해 노력하는 경향	- 출세 지향적인 성격이다. - 어려운 목표도 달성할 수 있다. - 실력으로 평가받는 사회가 좋다.
결단력	빠르게 판단하는 경향	- 답을 빠르게 찾아낸다. - 문제에 대한 상황 파악이 빠르다. - 위험을 감수하고도 결단을 내리는 편이다.

4 인성검사 합격 전략

1 포장하지 않은 솔직한 답변

'다른 사람을 험담한 적이 한 번도 없다', '물건을 훔치고 싶다고 생각해 본 적이 없다'

이 질문에 당신은 '그렇다', '아니다' 중 무엇을 선택할 것인가? 채용기업이 인성검사를 실시하는 가장 큰 이유는 '이 사람이 어떤 성향을 가진 사람인가'를 효율적으로 파악하기 위해서이다.

인성검사는 도덕적 가치가 빼어나게 높은 사람을 판별하려는 것도 아니고, 성인군자를 가려내기 위함도 아니다. 인간의 보편적 성향과 상식적 사고를 고려할 때, 도덕적 질문에 지나치게 겸손한 답변을 체크하면 오히려 솔직하지 못한 것으로 간주되거나 인성을 제대로 판단하지 못해 무효 처리가 되기도 한다. 자신의 성격을 포장하여 작위적인 답변을 하지 않도록 솔직하게 임하는 것이 예기치 않은 결과를 피하는 첫 번째 전략이 된다.

2 필터링 함정을 피하고 일관성 유지

앞서 강조한 솔직함은 일관성과 연결된다. 인성검사를 구성하는 많은 척도는 여러 형태의 문장 속에 동일한 요소를 적용해 반복되기도 한다. 예컨대 '나는 매우 활동적인 사람이다'와 '나는 운동을 매우 좋아한다'라는 질문에 '그렇다'고 체크한 사람이 '휴일에는 집에서 조용히 쉬며 독서하는 것이 좋다'에도 '그렇다'고 체크한다면 일관성이 없다고 평가될 수 있다.

그러나 일관성 있는 답변에만 매달리면 '이 사람이 같은 답변만 체크하기 위해 이 부분만 신경 썼구나'하는 필터링 함정에 빠질 수도 있다. 비슷하게 보이는 문장이 무조건 같은 내용이라고 판단하여 똑같이 답하는 것도 주의해야 한다. 일관성보다 중요한 것은 솔직함이다. 솔직함이 전제되지 않은 일관성은 허위 척도 필터링에서 드러나게 되어 있다. 유사한 질문의 응답이 터무니없이 다르거나 양극단에 치우치지 않는 정도라면 약간의 차이는 크게 문제되지 않는다. 중요한 것은 솔직함과 일관성이 하나의 연장선에 있다는 점을 명심하자.

3 지원한 직무와 연관성을 고려

다양한 분야의 많은 계열사와 큰 조직을 통솔하는 대기업은 여러 사람이 조직적으로 움직이는 만큼 각 직무에 걸맞은 능력을 갖춘 인재가 필요하다. 그래서 기업은 매년 신규채용으로 입사한 신입사원들의 젊은 패기와 참신한 능력을 성장 동력으로 활용한다.

기업은 사교성 있고 활달한 사람만을 원하지 않는다. 해당 직군과 직무에 따라 필요로 하는 사원의 능력과 개성이 다르기 때문에, 지원자가 희망하는 계열사나 부서의 직무가 무엇인지 제대로 파악하여 자신의 성향과 맞는지에 대한 고민은 반드시 필요하다. 같은 질문이라도 기업이 원하는 인재상이나 부서의 직무에 따라 판단 척도가 달라질 수 있다.

4 평상심 유지와 컨디션 관리

역시 솔직함과 연결된 내용이다. 한 질문에 대해 오래 고민하고 신경 쓰면 불필요한 생각이 개입될 소지가 크다. 이는 직관을 떠나 이성적 판단에 따라 포장할 위험이 높아진다는 뜻이기도 하다. 오래 생각하지 말고 자신의 평상시 생각과 감정대로 답하는 것이 중요하며, 가능한 한 건너뛰지 말고 모든 질문에 답하도록 한다. 300~400개 정도의 문항을 출제하는 기업이 많기 때문에 끝까지 집중하여 임하는 것이 중요하다.

특히 적성검사와 같은 날 실시하는 경우, 적성검사를 마친 후 연이어 보기 때문에 신체적·정신적으로 피로한 상태에서 자세가 흐트러질 수도 있다. 따라서 컨디션을 유지하면서 문항당 7~10초 이상 쓰지 않도록 하고 문항 수가 많을 때는 답안지에 바로 바로 표기하도록 한다.

02 인성검사 연습

🔍 1 SK하이닉스 SKCT 인성검사의 특성

SKCT 인성검사는 '일 잘하는 인재'가 직무를 원활히 수행하기 위해 필요한 성격, 가치관, 태도 등을 측정하는 것이다. 응시자 개인의 사고와 태도·행동 특성에 관한 질문 및 유사 질문의 반복을 통한 거짓말 척도 측정 등으로 기업의 인재상에 적합한지를 판단하므로 특별하게 정해진 답은 없다.

다음에 제시된 인성검사는 SK하이닉스 Maintenance/Operator 인성검사 출제 유형을 연습하기 위한 것으로 실제 문항 수나 제한시간과는 차이가 있을 수 있다. 하지만 출제 유형을 미리 알면 대비하기가 쉬워지므로 다양한 질문의 인성검사 유형을 파악하고 실제 시험처럼 주어진 시간 내에 검사를 마치는 연습을 수행하는 것이 좋다.

Part 1

'멀다' 또는 '가깝다' 선택형 + 개별 항목 체크형

3개 내외의 문항군으로 구성된 검사지에 자신이 동의하는 정도에 따라 '전혀 그렇지 않다 ~ 매우 그렇다' 중 해당되는 것을 표시한 후 자신과 가장 가까운 것과 가장 먼 것 하나를 선택하는 유형이다.

번호		문항 예시	응답 1					응답 2	
			전혀 그렇지 않다	그렇지 않다	보통 이다	그렇다	매우 그렇다	멀다	가깝다
01	A	나는 운동화를 좋아한다.	①	②	③	④	⑤	○	○
	B	나는 꽃을 좋아한다.	①	②	③	④	⑤	○	○
	C	나는 비를 좋아한다.	①	②	③	④	⑤	○	○

[답안체크 예시]

응답 1					응답 2	
전혀 그렇지 않다	그렇지 않다	보통 이다	그렇다	매우 그렇다	멀다	가깝다
①	②	③	④	❺	○	●
①	②	③	❹	⑤	○	○
①	❷	③	④	⑤	●	○

Part 2

개별 항목 체크형

자신의 성향과 동의 정도에 따라 '전혀 그렇지 않다', '그렇지 않다', '그렇다', '매우 그렇다' 중 해당되는 것 하나를 선택하는 유형이다.

2 모의 검사

PART 1 다음 문항을 읽고 자신과 가까운 정도를 '전혀 그렇지 않다' 1점부터 '매우 그렇다' 5점까지 표시하여 주십시오. 또한 자신의 모습과 '멀다'고 생각되는 문항과 '가깝다'고 생각되는 문항을 각각 1개씩 표시하여 주십시오.

번호		문항 예시	응답 1					응답 2	
			전혀 그렇지 않다	그렇지 않다	보통 이다	그렇다	매우 그렇다	멀다	가깝다
01	A	나는 활동적인 것을 좋아한다.	①	②	③	④	⑤	○	○
	B	나는 예술을 좋아한다.	①	②	③	④	⑤	○	○
	C	숫자를 잘 못 외우는 편이다.	①	②	③	④	⑤	○	○
02	A	음악 감상을 즐긴다.	①	②	③	④	⑤	○	○
	B	미술관을 자주 찾는 편이다.	①	②	③	④	⑤	○	○
	C	정적인 활동보다는 몸을 움직이는 것을 좋아한다.	①	②	③	④	⑤	○	○
03	A	평소 이미지 관리에 신경을 많이 쓴다.	①	②	③	④	⑤	○	○
	B	내가 세운 공은 남에게 절대 넘길 수 없다.	①	②	③	④	⑤	○	○
	C	해야 할 일을 나중으로 미루지 않는다.	①	②	③	④	⑤	○	○
04	A	논리적으로 자신의 의견을 말할 수 있다.	①	②	③	④	⑤	○	○
	B	남의 눈치를 보며 나의 성격을 포장할 때가 있다.	①	②	③	④	⑤	○	○
	C	사람들 앞에 나서는 것을 좋아하지 않는다.	①	②	③	④	⑤	○	○
05	A	나의 이득을 위해서라면 부정행위도 할 수 있다.	①	②	③	④	⑤	○	○
	B	조원들의 과오를 감싸 줄 수 있다.	①	②	③	④	⑤	○	○
	C	개인의 목표보다는 공동체의 목표가 더 중요하다.	①	②	③	④	⑤	○	○
06	A	손해 보는 일은 하지 않는다.	①	②	③	④	⑤	○	○
	B	자유롭게 행동하는 것이 좋다.	①	②	③	④	⑤	○	○
	C	기분 변화가 심하다.	①	②	③	④	⑤	○	○
07	A	나는 타인의 의견을 존중한다.	①	②	③	④	⑤	○	○
	B	리더십이 있다.	①	②	③	④	⑤	○	○
	C	팀 활동을 좋아한다.	①	②	③	④	⑤	○	○
08	A	수치로 나타내는 것을 좋아한다.	①	②	③	④	⑤	○	○
	B	준법정신이 뛰어나다.	①	②	③	④	⑤	○	○
	C	현재보다 미래가 중요하다.	①	②	③	④	⑤	○	○

번호		문항 예시	응답 1					응답 2	
			전혀 그렇지 않다	그렇지 않다	보통 이다	그렇다	매우 그렇다	멀다	가깝다
09	A	나는 어떤 일을 할 때 항상 계획해서 행동한다.	①	②	③	④	⑤	○	○
	B	나는 그릇된 일을 한 번도 한 적이 없다.	①	②	③	④	⑤	○	○
	C	의사결정을 할 때에는 사람들과 의논한다.	①	②	③	④	⑤	○	○
10	A	나는 모임을 좋아한다.	①	②	③	④	⑤	○	○
	B	다른 사람의 충고를 기분 좋게 받아들이는 편이다.	①	②	③	④	⑤	○	○
	C	팀에서 사람들과의 화합이 중요하다고 생각한다.	①	②	③	④	⑤	○	○
11	A	나는 언제나 새로운 계획이 있다.	①	②	③	④	⑤	○	○
	B	실수한 일을 절대로 잊지 않는다.	①	②	③	④	⑤	○	○
	C	오늘 할 일을 내일로 미루지 않는다.	①	②	③	④	⑤	○	○
12	A	나는 어떤 경우에라도 법을 준수한다.	①	②	③	④	⑤	○	○
	B	양보하는 것을 좋아한다.	①	②	③	④	⑤	○	○
	C	사람들에게 선을 긋는 편이다	①	②	③	④	⑤	○	○
13	A	처음 만난 사람 앞에서도 자신감이 있다.	①	②	③	④	⑤	○	○
	B	나는 미리 계획하는 편이다.	①	②	③	④	⑤	○	○
	C	나는 문제를 신속하게 해결한다.	①	②	③	④	⑤	○	○
14	A	나는 공식이나 법칙을 다루는 것이 좋다.	①	②	③	④	⑤	○	○
	B	동료와 쉽게 유대관계를 형성한다.	①	②	③	④	⑤	○	○
	C	여러 사람의 의견을 종합하여 결론을 이끌어낸다.	①	②	③	④	⑤	○	○
15	A	다른 사람이 한 행동의 이유를 잘 파악하는 편이다.	①	②	③	④	⑤	○	○
	B	일상생활에서 새로운 것을 즐긴다.	①	②	③	④	⑤	○	○
	C	책임감이 강하다는 말을 자주 듣는다.	①	②	③	④	⑤	○	○
16	A	나는 질문을 체계적으로 잘하는 사람이다.	①	②	③	④	⑤	○	○
	B	조용하고 차분하다는 말을 자주 듣는다.	①	②	③	④	⑤	○	○
	C	빨리 결정하고 과감히 행동하는 사람이다.	①	②	③	④	⑤	○	○
17	A	나는 신속하게 의사결정을 한다.	①	②	③	④	⑤	○	○
	B	나는 회의에서 리더역할을 잘한다.	①	②	③	④	⑤	○	○
	C	기발한 아이디어를 많이 생각하고 제안한다.	①	②	③	④	⑤	○	○
18	A	다른 사람들보다 체계적으로 일을 처리하는 편이다.	①	②	③	④	⑤	○	○
	B	남들이 나를 비난해도 쉽게 동요하지 않는다.	①	②	③	④	⑤	○	○
	C	다른 사람들의 기분과 느낌을 잘 파악한다.	①	②	③	④	⑤	○	○

번호		문항 예시	응답 1					응답 2	
			전혀 그렇지 않다	그렇지 않다	보통 이다	그렇다	매우 그렇다	멀다	가깝다
19	A	모임을 주선하게 되는 경우가 자주 있다.	①	②	③	④	⑤	○	○
	B	나는 학창시절부터 리더역할을 많이 해 왔다.	①	②	③	④	⑤	○	○
	C	변화를 즐기는 편이다.	①	②	③	④	⑤	○	○
20	A	혼자서 생활해도 밥은 잘 챙겨 먹고 생활리듬이 많이 깨지지 않는 편이다.	①	②	③	④	⑤	○	○
	B	다른 나라의 음식을 시도해 보는 것이 즐겁다.	①	②	③	④	⑤	○	○
	C	나 스스로에 대해서 높은 기준을 제시하는 편이다.	①	②	③	④	⑤	○	○
21	A	대화를 주도한다.	①	②	③	④	⑤	○	○
	B	나 스스로에 대해서 높은 기준을 세우고 시도해 보는 것을 즐긴다.	①	②	③	④	⑤	○	○
	C	나와 다른 분야에 종사하는 사람들을 만나도 쉽게 공통점을 찾을 수 있다.	①	②	③	④	⑤	○	○
22	A	나는 설득을 잘하는 사람이다.	①	②	③	④	⑤	○	○
	B	현상에 대한 새로운 해석을 알게 되는 것이 즐겁다.	①	②	③	④	⑤	○	○
	C	새로운 기회를 만들기 위해서 다방면으로 노력을 기울인다.	①	②	③	④	⑤	○	○
23	A	한 달 동안 필요한 돈이 얼마인지 파악하고 있다.	①	②	③	④	⑤	○	○
	B	어디 가서든 친구들 중에서 내가 제일 적응을 잘 하는 편이다.	①	②	③	④	⑤	○	○
	C	대개 어떤 모임이든 나가다 보면 중심 멤버가 돼 있는 경우가 많다.	①	②	③	④	⑤	○	○
24	A	극복하지 못할 장애물은 없다고 생각한다.	①	②	③	④	⑤	○	○
	B	생활패턴이 규칙적인 편이다.	①	②	③	④	⑤	○	○
	C	내 분야에서 전문가가 되기 위한 구체적인 계획을 가지고 있다.	①	②	③	④	⑤	○	○
25	A	누구보다 앞장서서 일하는 편이다.	①	②	③	④	⑤	○	○
	B	일어날 일에 대해서 미리 예상하고 준비하는 편이다.	①	②	③	④	⑤	○	○
	C	동문회에 나가는 것이 즐겁다.	①	②	③	④	⑤	○	○
26	A	같은 과 친구들을 만나면 행동만으로도 기분을 눈치챌 수 있다.	①	②	③	④	⑤	○	○
	B	혼자서 일하는 것보다 팀을 이루어서 일하는 것이 더 좋다.	①	②	③	④	⑤	○	○
	C	예상외의 일이 생겨도 상황에 적응하고 즐기는 편이다.	①	②	③	④	⑤	○	○

번호		문항 예시	응답 1					응답 2	
			전혀 그렇지 않다	그렇지 않다	보통 이다	그렇다	매우 그렇다	멀다	가깝다
27	A	내 분야에 관한 한 전문가가 되기 위해 따로 시간 투자를 한다.	①	②	③	④	⑤	○	○
	B	일단 마음먹은 일은 맘껏 해 봐야 직성이 풀리는 편이다.	①	②	③	④	⑤	○	○
	C	위기는 기회라는 말에 동의한다.	①	②	③	④	⑤	○	○
28	A	팀 내에서 업무적인 대화만큼 개인적인 고민에 대한 대화 역시 필요하다.	①	②	③	④	⑤	○	○
	B	컨디션이 좋지 않아도 계획한 일은 예정대로 하는 편이다.	①	②	③	④	⑤	○	○
	C	내 몸의 컨디션에 대해서 잘 파악하는 편이다.	①	②	③	④	⑤	○	○
29	A	교통질서를 잘 지킨다.	①	②	③	④	⑤	○	○
	B	내가 무엇을 하면 즐거워지는지 정확하게 알고 있다.	①	②	③	④	⑤	○	○
	C	다른 나라의 문화에 대해서 알게 되는 것은 즐거운 일이다.	①	②	③	④	⑤	○	○
30	A	자기개발에 도움이 되는 것들을 꾸준히 찾아서 한다.	①	②	③	④	⑤	○	○
	B	모임에서 새로운 사람들과 잘 어울린다.	①	②	③	④	⑤	○	○
	C	친구의 고민 상담을 잘해 주는 편이다.	①	②	③	④	⑤	○	○
31	A	처음 경험하는 일이라도 빠르게 파악하고 적응하는 편이다.	①	②	③	④	⑤	○	○
	B	새로운 모임에 가도 잘 적응하는 편이다.	①	②	③	④	⑤	○	○
	C	새로운 정보나 지식을 팀원들과 공유한다.	①	②	③	④	⑤	○	○
32	A	다양한 문화를 인정하는 것은 중요하다.	①	②	③	④	⑤	○	○
	B	친구를 사귀는 것은 어렵지 않다.	①	②	③	④	⑤	○	○
	C	적응을 잘하는 편이다.	①	②	③	④	⑤	○	○
33	A	꾸준하다는 평가를 받는다.	①	②	③	④	⑤	○	○
	B	의리가 나에게는 매우 중요한 덕목이다.	①	②	③	④	⑤	○	○
	C	내 분야에서 최고가 되기 위해서 노력한다.	①	②	③	④	⑤	○	○

PART 2 다음 문항을 읽고 자신의 성격, 가치관, 태도 등에 비추어 보았을 때 동의하는 정도에 따라 '전혀 그렇지 않다', '그렇지 않다', '그렇다', '매우 그렇다' 중에 표시하여 주십시오.

번호	문항	응답			
		전혀 그렇지 않다	그렇지 않다	그렇다	매우 그렇다
001	고객을 만족시키기 위해서 거짓말을 할 수 있다.	①	②	③	④
002	일을 통해 나의 지식과 기술로 후대에 기여하고 싶다.	①	②	③	④
003	내 의견을 이해하지 못하는 사람은 상대하지 않는다.	①	②	③	④
004	사회에서 인정받을 수 있는 사람이 되고 싶다.	①	②	③	④
005	착한 사람은 항상 손해를 보게 되어 있다.	①	②	③	④
006	내가 잘한 일은 남들이 꼭 알아줬으면 한다.	①	②	③	④
007	나와 다른 의견도 끝까지 듣는다.	①	②	③	④
008	어떤 말을 들을 때 다른 생각이 자꾸 떠오른다.	①	②	③	④
009	조직에서 될 수 있으면 비중 있는 일을 담당하려 노력한다.	①	②	③	④
010	싸운 후 다시 화해하는 데까지 시간이 많이 걸린다.	①	②	③	④
011	인정에 이끌려 내 생각을 변경한 적이 많다.	①	②	③	④
012	상처를 잘 받지 않고 실패나 실수를 두려워하지 않는다.	①	②	③	④
013	나만의 공간에 다른 사람이 침범하는 것을 싫어한다.	①	②	③	④
014	약속을 잊어버려 당황할 때가 종종 있다.	①	②	③	④
015	정해진 내용과 범위에 따라 일하는 것을 좋아한다.	①	②	③	④
016	지시를 받기 전에 먼저 일을 찾아서 하는 성향이다.	①	②	③	④
017	내 뜻에 맞지 않으면 조목조목 따진다.	①	②	③	④
018	하고 싶은 말이 있으면 꼭 해야만 마음이 편하다.	①	②	③	④
019	일 때문에 다른 것을 포기할 때가 많다.	①	②	③	④
020	상대방을 격려하고 고무시키는 일을 잘 못한다.	①	②	③	④
021	잘못을 저질렀을 때 요령 있게 상황을 잘 넘긴다.	①	②	③	④
022	문제를 많이 가지고 있는 사람일수록 덜 행복할 것이다.	①	②	③	④
023	현실에서 벗어나고 싶다는 생각이 들 때가 많다.	①	②	③	④
024	주변에는 감사할 일들이 별로 없다.	①	②	③	④
025	어떤 경우라도 남을 미워하지 않는다.	①	②	③	④

번호	문항	응답			
		전혀 그렇지 않다	그렇지 않다	그렇다	매우 그렇다
026	미래를 예측하거나 추상적인 개념 정립을 좋아한다.	①	②	③	④
027	회사의 일거리를 집에까지 가져가서 일하고 싶지는 않다.	①	②	③	④
028	웬만해서는 자신의 감정을 표현하지 않는다.	①	②	③	④
029	약속을 한 번도 어긴 적이 없다.	①	②	③	④
030	지루하거나 심심한 것은 잘 못 참는다.	①	②	③	④
031	자신의 논리와 법칙에 따라 행동한다.	①	②	③	④
032	옳다고 생각하면 다른 사람과 의견이 달라도 끝까지 의견을 고수한다.	①	②	③	④
033	확실하지 않은 것은 처음부터 시작하지 않는다.	①	②	③	④
034	성공할 것이라고 생각되는 확실한 계획만 실행에 옮긴다.	①	②	③	④
035	지인이나 친구의 부탁을 쉽게 거절하지 못한다.	①	②	③	④
036	잘못한 상대와는 다시 상대하지 않는 편이다.	①	②	③	④
037	나는 무슨 일이든지 잘할 수 있다.	①	②	③	④
038	양보와 타협보다 내 이익이 우선이다.	①	②	③	④
039	속고 사는 것보다 차라리 남을 속이는 것이 좋다.	①	②	③	④
040	새로운 유행이 시작되면 먼저 시도해 본다.	①	②	③	④
041	내 의견과 다르더라도 집단의 의견과 결정에 순응한다.	①	②	③	④
042	사람이 많이 모인 곳에 나가기가 어렵다.	①	②	③	④
043	기분에 따라 행동하는 경우는 거의 없다.	①	②	③	④
044	문제를 해결할 때 제일 먼저 떠오른 생각에 따른다.	①	②	③	④
045	작은 기쁨에도 지나치게 기뻐한다.	①	②	③	④
046	세상에는 감사할 일들이 너무 많다.	①	②	③	④
047	조심스럽게 운전하는 사람을 보면 짜증이 난다.	①	②	③	④
048	타고난 천성은 근본적으로 변화시킬 수 없다.	①	②	③	④
049	혼자보다 함께 일할 때 더 신이 난다.	①	②	③	④
050	식사 전에는 꼭 손을 씻는다.	①	②	③	④

번호	문항	응답			
		전혀 그렇지 않다	그렇지 않다	그렇다	매우 그렇다
051	문제가 생겼을 때 그 원인을 남에 비해 쉽게 알아낸다.	①	②	③	④
052	세상은 부정부패로 가득 차 있다.	①	②	③	④
053	하고 싶은 일을 하지 않고는 못 배긴다.	①	②	③	④
054	에너지가 넘친다는 말을 자주 듣는다.	①	②	③	④
055	거래처를 방문할 때 조그마한 선물 준비는 기본 예의다.	①	②	③	④
056	타인이 나를 비판하는 것을 견디지 못한다.	①	②	③	④
057	다른 사람의 일에는 절대 참견하지 않는다.	①	②	③	④
058	경제적 이득이 없더라도 인맥 구축을 위해 모임에 참석한다.	①	②	③	④
059	많은 사람의 도움이 없었다면 지금의 나도 없었을 것이다.	①	②	③	④
060	기분파라는 말을 자주 듣는다.	①	②	③	④
061	상대방을 생각해서 하고 싶은 말을 다 못할 때가 많다.	①	②	③	④
062	수줍음이 많아 앞에 잘 나서질 못한다.	①	②	③	④
063	내키지 않는 약속이라도 철저히 지킨다.	①	②	③	④
064	모임에서 함께 어울려 놀기보다 조용히 구경하는 것을 더 좋아한다.	①	②	③	④
065	조그마한 소리에도 잘 놀란다.	①	②	③	④
066	부자와 가난한 사람의 주된 차이는 운이다.	①	②	③	④
067	다양한 사람을 만나 소통하는 것을 좋아한다.	①	②	③	④
068	먼저 뛰어 들기보다 남들이 하는 것을 우선 관찰해본다.	①	②	③	④
069	살아있는 하루하루에 대해 감사함을 느낀다.	①	②	③	④
070	다른 사람에 비해 열등감을 많이 느낀다.	①	②	③	④
071	국제적, 정치적 문제에 보수적인 태도를 취한다.	①	②	③	④
072	깊이 생각하는 문제보다 쉽게 다룰 수 있는 문제를 선호한다.	①	②	③	④
073	통제하는 것보다 통제받는 것을 더 선호한다.	①	②	③	④
074	우선순위가 상황에 따라 자주 바뀐다.	①	②	③	④
075	주위 환경이 나를 괴롭히거나 불행하게 만든다.	①	②	③	④

번호	문항	응답			
		전혀 그렇지 않다	그렇지 않다	그렇다	매우 그렇다
076	좋고 싫음에 대해 내색을 잘하지 못한다.	①	②	③	④
077	갈등이 생기면 간접적이고 우회적으로 접근한다.	①	②	③	④
078	필요하다면 어떤 상대도 내 편으로 만들 수 있다.	①	②	③	④
079	남이 시키는 일을 하는 것이 편하다.	①	②	③	④
080	미래의 비전보다는 구체적인 현안 해결을 중시한다.	①	②	③	④
081	순간적인 기분으로 행동할 때가 많다.	①	②	③	④
082	사소한 법이라도 어긴 적이 없다.	①	②	③	④
083	누군가 나를 감시(미행)하고 있다는 느낌이 들 때가 있다.	①	②	③	④
084	현재의 나는 그렇게 행복한 삶을 살고 있지 않다.	①	②	③	④
085	상대에게 상처가 되더라도 진실을 이야기한다.	①	②	③	④
086	내가 행복해지려면 주변의 많은 것들이 변해야 한다.	①	②	③	④
087	일이나 타인의 부탁에 대해 끊고 맺음이 분명하다.	①	②	③	④
088	성격이 급하다는 말을 자주 듣는다.	①	②	③	④
089	아무 이유 없이 눈물이 나기도 한다.	①	②	③	④
090	다른 사람의 사랑 없이 나는 행복해질 수 없다.	①	②	③	④
091	조직의 이익보다는 내 입장이 우선이다.	①	②	③	④
092	본인에게 중요하지 않은 대화는 안 하는 편이다.	①	②	③	④
093	상대방이 불편해 하면 비위를 맞추려고 노력한다.	①	②	③	④
094	관심 있는 세미나나 강연회가 있으면 열심히 찾아가서 듣는다.	①	②	③	④
095	살아갈수록 감사할 일들이 많아진다.	①	②	③	④
096	사고하는 문제보다 쉽게 풀 수 있는 문제를 좋아한다.	①	②	③	④
097	눈치가 빠르며 상황을 빨리 파악하는 편이다.	①	②	③	④
098	현재의 나에 대해 매우 만족한다.	①	②	③	④
099	자존심이 상하면 화를 잘 참지 못한다.	①	②	③	④
100	부담을 주는 상대는 되도록 피한다.	①	②	③	④

번호	문항	응답			
		전혀 그렇지 않다	그렇지 않다	그렇다	매우 그렇다
101	일의 성사를 위해 연고(지연, 학연, 혈연 등)관계를 적극 활용할 필요가 있다.	①	②	③	④
102	어떤 일에 집중하느라 약속을 잊어버릴 때가 가끔 있다.	①	②	③	④
103	자진해서 발언하는 일이 별로 없다.	①	②	③	④
104	쓸데없는 잔걱정이 끊이질 않는다.	①	②	③	④
105	공정과 정의보다 사랑과 용서가 더 중요하다.	①	②	③	④
106	의사결정을 할 때 주도적 역할을 한다.	①	②	③	④
107	다툼을 피하기 위해 상대에게 져주는 편이다.	①	②	③	④
108	갈등이나 마찰을 피하기 위해 대부분 양보하는 편이다.	①	②	③	④
109	무엇이든 직선적으로 대응하는 방식을 선호한다.	①	②	③	④
110	자료를 분석하고 예측하는 일을 잘한다.	①	②	③	④
111	행운이 없이는 능력 있는 지도자가 될 수 없다.	①	②	③	④
112	뜻을 정하면 좀처럼 흔들리지 않는다.	①	②	③	④
113	혁신적이고 급진적인 사고방식에 거부감이 있다.	①	②	③	④
114	완벽한 능력이 있고, 성공을 해야만 내 가치를 인정받을 수 있다.	①	②	③	④
115	세상일은 절대로 내 뜻대로 되지 않는다.	①	②	③	④
116	조금은 엉뚱하게 생각하곤 한다.	①	②	③	④
117	불편한 상황은 그대로 넘기지 않고 시시비비를 따지는 편이다.	①	②	③	④
118	아무 목적 없이 여행하고 방랑했던 기억이 몇 차례 있다.	①	②	③	④
119	남들이 생각하지 못한 독특한 의견을 개진하곤 한다.	①	②	③	④
120	사람들과 헤어질 때 불안을 느낀다.	①	②	③	④
121	과거의 영향에서 벗어난다는 것은 거의 불가능하다.	①	②	③	④
122	세상에서 행복해지려면 반드시 돈이 많아야 한다.	①	②	③	④
123	상대방의 의견에 잘 맞추어 행동한다.	①	②	③	④
124	이롭지 않은 약속은 무시할 때가 종종 있다.	①	②	③	④
125	새롭게 느껴지는 문제를 해결하는 것을 좋아한다.	①	②	③	④

번호	문항	응답			
		전혀 그렇지 않다	그렇지 않다	그렇다	매우 그렇다
126	궂은일이나 애로사항이 생기면 도맡아서 처리한다.	①	②	③	④
127	다른 사람이 한 말의 숨은 뜻을 쉽게 알아차릴 수 있다.	①	②	③	④
128	잘못된 규정이라도 일단 확정되면 규정에 따라야 한다.	①	②	③	④
129	새로운 것을 보면 그냥 지나치지 못한다.	①	②	③	④
130	다시 태어나도 현재와 같은 삶을 살고 싶다.	①	②	③	④
131	나와 맞지 않다고 생각되는 사람하고는 굳이 친해지려고 하지 않는다.	①	②	③	④
132	양심적으로 살면 불이익을 당하는 경우가 많다.	①	②	③	④
133	가까운 사람에게 선물을 주는 것을 좋아한다.	①	②	③	④
134	남들이 당연하게 여기는 것도 의문을 품는 경향이 있다.	①	②	③	④
135	어렵고 힘든 일을 자진해서 떠맡는 편이다.	①	②	③	④
136	주변 환경이나 사물에 별로 관심이 없다.	①	②	③	④
137	나는 모든 사람으로부터 사랑받고 인정받아야 한다.	①	②	③	④
138	마음이 안심될 때까지 확인한다.	①	②	③	④
139	정서적으로 예민하고 유행에 민감하다.	①	②	③	④
140	조직이 원한다면 많은 희생을 감수할 수 있다.	①	②	③	④

고시넷 SK하이닉스(SKCT) Maintenance/Operator 최신기출유형모의고사

SK하이닉스(SKCT) Maintenance/Operator

파트 4 면접가이드

- **01** 면접의 이해
- **02** 구조화 면접 기법
- **03** 면접 최신 기출 주제

01 면접의 이해

※ 능력중심 채용에서는 타당도가 높은 구조화 면접을 적용한다.

1 면접이란?

일을 하는 데 필요한 능력(직무역량, 직무지식, 인재상 등)을 지원자가 보유하고 있는지에 대해 다양한 면접기법을 활용하여 확인하는 절차이다. 자신의 환경, 성취, 관심사, 경험 등에 대해 이야기하여 본인이 적합하다는 것을 보여 줄 기회를 제공하고, 면접관은 평가에 필요한 정보를 수집하고 평가하는 것이다.

- 지원자의 태도, 적성, 능력에 대한 정보를 심층적으로 파악하기 위한 방법
- 선발의 최종 의사결정에 주로 사용되는 방법
- 전 세계적으로 선발에서 가장 많이 사용되는 핵심적이고 중요한 방법

2 면접의 특징

서류전형이나 인적성검사에서 드러나지 않는 것들을 볼 수 있는 기회를 제공한다.

- 직무수행과 관련된 다양한 지원자 행동에 대한 관찰이 가능하다.
- 면접관이 알고자 하는 정보를 심층적으로 파악할 수 있다.
- 서류상의 미비한 사항과 의심스러운 부분을 확인할 수 있다.
- 커뮤니케이션, 대인관계행동 등 행동·언어적 정보도 얻을 수 있다.

3 면접의 평가요소

1 인재적합도

해당 기관이나 기업별 인재상에 대한 인성 평가

2 조직적합도

조직에 대한 이해와 관련 상황에 대한 평가

3 직무적합도

직무에 대한 지식과 기술, 태도에 대한 평가

4 면접의 유형

구조화된 정도에 따른 분류

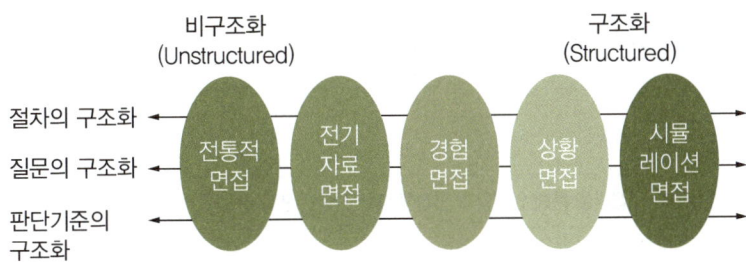

1 구조화 면접(Structured Interview)

사전에 계획을 세워 질문의 내용과 방법, 지원자의 답변 유형에 따른 추가 질문과 그에 대한 평가역량이 정해져 있는 면접 방식(표준화 면접)

- 표준화된 질문이나 평가요소가 면접 전 확정되며, 지원자는 편성된 조나 면접관에 영향을 받지 않고 동일한 질문과 시간을 부여받을 수 있음.
- 조직 또는 직무별로 주요하게 도출된 역량을 기반으로 평가요소가 구성되어, 조직 또는 직무에서 필요한 역량을 가진 지원자를 선발할 수 있음.
- 표준화된 형식을 사용하는 특성 때문에 비구조화 면접에 비해 신뢰성과 타당성, 객관성이 높음.

2 비구조화 면접(Unstructured Interview)

면접 계획을 세울 때 면접 목적만 명시하고 내용이나 방법은 면접관에게 전적으로 일임하는 방식(비표준화 면접)

- 표준화된 질문이나 평가요소 없이 면접이 진행되며, 편성된 조나 면접관에 따라 지원자에게 주어지는 질문이나 시간이 다름.
- 면접관의 주관적인 판단에 따라 평가가 이루어져 평가 오류가 빈번히 일어남.
- 상황 대처나 언변이 뛰어난 지원자에게 유리한 면접이 될 수 있음.

구조화 면접 기법

※ 능력중심 채용에서는 타당도가 높은 구조화 면접을 적용한다.

1 경험면접(Behavioral Event Interview)

면접 프로세스

- **안내**: 지원자는 입실 후, 면접관을 통해 인사말과 면접에 대한 간단한 안내를 받음.
- **질문**: 지원자는 면접관에게 평가요소(직업기초능력, 직무수행능력 등)와 관련된 주요 질문을 받게 되며, 질문에서 의도하는 평가요소를 고려하여 응답할 수 있도록 함.
- **세부질문**:
  - 지원자가 응답한 내용을 토대로 해당 평가기준들을 충족시키는지 파악하기 위한 세부질문이 이루어짐.
  - 구체적인 행동·생각 등에 대해 응답할수록 높은 점수를 얻을 수 있음.

- **방식**
  해당 역량의 발휘가 요구되는 일반적인 상황을 제시하고, 그러한 상황에서 어떻게 행동했었는지(과거 경험)를 이야기하도록 함.

- **판단기준**
  해당 역량의 수준, 경험자체의 구체성, 진실성 등

- **특징**
  추상적인 생각이나 의견 제시가 아닌 과거 경험 및 행동 중심의 질의가 이루어지므로 지원자는 사전에 본인의 과거 경험 및 사례를 정리하여 면접에 대비할 수 있음.

- **예시**

지원분야		지원자		면접관	(인)
경영자원관리 조직이 보유한 인적자원을 효율적으로 활용하여, 조직 내 유·무형 자산 및 재무자원을 효율적으로 관리한다.					
주질문					
A. 어떤 과제를 처리할 때 기존에 팀이 사용했던 방식의 문제점을 찾아내 이를 보완하여 과제를 더욱 효율적으로 처리했던 경험에 대해 이야기해 주시기 바랍니다.					
세부질문					
[상황 및 과제] 사례와 관련해 당시 상황에 대해 이야기해 주시기 바랍니다. [역할] 당시 지원자께서 맡았던 역할은 무엇이었습니까? [행동] 사례와 관련해 구성원들의 설득을 이끌어 내기 위해 어떤 노력을 하였습니까? [결과] 결과는 어땠습니까?					

기대행동	평점
업무진행에 있어 한정된 자원을 효율적으로 활용한다.	① - ② - ③ - ④ - ⑤
구성원들의 능력과 성향을 파악해 효율적으로 업무를 배분한다.	① - ② - ③ - ④ - ⑤
효과적 인적/물적 자원관리를 통해 맡은 일을 무리 없이 잘 마무리한다.	① - ② - ③ - ④ - ⑤

척도해설

1 : 행동증거가 거의 드러나지 않음	2 : 행동증거가 미약하게 드러남	3 : 행동증거가 어느 정도 드러남	4 : 행동증거가 명확하게 드러남	5 : 뛰어난 수준의 행동증거가 드러남

관찰기록 :

총평 :

※ 실제 적용되는 평가지는 기업/기관마다 다름.

2 상황면접(Situational Interview)

면접 프로세스

안내 → 지원자는 입실 후, 면접관을 통해 인사말과 면접에 대한 간단한 안내를 받음.

▼

질문 →
- 지원자는 상황질문지를 검토하거나 면접관을 통해 상황 및 질문을 제공받음.
- 면접관의 질문이나 질문지의 의도를 파악하여 응답할 수 있도록 함.

▼

세부질문 →
- 지원자가 응답한 내용을 토대로 해당 평가기준들을 충족시키는지 파악하기 위한 세부질문이 이루어짐.
- 구체적인 행동·생각 등에 대해 응답할수록 높은 점수를 얻을 수 있음.

- 방식
 직무 수행 시 접할 수 있는 상황들을 제시하고, 그러한 상황에서 어떻게 행동할 것인지(행동의도)를 이야기하도록 함.

- 판단기준
 해당 상황에 맞는 역량의 구체적 행동지표

- 특징
 지원자의 가치관, 태도, 사고방식 등의 요소를 평가하는 데 용이함.

- 예시

지원분야		지원자		면접관	(인)
유관부서협업 타 부서의 업무협조요청 등에 적극적으로 협력하고 갈등 상황이 발생하지 않도록 이해관계를 조율하며 관련 부서의 협업을 효과적으로 이끌어 낸다.					
주질문					
당신은 생산관리팀의 팀원으로, 2개월 뒤에 제품 A를 출시하기 위해 생산팀의 생산 계획을 수립한 상황입니다. 그러나 원가가 곧 실적으로 이어지는 구매팀에서는 최대한 원가를 줄여 전반적 단가를 낮추려고 원가절감을 위한 제안을 하였으나, 연구개발팀에서는 구매팀이 제안한 방식으로 제품을 생산할 경우 대부분이 구매팀의 실적으로 산정될 것이므로 제대로 확인도 해 보지 않은 채 적합하지 않은 방식이라고 판단하고 있습니다. 당신은 어떻게 하겠습니까?					
세부질문					
[상황 및 과제] 이 상황의 핵심적인 이슈는 무엇이라고 생각합니까? [역할] 당신의 역할을 더 잘 수행하기 위해서는 어떤 점을 고려해야 하겠습니까? 왜 그렇게 생각합니까? [행동] 당면한 과제를 해결하기 위해서 구체적으로 어떤 조치를 취하겠습니까? 그 이유는 무엇입니까? [결과] 그 결과는 어떻게 될 것이라고 생각합니까? 그 이유는 무엇입니까?					
척도해설					
1 : 행동증거가 거의 드러나지 않음	2 : 행동증거가 미약하게 드러남	3 : 행동증거가 어느 정도 드러남		4 : 행동증거가 명확하게 드러남	5 : 뛰어난 수준의 행동증거가 드러남
관찰기록 : 총평 :					

※ 실제 적용되는 평가지는 기업/기관마다 다름.

3 발표면접(Presentation)

면접 프로세스

안내
- 입실 후 지원자는 면접관으로부터 인사말과 발표면접에 대해 간략히 안내받음.
- 면접 전 지원자는 과제 검토 및 발표 준비시간을 가짐.

↓

발표
- 지원자들이 과제 주제와 관련하여 정해진 시간 동안 발표를 실시함.
- 면접관은 발표내용 중 평가요소와 관련해 나타난 가점 및 감점요소들을 평가하게 됨.

↓

질문응답
- 발표 종료 후 면접관은 정해진 시간 동안 지원자의 발표내용과 관련해 구체적인 내용을 확인하기 위한 질문을 함.
- 지원자는 면접관의 질문의도를 정확히 파악하여 적절히 응답할 수 있도록 함.
- 응답 시 명확하고 자신있게 전달할 수 있도록 함.

- 방식
  지원자가 특정 주제와 관련된 자료(신문기사, 그래프 등)를 검토하고, 그에 대한 자신의 생각을 면접관 앞에서 발표하며 추가 질의응답이 이루어짐.
- 판단기준
  지원자의 사고력, 논리력, 문제해결능력 등
- 특징
  과제를 부여한 후, 지원자들이 과제를 수행하는 과정과 결과를 관찰·평가함. 과제수행의 결과뿐 아니라 과제수행 과정에서의 행동을 모두 평가함.

4 토론면접(Group Discussion)

면접 프로세스

안내
- 입실 후, 지원자들은 면접관으로부터 토론 면접의 전반적인 과정에 대해 안내받음.
- 지원자는 정해진 자리에 착석함.

▼

토론
- 지원자들이 과제 주제와 관련하여 정해진 시간 동안 토론을 실시함(시간은 기관별 상이).
- 지원자들은 면접 전 과제 검토 및 토론 준비시간을 가짐.
- 토론이 진행되는 동안, 지원자들은 다른 토론자들의 발언을 경청하여 적절히 본인의 의사를 전달할 수 있도록 함. 더불어 적극적인 태도로 토론면접에 임하는 것도 중요함.

▼

마무리 (5분 이내)
- 면접 종료 전, 지원자들은 토론을 통해 도출한 결론에 대해 첨언하고 적절히 마무리 지음.
- 본인의 의견을 전달하는 것과 동시에 다른 토론자를 배려하는 모습도 중요함.

- 방식
  상호갈등적 요소를 가진 과제 또는 공통의 과제를 해결하는 내용의 토론 과제(신문기사, 그래프 등)를 제시하고, 그 과정에서의 개인 간의 상호작용 행동을 관찰함.
- 판단기준
  팀워크, 갈등 조정, 의사소통능력 등
- 특징
  면접에서 최종안을 도출하는 것도 중요하나 주장의 옳고 그름이 아닌 결론을 도출하는 과정과 말하는 자세 등도 중요함.

5 역할연기면접(Role Play Interview)

- 방식
  기업 내 발생 가능한 상황에서 부딪히게 되는 문제와 역할을 가상적으로 설정하여 특정 역할을 맡은 사람과 상호작용하고 문제를 해결해 나가도록 함.
- 판단기준
  대처능력, 대인관계능력, 의사소통능력 등
- 특징
  실제 상황과 유사한 가상 상황에서 지원자의 성격이나 대처 행동 등을 관찰할 수 있음.

6 조별활동(GA : Group Activity)

- 방식
  지원자들이 팀(집단)으로 협력하여 정해진 시간 안에 활동 또는 게임을 하며 면접관들은 지원자들의 행동을 관찰함.
- 판단기준
  대인관계능력, 팀워크, 창의성 등
- 특징
  기존 면접보다 오랜 시간 관찰을 하여 지원자들의 평소 습관이나 행동들을 관찰하려는 데 목적이 있음.

03 면접 최신 기출 주제

1. 2025년 SK하이닉스 면접 기출 질문

반도체 공정에 대해 알고 있는 내용을 설명해 보시오.

본인이 설명한 반도체 공정 중 어떤 공정에서 일하고 싶은가?

팀워크를 통해 문제를 해결한 경험이 있는가?

지원한 직무와 관련된 전공이 아닌데 직무를 이해하고 있는지 말해 보시오.

오퍼레이터가 하는 일에 대해 설명해 보시오.

오퍼레이터 직무에서 중요하다고 생각하는 역량에 대해 말해 보시오.

다른 경쟁사는 얼마나 지원하였는가?

본인이 살면서 가장 치열했던 경험을 말해 보시오.

직전 회사를 퇴사한 이유는 무엇인가?

SK하이닉스에 오고 싶은 이유를 설명해 보시오.

2. 2024년 SK하이닉스 면접 기출 질문

1분 자기소개를 해 보시오.

우리 회사에 입사 지원하게 된 동기는 무엇인가?

지원한 분야가 어떤 분야라고 생각하는지 말해 보시오.

재직 중인 회사에서의 성과에 대해 말해 보시오.

자신의 성공과 실패 경험 중 하나를 말해 보시오.

팀에서 어떤 위치와 역할을 담당하였는가?

이직을 하게 된 사유는 무엇인가?

반도체 8대 공정에 대해 말해 보시오.

8대 공정에서 어디로 가고 싶은가?

스스로 목표를 세워 도전해서 달성한 경험에 대해 말해 보시오.

목표를 달성하기 위해 자신이 기울인 노력은 무엇이 있는가?

자격증을 취득하였는데 해당 자격증을 취득하게 된 이유는 무엇인가?

참여한 프로젝트를 주도적으로 진행하였는가?

프로젝트를 진행하면서 어려웠던 점은 무엇인가?

프로젝트를 진행하는 데 있어 갈등이 있었다면 어떻게 해결하였는가?

지원한 분야와 본인이 어울린다고 생각하는가? 그렇다면 그 이유는 무엇인가?

자신의 전공이 지원 분야에 어떤 방식으로 도움이 될지 말해 보시오.

학점이 낮은/높은 편인데 그 이유는 무엇인가?

최근 스트레스를 받은 적이 있다면 이를 어떻게 해소하였는가?

조직 내에서 경험한 갈등과 이에 대한 본인의 해결책을 말해 보시오.

3 면접 예상 질문

주변 사람들과 트러블이 생기면 어떻게 해결하는가?

본인 성격의 장단점에 대해 말해 보시오.

SK에 입사하기 위해 어떠한 노력을 하였는가?

지금까지 살면서 가장 힘들었던 경험은 무엇인가?

입사한 후 어떠한 자기계발을 할 생각인가?

자신이 취업할 기업을 선정함에 있어 기준이 되는 것은 무엇인가?

자신의 창의적인 아이디어가 조직에 도움이 되었던 경험이 있는가?

기존의 방식과는 다른 새로운 방식으로 일을 해 본 경험이 있는가?

다른 사람에게 도움을 주고, 도움을 받았던 경험에 대해 말해 보시오.

회사에서 부당한 업무를 시킨다면 어떻게 하겠는가?

리더십을 발휘했던 경험을 말해 보시오.

자격증을 여러 개 취득한 이유가 무엇인가?

자신이 성공했던 경험과 이를 통해 깨달은 점을 말해 보시오.

공동의 목표를 위해 자신이 희생한 경험을 말해 보시오.

직장 동료가 들어주기 난감한 부탁을 한다면 어떻게 대처하겠는가?

SK하이닉스 Maintenance/Operator 최신기출유형

문번	답란				
1	①	②	③	④	⑤
2	①	②	③	④	⑤
3	①	②	③	④	⑤
4	①	②	③	④	⑤
5	①	②	③	④	⑤
6	①	②	③	④	⑤
7	①	②	③	④	⑤
8	①	②	③	④	⑤
9	①	②	③	④	⑤
10	①	②	③	④	⑤
11	①	②	③	④	⑤
12	①	②	③	④	⑤
13	①	②	③	④	⑤
14	①	②	③	④	⑤
15	①	②	③	④	⑤
16	①	②	③	④	⑤
17	①	②	③	④	⑤
18	①	②	③	④	⑤
19	①	②	③	④	⑤
20	①	②	③	④	⑤

자료해석

문번	답란				
21	①	②	③	④	⑤
22	①	②	③	④	⑤
23	①	②	③	④	⑤
24	①	②	③	④	⑤
25	①	②	③	④	⑤
26	①	②	③	④	⑤
27	①	②	③	④	⑤
28	①	②	③	④	⑤
29	①	②	③	④	⑤
30	①	②	③	④	⑤

창의수리

SK하이닉스 Maintenance/Operator

1회 기출유형문제

감독관 확인란

성명표기란

수험번호

수험생 유의사항

※ 답안은 반드시 컴퓨터용 사인펜으로 바르게 표기해야 합니다.
〈보기〉 ① ② ③ ●
※ 성명표기란 위 칸에는 성명을 한글로 쓰고 아래 칸에는 성명을 정확하게 표기하십시오. (맨 왼쪽 칸부터 성과 이름은 붙여 씁니다)
※ 수험번호란 위 칸에는 아라비아 숫자로 쓰고 아래 칸에는 숫자와 일치하게 표기하십시오.
※ 월일은 반드시 본인 주민등록번호의 생년을 제외한 월 두 자리, 일 두 자리를 표기하십시오. (예) 1994년 1월 12일 → 0112

인적성검사

언어표현

문번	답란
1	① ② ③ ④ ⑤
2	① ② ③ ④ ⑤
3	① ② ③ ④ ⑤
4	① ② ③ ④ ⑤
5	① ② ③ ④ ⑤
6	① ② ③ ④ ⑤
7	① ② ③ ④ ⑤
8	① ② ③ ④ ⑤
9	① ② ③ ④ ⑤
10	① ② ③ ④ ⑤
11	① ② ③ ④ ⑤
12	① ② ③ ④ ⑤
13	① ② ③ ④ ⑤
14	① ② ③ ④ ⑤
15	① ② ③ ④ ⑤
16	① ② ③ ④ ⑤
17	① ② ③ ④ ⑤
18	① ② ③ ④ ⑤
19	① ② ③ ④ ⑤
20	① ② ③ ④ ⑤

언어표현

문번	답란
21	① ② ③ ④ ⑤
22	① ② ③ ④ ⑤
23	① ② ③ ④ ⑤
24	① ② ③ ④ ⑤
25	① ② ③ ④ ⑤
26	① ② ③ ④ ⑤
27	① ② ③ ④ ⑤
28	① ② ③ ④ ⑤
29	① ② ③ ④ ⑤
30	① ② ③ ④ ⑤

언어응용

문번	답란
1	① ② ③ ④ ⑤
2	① ② ③ ④ ⑤
3	① ② ③ ④ ⑤
4	① ② ③ ④ ⑤
5	① ② ③ ④ ⑤
6	① ② ③ ④ ⑤
7	① ② ③ ④ ⑤
8	① ② ③ ④ ⑤
9	① ② ③ ④ ⑤
10	① ② ③ ④ ⑤
11	① ② ③ ④ ⑤
12	① ② ③ ④ ⑤
13	① ② ③ ④ ⑤
14	① ② ③ ④ ⑤
15	① ② ③ ④ ⑤
16	① ② ③ ④ ⑤
17	① ② ③ ④ ⑤
18	① ② ③ ④ ⑤
19	① ② ③ ④ ⑤
20	① ② ③ ④ ⑤

창의수리

문번	답란
1	① ② ③ ④ ⑤
2	① ② ③ ④ ⑤
3	① ② ③ ④ ⑤
4	① ② ③ ④ ⑤
5	① ② ③ ④ ⑤
6	① ② ③ ④ ⑤
7	① ② ③ ④ ⑤
8	① ② ③ ④ ⑤
9	① ② ③ ④ ⑤
10	① ② ③ ④ ⑤
11	① ② ③ ④ ⑤
12	① ② ③ ④ ⑤
13	① ② ③ ④ ⑤
14	① ② ③ ④ ⑤
15	① ② ③ ④ ⑤
16	① ② ③ ④ ⑤
17	① ② ③ ④ ⑤
18	① ② ③ ④ ⑤
19	① ② ③ ④ ⑤
20	① ② ③ ④ ⑤

인적성검사

문번	답란
1	① ② ③ ④ ⑤
2	① ② ③ ④ ⑤
3	① ② ③ ④ ⑤
4	① ② ③ ④ ⑤
5	① ② ③ ④ ⑤
6	① ② ③ ④ ⑤
7	① ② ③ ④ ⑤
8	① ② ③ ④ ⑤
9	① ② ③ ④ ⑤
10	① ② ③ ④ ⑤
11	① ② ③ ④ ⑤
12	① ② ③ ④ ⑤
13	① ② ③ ④ ⑤
14	① ② ③ ④ ⑤
15	① ② ③ ④ ⑤
16	① ② ③ ④ ⑤
17	① ② ③ ④ ⑤
18	① ② ③ ④ ⑤
19	① ② ③ ④ ⑤
20	① ② ③ ④ ⑤

자료해석

문번	답란
21	① ② ③ ④ ⑤
22	① ② ③ ④ ⑤
23	① ② ③ ④ ⑤
24	① ② ③ ④ ⑤
25	① ② ③ ④ ⑤
26	① ② ③ ④ ⑤
27	① ② ③ ④ ⑤
28	① ② ③ ④ ⑤
29	① ② ③ ④ ⑤
30	① ② ③ ④ ⑤

창의수리

SK하이닉스 Maintenance/Operator

2회 기출유형문제

인적성검사

문번	답란					문번	답란				
1	①	②	③	④	⑤	11	①	②	③	④	⑤
2	①	②	③	④	⑤	12	①	②	③	④	⑤
3	①	②	③	④	⑤	13	①	②	③	④	⑤
4	①	②	③	④	⑤	14	①	②	③	④	⑤
5	①	②	③	④	⑤	15	①	②	③	④	⑤
6	①	②	③	④	⑤	16	①	②	③	④	⑤
7	①	②	③	④	⑤	17	①	②	③	④	⑤
8	①	②	③	④	⑤	18	①	②	③	④	⑤
9	①	②	③	④	⑤	19	①	②	③	④	⑤
10	①	②	③	④	⑤	20	①	②	③	④	⑤

자료해석

문번	답란				
21	①	②	③	④	⑤
22	①	②	③	④	⑤
23	①	②	③	④	⑤
24	①	②	③	④	⑤
25	①	②	③	④	⑤
26	①	②	③	④	⑤
27	①	②	③	④	⑤
28	①	②	③	④	⑤
29	①	②	③	④	⑤
30	①	②	③	④	⑤

창의수리

SK하이닉스 Maintenance/Operator

3회 기출유형문제

인적성검사

언어표현

문번	답란
1	① ② ③ ④ ⑤
2	① ② ③ ④ ⑤
3	① ② ③ ④ ⑤
4	① ② ③ ④ ⑤
5	① ② ③ ④ ⑤
6	① ② ③ ④ ⑤
7	① ② ③ ④ ⑤
8	① ② ③ ④ ⑤
9	① ② ③ ④ ⑤
10	① ② ③ ④ ⑤
11	① ② ③ ④ ⑤
12	① ② ③ ④ ⑤
13	① ② ③ ④ ⑤
14	① ② ③ ④ ⑤
15	① ② ③ ④ ⑤
16	① ② ③ ④ ⑤
17	① ② ③ ④ ⑤
18	① ② ③ ④ ⑤
19	① ② ③ ④ ⑤
20	① ② ③ ④ ⑤

언어표현

문번	답란
21	① ② ③ ④ ⑤
22	① ② ③ ④ ⑤
23	① ② ③ ④ ⑤
24	① ② ③ ④ ⑤
25	① ② ③ ④ ⑤
26	① ② ③ ④ ⑤
27	① ② ③ ④ ⑤
28	① ② ③ ④ ⑤
29	① ② ③ ④ ⑤
30	① ② ③ ④ ⑤

왼손의 오른손

문번	답란
1	① ② ③ ④ ⑤
2	① ② ③ ④ ⑤
3	① ② ③ ④ ⑤
4	① ② ③ ④ ⑤
5	① ② ③ ④ ⑤
6	① ② ③ ④ ⑤
7	① ② ③ ④ ⑤
8	① ② ③ ④ ⑤
9	① ② ③ ④ ⑤
10	① ② ③ ④ ⑤
11	① ② ③ ④ ⑤
12	① ② ③ ④ ⑤
13	① ② ③ ④ ⑤
14	① ② ③ ④ ⑤
15	① ② ③ ④ ⑤
16	① ② ③ ④ ⑤
17	① ② ③ ④ ⑤
18	① ② ③ ④ ⑤
19	① ② ③ ④ ⑤
20	① ② ③ ④ ⑤

창의수리

문번	답란
1	① ② ③ ④ ⑤
2	① ② ③ ④ ⑤
3	① ② ③ ④ ⑤
4	① ② ③ ④ ⑤
5	① ② ③ ④ ⑤
6	① ② ③ ④ ⑤
7	① ② ③ ④ ⑤
8	① ② ③ ④ ⑤
9	① ② ③ ④ ⑤
10	① ② ③ ④ ⑤
11	① ② ③ ④ ⑤
12	① ② ③ ④ ⑤
13	① ② ③ ④ ⑤
14	① ② ③ ④ ⑤
15	① ② ③ ④ ⑤
16	① ② ③ ④ ⑤
17	① ② ③ ④ ⑤
18	① ② ③ ④ ⑤
19	① ② ③ ④ ⑤
20	① ② ③ ④ ⑤

인적성검사

문번	답란				
1	①	②	③	④	⑤
2	①	②	③	④	⑤
3	①	②	③	④	⑤
4	①	②	③	④	⑤
5	①	②	③	④	⑤
6	①	②	③	④	⑤
7	①	②	③	④	⑤
8	①	②	③	④	⑤
9	①	②	③	④	⑤
10	①	②	③	④	⑤
11	①	②	③	④	⑤
12	①	②	③	④	⑤
13	①	②	③	④	⑤
14	①	②	③	④	⑤
15	①	②	③	④	⑤
16	①	②	③	④	⑤
17	①	②	③	④	⑤
18	①	②	③	④	⑤
19	①	②	③	④	⑤
20	①	②	③	④	⑤

자료해석

문번	답란				
21	①	②	③	④	⑤
22	①	②	③	④	⑤
23	①	②	③	④	⑤
24	①	②	③	④	⑤
25	①	②	③	④	⑤
26	①	②	③	④	⑤
27	①	②	③	④	⑤
28	①	②	③	④	⑤
29	①	②	③	④	⑤
30	①	②	③	④	⑤

창의수리

SK하이닉스 Maintenance/Operator

4회 기출유형문제

인적성검사

인적성검사

문번	답란
1	① ② ③ ④ ⑤
2	① ② ③ ④ ⑤
3	① ② ③ ④ ⑤
4	① ② ③ ④ ⑤
5	① ② ③ ④ ⑤
6	① ② ③ ④ ⑤
7	① ② ③ ④ ⑤
8	① ② ③ ④ ⑤
9	① ② ③ ④ ⑤
10	① ② ③ ④ ⑤
11	① ② ③ ④ ⑤
12	① ② ③ ④ ⑤
13	① ② ③ ④ ⑤
14	① ② ③ ④ ⑤
15	① ② ③ ④ ⑤
16	① ② ③ ④ ⑤
17	① ② ③ ④ ⑤
18	① ② ③ ④ ⑤
19	① ② ③ ④ ⑤
20	① ② ③ ④ ⑤

자료해석

문번	답란
21	① ② ③ ④ ⑤
22	① ② ③ ④ ⑤
23	① ② ③ ④ ⑤
24	① ② ③ ④ ⑤
25	① ② ③ ④ ⑤
26	① ② ③ ④ ⑤
27	① ② ③ ④ ⑤
28	① ② ③ ④ ⑤
29	① ② ③ ④ ⑤
30	① ② ③ ④ ⑤

창의수리

SK하이닉스
Maintenance/Operator

기출유형문제_ 연습용

인적성검사

자료해석

문번	답란				
1	①	②	③	④	⑤
2	①	②	③	④	⑤
3	①	②	③	④	⑤
4	①	②	③	④	⑤
5	①	②	③	④	⑤
6	①	②	③	④	⑤
7	①	②	③	④	⑤
8	①	②	③	④	⑤
9	①	②	③	④	⑤
10	①	②	③	④	⑤
11	①	②	③	④	⑤
12	①	②	③	④	⑤
13	①	②	③	④	⑤
14	①	②	③	④	⑤
15	①	②	③	④	⑤
16	①	②	③	④	⑤
17	①	②	③	④	⑤
18	①	②	③	④	⑤
19	①	②	③	④	⑤
20	①	②	③	④	⑤

창의수리

문번	답란				
21	①	②	③	④	⑤
22	①	②	③	④	⑤
23	①	②	③	④	⑤
24	①	②	③	④	⑤
25	①	②	③	④	⑤
26	①	②	③	④	⑤
27	①	②	③	④	⑤
28	①	②	③	④	⑤
29	①	②	③	④	⑤
30	①	②	③	④	⑤

대기업 · 금융

저마다의 일생에는,
특히 그 일생이 동터 오르는 여명기에는
모든 것을 결정짓는 한 순간이 있다.
그 순간을 다시 찾아내는 것은 어렵다.
그것은 다른 수많은 순간들의 퇴적 속에
깊이 묻혀있다.

- 장 그르니에, 섬 LES ILES

인·적성검사

2026

고시넷 대기업

SK하이닉스 고졸/전문대졸
Maintenance/Operator
최신기출유형 모의고사

정답과 해설

스마트폰에서 검색  고시넷

고시넷
공기업 NCS & 대기업 인적성
수리능력 전략과목 만들기

237개 테마 | Lv1 ~ Lv3 단계적 문제풀이
빨강이 응용수리 **파랑이 자료해석** 완전 정복 시리즈

기초에서 완성까지
문제풀이 시간단축
모든유형 단기공략

고시넷 수리능력
빨강이 응용수리

고시넷 수리능력
파랑이 자료해석

동영상 강의 **WWW.GOSINET.CO.KR**

인·적성검사

2026

고시넷
대기업

SK하이닉스 고졸/전문대졸
Maintenance/Operator
최신기출유형 모의고사

정답과 해설

gosinet
(주)고시넷

SKCT 정답과 해설

권두부록 최신기출유형

영역 1 언어표현

▶ 문제 16쪽

01	④	02	③	03	③	04	④	05	③
06	④	07	③	08	③	09	④	10	②
11	④	12	③	13	②	14	③	15	④
16	④	17	③	18	②	19	⑤	20	③
21	④	22	④	23	⑤	24	②	25	②
26	④	27	③	28	④	29	③	30	④

01

| 정답 | ④

| 해설 | '재능(才能)'이란 어떤 일을 하는 데 필요한 재주와 능력의 의미로, 어떤 것을 잘할 수 있도록 타고난 능력과 슬기라는 뜻의 '재주'와 유의어 관계이다.
| 오답풀이 |
① 재수(財數) : 재물이 생기거나 좋은 일이 있을 운수
② 재미 : 아기자기하게 즐거운 기분이나 느낌
③ 재량(裁量) : 자기의 생각과 판단에 따라 일을 처리함.
⑤ 재단(裁斷) : 옳고 그름을 가려 결정함.

02

| 정답 | ③

| 해설 | '탄복'은 감탄하여 마음으로 따른다는 의미로, 크게 느끼어 마음이 움직인다는 뜻의 '감동'과 유의어 관계이다.
| 오답풀이 |
① 감찰 : 단체의 규율과 구성원의 행동을 감독하다.
② 감경 : 줄여서 가볍게 하다.
⑤ 감안 : 여러 사정을 참고하여 생각함.

03

| 정답 | ③

| 해설 | '참담하다'는 절망적이다, 몹시 괴롭고 슬프다는 의미로, 끔찍하고 비참하다는 뜻의 '참혹하다'와 유의어 관계이다.
| 오답풀이 |
② 기막히다 : 어떤 일이 놀라워서 어이가 없다. 또는 말하지 못할 만큼 좋다.

04

| 정답 | ④

| 해설 | '끼우다'는 '벌어진 사이에 무엇을 넣고 죄어서 빠지지 않게 하다'의 의미를 지니고 있으므로 '채우다'의 유의어가 아니다.
| 오답풀이 |
① 메우다 : 뚫려 있거나 비어 있는 곳을 막거나 채우다.
② 충원하다 : 인원수를 채우다.
③ 충족시키다 : 욕구나 원하는 조건을 충분히 채우게 하다.
⑤ 보완하다 : 모자라거나 부족한 것을 보충하여 완전하게 하다.

05

| 정답 | ③

| 해설 | '명시(明示)'는 분명하게 드러내서 보인다는 뜻으로, 넌지시 알린다는 뜻의 '암시(暗示)'와 반의어 관계이다.
| 오답풀이 |
① 계시(啓示) : 깨우쳐 보여 줌.
② 지시(指示) : 가리켜 보임.

06

| 정답 | ④

| 해설 | '나누다'는 하나를 둘 이상으로 가른다는 뜻으로, '모으다'와 반의어 관계이다.

| 오답풀이 |
② 흩다 : 한데 모였던 것을 따로따로 떨어지게 하다.

07

| 정답 | ③

| 해설 | '사소(些少)하다'는 보잘것없이 작거나 적다는 뜻으로, 귀중하고 요긴하다는 뜻인 '중요하다'와 반의어 관계이다.

| 오답풀이 |
① 자질구레하다 : 잘고 시시하여 대수롭지 않다.
④ 신랄하다 : 날카롭고 예리하다.
⑤ 설핏하다 : 사이가 촘촘하지 않고 듬성듬성하다.

08

| 정답 | ③

| 해설 | '알뜰하다'는 일이나 살림을 빈틈없이 정성스럽게 한다는 의미로, 물건이나 돈을 아끼지 않고 함부로 쓴다는 뜻의 '헤프다'와 반의어 관계이다.

09

| 정답 | ④

| 해설 | '입선'은 출품한 작품이 심사에 합격한다는 의미로, '탈락'과 반의어 관계이다.

| 오답풀이 |
① 탈고 : 원고 쓰기를 마침.
② 탈진 : 기운이 모두 빠져서 없어짐.
③ 탈선 : 말이나 행동 따위가 안 좋은 방향으로 벗어남.
⑤ 탈퇴 : 관계하고 있던 조직이나 단체 따위에서 관계를 끊고 물러남.

10

| 정답 | ②

| 해설 | 포함 관계를 찾는 것으로, 달은 지구의 위성이고, 금성은 태양계에 속한 행성 중 하나이다.
• 위성(衛星) : 인력에 의해 행성의 주위를 도는 천체
• 행성(行星) : 스스로 빛을 내는 별(태양)을 중심으로 인력에 의해 타원 궤도를 그리며 도는 태양계 내의 천체

11

| 정답 | ④

| 해설 | 등대는 밤에 빛을 비추어 배가 길을 찾을 수 있도록 도와주는 역할을 하며, 자동차가 길을 찾을 수 있도록 도와주는 것은 표지판이다.

12

| 정답 | ③

| 해설 | '갈등'과 '알력'은 의미가 비슷한 유의어 관계로, '알맞은 시기'를 의미하는 '적기'와 '좋은 시기'를 의미하는 '호기'의 관계와 같다.

| 오답풀이 |
① 재기(再起) : 역량이나 능력 따위를 모아서 다시 일어섬.
② 시기(猜忌) : 남이 잘되는 것을 샘하여 미워함.
④ 엽기(獵奇) : 비정상적이고 괴이한 일이나 사물에 흥미를 느끼고 찾아다님.
⑤ 만기(滿期) : 미리 정한 기한이 다 참. 또는 그 기한.

13

| 정답 | ②

| 해설 | 사람의 특정 신체 부위를 통하여 동사화되는 관계

이다. '풍문'은 '귀'를 통해 전달받게 되며, '회자'는 '입'에 의하여 오르내리는 소문을 의미한다.

14
| 정답 | ③

| 해설 | '영겁'과 '찰나'는 서로 반대되는 의미를 갖는 반의어 관계로, '참견', '간섭', '개입'의 의미를 갖는 '아랑곳'과 '방관'의 관계와 같다.

15
| 정답 | ④

| 해설 | '절실'은 매우 시급하고 긴요하다는 뜻으로 매우 중요하다는 뜻의 '긴요'와 유의어 관계이다. 많은 가운데서 골라 뽑는다는 뜻의 '선발'과 유의어 관계인 것은 필요하거나 중요한 부분을 가려 뽑는다는 뜻을 지닌 '발췌'이다.

16
| 정답 | ④

| 해설 | '마이동풍(馬耳東風)'은 동풍이 말의 귀를 스쳐 간다는 뜻으로, 남의 말을 귀담아듣지 아니하고 지나쳐 흘려버림을 이르는 말이다.
| 오답풀이 |
① 새옹지마(塞翁之馬) : 인생의 길흉화복은 변화가 많아서 예측하기가 어렵다는 의미
② 지록위마(指鹿爲馬) : 윗사람을 멋대로 주무르고 권세를 마음대로 휘두른다는 의미
③ 천고마비(天高馬肥) : '하늘은 높고 말은 살찐다'라는 뜻으로, 가을철을 이르는 말
⑤ 군계일학(群鷄一鶴) : '닭의 무리에 있는 한 마리 학'이라는 뜻으로, 변변치 못한 여러 사람 가운데 홀로 뛰어난 사람을 두고 이르는 말

17
| 정답 | ③

| 해설 | '역지사지(易地思之)'는 처지를 바꾸어서 생각해 본다는 의미이다.
| 오답풀이 |
① 전화위복(轉禍爲福) : 재앙이 도리어 복이 됨.
② 진퇴유곡(進退維谷) : 앞으로 나아갈 수도 뒤로 물러날 수도 없는 어려운 처지
④ 발본색원(拔本塞源) : 폐해의 근원을 뽑아서 아주 없애 버림.
⑤ 읍참마속(泣斬馬謖) : 큰 목적을 위하여 자기가 아끼는 사람을 버림.

18
| 정답 | ②

| 해설 | 불을 무서워하는 사람은 고소공포증이 있는데 그중 어떤 사람은 겁이 있어 귀신을 무서워한다. 그러나 불을 무서워하는 모든 사람이 귀신을 무서워한다는 것은 반드시 참이라고 할 수 없다.
| 오답풀이 |
① 두 번째 명제의 대우이므로 반드시 참이다.
③ 첫 번째 명제의 대우이므로 반드시 참이다.
④ 두 번째 명제와 세 번째 명제의 삼단논법에 따라 반드시 참이다.
⑤ 세 번째 명제의 대우이므로 반드시 참이다.

19
| 정답 | ⑤

| 해설 | 제시된 명제를 정리하면 다음과 같다.
• 땅콩 → ~아몬드
• 밤 → 아몬드
• ~호두 → 잣

첫 번째 명제와 두 번째 명제의 대우의 삼단논법을 통해 '땅콩 → ~아몬드 → ~밤'이 성립하므로 땅콩을 먹으면 밤을 먹지 않음을 알 수 있다.

| 오답풀이 |
①, ③, ④ 제시된 명제를 통해 알 수 없다.
② 두 번째 명제의 대우를 통해 '~아몬드 → ~밤'이 성립하므로 아몬드를 먹지 않는 사람은 밤을 먹지 않는다.

20

| 정답 | ③

| 해설 | 'p : 팀장이 출장을 간다', 'q : 업무처리가 늦어진다', 'r : 고객의 항의 전화가 온다', 's : 실적평가에서 불이익을 받는다'로 정리하고 제시된 명제와 그 대우를 기호로 나타내면 다음과 같다.
- p → q(~q → ~p)
- r → s(~s → ~r)
- q → r(~r → ~q)

따라서 두 번째 명제의 대우와 세 번째 명제의 대우 그리고 첫 번째 명제의 대우와 삼단 논법에 따라 '실적평가에서 불이익을 받지 않으면 팀장이 출장을 가지 않는다'는 항상 참이 된다.

| 오답풀이 |
① 첫 번째 명제와 세 번째 명제를 삼단논법에 따라 '팀장이 출장을 가면 고객의 항의 전화가 온다'는 참이나 그 역인 ①이 반드시 참인지 알 수 없다.
② 첫 번째 명제의 역이므로 반드시 참인지 알 수 없다.
④ 제시된 명제를 통해서는 알 수 없다.
⑤ 세 번째 명제의 역이므로 반드시 참인지 알 수 없다.

21

| 정답 | ④

| 해설 | '쾌재'는 '일이나 계획 등이 마음먹은 대로 잘되어 만족스럽게 여김. 또는 그럴 때 나는 소리'를 의미한다.

| 오답풀이 |
① 자제(自制) : 자기의 감정이나 욕망을 스스로 억제함.
② 내재(內在) : 어떤 사물이나 범위의 안에 들어 있음. 또는 그런 존재

③ 매제(妹弟) : 손아래 누이의 남편을 이르는 말
⑤ 박제(剝製) : 동물의 가죽을 곱게 벗기고 썩지 아니하도록 한 뒤에 솜이나 대팻밥 따위를 넣어 살아 있을 때와 같은 모양으로 만듦.

22

| 정답 | ④

| 해설 | '통독(通讀)'은 '죽 훑어 내려가며 대충 읽는 방법'을 의미한다.

| 오답풀이 |
① 발췌독(拔萃讀) : 필요한 부분만 뽑아서 읽는 방법
② 묵독(默讀) : 소리를 내지 않고 읽는 방법
③ 색독(索讀) : 찾아가며 읽는 방법
⑤ 정독(精讀) : 뜻을 새겨 가며 자세히 읽는 방법

23

| 정답 | ⑤

| 해설 | '코대답'은 '탐탁하지 아니하거나 대수롭지 아니하게 여겨 건성으로 하는 대답'을 의미한다.

| 오답풀이 |
① 명대답 : 질문의 의도에 꼭 맞게 잘한 대답
② 맞대답 : 상대의 말에 마주 응하여 말함.
③ 군대답 : 하지 않아도 될 때 필요 없이 하는 대답
④ 눈대답 : 눈으로 하는 대답

24

| 정답 | ②

| 해설 | '불 없는 화로, 딸 없는 사위'는 '직접적인 관계가 끊어져 쓸데없거나 중요하지 않게 된 것'을 의미한다.

| 오답풀이 |
① 내 코가 석 자 : 자신의 처지가 더 어렵다는 의미

③ 가는 날이 장날 : 운수가 사나워 일이 잘되지 않을 때
④ 가게 기둥에 입춘 : 큰 기와집에나 붙이는 입춘대길 글귀가 가게 문에는 어울리지 않는다는 것. 즉, 격에 맞지 않는 것
⑤ 모로 가도 서울만 가면 된다 : 어떤 수단이나 방법에 상관없이 목적만 이루면 된다는 말

25

| 정답 | ②

| 해설 | '양상(樣相)'은 '사물이나 현상의 모양이나 상태'를 의미한다.

| 오답풀이 |
① 연상(聯想) : 하나의 관념이 다른 관념을 불러일으키는 현상
③ 연결(連結) : 사물과 사물을 서로 잇거나 현상과 현상이 관계를 맺게 함.
④ 시련(試鍊) : 겪기 어려운 단련이나 고비
⑤ 표변(豹變) : 표범의 무늬가 가을이 되면 아름다워진다는 뜻으로, 허물을 고쳐 말과 행동이 뚜렷이 달라짐을 이르는 말

26

| 정답 | ④

| 해설 | '방증(傍證)'은 '주변의 상황을 밝힘으로써 간접적으로 증명한다'의 의미이다. 제시된 글에서 발자국과 빵조각은 직접 증거라고 할 수는 없으나 그 정황을 알 수 있는 간접적인 증거이므로 '방증(傍證)'을 사용하는 것이 적절하다.

| 오답풀이 |
① 반증(反證) : 어떤 사실이나 주장이 옳지 아니함을 그에 반대되는 근거를 들어 증명함. 또는 그 증거
② 증빙(證憑) : 믿을 수 있는 증거로 삼음. 또는 그 증거
③ 본증(本證) : 재판에서 입증 책임을 지는 당사자가 그 사실을 증명하기 위하여 제출하는 증거
⑤ 간증(干證) : 자신의 종교적 체험을 증언하여 신이나 종교적 절대자의 존재를 주장하는 일

27

| 정답 | ③

| 해설 | '불러일으키다'는 '사건을 일어나게 하다'라는 의미이므로 '일이나 사건 등을 끌어 일으키다'라는 뜻의 '야기(惹起)하다'와 의미가 유사하다.

| 오답풀이 |
① 상기(想起)하다 : 지난 일을 돌이켜 생각하여 내다.
② 봉기(蜂起)하다 : 벌떼처럼 떼 지어 세차게 일어나다.
④ 분기(奮起)하다 : 분발하여 일어나다.
⑤ 궐기(蹶起)하다 : 벌떡 일어나다. 어떤 목적을 이루기 위하여 마음을 돋우고 기운을 내서 힘차게 일어나다.

28

| 정답 | ④

| 해설 | 제시된 문장과 ④의 '받다'는 모두 '다른 사람이 바치거나 내는 돈이나 물건을 책임 아래 맡아 두다'의 의미로 사용되었다.

| 오답풀이 |
①, ② '다른 사람이나 대상이 가하는 행동, 심리적인 작용 따위를 당하거나 입다'의 의미로 사용되었다.
③ '점수나 학위 따위를 따다'의 의미로 사용되었다.
⑤ '여러 사람에게 팔거나 대어 주기 위해 한꺼번에 많은 양의 물품을 사다'의 의미로 사용되었다.

29

| 정답 | ③

| 해설 | 제시된 문장과 ③은 모두 '사람, 단체, 사물, 현상 따위를 인도하여 어떤 방향으로 나가게 하다'의 뜻으로 사용되었다.

| 오답풀이 |
①, ② '목적하는 곳으로 바로 가도록 같이 가면서 따라오게 하다'의 뜻으로 사용되었다.
④, ⑤ '남의 관심 따위를 쏠리게 하다'의 뜻으로 사용되었다.

30

|정답| ④

|해설| 제시된 문장과 ④의 '보이다'는 모두 '(무엇이 다른 것으로) 느껴지거나 여겨지다'의 뜻으로 사용되었다.

|오답풀이|

①, ② '(무엇이) 그 존재나 모습 따위가 눈으로 인식되다'의 뜻으로 사용되었다.

③ '(눈치나 기회, 징조 따위가) 느껴지거나 가늠되다'의 뜻으로 사용되었다.

⑤ '어떤 결과나 관계가 맺어질 상황이 되다'의 뜻으로 사용되었다.

영역 2 언어이해

01	②	02	③	03	①	04	①	05	③
06	③	07	①	08	②	09	④	10	②
11	③	12	②	13	②	14	④	15	④
16	②	17	③	18	①	19	①	20	④

01

|정답| ②

|해설| 제시된 글은 굽 높은 구두의 인기에 대해 굽의 높이는 발 건강과 반비례한다는 내용과 함께 굽 높은 구두를 신었을 때 발에 미치는 악영향을 열거하여 강조하고 있다.

02

|정답| ③

|해설| 첫 번째 문장의 인간은 사회와 언어에서 격리될 수 없다는 언급을 통해 제시된 글은 언어와 인간과 사회의 관계에 관한 내용임을 알 수 있다.

03

|정답| ①

|해설| (가)와 (라)는 (나)의 예시에 해당되는데, (라)가 '또한'으로 시작하는 것으로 보아 (나)-(가)-(라)의 순서로 연결되는 것이 적절하다. 그리고 (다)는 감기를 예방하는 방법 중에 하나이긴 하지만 (가), (라)와는 다르게 어린이에 중점을 두고 있으므로 마지막에 위치하는 것이 자연스럽다. 따라서 (나)-(가)-(라)-(다) 순이 적절하다.

04

|정답| ①

|해설| (다)의 '이 모델'은 (가)의 '가해자-피해자 모델'을 지칭하는 것이므로 (가)-(다)가 되고, (라)의 예는 (나)에서 언급된 문제 해결에서의 개인적인 처방에 해당하므로 (나)-(라)가 된다. 따라서 (가)-(다)-(나)-(라) 순이 적절하다.

05

|정답| ③

|해설| 가장 먼저 (다)에서 우리나라의 교육 현실이 전제되고, (나)에서 시대의 변화에 따른 평생 교육의 필요성이 제기되었다. (라)에서는 평생 교육 중에서도 재취업 훈련의 필요성을 강조하였고, (가)에서 평생 교육을 통해 국가 경쟁력을 확보할 수 있다는 말로 평생 교육의 중요성이라는 주제를 드러내고 있다.

따라서 (다)-(나)-(라)-(가) 순이 적절하다.

06

|정답| ③

|해설| 통제제도에서는 특정 기관의 지시에 따라, 전통제도에서는 출신, 종교, 관습 등의 전통에 따라 경제 활동이 이루어진다고 하였으므로 각 경제 집단이 자유롭게 경제 활동을 할 수 없음을 알 수 있다.

| 오답풀이 |
① 통제제도에서는 특정 기관이 계획을 세워 각 경제 집단에게 지시한다고 하였으므로, 각 경제 집단이 계획을 수립한다는 설명은 옳지 않다.
② 시장제도하에서는 물물교환과 화폐교환이 모두 이루어진다고 하였으며, 전통제도하에서는 어떤 수단을 사용하여 교환이 이루어지는지는 제시되지 않았다.
④ 세 제도 중 어떤 것이 더 발전된 제도인지는 언급되지 않았다.
⑤ 전통제도에 대한 설명이나, 전통제도가 바람직하지 않다는 내용은 들어가 있지 않다.

07

| 정답 | ①

| 해설 | 직원 채용 시 가장 중요한 평가 포인트는 '성실'이며, 이러한 인성적인 부분을 가꾸기 위해서는 오랜 시간 가꾸고 정성을 쏟아야 그 결실이 나온다고 하였다. 이와 관련된 사자성어는 우공이산(愚公移山)으로, 쉬지 않고 끝까지 노력하면 언젠가는 목적을 이룰 수 있음을 의미한다.
| 오답풀이 |
② 칠전팔기(七顚八起) : 여러 번 실패해도 포기하지 않고 꾸준히 노력한다는 뜻으로 강한 정신력을 나타내는 말
③ 괄목상대(刮目相對) : 상대방의 학식이나 재주가 갑자기 몰라볼 정도로 나아졌음을 이르는 말
④ 교학상장(敎學相長) : 가르치는 일과 배우는 일이 모두 자신의 학업을 성장시킴을 뜻하는 말
⑤ 청출어람(靑出於藍) : 제자가 스승보다 더 나음을 비유하는 말

08

| 정답 | ②

| 해설 | 위기에 대해 서양은 "상황에 위축되지 않고 침착하게 위기의 원인을 분석하여 사리에 맞는 해결 방안을 찾을 수 있다면 긍정적 결과가 나올 수 있다", 동양은 "상황을 바라보는 관점에 따라 위기가 기회로 변모될 수도 있다"고 보고 있다. 즉 동서양 모두 위기 상황을 냉정하게 바라보고, 긍정적으로 받아들여 위기를 기회로 바꿀 수 있다고 이야기한다.
| 오답풀이 |
⑤ 제시된 글에서 동서양에서 위기를 바라보는 관점을 설명하며 그 차이를 보여주지만 이를 통해 위기 상황에 대처하는 태도에 대해 이야기하는 것이므로 중심내용으로 적절하지 않다.

09

| 정답 | ④

| 해설 | 제시된 글에서 헤로도토스가 인과적 형식으로 과거의 사건을 서술함으로써 역사라는 새로운 분야를 개척하였다고 언급되었다.
| 오답풀이 |
①, ③, ⑤ 신화적 세계관에 바탕을 둔 《일리아스》는 오래 전부터 구전되어 오던 트로이 전쟁에 대해 호메로스가 읊은 서사시이다.
② 헤로도토스 이전의 신화와 전설, 종교는 사실과 허구가 뒤섞여 있었으므로 역사적 사실을 찾아볼 수 없다는 내용은 옳지 않다.

10

| 정답 | ②

| 해설 | 헤로도토스는 과거에 일어난 사건을 직접 확인, 탐구하여 원인과 결과를 밝히고자 하였으므로 과거에 대한 객관적인 태도, 사실을 있는 그대로 보여 주는 태도와 관련이 있다. 반면에 상상력이나 수사학적 기법을 동원하여 독자의 마음을 움직이는 역사관과는 관련이 없다.

11

| 정답 | ③

| 해설 | 정상 초파리는 약물 B의 존재 유무와 상관없이 위로 올라가는 성질을 보이고, 유전자 A가 돌연변이인

초파리는 약물 B를 넣은 배양기에서 위로 올라가지 못하며, 약물 B를 넣지 않은 배양기에서는 위로 올라가는 운동성을 보였다고 하였다. 따라서 유전자 A가 돌연변이인 초파리는 약물 B를 섭취하면 파킨슨병에 걸린다는 것을 알 수 있다.

|오답풀이|

① 유전자 A가 돌연변이인 초파리가 약물 B를 섭취할 경우에는 파킨슨병에 걸리나, 정상 초파리의 경우는 약물 B를 섭취해도 파킨슨병에 걸리지 않는다. 그러나 파킨슨병에 걸리지 않았다고 해도 약물 B의 섭취로 인해 유전자 A가 돌연변이로 변할지는 주어진 글만으로 알 수 없다.

② 약물 B가 들어 있는 배양기의 정상 초파리는 물리적 자극에 의해 위로 올라가는 성질을 보였으므로 옳지 않다.

④ 파킨슨병에 걸린 초파리가 운동성이 결여된 것이지, 운동성이 결여된 모든 초파리가 파킨슨병에 걸린 것이라고는 볼 수 없다.

⑤ 약물 B를 섭취한 정상 초파리는 위로 올라갔으나 약물 B를 섭취한 돌연변이 초파리는 위로 올라가지 못했으므로 옳지 않다.

12

|정답| ②

|해설| 빈칸에 들어갈 관용 표현은 '업은 아이 삼 년을 찾는다'이며, 무엇을 몸에 지니거나 가까이 두고도 까맣게 잊어버리고 엉뚱한 데에 가서 오래도록 찾아 헤매는 경우를 비유적으로 이르는 말이다.

|오답풀이|

① 자기 눈으로는 자기 눈을 못 본다는 뜻으로, 누구나 자신의 결함에 대해서는 잘 알지 못함을 비유적으로 이르는 말이다.

③ 얕은 수로 남을 속이려 한다는 말이다.

④ 흔히 사람은 자신이 잘 알고 가까이 있는 것보다는 잘 모르고 멀리 있는 것을 더 좋은 것인 줄 안다는 말이다.

⑤ 전체를 보지 못하고 자기가 알고 있는 부분만 가지고 고집한다는 말이다.

13

|정답| ②

|해설| 제시된 글은 자연재해의 종류 중에서 물과 관련한 재해의 높은 발생 비중과 그에 의한 피해를 줄이기 위한 노력에도 불구하고 물과 관련한 재해가 감소하지 않고 있다는 점을 우려하고 있다. 따라서 글의 주제로는 ②가 가장 적절하다.

14

|정답| ④

|해설| 빈칸 앞과 뒤의 글을 통해 추론해 보면, 사막이 놀라운 속도로 증가하고 있는 가장 큰 이유는 사람 때문이라고 하였으므로 빈칸에는 어떤 일이 발생하게 되는 까닭을 의미하는 '요인'이 들어가는 것이 가장 적절하다.

15

|정답| ④

|해설| 제시된 글은 정보사회에서 나타나는 부정적인 현상인, 거대한 회사의 정보독점에 대해 이야기하고 있다. 따라서 정보사회의 단점에 대해 이야기하는 ④가 결론으로 자연스럽다.

16

|정답| ②

|해설| 제시된 글에서는 '소리(말) → 이미지 → 문자 → 복합'으로 이어지는 의사소통 매체의 변화과정을 설명하면서 의사소통의 범위가 확대되고 매체의 복합적인 사용이 가능해졌음을 시사하고 있다.

17

|정답| ③

|해설| ㉠의 앞에서는 소비자가 과대 포장으로 불만을 갖게 된다고 하였으며, 뒤에서는 그로 인해 최근 경제적인

18

|정답| ①

|해설| 제시된 글은 최근 시중금리가 내려가면서 대출상품의 금리도 하락했다는 내용이다. 따라서 ①이 제목으로 적절하다.

19

|정답| ①

|해설| 빈칸의 앞에서 삼림면적이 줄어들었음을 설명하고 이에 더하여 빈칸의 뒤에서는 삼림의 질까지 저하되었음을 기술하고 있으므로, 빈칸에는 첨가의 접속어인 '게다가'가 들어가는 것이 적절하다.

20

|정답| ④

|해설| 제시된 글은 출산율을 높이기 위한 지원금 액수의 많고 적음을 문제화하고 있는 글이 아니다. 지원금 액수가 증가하였음에도 불구하고 출산율이 오르지 않았다는 것을 강조하는 내용이므로, 단순한 지원금 증액보다 출산을 유도하기 위한 근본적인 대책이 필요하다는 문제를 제기할 수 있다.

영역 3 창의수리

▶문제 36쪽

1	②	2	①	3	②	4	④	5	④
6	①	7	③	8	①	9	②	10	②
11	②	12	④	13	②	14	①	15	⑤
16	⑤	17	④	18	②	19	②	20	②
21	②	22	④	23	①	24	①	25	②
26	②	27	①	28	④	29	①	30	③

01

|정답| ②

|해설| $\dfrac{2}{3} \div \left(\dfrac{3}{5} - \dfrac{2}{7}\right) = \dfrac{2}{3} \div \dfrac{21-10}{35} = \dfrac{2}{3} \times \dfrac{35}{11} = \dfrac{70}{33}$

02

|정답| ①

|해설| $2.7 \times 5 + 4.8 = 13.5 + 4.8 = 18.3$

03

|정답| ②

|해설| $\dfrac{7}{4} + \dfrac{5}{8} \div \dfrac{5}{16} = \dfrac{7}{4} + \dfrac{5}{8} \times \dfrac{16}{5} = \dfrac{7}{4} + 2 = \dfrac{15}{4}$

04

|정답| ④

|해설| $1,250 \times 10^{-2} = 1,250 \times \dfrac{1}{100} = 12.5$

05
| 정답 | ④
| 해설 | $0.07 \times 0.035 = 0.00245$

06
| 정답 | ①
| 해설 | $79 + 14 \times 23 - 95 = 79 + 322 - 95 = 306$

07
| 정답 | ③
| 해설 | $30.14 \div (-2.2) + 3.5 = -13.7 + 3.5 = -10.2$

08
| 정답 | ①
| 해설 | $76 \div 2 + 89 = 38 + 89 = 127$

09
| 정답 | ②
| 해설 | $\dfrac{44}{3} \div \dfrac{4}{9} = \dfrac{44}{3} \times \dfrac{9}{4} = 33$

10
| 정답 | ②
| 해설 | $6.12 + 7.25 - 1.65 = 13.37 - 1.65 = 11.72$

11
| 정답 | ②
| 해설 | '거리=속력×시간'이므로, 철수가 시속 6km로 30분(0.5시간) 동안 달렸을 때 이동한 거리는 $6 \times 0.5 = 3$(km)이다.

12
| 정답 | ④
| 해설 | 25%의 소금물 200g에 포함된 소금의 양을 구하면 $200 \times 0.25 = 50$(g)이다. 이때 더 넣은 물의 양을 x로 두고 식을 세우면 다음과 같다.

$$\dfrac{50}{200 + x} \times 100 = 10(\%)$$

$200 + x = 50 \times 100 \div 10$

$\therefore x = 300$(g)

13
| 정답 | ②
| 해설 | 전체 일의 양을 1이라 할 때 A가 1시간 동안 하는 일의 양은 $\dfrac{1}{10}$, B가 1시간 동안 하는 일의 양은 $\dfrac{1}{12}$, C가 1시간 동안 하는 일의 양은 $\dfrac{1}{15}$ 이므로, x는 다음과 같이 구할 수 있다.

$x = 1 \div \left(\dfrac{1}{10} + \dfrac{1}{12} + \dfrac{1}{15} \right) = 1 \div \dfrac{15}{60} = 4$(시간)

B, C가 함께 6시간 동안 할 수 있는 일의 양이 $\left(\dfrac{1}{12} + \dfrac{1}{15} \right) \times 6 = \dfrac{9}{10}$ 이므로 A가 빠지기 전까지 일한 시간은 $\left(1 - \dfrac{9}{10} \right) \div \dfrac{1}{10} = 1$(시간)이다.

따라서 A 없이 B, C가 함께 일한 시간은 $y = 6 - 1 = 5$(시간)이 된다.

$\therefore x + y = 4 + 5 = 9$(시간)

14

|정답| ①

|해설| A보다 15분 늦게 출발한 B가 한 시간 만에 A를 따라잡았으므로 A가 75분 동안 이동한 거리와 B가 60분 동안 이동한 거리는 서로 같다. B의 속력을 x라고 하면 다음과 같은 식이 성립한다.

$6 \times \dfrac{75}{60} = x \times 1$ ∴ $x = 7.5(\text{km/h})$

15

|정답| ⑤

|해설| 매뉴얼의 전체 분량을 x라 하면 다음과 같은 식이 성립한다.

$\left(x \times \dfrac{2}{3} - 100\right) \times 0.5 = 30$

$\dfrac{2}{3}x - 100 = 60$

∴ $x = 240$

따라서 매뉴얼의 전체 분량은 240페이지이다.

16

|정답| ⑤

|해설| '소금의 양 = $\dfrac{\text{소금물의 농도(\%)}}{100}$ × 소금물의 양'이므로 15% 소금물의 양을 x로 두고 조건에 따라 식을 세우면 다음과 같다.

$\dfrac{15}{100} \times x = \dfrac{12}{100} \times (x + 120)$

$15x = 12x + 1,440$

$3x = 1,440$ ∴ $x = 480(\text{g})$

보충 플러스+

- 소금물의 농도(%) : $\dfrac{\text{소금의 양}}{\text{소금물의 양}} \times 100$
- 소금의 양 : $\dfrac{\text{소금물의 농도(\%)}}{100} \times \text{소금물의 양}$

17

|정답| ④

|해설| 올해 퇴직자 수는 144 × 1.25 = 180(명)이다. 따라서 추가로 뽑아야 하는 신입사원 수는 180 × 1.2 = 216(명)이므로 채용인원은 총 500 + 216 = 716(명)이다.

18

|정답| ②

|해설| 8명이 10일 동안 82개를 모은다면, 8명이 1일 동안 모을 수 있는 우표는 $\dfrac{82}{10}$개이다. 따라서 52일 동안 모을 수 있는 우표는 $\dfrac{82}{10} \times 52 = 426.4$, 즉 426개이다.

19

|정답| ②

|해설| '속력 = $\dfrac{\text{거리}}{\text{시간}}$'이므로 자전거의 속력은 $\dfrac{450}{30} = 15(\text{m/s})$이다.

20

|정답| ②

|해설| 20%의 소금물 140g에 들어 있는 소금의 양을 구하면 $140 \times \dfrac{20}{100} = 28(\text{g})$이다. 원래 있던 7% 소금물의 양을 xg이라고 하고, 14%의 소금물에 들어 있는 소금의 양을 구하는 식을 만들면 다음과 같다.

$\dfrac{7}{100}x + 28 = (140 + x) \times \dfrac{14}{100}$

$\dfrac{7}{100}x = \dfrac{840}{100}$

∴ $x = 120(\text{g})$

21

|정답| ②

|해설| 갑, 을이 인접한 자리에 앉을 확률=
$\frac{\text{갑, 을이 인접한 자리에 앉는 경우의 수}}{\text{5명이 한 줄로 앉는 경우의 수}}$이며,

갑과 을이 서로 인접한 자리에 앉는 경우의 수는 4명이 한 줄로 앉는 경우의 수에 갑과 을이 서로 자리를 바꿔 앉는 경우의 수를 곱한 것과 같으므로,

$\frac{_4P_4 \times 2}{_5P_5} = \frac{(4 \times 3 \times 2 \times 1) \times 2}{5 \times 4 \times 3 \times 2 \times 1} = \frac{2}{5}$이다.

22

|정답| ④

|해설| 250개 고객사 중 30%에게 통화를 완료하였으므로 남은 고객사는 $250 \times (1-0.3) = 250 \times 0.7 = 175$(개)이다. 하루에 22통씩 한다면 $175 \div 22 = 7.95\cdots$(일)이므로 8일이 더 필요하다.

23

|정답| ①

|해설| $\frac{26}{17} = \frac{52}{34} > \frac{51}{35}$

24

|정답| ①

|해설| $235 \times 91 = 21,385$

$460 \times 45 = 20,700$

∴ $235 \times 91 > 460 \times 45$

25

|정답| ②

|해설| $3,055 \times 0.6 \square 3,754 \times 0.5$

∴ $1,833 < 1,877$

26

|정답| ②

|해설| '거리=속력×시간'이고 3시간 30분은 3.5시간이므로, 달린 거리는 $120 \times 3.5 = 420$(km)이다.

27

|정답| ①

|해설| 바나나 한 개의 원래 가격을 x원이라 하면 다음과 같은 식이 성립한다.

$\{x - (x \times 0.2)\} \times 20 = 16,000$

$16x = 16,000$

∴ $x = 1,000$(원)

28

|정답| ④

|해설| 복리 예금 상품의 이자 금액은 '$A(1+r)^n - A$'로 구할 수 있으므로 다음과 같은 식이 성립한다.

$10,000,000(1+0.1)^3 - 10,000,000$
$= 10,000,000 \times 1.33 - 10,000,000$
$= 10,000,000(1.33 - 1)$
$= 10,000,000 \times 0.33$
$= 3,300,000$

따라서 3년 후 홍길동 씨가 받게 될 이자는 3,300,000원이다.

29

|정답| ①

|해설| 현재 아버지의 나이를 x세라 하면 현재 어머니의 나이는 $\frac{4}{5}x$세이다. 2년 후의 조건에 따라 식을 세우면 다음과 같다.

$\left(\frac{4}{5}x + 2\right) + \frac{1}{3}(x+2) = 65$

$12x + 30 + 5x + 10 = 975$

$17x = 935$

$\therefore x = 55$(세)

그러므로 어머니는 $55 \times \dfrac{4}{5} = 44$(세), 태호는 $\dfrac{1}{3} \times (55+2) - 2 = 19 - 2 = 17$(세)임을 알 수 있다.

$\therefore 55 + 44 + 17 = 116$(세)

30

|정답| ③

|해설| 20X4년 2월은 28일까지 있고 1일이 월요일이므로 총 4주가 되며 평일은 $4 \times 5 = 20$(일), 주말은 $4 \times 2 = 8$(일)이 있는 것을 알 수 있다.
평일 하루 평균 접속 횟수를 x로 두면 주말 하루 평균 접속 횟수는 평일 하루 평균 접속 횟수의 절반이므로 $0.5x$이다. 2월의 접속 횟수를 기준으로 식을 세우면 다음과 같다.

$1,680 = 20x + 8 \times 0.5x = 24x$

$\therefore x = 70$

따라서 평일 하루 평균 접속 횟수는 70회이다.

영역 4 자료해석

▶문제 44쪽

01	③	02	②	03	③	04	②	05	③
06	③	07	①	08	④	09	③	10	④
11	①	12	②	13	①	14	④	15	②
16	③	17	③	18	④	19	②	20	④

01

|정답| ③

|해설| 20X8년에 전년 대비 판매 점유율이 감소한 제조사는 C사와 E사다. 이 두 회사의 20X8년 판매량은 전년 대비 $140 \times (0.11 + 0.07) - 145 \times (0.06 + 0.06) = 25.2 - 17.4 = 7.8$(만 대) 감소하였다.

02

|정답| ②

|해설| '인구밀도 $= \dfrac{\text{인구 수}}{\text{국토면적}}$'이므로, 호주의 인구수를 x로 놓고 식을 세우면 다음과 같다.

$\dfrac{x}{7,700,000} = 3$

$\therefore x = 23,100,000$(명)

03

|정답| ③

|해설| 일본의 국토면적은 377,000km²이고 영국의 국토면적은 242,000km²이므로 $377,000 - 242,000 = 135,000$(km²) 더 넓다.

|오답풀이|
⑤ 대한민국의 인구수는 $99,000 \times 485 = 48,015,000$(명)이다.

04

|정답| ②

|해설| 성수기에 6인실 1개와 2인실 1개를 대여했으므로 숙박 비용은 $500,000 + 300,000 = 800,000$(원)이다. 그리고 2명은 워터파크를 가고 4명은 선상낚시를 하며 저녁에는 다 같이 서바이벌을 하므로 부대시설 이용 요금은 $25,000 \times 2 + 30,000 \times 4 + 25,000 \times 8 = 370,000$(원)이다. 따라서 A 리조트에 지불해야 하는 금액은 총 $800,000 + 370,000 = 1,170,000$(원)이다.

05

|정답| ③

|해설| 주말에 서바이벌은 15,000원으로 20,000원인 워터파크를 이용하는 것보다 저렴하다.

| 오답풀이 |
① 성수기 2인실 요금은 300,000원, 평일 4인실 요금은 200,000원으로 평일 4인실 요금이 더 저렴하다.
② 성수기에는 선상낚시 비용이 30,000원으로 25,000원인 워터파크와 서바이벌 비용보다 비싸다.
④ • 평일 6인실 1개 : 300,000원
   • 평일 2인실과 4인실 각각 1개 : 100,000+200,000 =300,000(원)
⑤ 1박 요금이 가장 비싼 성수기에도 4인실과 6인실을 각각 1개씩 이용한다면 10명이 100만 원으로 A 리조트에서 1박을 할 수 있다.

06

| 정답 | ③

| 해설 | 중소기업 CEO 400명 중 경공업 분야의 해외경기가 부진하다고 응답한 CEO는 37%이므로 $400 \times \frac{37}{100} = 148$(명)이다.

07

| 정답 | ①

| 해설 | 먼저 농수산물 분야의 해외경기가 부진하다고 응답한 CEO의 수를 구하면 $400 \times \frac{31}{100} = 124$(명)이다. 이 중에서 7%가 중남미 지역이라 응답했으므로 $124 \times \frac{7}{100} ≒ 9$(명)이다.

08

| 정답 | ④

| 해설 | A 회사 직원 500명 중 e-러닝에 참여한 직원 수는 $500 \times \frac{88}{100} = 440$(명)이다.

09

| 정답 | ③

| 해설 | e-러닝 참여율은 팀빌딩 참여율의 $\frac{88}{25} = 3.52$(배)이다.

| 오답풀이 |
① 참여율이 가장 저조한 유형은 7%인 액션러닝이다.
② 참여율이 두 번째로 높은 유형은 68%인 교실강의이다.
④ 현장실습, 멘토링, 액션러닝, 팀빌딩의 비율을 합하면 18+19+7+25=69(%)로 68%인 교실강의보다 높다.
⑤ 교실강의 참여율은 68%로 멘토링 참여율인 19%의 4배인 19×4=76(%)를 넘지 않는다.

10

| 정답 | ④

| 해설 | 인문학 도서 대출권수에 2배의 가중치를 두고, 도서 대출권수를 계산하면 다음과 같다.

(단위 : 권)

도서분류 학생	인문학	사회과학	자연과학	예술	합계
A	20	15	13	8	56
B	24	9	17	9	59
C	26	11	8	13	58
D	14	10	22	2	48

따라서 B가 제일 많이 대출한 학생이다.

| 오답풀이 |
② 인문학, 사회과학 분야의 도서 대출권수를 합하면 A는 25권, B는 21권, C는 24권, D는 17권이다. 따라서 두 번째로 많이 대출한 학생은 C이다.

③ (단위 : 권)

도서분류 학생	인문학	사회과학	자연과학	예술	합계
A	10	15	13	8	46
B	12	9	17	9	47
C	13	11	8	13	45
D	7	10	22	2	41

따라서 전체 도서 대출권수가 제일 많은 학생은 B이다.

⑤ 자연과학과 예술 분야의 도서 대출권수를 합하면 A는 21권, B는 26권, C는 21권, D는 24권이다. 따라서 가장 적게 대출한 학생은 A와 C이다.

11

|정답| ①

|해설| 조사대상자 중 기혼이자 찬성하는 사람의 비율은 0.7×0.6=0.42이고, 미혼이자 찬성하는 사람의 비율은 0.3×0.2=0.06이다. 따라서 정책에 찬성한 사람 중 기혼인 사람은 $\frac{0.42}{(0.42+0.06)} \times 100 ≒ 88(\%)$이다.

12

|정답| ②

|해설| (다) 2008년 이후 가족 수는 2008년이 598가족으로 가장 많다.

|오답풀이|
(가) 2011년과 2020년에는 전년에 비해 전체 인원수가 증가하였다.
(나) 2020년에는 전체 인원수와 가족 수 모두 증가하였다.

13

|정답| ①

|해설| □□시의 미세먼지 농도 평균은
$\frac{70.3+65.8+50.4+76.0+69.5}{5} = 66.4(\mu g/m^3)$이고,
◇◇시의 미세먼지 농도 평균은
$\frac{84.0+68.4+73.7+95.6+75.3}{5} = 79.4(\mu g/m^3)$이다.
따라서 두 도시의 미세먼지 농도 평균의 차는 79.4-66.4 =13.0($\mu g/m^3$)이다.

14

|정답| ④

|해설| 20X5년의 손해보험 자산은 74조 원, 20X4년은 66조 원이므로 다음과 같이 식을 세울 수 있다.
$\frac{74.0-66.0}{66.0} \times 100 ≒ 12(\%)$
따라서 20X5년 손해보험 자산은 20X4년에 비해 약 12% 증가했다.

15

|정답| ②

|해설| 공공 부조 제도는 국가와 지방자치단체의 책임하에 생활 유지 능력이 없거나 어려운 국민의 최저생활을 보장하고 자립을 지원하는 제도를 말한다. 공공 부조가 필요한 생활 보호 대상자는 고령 인구가 큰 비율을 차지하므로 고령 인구의 자립을 위해서는 오히려 공공 부조 제도를 확대해야 한다.

|오답풀이|
① 고령화란 전체 인구에서 차지하는 고령자 비율이 높아지는 것을 말한다. 그리고 〈생활 보호 대상자의 연령분포〉를 보면 65세 이상, 즉 고령 인구의 비율이 크다는 것을 알 수 있다. 따라서 고령화될수록 생활 보호 필요성 또한 커질 것임을 추론할 수 있다.
③ 〈생활 보호 대상자의 경제 활동 상태〉를 보면 비경제활동과 미취업 비율의 합이 47+28=75(%)이다. 따라서 생활 보호 대상자의 70% 이상이 경제적 자립이 약하다고 볼 수 있다.
④ 〈생활 보호 대상자의 연령분포〉와 〈생활 보호 대상자의 경제 활동 상태〉를 종합해 봤을 때, 생활 보호 대상자는 고령 인구가 큰 비율을 차지하고 이들 중에는 경제적으로 자립할 수 없는 경우가 많다는 결론에 도달할 수 있다. 따라서 고령 인구의 경제적 자립을 위해서는 고령 인구에게 일자리를 제공하는 정책이 필요하다고 볼 수 있다.

16

|정답| ③

|해설| 20X2년 5월의 실업자 수는 6개월 전인 20X1년 11월의 실업자 수보다 $\frac{1,287}{866} ≒ 1.5$(배) 많다.

|오답풀이|

② 20X2년 8월부터 10월까지 실업자 수는 916 → 1,020 → 1,150천 명으로 꾸준히 증가한다.

④ 20X2년 5월의 실업률은 4.5%로 제시된 자료에서 가장 높은 실업률 수치를 보인다.

⑤ 실업률이 가장 높은 시기인 20X2년 5월의 실업률은 4.5%로 가장 낮은 시기인 20X1년 9월의 실업률 2.3%의 $\frac{4.5}{2.3} ≒ 1.96$(배)이다.

17

|정답| ③

|해설| 비율이 두 번째로 높은 지역은 남구로 7.5%이고, 비율이 가장 낮은 지역은 서구로 2.6%이다. 따라서 비율을 합한 값은 7.5+2.6=10.1(%p)이다.

18

|정답| ④

|해설| 연제구의 저축 비율은 5.8%이므로 $200,000 × \frac{5.8}{100}$ =11,600(명)이다.

19

|정답| ②

|해설| 33+35+30+26+29=153(백만 마리)

20

|정답| ④

|해설| 농어의 양식어획량이 가장 적은 해는 13백만 마리인 20X3년이다.

|오답풀이|

① 조피볼락의 어획량은 20X2년에 증가하였다.

② 참돔의 어획량은 20X1년 대비 20X5년에 53-37=16(백만 마리) 감소하였다.

③ 20X4년과 비교해서 20X5년에 양식어획량이 증가한 것은 넙치류, 숭어, 기타 어류이다.

⑤ 전년 대비 양식어획량이 줄어든 해는 20X3년, 20X4년, 20X5년이며 세 해의 전년 대비 줄어든 양을 비교하면 다음과 같다.

- 20X3년 : 569-656=-87(백만 마리)
- 20X4년 : 546-569=-23(백만 마리)
- 20X5년 : 520-546=-26(백만 마리)

따라서 전년 대비 양식어획량이 가장 많이 줄어든 해는 20X3년이다.

파트2 기출유형모의고사

1회 언어표현

▶문제 114쪽

01	②	02	③	03	⑤	04	①	05	③
06	①	07	④	08	②	09	④	10	③
11	①	12	⑤	13	①	14	④	15	③
16	⑤	17	①	18	①	19	②	20	④
21	②	22	④	23	②	24	③	25	④
26	③	27	④	28	⑤	29	②	30	④

01

|정답| ②

|해설| • 하늬바람＝서풍 : 서쪽에서 부는 건조하고 서늘한 바람을 이르는 순우리말로, 주로 농촌이나 어촌에서 사용하는 말

02

|정답| ③

|해설| • 미쁘다＝미덥다 : 믿음성이 있다.

|오답풀이|

② 시쁘다 : 마음에 차지 않아 시들하다.

④ 시답다 : 마음에 차거나 들어서 만족스럽다.

03

|정답| ⑤

|해설| '평범(平凡)'은 '뛰어나거나 색다른 점이 없이 보통'이란 뜻을 지니고 있다. '범용(凡庸)'은 '평범하고 변변하지 못함. 또는 그런 사람'이란 뜻으로 '평범'과 유의어 관계이다.

|오답풀이|

③ 불범(不凡) : 평범하지 않음.

04

|정답| ①

|해설| • 설날 : 음력 1월 1일

• 동지 : 양력 12월 22일이나 23일경

• 정월대보름 : 음력 1월 15일

세 단어 모두 '겨울'에 해당하는 명절과 절기이다.

05

|정답| ③

|해설| • 첩지 : 조선시대에 부녀자들이 머리 위에 꾸미던 장식품

• 조바위 : 여자들이 쓰던 방한모의 한 가지

• 사모 : 관복을 입을 때에 쓰던 검은 사(紗)로 만든 모자

• 남바위 : 추위를 막기 위해 머리에 쓰는 쓰개의 한 가지

네 단어 모두 '머리'에 쓰는 장신구이다.

06

|정답| ①

|해설| • 갓 : 굴비, 비웃 따위나 고비, 고사리 따위를 묶어 세는 단위

• 닢 : 납작한 물건을 세는 단위

• 냥 : 예전에 엽전을 세던 단위

세 단어 모두 무언가를 세는 '단위'이다.

07

|정답| ④

|해설| '찐덥다'는 '남을 대하기가 마음에 흐뭇하고 만족스럽다', '마음에 거리낌 없고 떳떳하다'를 의미한다.

08

|정답| ②

|해설| '옹골지다'는 '실속이 있게 속이 꽉 차 있다'를 의미한다.

09

|정답| ④

|해설| '가뭇없다'는 '보이던 것이 전혀 보이지 않아 찾을 곳이 감감하다'의 의미로, 눈에 띄지 않게 감쪽같은 상황에서 쓰인다.

10

|정답| ③

|해설| '짐짓'은 '마음으로는 그렇지 않으나 일부러 그렇게', '아닌 게 아니라 정말로'의 의미이다.

|오답풀이|
① 모르쇠 : 아는 것이나 모르는 것이나 다 모른다고 잡아떼는 것
② 지레 : 어떤 일이 일어나기 전 또는 어떤 기회나 때가 무르익기 전에 미리
④ 드레 : 사람 됨됨이로서의 점잖은 무게
⑤ 헤살 : 남의 일을 짓궂게 훼방하는 짓

11

|정답| ①

|해설| 추요(樞要)의 추(樞)는 사물의 한가운데 중앙·중심이 된다는 의미이다.

|오답풀이|
② 모태(母胎) : 사물의 발생·발전의 근거가 되는 토대를 비유적으로 이르는 말
④ 수범(垂範) : 몸소 본보기가 되도록 함.

12

|정답| ⑤

|해설| 월요일은 달(月)에서 유래했다. 삭망은 음력 초하루와 보름을 아울러 부르는 말이다. 태음력은 달이 지구를 한 바퀴 도는 시간을 바탕으로 만든 역법이다.

13

|정답| ①

|해설| '잦다'는 주로 '기침이 잦다', '지각이 잦다'처럼 무언가를 자주 행한다는 의미이다. '드물다'는 '어떤 일이 일어나는 일이 잦지 아니하다'의 의미로 '잦다'의 반의어이다.

14

|정답| ④

|해설| '탈의(脫衣)'는 '옷을 벗다'의 뜻이고 '착의(着衣)'는 '옷을 입다'의 의미이므로 서로 반의어 관계이다.

|오답풀이|
① 개염 : 부러워하며 샘하여 탐내는 마음

15

|정답| ③

|해설| '편향(偏向)'은 '한쪽으로 치우침'의 의미이고 '공정(公正)'은 '공평하고 올바름'이라는 뜻이다.

16

|정답| ⑤

|해설| 벽, 손목, 뻐꾸기, 전자에 시계를 붙이면 시계의 종류가 된다. 따라서 적절한 단어는 시계이다.

17

|정답| ①

|해설| 코다리, 노가리, 황태, 북어는 모두 명태의 다른 이름이다.

18
| 정답 | ①

| 해설 | 한글, 알파벳, 히라가나, 한자를 아우르는 상위개념은 문자이다.

19
| 정답 | ②

| 해설 | 거리 측정은 줄자의 기능이라는 점을 통해 제시된 단어 관계는 물건과 그 기능의 관계임을 유추할 수 있다. 따라서 이와 같은 단어 관계로 연결된 것은 연필과 쓰기이다.

20
| 정답 | ④

| 해설 | 판사-공정을 통해 두 단어는 직업과 그에 주로 요구되는 직업윤리관의 관계임을 추론할 수 있다. 따라서 빈칸에는 회계사에게 주로 요구되는 직업윤리관인 '정확'이 들어가는 것이 가장 적절하다.

21
| 정답 | ②

| 해설 | 어떤 것이 바람을 맞으면 흔들린다는 점을 통해 어떤 것이 빛을 받으면 반짝인다는 단어 관계를 유추할 수 있다.

22
| 정답 | ④

| 해설 | 연필로 쓴 글씨를 지우는 데 지우개를 사용한다는 점을 통해, 성냥으로 피운 불을 끄기 위해 소화기를 사용한다는 단어 관계를 유추할 수 있다.

23
| 정답 | ②

| 해설 | 정신은 육체나 물질에 대립되는 영혼 혹은 마음, 체력은 육체적 활동을 하기 위한 몸의 힘을 의미한다. 따라서 정신과 체력은 서로 대비되는 관계이다. 따라서 빈칸에 들어갈 단어로는 사람이 자연물을 가공하는 일이라는 뜻의 인공(人工)과 대비되는 의미의 단어인 자연(自然)이 가장 적절하다.

24
| 정답 | ③

| 해설 | 편향은 한쪽으로 치우침을 뜻하고 중도는 한쪽으로 치우지지 않은 바른길을 뜻하므로 서로 반의 관계이다. 선택지 중에서 반의 관계에 해당하는 것은 순종과 거역이다. ①, ②, ④, ⑤는 유의관계이다.

25
| 정답 | ④

| 해설 | 명제가 참이면 대우도 참이라는 것과 명제의 삼단논법 관계를 이용한다.
- 첫 번째 명제 : 미세먼지가 증가하게 된다. → 마스크 판매량이 증가한다.
- 두 번째 명제 : 미세먼지에 민감한 사람이다. → 마스크를 낀다.
- 세 번째 명제 : 미세먼지에 민감하지 않은 사람이다. → 건강에 둔감하다.

세 번째 명제가 참이므로 대우인 '건강에 둔감하지 않은 사람이면 미세먼지에 민감하다' 역시 참이 된다. 두 번째 명제가 참이므로 삼단논법에 의해 '건강에 둔감하지 않은 사람은 마스크를 낀다'는 반드시 참이 된다.

| 오답풀이 |

①, ③ 주어진 명제들로는 이 명제의 참과 거짓을 판별할 수 없다.

② 첫 번째 명제가 참이므로 '마스크를 끼는 사람이 줄어들고 있다'라는 명제는 거짓이다.

⑤ 두 번째 명제가 참이라면 그 대우인 '마스크를 끼지 않는 사람은 미세먼지에 민감하지 않다'라는 명제 역시 참이다. 세 번째 명제가 참이므로 삼단논법에 의해 '마스크를 끼지 않는 사람은 건강에 둔감하다'가 참이 된다. 따라서 '마스크를 끼지 않는 사람은 건강에 둔감하지 않다'는 거짓이다.

26

| 정답 | ③

| 해설 | '축구를 잘할 수 없으면 농구를 잘할 수 없다'는 명제가 참이라면 이 명제의 대우인 '농구를 잘할 수 있다면 축구를 잘할 수 있다'라는 명제도 참이다. '야구를 잘할 수 있으면 농구를 잘할 수 있다'라는 명제도 참이므로 삼단논법에 의해 '야구를 잘할 수 있으면 축구를 잘할 수 있다'라는 명제 또한 반드시 참이 된다.

| 오답풀이 |

① '야구를 잘할 수 있으면 축구를 잘할 수 있다'라는 명제는 참이다. 따라서 '야구를 잘할 수 있으면 축구를 잘할 수 없다'는 명제는 거짓이다.

②, ⑤ 주어진 명제들로는 이 명제의 참과 거짓을 판별할 수 없다.

④ '농구를 잘할 수 있다면 축구를 잘할 수 있다'라는 명제가 참이므로 '농구를 잘할 수 있으면 축구를 잘할 수 없다'라는 명제는 거짓이다.

27

| 정답 | ④

| 해설 | '생각'은 '사물을 헤아리고 판단하는 작용'을 의미하는 단어이며 '고찰'은 '어떤 것을 깊이 생각하고 연구함'의 의미이므로 '생각'과 바꾸어 쓰기 적절하다.

28

| 정답 | ⑤

| 해설 |
• 사필귀정(事必歸正) : 모든 일은 반드시 바른길로 돌아감. 처음에 일이 잘못된 방향으로 가더라도 결국에는 바른길로, 옳은 이치대로 돌아가게 된다는 의미로, 정의(선)가 반드시 이긴다는 말
• 뿌린 대로 거둔다 : 올바르거나 또는 올바르지 않은 행동에 따라 그에 상응하는 결과를 맞이하게 된다는 말

| 오답풀이 |

① 잘 아는 일이라도 세심하게 주의를 하라는 말

② 권력이 있을 때는 아첨을 하다가도 권력이 사라지면 돌아보지 않는다는 의미로, 세상 인심이 자기의 이익만을 좇아 움직인다는 것을 비유적으로 이르는 말

③ 남의 의심을 살 행동은 하지 말라는 의미

④ 무슨 일이든 처음 시작이 어려울 뿐 일단 시작하면 끝마치는 것은 어렵지 않다는 의미

29

| 정답 | ②

| 해설 |
• 주마간산(走馬看山) : 말을 타고 달리며 산천을 구경한다는 것으로, 자세히 살펴보지 아니하고 대충 지나감을 이르는 말
• 수박 겉핥기 : 맛있는 수박을 먹는다는 것이 딱딱한 겉만 핥고 있다는 뜻으로, 사물의 속 내용은 모르고 겉만 건드리는 일을 비유적으로 이르는 말

| 오답풀이 |

① 별안간 엉뚱한 말이나 행동을 함을 비유적으로 이르는 말

③ 신기하고 기묘하여 그 속내를 알 수 없음을 비유적으로 이르는 말

④ 소를 도둑맞은 다음에서야 빈 외양간의 허물어진 데를 고치느라 수선을 떤다는 뜻으로, 일이 이미 잘못된 뒤에는 손을 써도 소용이 없음을 비꼬는 말

⑤ 몹시 안타깝게 기다린다는 의미

30

|정답| ④

|해설| 우공이산(愚公移山)은 우공이 산을 옮긴다는 말로, 남이 보기엔 어리석은 일처럼 보이지만 한 가지 일을 끝까지 밀고 나가면 언젠가는 목적을 달성할 수 있다는 뜻으로 밑줄 친 내용을 나타내기에 적절한 사자성어이다.

|오답풀이|

① 전전반측(輾轉反側) : 이리 뒤척 저리 뒤척 한다는 뜻으로, 걱정거리로 마음이 괴로워 잠을 이루지 못함을 이르는 말이다.

② 다기망양(多岐亡羊) : 갈림길이 많아 잃어버린 양을 찾지 못한다는 뜻으로, 두루 섭렵하기만 하고 전공하는 바가 없어 끝내 성취하지 못함을 이르는 말이다.

③ 침소봉대(針小棒大) : 바늘만한 것을 몽둥이 만하다고 말한다는 뜻으로, 곧 작은 일을 크게 과장하여 말함을 이르는 말이다.

⑤ 동문서답(東問西答) : 물음과는 전혀 상관없이 엉뚱하게 대답하는 것을 이르는 말이다.

1회 언어이해

▶문제 124쪽

01	③	02	③	03	①	04	②	05	⑤
06	①	07	①	08	①	09	①	10	⑤
11	②	12	③	13	⑤	14	④	15	②
16	④	17	①	18	②	19	④	20	④

01

|정답| ③

|해설| 먼저 기준점 효과에 대한 개념을 설명한 뒤 간디의 사망 나이, 집의 표시 가격 등 이와 관련한 다양한 사례들을 제시하고 있다.

02

|정답| ③

|해설| 공감적 이해는 상대방에게 관심을 기울이는 것이다. 상대방에게 관심을 기울이지 않으면 상대방과 의미있는 대화를 나누지 못하게 된다. 효과적인 관심 기울이기 행동은 상대방에게 내가 그를 하나의 존엄성을 가진 인격체로 존중하며 그가 말하는 것에 깊은 관심을 가지고 있다는 사실을 나타내 주는 것이다. 따라서 제시된 고민에 공감하는 태도를 보이는 ③이 가장 적절한 답변이다.

03

|정답| ①

|해설| 비유 또는 상징을 사용하고 있지 않아 가훈 작성 원칙에 어긋난다.

|오답풀이|

② 가족이 함께 살아가는 삶을 '길'로 비유하였으며, '행복'이라는 공동 목표를 담았다.

③ 가족의 지지와 도움을 '빛'과 '어둠'의 비유로 표현하였다.

④, ⑤ '처럼'을 활용하여 '호수'와 '삶', '태양과 '미래'를 직접적으로 연결하여 비유하고 있다.

04

|정답| ②

|해설| (가)는 문장 앞에 접속어 '따라서'가 위치하고 있기 때문에 가장 앞에 올 수 없고, 내용상 (라) 뒤에 오는 것이 어울린다. (다) 역시 '그러므로'를 통해 (마)의 뒤에 온다는 것을 알 수 있다. (마)의 '그러나'는 역접의 접속어이므로 (가)의 뒤에 오며, 문맥상 (나)는 맨 앞에 오는 것이 적절하다. 따라서 (나)-(라)-(가)-(마)-(다) 순이 적절하다.

05

|정답| ⑤

|해설| 제시된 글의 앞부분에서 나이가 들면 노화로 인해 뇌가 점점 늙어간다고 하였으며, 빈칸이 속한 문장에서

뇌기능 감퇴는 사실 20대부터 시작된다고 하였다. 즉, 화제를 앞의 내용과 관련시키면서 다른 방향으로 이끌어 나가고자 하는 것이므로 빈칸에 들어갈 접속사는 '그런데'가 적절하다.

06

| 정답 | ①

| 해설 | 제시된 글은 독서의 습관을 식습관에 비유하여 내용을 전개하고 있다. 한편 제시된 글에서 밥을 굶는 것에 비유되는 독서의 습관은 제시되어 있지 않다.

| 오답풀이 |

②, ④ 좋아하는 시만 읽는 것(㉠)이나 흥미 위주의 소설이나 잡지를 읽는 것(㉡)은 음식점에서 본인이 좋아하는 냉면만 찾는 것과 같이 편식하는 습관에 비유할 수 있다.

③ 책에서 처음 접하는 내용을 이해하기 위해 찬찬히 읽어 나가는 것(㉢)은 음식을 꼭꼭 씹어 잘 소화시키는 것에 비유할 수 있다.

⑤ 책에서 필요한 정보를 탐색하는 것(㉣)은 사진을 보거나 냄새를 맡아가면서 메뉴를 고르는 것에 비유할 수 있다.

07

| 정답 | ①

| 해설 | 세 번째 문장에서 소비자는 같은 제품이라도 겉모습이 화려한 것을 구입하려고 한다고 제시되어 있다.

| 오답풀이 |

② 마지막 문장에서 자본주의 사회에서는 인간까지 상품미를 추구하는 대상으로 보고 있다는 내용이 나오지만, 그것이 비난받을 일이라는 언급은 나와 있지 않다.

③ 제시되어 있지 않은 내용이다.

④ 두 번째 문장에서 상품미는 이윤을 얻기 위한 것임을 알 수 있으므로, 이익과 관련이 없다는 설명은 잘못되었다.

⑤ 네 번째 문장에서 우리가 주위에서 보는 거의 모든 상품은 상품미를 추구하고 있다고 하였으므로, 보기 어렵다는 설명은 잘못되었다.

08

| 정답 | ①

| 해설 | 우리나라와 미국의 예시에서 우리나라가 일정액의 수수료를 부담하고 달러를 공급받는다고 설명하는 내용을 통해 추론할 수 있다.

| 오답풀이 |

②, ⑤ 변제할 때에도 변동금리가 아닌 계약 당시의 환시세를 적용한다.

③ 다국적 기업이 통화 스와프를 적극 활용한다고 해서 필수적으로 활용한다고 볼 수는 없다.

④ 자국의 통화를 맡기면서 일정액의 수수료를 부담하고 상대국의 외환을 공급받으며 변제 시에는 예치 당시의 환시세를 적용한다고 하였으므로, 추가적으로 드는 수수료에 의해 변제 당시보다는 예치 당시의 금액이 더 많이 소요된다.

09

| 정답 | ①

| 해설 | 제시된 글에서는 언어에 대한 작가의 책임이 막중하다고 말하고 있는데, 이러한 주장에는 작가가 산출하는 문학 작품이 언어에 지대한 영향을 미친다는 사실이 전제되어 있어야 한다.

10

| 정답 | ⑤

| 해설 | 모든 선택지가 (라)로 시작하고 있으므로 (라)의 내용을 먼저 살펴보면 19세기 일부 인류학자들의 주장에 대한 설명임을 알 수 있다. (마)에서는 '그들'이라는 단어로 19세기 일부 인류학자들을 포괄하며 (라)의 주장에 대해 구체적으로 설명하고 있다. 따라서 (라)-(마)로 이어짐을 알 수 있다. (다)에서는 역접의 접속어 '그러나'를 사용하여 (라), (마)에서 언급한 일부 인류학자의 주장이 비판을 받게 되었다고 내용을 전환하고 있으며, (가)에서는 비판을 받은 이유를, (나)에서는 비판을 받은 이후 20세기 인류학자들의 변화에 대해 설명하고 있으므로 (다)-(가)-(나)로 이어지게 된다. 따라서 (라)-(마)-(다)-(가)-(나) 순이 적절하다.

11

| 정답 | ②

| 해설 | 제시된 글은 이웃이 전보다 인접해 있으나 가까이 사귀지 못하는 도시의 생활 모습을 설명하고 있다. 따라서 글의 중심내용이 되는 ㉠에는 이로 인한 도시 생활의 문제점인 '가구의 고립화'가 들어가는 것이 적절하다.

12

| 정답 | ③

| 해설 | '함께 추구한다'라는 경쟁의 어원처럼 본래의 경쟁은 사회의 여러 부문에서 상생·상보적인 요소로 작용하였으나, 오늘날의 경쟁은 지배 이데올로기로 자리 잡아 어원과는 다른 의미로 사용되고 있음을 소개하고 있다. 따라서 '경쟁의 변모'가 주제로 가장 적절하다.

13

| 정답 | ⑤

| 해설 | 제시된 글에서 필자는 개인정보 유출이 자살 사건까지 불러오는 심각한 사회적 문제로 비화되었다고 설명한다. 따라서 이 글에서 필자가 강조하고자 하는 바는 '개인정보 유출 피해의 심각성'이라고 볼 수 있다.

14

| 정답 | ④

| 해설 | 제시된 〈지문〉의 "일어난 일에 대한 묘사는 본 사람이 무엇을 중요하게 판단하고, 무엇에 흥미를 가졌느냐에 따라 크게 다르다."라는 내용의 예시가 (D) 뒤에 있으므로 (D)에 들어가는 것이 적절하다.

15

| 정답 | ②

| 해설 | 직원들의 개인 연락처를 외부에 신속하게 제공하는 것은 개인정보 보호 규정에 위배될 수 있으며, 일반적인 회사의 보안 정책에 반하는 행동이다. 이러한 정보는 쉽게 제공해서는 안 되며, 적절한 절차를 거쳐야 한다.

| 오답풀이 |

③ 상위 책임자인 상사가 해외출장으로 자리를 비운 상황이므로, 상사가 돌아와서 해당 사항을 논의하려는 것은 적절한 대처법이다.

④ 개인 연락처를 바로 제공하지 않고 이메일을 통해 공식적으로 요청을 달라고 안내하는 것은 정보의 정확성과 보안을 확보할 수 있는 올바른 방법이다.

16

| 정답 | ④

| 해설 | 글로비시(Globish)는 전 세계 사람 누구나 쓸 수 있는 간편하고 쉬운 영어를 가리키는 말로, 원어민이 아닌 사람이 억양이 어색하고 영어를 불완전하게 사용해도 기본적인 의사소통에는 문제가 없으며 오히려 효율적인 대화가 가능하다고 하였다. 글로비시는 영어가 모국어가 아닌 전 세계 사람들이 사용하는 말이므로 만약 부정형으로 질문하면 본래 사용하던 언어권에 따라 그 논리가 다르게 해석될 수 있다. 따라서 이러한 혼란을 피하기 위해 부정형의 질문은 피하는 것이 좋다.

17

| 정답 | ①

| 해설 | 제시된 단어에 '원하는 사람은'을 추가하여 '누구나 이 티켓을 원하는 사람은 신청하면 그냥 드리겠습니다'라는 문장을 만들 수 있다.

18

| 정답 | ②

| 해설 | 제시된 글에서는 사람들이 직장의 빈약한 유대관계에서 채울 수 없는 공동체 의식을 다른 단체를 통해 되찾기 시작하였다고 언급하고 있다. 그리고 이러한 흐름이 특정한 이념과 관심사로 사람들을 분류하는 소셜미디어에 의해 증폭되면서 형성된 새로운 공동체 의식을 설명하고 있다.

19

|정답| ④

|해설| 제시된 글은 결핵 예방 백신의 접종 시기, 신체 반응, 접종방법에 따른 장단점 등을 소개하고 있으므로 이를 모두 포함하는 '결핵 예방을 위한 백신 접종방법'이 주제로 가장 적절하다.

|오답풀이|
① 어느 백신을 생후 최초로 접종해야 하는지는 글에서 강조하는 내용이 아니다.
② BCG 한 가지에 대해서만 언급하고 있으므로 종류를 설명한 글로 볼 수는 없다.
③ 곪는 반응이 주사 부위에 나타나는 것은 결핵 예방 백신 접종 후의 현상이며, 백신 접종방법을 설명하기 위한 내용이므로 글의 주제가 될 수는 없다.
⑤ 결핵 예방 백신인 BCG의 장단점이 아닌 백신 접종방법인 피내용과 경피용의 장단점을 파악할 수 있으며, 장단점 자체도 글의 주제로 적합하지 않다.

20

|정답| ④

|해설| 제시된 기사의 내용은 미국의 청소년 흡연율이 높은 수치를 기록하며, 높은 청소년 흡연율과 낮은 담배 구입 연령 제한이 연관이 있다는 연구 결과가 나와 미국의 여러 주가 담배 구입 연령 제한을 상향했다는 것이다. 따라서 '미국, 심각한 청소년 흡연율에 다수의 주들 담배 구입 연령 21세로 상향 조절'이 가장 적절하다.

1회 창의수리

▶문제 135쪽

01	④	02	④	03	④	04	②	05	⑤
06	①	07	②	08	③	09	④	10	①
11	②	12	③	13	③	14	①	15	③
16	④	17	②	18	④	19	⑤	20	③
21	③	22	⑤	23	①	24	②	25	②
26	③	27	①	28	③	29	③	30	③

01

|정답| ④

|해설| $(5*6)◎(3*2) = \{(5×6)-5+6\}◎\{(3×2)-3+2\}$
$= 31◎5 = (31×5)+31+5 = 191$

02

|정답| ④

|해설| 1시간=60분=3,600초이므로 4시간은 $3,600×4 = 14,400$(초)이다.

03

|정답| ④

|해설| 1kg=1,000g이므로 3.25kg은 $3.25×1,000 = 3,250$(g)이다.

04

|정답| ②

|해설| $234+7×895 = 234+6,265 = 6,499$

05

|정답| ⑤

|해설| $4\sqrt{2}+3\sqrt{3}\times 2\sqrt{6}=4\sqrt{2}+6\sqrt{18}$
$=4\sqrt{2}+18\sqrt{2}=22\sqrt{2}$

06

|정답| ①

|해설| $\dfrac{32}{9}\times\dfrac{7}{4}+\dfrac{1}{2}\times\dfrac{44}{9}=\dfrac{56}{9}+\dfrac{22}{9}=\dfrac{78}{9}=\dfrac{26}{3}$

07

|정답| ②

|해설| $2.34+8.9-8.572=11.24-8.572=2.668$

08

|정답| ③

|해설| $(3\sqrt{5}+5)(\sqrt{5}-1)$
$=3\sqrt{5}\times\sqrt{5}-3\sqrt{5}+5\sqrt{5}-5$
$=15-5+2\sqrt{5}=10+2\sqrt{5}$

09

|정답| ④

|해설| $(\sqrt{27}+4\sqrt{3})\times 2\sqrt{2}$
$=(\sqrt{3^3}+4\sqrt{3})\times 2\sqrt{2}$
$=(3\sqrt{3}+4\sqrt{3})\times 2\sqrt{2}$
$=7\sqrt{3}\times 2\sqrt{2}=14\sqrt{6}$

10

|정답| ①

|해설| $\left\{\left(\dfrac{2}{5}-\dfrac{3}{10}\right)+\dfrac{1}{4}\right\}\times\dfrac{6}{5}$
$=\left\{\left(\dfrac{4}{10}-\dfrac{3}{10}\right)+\dfrac{1}{4}\right\}\times\dfrac{6}{5}$
$=\left(\dfrac{1}{10}+\dfrac{1}{4}\right)\times\dfrac{6}{5}=\left(\dfrac{2}{20}+\dfrac{5}{20}\right)\times\dfrac{6}{5}=\dfrac{21}{50}$

11

|정답| ②

|해설| 16으로 나누었을 때 10이 남는 가장 작은 자연수인 26을 대입하면 26÷8=3…2이다. 16으로 나누었을 때 나머지가 10이 되는 또 하나의 자연수 42를 대입하면 42÷8=5…2이다. 따라서 16으로 나누었을 때 나머지가 10이 되는 자연수는 8로 나누면 나머지가 2임을 알 수 있다.

12

|정답| ②

|해설| 야구, 농구를 모두 좋아하는 사람을 x명이라 하고 벤다이어그램으로 정리하면 다음과 같다.

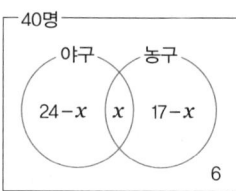

$40=(24-x)+(17-x)+x+6$
$40=24+17+6-x$ ∴ $x=7$(명)
따라서 농구만 좋아하는 학생은 $17-7=10$(명)이다.

13

|정답| ③

|해설| 흰색 A4 용지 한 박스의 단가를 x원이라 하면, 컬러 A4 용지 한 박스의 단가는 $2x$원이므로 다음과 같은 식이 성립한다.
$(50\times x)+(10\times 2x)-5,000=1,675,000$
$70x=1,680,000$
∴ $x=24,000$(원)
따라서 흰색 A4 용지 한 박스의 단가는 24,000원이다.

14

|정답| ①

|해설| A가 가진 돈을 x원이라 하고, A와 B가 가진 돈을 비례식으로 나타내면 다음과 같다.

$5:4=x:2,000$

$4x=10,000$

$\therefore x=2,500$(원)

따라서 A는 2,500원을 가지고 있다.

15

|정답| ③

|해설| 합격자를 x명이라고 하면 불합격자는 $(450-x)$명이다. '응시생 전체의 점수 합계=합격자 점수 합계+불합격자 점수 합계'이므로 다음과 같은 식이 성립한다.

$68x+53(450-x)=59\times450$

$68x+23,850-53x=26,550$

$15x=2,700$

$\therefore x=180$(명)

따라서 합격자는 총 180명이다.

16

|정답| ④

|해설| '속력=$\dfrac{거리}{시간}$'이므로, 우선 기차가 36초 동안 이동한 거리를 구한다. 기차가 이동한 거리는 기차의 맨 앞부분이 터널 입구로 들어가서 맨 끝부분이 터널을 통과하는 지점까지의 길이이므로, 터널의 길이+기차의 길이=800+100=900(m)가 된다.

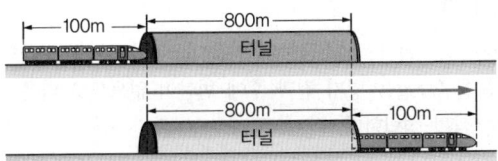

기차가 36초 동안 900m를 이동했으므로 선택지의 단위에 따라 이를 시속으로 변환하고 기차의 속력을 구한다.

기차의 속력 = $\dfrac{900\text{m}}{36\text{s}}\times\dfrac{1\text{km}}{10^3\text{m}}\times\left(\dfrac{60\text{s}}{1\text{min}}\times\dfrac{60\text{min}}{1\text{h}}\right)$

$=\dfrac{900\text{m}}{36\text{s}}\times\dfrac{1\text{km}}{1,000\text{m}}\times\dfrac{3,600\text{s}}{1\text{h}}$

$=90(\text{km/h})$

따라서 기차의 속력은 90km/h이다.

17

|정답| ②

|해설| 연속하는 두 수를 x, $x+1$이라 하면 다음과 같은 식이 성립한다.

$x\times(x+1)=1,406$

$x^2+x-1,406=0$

$(x-37)(x+38)=0$

$\therefore x=37$ 또는 $x=-38$

이때 두 수는 모두 자연수라는 조건이 있기 때문에 $x=37$이 되며 나머지 한 수는 38이 된다.

따라서 두 수를 더한 값은 37+38=75이다.

18

|정답| ④

|해설| '산책로 둘레의 길이=바깥 산책로 둘레의 길이+호수 둘레의 길이'이므로 이를 구하면 다음과 같다.

$(2\times\pi\times2r)+(2\times\pi\times r)=4\pi r+2\pi r=6\pi r(\text{km})$

따라서 산책로 둘레의 길이는 총 $6\pi r$km이다.

19

|정답| ⑤

|해설| 정육면체의 모서리는 12개이므로 모든 모서리 길이의 합이 144cm인 정육면체의 한 모서리 길이는 12cm이다.

따라서 이 정육면체의 겉넓이는 $6\times12^2=864(\text{cm}^2)$이다.

20

|정답| ③

|해설| 2시간 15분 후 해진이와 지수 사이의 거리는 해진이가 이동한 거리와 지수가 이동한 거리의 합이며, 2시간 15분은 $\frac{9}{4}$시간이므로 다음과 같은 식이 성립한다.

$\frac{9}{4}x + \frac{9}{4} \times 4 = 21.375$

$2.25x = 12.375$

$\therefore x = 5.5 (km/h)$

따라서 해진이의 속도는 5.5km/h이다.

21

|정답| ③

|해설| 양 끝에도 나무를 심을 때의 나무의 수는 간격의 수 +1이다. 따라서 250÷5+1=51(그루)가 필요하다.

22

|정답| ⑤

|해설| 4명의 수학 점수 평균이 75점이므로 총점은 75×4=300(점)이다. 여기에 서진이의 점수를 합한 평균이 80점이므로 서진이의 점수를 x라 하면 다음과 같은 식이 성립한다.

$\frac{300+x}{5} = 80$

$300+x = 400$

$\therefore x = 100 (점)$

23

|정답| ①

|해설| '직육면체의 부피=가로×세로×높이'이므로 세로의 길이를 $x$cm라고 하면 다음과 같은 식이 성립한다.

$8 \times x \times 6 = 192$

$48x = 192$

$\therefore x = 4 (cm)$

따라서 세로의 길이는 4cm이다.

24

|정답| ②

|해설| 인원수가 총 n명일 때 서로 한 번씩 악수를 하는 횟수는 $_nC_2$회이다. 따라서 다음과 같은 식이 성립한다.

$\frac{n(n-1)}{2} = 6$

$n(n-1) = 12$

$n^2 - n - 12 = 0$

$(n-4)(n+3) = 0$

$\therefore n = 4$ 또는 $n = -3$

이때 n은 양수이므로 회원 수는 총 4명이다.

25

|정답| ②

|해설| 각 학생들의 컴퓨터 이용시간을 크기 순서대로 나열하면 0, 0, 0, 0, 0, 1, 1, 1, 2, 2, 2, 3, 3, 3, 3, 12가 된다. 가장 많이 나온 값이 5회인 0이므로 최빈값 a는 0이 된다. 중앙값 b는 중앙에 있는 8번째와 9번째 변량인 1과 2의 산술평균인 $\frac{1+2}{2} = 1.5$가 된다.

따라서 $a+b = 1.5$이다.

26

|정답| ③

|해설| 첨가된 12% 소금물의 양을 xg이라 하면, 소금의 양은 물 200g을 넣기 전과 후에 변함이 없으므로 다음과 같은 식이 성립한다.

$\frac{8}{100} \times (400-x) + \frac{12}{100}x = \frac{7}{100} \times 600$

$3,200 - 8x + 12x = 4,200$

$4x = 1,000$

$\therefore x = 250$(g)

따라서 첨가된 소금물의 양은 250g이다.

27

| 정답 | ①

| 해설 | $ax^2 + 3x - 2 = -x^2 + 2x - 5$가 x에 대한 일차방정식이 되기 위해서는 x^2이 존재하지 않아야 한다. 해당 식을 정리하면 $(a+1)x^2 + x + 3 = 0$이므로, 이 식이 일차방정식이 되기 위한 정수 a는 -1이다.

28

| 정답 | ③

| 해설 | 이음매의 수는 테이프의 수보다 하나 적다. 연결한 테이프의 수를 x개라 하면, 풀칠한 부분의 길이의 합은 $3(x-1)$cm가 되므로 연결한 테이프의 전체 길이에 대한 식을 세우면 다음과 같다.

$20x - 3(x-1) = 224$

$20x - 3x + 3 = 224$

$17x = 221$

$\therefore x = 13$

따라서 연결한 테이프는 총 13개이다.

29

| 정답 | ③

| 해설 | 정육면체의 한 모서리의 길이는 24, 30, 48의 공약수이다. 이때 가능한 한 큰 정육면체로 만들기 위해서 한 모서리의 길이는 24, 30, 48의 최대공약수 6이 되어야 한다. 따라서 만들어지는 정육면체의 개수는 $(24 \div 6) \times (30 \div 6) \times (48 \div 6) = 4 \times 5 \times 8 = 160$(개)이다.

30

| 정답 | ③

| 해설 | 1명이 1시간 동안 하는 일의 양을 x라 하면 전체 일의 양은 $10 \times 5 \times 20 \times x = 1,000x$이다. 따라서 매일 10시간씩 10명이 일하면 $\dfrac{1,000x}{10 \times 10 \times x} = 10$(일)만에 끝마칠 수 있다.

1회 자료해석

▶문제 143쪽

01	02	03	04	05
④	④	①	②	④
06	07	08	09	10
③	④	①	②	①
11	12	13	14	15
④	④	④	④	④
16	17	18	19	20
④	③	②	④	③

01

| 정답 | ④

| 해설 | 서울특별시에서 유기된 고양이는 10,798마리, 대구광역시에서 유기된 고양이는 2,641마리이므로 $\dfrac{10,798}{2,641} \fallingdotseq 4.1$(배)이다.

| 오답풀이 |

① 유기된 고양이가 유기된 개보다 많은 지역은 서울특별시, 대구광역시 두 곳이다.

② 유기동물의 수가 두 번째로 적은 지역은 울산광역시이다.

③ 인천광역시 유기동물의 수는 5,314마리이고, 광주광역시와 울산광역시 유기동물 수의 합은 1,942+3,418=5,360(마리)이므로 인천광역시 유기동물의 수가 더 적다.

⑤ 유기동물의 수가 두 번째로 많은 지역은 인천광역시이고 부산광역시는 세 번째로 많다.

02

| 정답 | ④

| 해설 | 40대의 저축자 비율인 67%보다 50대의 저축자 비율인 68%가 더 높다. 따라서 연령대가 높아질수록 저축자의 비율이 계속 낮아지는 것은 아니다.

| 오답풀이 |

① 60대의 저축자 비율은 42%로 50% 이상이 저축을 하지 않는다.

② 전체 조사자 중 저축자의 수는 178+175+201+136+21=711(명)으로 700명 이상이다.

③ 저축을 하지 않는 50대는 64명으로 저축을 하지 않는 30대 25명의 2배 이상이다.

⑤ 20대와 30대의 저축자 비율은 71.2%, 87.5%이고 40대와 50대는 67%, 68%이므로, 20~30대의 저축자 비율이 40~50대의 저축자 비율보다 높다.

03

| 정답 | ①

| 해설 | 제시된 자료를 통해 '전 산업'과 '숙박 및 음식점업'의 20X4년 1월 근로자 1인당 월평균 임금총액이 각각 전년 동월 대비 15.6%와 15.1% 증가한 것을 알 수 있다. 이를 이용하여 20X3년 1월의 근로자 1인당 월평균 임금총액을 구할 수 있다.

- 전 산업 : 20X3년 1월의 근로자 1인당 월평균 임금총액을 x천 원이라 하면 다음과 같다.

$x \times 1.156 = 4,118$

$\therefore x = \frac{4,118}{1.156} ≒ 3,562$(천 원)

- 숙박 및 음식점업 : 20X3년 1월의 근로자 1인당 월평균 임금총액을 y천 원이라고 하면 다음과 같다.

$y \times 1.151 = 2,144$

$\therefore y = \frac{2,144}{1.151} ≒ 1,863$(천 원)

04

| 정답 | ②

| 해설 | 90점 이상이 '우수'이므로 능력과 태도 모두 '우수'인 직원은 2+3+3+4=12(명)이다. 전체 직원 수가 60명이므로 능력과 태도 모두 '우수'인 직원은 경영지원팀 전체의 $\frac{12}{60} \times 100 = 20$(%)이다.

05

| 정답 | ④

| 해설 | ⓒ 인천은 매월 6대 광역시 중 가장 높은 분양가격 순위를 기록했다.

ⓒ 조사기간 동안 서울의 단위면적당 분양가격은 울산의 단위면적당 분양가격의 2배를 상회했다.

ⓒ 민간아파트 단위면적당 분양가격의 전국 평균치는 전월 대비 하락→하락→상승→상승의 증감 추이를 보였다. 이와 동일하게 '하락→하락→상승→상승'의 추세를 보인 지역은 서울뿐이다.

| 오답풀이 |

㉠ 5월 대비 9월에 분양가격이 하락한 지역은 서울, 부산, 대전 3곳이다.

06

| 정답 | ③

| 해설 | 그래프의 막대 길이를 살펴보면 소득격차가 가장 큰 해는 2020년임을 알 수 있다. 따라서 2020년의 농가 소득은 그 해 전체 소득의 $\frac{3,212}{4,809+3,212} \times 100 ≒ 40.0$(%)이다.

07

| 정답 | ④

| 해설 | 2010년 대비 2020년의 도시근로자 소득 증가분은 4,809-2,865=1,944(만 원)이고, 2010년 대비 2020년의 농가 소득 증가분은 3,212-2,307=905(만 원)이다.

08

| 정답 | ①

| 해설 | 〈보고서〉에 언급된 내용은 '교통사고 사고건수', '교통사고 사망자수', '교통사고 부상자수', '교통사고 발생유형별 사망사고'이다. 자료에 '교통사고 사고건수'와 '교통사고 사망자수', '교통사고 부상자수'는 이미 제시되어 있으므로, 〈보기〉 중 추가로 필요한 자료로 적절한 것은 '유턴 시도 중 교통사고 발생유형별 사망자 수'이다.

09

| 정답 | ②

| 해설 | 직원 A ~ D의 주평균 야근 빈도는 총 8일이다. 이를 활용하여 직원 A ~ D의 주평균 야근 비중을 구하면 다음과 같다.

- 직원 A : $\frac{1.2}{8} \times 100 = 15(\%)$
- 직원 B : $\frac{2.5}{8} \times 100 = 31.25(\%)$
- 직원 C : $\frac{0.8}{8} \times 100 = 10(\%)$
- 직원 D : $\frac{3.5}{8} \times 100 = 43.75(\%)$

따라서 ㉠은 43.75, ㉡은 15, ㉢은 31.25, ㉣은 10이 된다.

10

| 정답 | ①

| 해설 | 2025년의 수출액은 $2,759 \times 1.07 ≒ 2,952$(억 불)이고 수입액은 $1,682 \times 1.1 ≒ 1,850$(억 불)이다. 무역수지는 $2,952 - 1,850 = 1,102$(억 불)이므로 2025년의 무역수지가 제시된 자료의 모든 해의 무역 수지보다 크다.

11

| 정답 | ④

| 해설 | ㉠ 20X5년 5월 입국자 수가 20X4년 5월에 비해 늘어난 곳은 중국과 미국, 캐나다이다. 중국은 14.2%, 미국은 13.5%, 캐나다는 7.4% 증가하였기 때문에 가장 많이 늘어난 국가는 중국이다.

㉢ 중국인 입국자 수는 20X4년 5월과 20X5년 5월 모두 전년 동월 대비 증가했지만, 증가 경향을 보인다고 해서 20X6년도 증가할 것이라고 알 수는 없다.

㉣ 매년 5월 입국자 수가 꾸준히 늘어난 국가는 중국, 미국, 캐나다로 총 3곳이다.

| 오답풀이 |

㉡ 각 연도별로 일본과 중국의 5월 입국자 수를 합하면 다음과 같다.

- 20X3년 : 201,489+517,031=718,520(명)
- 20X4년 : 188,420+618,083=806,503(명)
- 20X5년 : 178,735+705,844=884,579(명)

따라서 매년 아시아주의 50% 이상을 차지한다.

12

| 정답 | ④

| 해설 | A 국가와 C 국가의 웰빙지수 차이가 가장 작은 항목은 그래프에서 가장 근접한 항목인 '안전' 항목이다. B 국가와 D 국가의 웰빙지수 차이가 가장 작은 항목은 '건강'이므로 동일하지 않다.

| 오답풀이 |

① A 국가의 각 항목 웰빙지수를 소수점 아래 첫째 자리는 내림한 뒤 종합웰빙지수를 계산하면 다음과 같다.

$$\frac{5+8+6+8+8+7+8+6+8+9+8}{11} ≒ 7.4$$

따라서 A 국가의 종합웰빙지수는 7 이상이다.

② B 국가와 D 국가의 종합웰빙지수 차이를 계산할 수도 있지만, B 국가와 D 국가의 그래프상 각 항목의 차이가 대체로 한 칸 이하이므로, 차이가 1 미만임을 쉽게 알 수 있다.

③ 총 11개 항목 중 D 국가의 웰빙지수가 B 국가보다 높은 항목의 수는 4개이므로 전체 항목의 50% 미만이다.

⑤ A 국가와 C 국가의 '주관적 만족도' 웰빙지수 차이는 6 정도로 가장 크다.

13

| 정답 | ④

| 해설 | 중학교 졸업자 수는 1,830×0.28=512.4(만 명), 중학교 입학자 수는 1,730×0.25=432.5(만 명)이다. 따라서 중학교 졸업자 수가 입학자 수보다 많다.

| 오답풀이 |

① 초등학교 학생 수는 6,600×0.4=2,640(만 명)이고, 학급 수는 250×0.4=100(만 개)이다. 따라서 학급당 학생 수는 $\frac{2,640}{100}=26.4$(명)으로 약 26명이다.

② 각 학교급별 교원 1명당 학생 수는 다음과 같다.
- 유치원 : $\frac{6,600 \times 0.1}{460 \times 0.1} ≒ 14.3$(명)
- 초등학교 : $\frac{6,600 \times 0.4}{460 \times 0.4} ≒ 14.3$(명)
- 중학교 : $\frac{6,600 \times 0.24}{460 \times 0.2} ≒ 17.2$(명)
- 고등학교 : $\frac{6,600 \times 0.26}{460 \times 0.3} ≒ 12.4$(명)

따라서 교원 1명당 학생 수는 중학교가 가장 많다.

③ 〈자료 1〉을 보면 입학자 수와 졸업자 수의 경우 고등학교의 비율이 가장 높다.

⑤ 전체 고등학교 학생 수는 6,600×0.26=1,716(만 명), 고등학교 졸업자 수는 1,830×0.32=585.6(만 명)이다. 따라서 전체 고등학교 학생 수 대비 졸업자의 비율은 $\frac{585.6}{1,716} \times 100 ≒ 34.1$(%)이다.

14

| 정답 | ④

| 해설 | ㄴ. 전체 매출 중 동민이 차지하는 비중은 40×0.25=10(%)로 10% 이상이다.
ㄹ. 전체 매출 중 성수가 차지하는 비중은 40×0.4=16(%)로 13%인 대구보다 크다.

| 오답풀이 |
ㄱ. 전체 매출 중 광현이 차지하는 비중은 40×0.35=14(%)로 13% 이상이다.
ㄷ. 전체 매출 중 광현과 동민이 차지하는 비중은 40×(0.35+0.25)=24(%)로 대구와 대전의 매출 비중 합인 13+11=24(%)와 같다.

15

| 정답 | ④

| 해설 | 사업자가 20X6년 188백 명에서 20X9년 265백 명으로 증가하여 가장 큰 77백 명의 가입인원 변동 수를 기록하고 있다.

| 오답풀이 |

① 20X6 ~ 20X9년 동안 연금 가입인원이 꾸준히 상승한 직종은 계약직(145 → 148 → 190 → 193), 사업자(188 → 225 → 249 → 265)뿐이다.

② 정규직이 20X6년 98.3%, 20X7년 99.3%, 20X8년 95.6%, 20X9년 90.4%로 연금 가입률이 매년 가장 높다.

③ 직종별 연금 가입률 순위는 정규직 – 전문직 – 사업자 – 계약직 – 노동자로 20X6 ~ 20X9년 동안 매년 동일하다.

⑤ 20X8년 대비 20X9년에 연금 가입 인원이 증가한 직종은 정규직, 계약직, 사업자 3가지이다.

16

| 정답 | ④

| 해설 | 신용대출 증가율은 $\frac{768-678}{678} \times 100 ≒ 13.3$(%)가 되어 증가율이 10%가 넘는다.

| 오답풀이 |

① 부채(전체) 항목의 20X4년 대비 20X5년 증가율은 $\frac{7,531-7,099}{7,099} \times 100 ≒ 6.1$(%)이다.

② 금융부채(전체) 항목의 20X4년 대비 20X5년 증가율은 $\frac{5,447-5,041}{5,041} \times 100 ≒ 8.1$(%)이다.

③ 담보대출 항목의 20X4년 대비 20X5년 증가율은 $\frac{4,332-4,070}{4,070} \times 100 ≒ 6.4$(%)이다.

⑤ 신용카드 관련 대출 항목의 20X4년 대비 20X5년 증가율은 $\frac{58-57}{57} \times 100 ≒ 1.8$(%)이다.

17

|정답| ③

|해설| 전체 직원 수는 750명이고 그중 충청도는 20%, 경상도는 18%이므로 각각 750×0.2=150(명)과 750×0.18=135(명)이다. 전라도와 제주도는 105명이므로 서울과 경기도, 강원도의 합계는 750-150-135-105=360(명)이다. 서울·경기도 출신 직원의 수가 강원도 출신 직원의 수의 3배이므로 강원도 출신 직원의 수를 x명이라고 하면 다음과 같은 식을 세울 수 있다.

$x+3x=360$

∴ $x=90$

따라서 강원도 출신 직원의 수는 90명이다.

18

|정답| ②

|해설| 구매해야 하는 다과는 사과맛 쿠키 2세트, 막대 과자 2세트, 이온 음료 1세트, 비타민 음료 1세트, 샌드위치 2세트이다.

- A 마트에서 구입하는 경우
  $13,000×2+14,000×2+14,000×1+21,000×1+42,000×2=173,000$(원)이다. 10만 원 이상 구매 시 5% 할인되므로 $173,000×(1-0.05)=164,350$(원)이다.

- B 마트에서 구입하는 경우
  $12,000×2+15,000×2+22,000×1+23,000×1+46,000×2=191,000$(원)이다. 12만 원 이상 구매 시 8% 할인되므로 $191,000×(1-0.08)=175,720$(원)이다.

따라서 A 마트가 저렴하며 구입 비용은 164,350원이다.

19

|정답| ④

|해설| ⓒ 남자 수 : 여자 수= $a:b$ 라고 하면 $42.3a+41.3b=41.7(a+b)$가 되며, 이를 정리하면 $3a=2b$, 즉 $a:b=2:3$이다. 따라서 여자는 $\frac{3}{5}$, 즉 60%를 차지한다.

ⓔ 가족기업 수 : 일반기업 수= $c:d$ 라고 하면 $39.5c+43.5d=41.7(c+d)$가 되며, 이를 정리하면 $9d=11c$, 즉 $c:d=9:11$이다. 따라서 조사대상 중 가족기업의 비중은 $\frac{9}{20}$이므로 그 숫자는 $700×\frac{9}{20}=315$(명)이다.

|오답풀이|

ⓐ 남자의 수는 $700×\frac{2}{5}=280$(명)이다.

ⓒ 일반기업을 경영하는 사람은 $700×\frac{11}{20}=385$(명)이다.

20

|정답| ③

|해설| 문화·체육·관광 분야 예산의 세 배는 $9.1×3=27.3$(조 원)으로 22.8조 원인 교통 및 물류 분야 예산은 이에 미치지 못한다.

|오답풀이|

① 외교·통일 분야 예산의 세 배는 $6×3=18$(조 원)이다.

② 국방 분야의 절반인 $53÷2=26.5$(조 원)에 미치지 못한다.

④ 보건·복지·고용, 일반·지방행정, 교육, 국방, 산업·중소기업·에너지, 농업·수산·식품 다음으로 높게 예산이 배정되었다.

⑤ 과학기술 분야 예산의 두 배는 $9.6×2=19.2$(조 원)이다.

2회 언어표현

▶문제 158쪽

01	②	02	②	03	①	04	①	05	③
06	④	07	②	08	②	09	①	10	④
11	②	12	②	13	②	14	④	15	③
16	①	17	②	18	②	19	②	20	②
21	①	22	④	23	①	24	④	25	③
26	②	27	①	28	②	29	②	30	④

01

| 정답 | ②

| 해설 | '엎다'는 '위가 밑으로, 밑이 위로 되게 하다'의 뜻으로, '뒤집다'와 유의어 관계이다.

02

| 정답 | ②

| 해설 | '사려(思慮)'는 '어떤 일에 대해 여러 가지로 깊게 생각함'을 뜻하며, '마음속 깊이 하는 생각'을 의미하는 '사념'과 유의어 관계이다.

03

| 정답 | ①

| 해설 | '파탄하다'는 '일이나 계획 따위가 중도에서 잘못됨'을 뜻하며, '어떤 일이나 형편이 잘못됨'을 의미하는 '그릇되다'와 유의어 관계이다.

04

| 정답 | ①

| 해설 | '아랑곳'은 '어떤 일에 관심을 갖거나 나서는 것'을 의미하며, '자기와 별로 관계없는 일 따위에 끼어들어 아는 체한다'를 뜻하는 '참견'과 유의어 관계이다.

05

| 정답 | ③

| 해설 | '마파람'은 뱃사람들이 쓰는 은어로 '남풍'을 뜻한다.

06

| 정답 | ④

| 해설 | '면밀하다'는 '빈틈없이 자세하다'의 뜻으로, '꽉 짜이지 않고 빈틈이 있다'를 의미하는 '엉성하다'와 반의어 관계이다.

07

| 정답 | ②

| 해설 | '수렴(收斂)'은 '사물이나 의견 등을 한데 모음'을 뜻하며, '사방으로 흩어짐'을 뜻하는 '발산(發散)'과 반의어 관계이다.

08

| 정답 | ②

| 해설 | '당기다'는 '좋아하는 마음이 생겨 끌리다', '입맛이 돌우어지다', '물건 등을 가까이 오게 하다'의 뜻 외에 '정한 시간이나 기일을 앞으로 옮긴다'의 의미도 있다. 따라서 '정한 시간이나 기일을 나중으로 넘긴다'를 의미하는 '미루다'와 반의어 관계이다.

09

| 정답 | ①

| 해설 | '기껍다'는 '은근히 기쁘다'의 의미로 '슬프다'와 반의어 관계이다.

10

|정답| ④

|해설| '고사하다'는 '권유나 제의 등을 거절한다'의 뜻으로, '수락하다'와 반의어 관계이다.

11

|정답| ②

|해설| 계절과 그에 해당하는 절기를 연결하는 것으로, 봄에 해당하는 절기는 곡우(穀雨)이다.

|오답풀이|
① 백로 : 일 년 중 찬이슬이 내려서 가을다운 기운을 더해 준다는 날. 가을에 해당하는 절기이다.
③ 소만 : 식물이 잘 자라고 여름 기운이 들기 시작하는 날. 여름에 해당하는 절기이다.
④ 단오 : 더운 여름을 맞기 전의 초하(初夏)의 계절에 지내는 명절
⑤ 망종 : 보리는 익어서 먹게 되고, 모를 심게 되는 날. 여름에 해당하는 절기이다.

12

|정답| ②

|해설| '시각'을 확인하기 위해서는 '시계'가 필요하고, '차례'를 확인하기 위해서는 '번호'가 필요하다.

13

|정답| ②

|해설| '치밀'과 '세밀'은 모두 '자세하고 꼼꼼하다'의 의미를 지니는 유의어이다. '어떤 대상을 이루는 낱낱을 모두 합친 것'의 의미를 지니는 '전부'와 유의 관계를 가지는 단어는 '개개 또는 부분의 집합으로 구성된 것을 몰아서 하나의 대상으로 삼는 경우에 바로 그 대상'의 의미를 지니는 '전체'이다.

14

|정답| ④

|해설| '계산기'와 '계산'은 도구와 목적의 관계를 지닌다. '피아노'를 도구로 이룰 수 있는 목적은 '연주'이다.

15

|정답| ③

|해설| '오른쪽'과 '왼쪽'은 반의 관계를 갖는다. '의리, 도의, 정의 따위에 어긋남'의 의미를 지니는 '불의'와 반의 관계를 가지는 단어는 '진리에 맞는 올바른 도리'의 의미를 지니는 '정의'이다.

16

|정답| ①

|해설| '장미꽃'과 '식물'은 상하 관계를 갖는다. 하위어 '호랑이'의 의미를 포함하는 상위어는 '동물'이다.

17

|정답| ②

|해설| 가격 따위가 변화하는 양상을 가리키는 단어로는 '일이나 형편이 시간의 경과에 따라 변하여 나감. 또는 그런 경향'이라는 의미의 '추이'가 적절하다.

|오답풀이|
④ 당락(當落) : 당선과 낙선을 아울러 이르는 말
⑤ 반추(反芻) : 어떤 일을 되풀이하여 음미하거나 생각함.

18

|정답| ②

|해설| ㉠에서의 연주자는 오케스트라에서 최고의 실력과 기량을 갖춘 전문가이고, ㉡에서의 청중은 그러한 연주자들이 연주하는 최고의 연주를 듣는 일반 대중·관객을

뜻하므로, 학문이나 기예를 가르치는 사람인 교수와 학예를 배우는 사람인 학생의 관계가 가장 비슷하다고 볼 수 있다.
| 오답풀이 |
①, ⑤ 반의 관계, ③ 동종 관계, ④ 원료 관계

19
| 정답 | ②
| 해설 | ① 보슬비, ③ 소나기, ④ 단비, ⑤ 먼지잼

20
| 정답 | ②
| 해설 | ① 말미(末尾), ③ 엄두, ④ 속내, ⑤ 작정

21
| 정답 | ①
| 해설 | ② 투기(投棄), ③ 투기(妬忌), ④ 투기(投寄), ⑤ 투기(鬪技)

22
| 정답 | ④
| 해설 | ① 멸망(滅亡), ② 섬멸(殲滅), ③ 사멸(死滅), ⑤ 소멸(消滅)

23
| 정답 | ①
| 해설 | ② 소원, ③ 임명, ④ 명령, ⑤ 소명(召命)

24
| 정답 | ④
| 해설 | ① 다소곳하다 : 온순한 태도로 말이 없다. 얌전하다.
② 거북하다 : 몸이 찌뿌드드하고 괴로워 움직임이 자연스럽지 못하거나 자유롭지 못하다.
③ 더부러지다 : 정신이 가물가물하다.
⑤ 얌전하다 : 성품이나 태도가 침착하고 단정하다.

25
| 정답 | ③
| 해설 | ① 얼추 : 어지간한 정도로 대충, 기준에 거의 가깝게
② 은근 : 야단스럽지 않고 꾸준함.
④ 슬쩍 : 남의 눈을 피하여 재빠르게, 넌지시
⑤ 힐끔 : 가볍게 곁눈질하여 슬쩍 한 번 쳐다보는 모양

26
| 정답 | ②
| 해설 | ① 시다 : 맛이 식초나 설익은 살구와 같다. 관절 따위가 삐었을 때처럼 거북하게 저리다.
③ 꼽다 : 수나 날짜를 세려고 손가락을 하나씩 헤아리다. 골라서 지목하다.
④ 헤다 : 물속에서 물을 헤치고 앞으로 나아가다. 사람들을 헤치고 나아가다. 어려운 상태에서 벗어나려 애쓰다.
⑤ 달다 : 꿀이나 설탕의 맛과 같다. 물건을 일정한 곳에 걸거나 매어 놓다.

27
| 정답 | ①
| 해설 | ② 고수레 : 들이나 산에서 음식을 먹을 때 고사를 지내듯 먼저 음식을 조금 떼어 던지며 하는 말
③ 실랑이 : 이러니저러니 하며 남을 못살게 굴거나 괴롭히는 일
④ 인정(人情) : 사람이 본래 가지고 있는 감정이나 심정, 남을 동정하는 따뜻한 마음
⑤ 흥정 : 물건을 사고 팖.

28

|정답| ②

|해설| ① 지양(止揚) : 더 높은 단계로 오르기 위하여 어떠한 것을 하지 아니함.
③ 발전(發展) : 더 낫고 좋은 상태나 더 높은 단계로 나아감. 일이 어떤 방향으로 전개됨.
④ 고취(鼓吹) : 힘을 내도록 격려하여 용기를 북돋움.
⑤ 응징(膺懲) : 잘못을 깨우쳐 뉘우치도록 징계함.

29

|정답| ②

|해설| 일거양득(一擧兩得)은 한 가지 일로 두 가지 이득을 얻는다는 의미이다.

|오답풀이|
① 지록위마(指鹿爲馬) : 윗사람을 속이고 권세를 휘두름
③ 침소봉대(針小棒大) : 작은 일을 크게 불리어 떠벌림.
④ 건곤일척(乾坤一擲) : 운명과 흥망·승패를 걸고 단판 승부를 겨루는 것
⑤ 목불식정(目不識丁) : 아둔하여 앞을 가리지 못함.

30

|정답| ④

|해설| 한우충동(汗牛充棟)은 짐으로 실으면 소가 땀을 흘리고, 쌓으면 들보에까지 찬다는 뜻으로, 가지고 있는 책이 매우 많음을 이르는 말이다.

|오답풀이|
① 풍수지탄(風樹之嘆) : 효도를 다하지 못한 채 어버이를 여읜 자식의 슬픔을 이르는 말
② 천석고황(泉石膏肓) : 자연의 아름다운 경치를 몹시 사랑하고 즐기는 성벽(性癖)
③ 설상가상(雪上加霜) : 눈 위에 서리가 덮인다는 뜻으로, 난처한 일이나 불행한 일이 잇따라 일어남을 이르는 말
⑤ 고장난명(孤掌難鳴) : 혼자의 힘만으로 어떤 일을 이루기 어려움을 이르는 말

2회 언어이해

▶ 문제 166쪽

01	②	02	④	03	③	04	④	05	②
06	②	07	①	08	④	09	②	10	②
11	①	12	③	13	④	14	①	15	③
16	②	17	②	18	②	19	③	20	①

01

|정답| ②

|해설| 마지막 문장에서 그린 잡의 경우 계절과 주기에 따라 인력을 필요로 해 계약직이 많은 편이라고 제시되어 있다. 이는 그린 잡의 고용 상태가 비교적 안정적이지 못하다는 것이므로 고용 상태가 비교적 안정적이라는 설명은 (A) 그린 잡의 특징으로 적절하지 않다.

02

|정답| ④

|해설| 제시된 글에 따르면 플라톤은 인간의 다양한 욕망을 충족시키기 위해 국가가 필요하고, 국가 내 계급 간 분업과 전문화가 필요하다고 주장하였다. 따라서 플라톤은 직업은 욕구 충족적 수단이자 상호 보완적이며, 직업에 따른 사회적 분업이 필요하다고 보았다.

03

|정답| ③

|해설| ㉠에서 말하고 있는 자본주의 사회의 놀이가 대개 구경이나 소비의 형태로 이루어지는 이유는 생산자가 놀이 상품을 만들어 놓았기 때문이라고 하였으므로, 생산자인 여행사에서 마련해 놓은 상품을 구입하여 여행한 민지의 사례가 ㉠에 해당하는 사례로 가장 적절하다.

04

| 정답 | ④

| 해설 | 빈칸의 앞뒤 문장인 "겉으로는 동작이 거의 없는 듯하면서도 그 속에 잠겨 흐르는 미묘한 움직임이 있다는 것이다."와 "가장 간소한 형태로 가장 많은 의미를 담아내고"를 통해, 빈칸에 들어갈 내용은 간결한 동작의 춤인 정중동에 대한 설명이라는 것을 알 수 있다. 따라서 ④가 가장 적절하다.

05

| 정답 | ②

| 해설 | 첫 번째 문단에서 제3자 효과 이론의 등장 배경을 설명하고, 두 번째 문단에서 제3자 효과 이론의 개념을 정의하고 있다. 따라서 제시된 글의 주제로 ②가 가장 적절하다.

06

| 정답 | ②

| 해설 | A, C, D, E의 진술은 모두 '아이들이 읽기에 좋은 책은 어떤 책인가' 혹은 '아이들에게 좋은 책은 어떤 책인가'에 대한 내용이다. A는 재미가 있고 독자가 공감할 수 있는 책이 좋은 책이라고 생각하며, 아이들에게는 자신들과 관련이 있는 이야기가 그렇다고 말한다. C는 많은 사람들이 읽는 책, 즉 서점에서 많이 팔리는 책이 좋은 책이라고 말한다. D는 유명한 사람이 쓴 책을, E는 아이들의 수준에 맞는 책이 좋은 책이라고 말한다. 반면, B는 재미가 없더라도 좋은 책을 읽는 것이 중요하다며 나머지와 다른 이야기를 하고 있다.

07

| 정답 | ①

| 해설 | 제시된 글은 프랑스 국가 사회주의의 원리를 설명하고 있다. 노동자는 집단 공동체(부조, 금고)나 자신의 고용주에게 생명이나 노고를 바치고 국가는 고용주와 함께 노동자의 협력을 얻어서 노동자의 실업, 질병, 노령화 및 사명에 대한 일정한 생활보장을 노동자에게 주어야 한다는 것이다. 따라서 이를 실천하고 있는 ①이 글을 뒷받침하는 사례로 적절하다.

08

| 정답 | ④

| 해설 | 제시된 글에서 '집'이라는 개념이 단순히 물리적인 거주 공간을 넘어 심리적이고 정신적인 안식처의 역할을 한다는 내용이 제시되고 있다. 빈칸 앞부분에서 "집을 사랑한다는 것은 또 우리의 정체성이 스스로 결정되는 것이 아님을 인정하는 것이다."라고 했고, 뒷부분에서는 "우리의 약한 면을 보상하기 위해서다."라고 했다. 따라서 심리적 의미의 집에 대해서 언급하고 있는 ④가 빈칸에 들어가는 것이 가장 적절하다.

09

| 정답 | ②

| 해설 | 맥수지탄(麥秀之嘆)이란 고국의 멸망을 한탄함을 이르는 말로, 기자(箕子)가 은(殷)나라가 망한 뒤에도 보리만은 잘 자라는 것을 보고 한탄하였다는 데서 유래한다.

| 오답풀이 |

① 풍수지탄(風樹之嘆) : 효도를 다하지 못한 채 어버이를 여읜 자식의 슬픔을 이르는 말
③ 만시지탄(晩時之歎) : 시기에 늦어 기회를 놓쳤음을 안타까워하는 탄식
④ 상전벽해(桑田碧海) : 뽕나무밭이 변하여 푸른 바다가 된다는 뜻으로, 세상일의 변천이 심함을 비유적으로 이르는 말
⑤ 연하고질(煙霞痼疾) : 자연의 아름다운 경치를 몹시 사랑하고 즐기는 성벽(性癖)

10

| 정답 | ②

| 해설 | 두 번째 문장과 세 번째 문장을 보면 예술가는 작품을 통해 감정을 전달한다고 하였으므로, 작품이 아닌 언어는 예술이라고 볼 수 없다.

| 오답풀이 |

①, ④ 톨스토이에 따르면 예술을 통해 전달하는 감정은 질이 좋아야 하며, 한 사회를 좋은 방향으로 이끌어 나가야 한다고 하였다. 즉, 톨스토이는 예술이 한 사회를 좋은 방향으로 이끌어 나가야 한다고 보며 예술과

감정의 긍정적 연관성에 주목하여 예술의 가치를 옹호하고 있음을 알 수 있다.
③ 마지막 문장을 보면 톨스토이가 말하는 질 좋은 감정은 연대감이나 형제애 등을 예로 들 수 있다. 즉, 연대감을 형성하는 노동요는 톨스토이에 의해 높이 평가되었을 것임을 알 수 있다.
⑤ "톨스토이의 견해에 따르면, 생각이 타인에게 전달될 필요가 있듯이 감정도 그러하다."를 통해 알 수 있다.

11

|정답| ①

|해설| 저자는 고대 한국의 문자라 불리는 가림토 문자의 존재에 대해 일본의 신대 문자와 같이 존재 근거가 불충분하여 언어학적으로 큰 의미가 없다고 하였다. 따라서 훈민정음이 가림토 문자의 영향을 받아 만들어졌다는 설명은 저자의 견해와 일치하지 않는다.

12

|정답| ③

|해설| 마지막 문장에서 소수의 고성장기업이 전체 신규 일자리 창출에서 높은 비중을 차지하고 있음을 알 수 있다.
|오답풀이|
① 일자리 창출에서 고성장기업이 높은 비중을 차지하고 있다는 것만 알 수 있을 뿐, 중견기업의 역할은 강조하지 않았다.
② 첫 번째 문단에서 일자리가 경제의 선순환에 기여한다고 하였는데, 고성장기업이 전체 신규 일자리에서 높은 비중을 차지한다고 하였으므로 악영향을 준다고 볼 수 없다.
④ OECD의 정의에 따르면 고성장기업은 '10인 이상의 기업 중에서 고용 또는 매출액이 3년 연속으로 20% 이상 증가한 기업'을 말한다.
⑤ 가젤 기업은 고성장기업에 속하며, 가젤 기업과 다른 고성장기업 간 일자리 창출 효과의 차이에 대해 언급하고 있지 않다.

13

|정답| ④

|해설| 제시된 글에서 경제와 환경은 상호 영향을 주고받는 불가분의 관계에 있으며 양자 간에 순환하는 구조를 갖고 있음을 설명하고 있다. 그러므로 경제활동에 공급되는 자연자원은 가급적 효율적으로 사용되어야 하며, 배출되는 잔여물의 재활용 기능을 강화한 자원순환형 경제 구조를 요구해야 한다고 하였다. 따라서 글의 제목으로 적절한 것은 '자원순환형 경제의 필요성'이다.

14

|정답| ①

|해설| 제시된 글은 동일한 사물을 부르는 각 언어의 발음, 소리는 언어적 연관성 없이 독립적으로 그 언어 체계 내에서 그렇게 만들어졌다는 점을 말하고 있다. 즉, 이는 각 언어가 자의적인 소리로 동일한 사물을 표현하는 언어의 자의성에 대한 것이다.
|오답풀이|
②, ④ 언어의 독자성은 다른 것과 구별되는 혼자만의 독특한 성질을, 다의성은 한 단어나 문장이 두 가지 이상의 뜻을 지니는 특성이나 현상을 말한다.

15

|정답| ③

|해설| (나)는 '예를 들어'로 시작하므로 앞에 다른 문장이 있어야 한다. (가)는 (다)의 내용을 상술하므로 (다)-(가) 순이 된다. '그 결과'로 시작하는 (라)는 가장 마지막에 위치하는 것이 적절하다. 또한 (라)에서 말하는 '이 지역'은 (나)의 '사라와크'를 말한다. 따라서 (다)-(가)-(나)-(라) 순이 적절하다.

16

|정답| ②

|해설| 해외에서 건물의 규모에 따라 성능방식과 사양방식을 달리 적용한다는 내용은 언급되어 있지 않다.

|오답풀이|
① 우리나라는 사양방식을 채택하고 있으므로 적절한 내용이다.
③ 해외에서는 사양방식을 기본으로 하되 필요에 따라 일부 층이나 특정 공간에서 성능방식을 채택할 수 있도록 규정하고 있으므로 적절한 내용이다.
④ 피난규정과 방화규정은 엄격히 구분되지 않고 있는데, 이는 피난이 건축물의 화재상황을 염두에 두고 검토되며 대피 관련 규정의 상당부분을 화재상황으로 상정하고 있기 때문이다.
⑤ 건축물에서의 피난 관련 사항은 건축허가 요건을 이루는 중요한 규정이다.

17

|정답| ②

|해설| 제시된 글은 현대의 물신주의에 따른 무한정한 속도 경쟁의 현실을 인간 중심의 사고로 돌이켜 보고자 하는 내용이다. 마지막 문장에서 "어찌하여 느림의 즐거움은 사라져 버렸는가?"라는 설의법을 통해 느림의 즐거움, 즉 정신적 여유를 되찾아야 한다고 주장하고 있으므로 ②가 중심내용으로 적절하다.

18

|정답| ②

|해설| (가)는 신화의 구체적인 내용이 민족마다 다르게 나타난다는 글의 주지를 제시하고 그에 대한 부연 설명을 하고 있다. (나) 또한 자본주의 시장경제가 잘 굴러가기 위해서는 끝없는 욕망으로 불만족해 하는 사람들이 있어야 한다는 글의 주지를 제시하고 이에 대한 구체적인 이유를 들어 부연 설명하고 있다.

19

|정답| ③

|해설| 제시된 글의 마지막 문장을 통해 전체 주제를 파악할 수 있다. 즉, 책의 문화는 읽는 일과 직접적으로 연결되며 그것이 생각하는 사회를 만드는 가장 쉽고 빠른 방법이라는 것이다. 따라서 사회에 책 읽는 문화를 퍼뜨리자는 메시지가 글의 주제이다.

20

|정답| ①

|해설| 빈칸이 있는 문장과 뒤 문장을 연계해서 살펴보면, 책을 읽는 문화를 통해 생각하는 사회를 만들자는 것이 핵심임을 알 수 있다. 따라서 읽는 일이 퍼지도록 힘쓰고 북돋아 주어야 한다는 의미가 되어야 하므로 빈칸에는 '장려'가 들어가는 것이 적절하다.

2회 창의수리

▶문제 179쪽

01	③	02	②	03	④	04	③	05	③
06	④	07	①	08	③	09	①	10	②
11	⑤	12	①	13	②	14	②	15	④
16	②	17	⑤	18	①	19	②	20	④
21	④	22	③	23	⑤	24	②	25	④
26	⑤	27	③	28	④	29	①	30	③

01

|정답| ③

|해설| $45 \times 56 = 2,520$

02

|정답| ②

|해설| $5.5 + 35 \times 35 = 5.5 + 1,225 = 1,230.5$

03

| 정답 | ④

| 해설 | $\frac{1}{3} + \frac{5}{6} \times \left(-\frac{8}{9}\right) = \frac{1}{3} + \left(-\frac{20}{27}\right)$
$= \frac{9}{27} + \left(-\frac{20}{27}\right) = -\frac{11}{27}$

04

| 정답 | ③

| 해설 | $34 + 765 \div 17 - 25 = 34 + 45 - 25 = 54$

05

| 정답 | ③

| 해설 | $(29-16)^2 + 5^2 = 13^2 + 25 = 194$

06

| 정답 | ④

| 해설 | $7.6 + 2.4 \times \frac{3}{10} = 7.6 + 0.72 = 8.32$

07

| 정답 | ①

| 해설 | $19.1 \times 2.9 = 55.39$

08

| 정답 | ③

| 해설 | $31 - 169 \div 13 + 47 = 31 - 13 + 47 = 65$

09

| 정답 | ①

| 해설 | $54.214 - 49.417 + 1.542 = 4.797 + 1.542 = 6.339$

10

| 정답 | ②

| 해설 | $\frac{2}{5} + \frac{1}{10} \times \left(-\frac{2}{3}\right) = \frac{2}{5} + \left(-\frac{1}{15}\right)$
$= \frac{6}{15} - \frac{1}{15} = \frac{5}{15} = \frac{1}{3}$

11

| 정답 | ⑤

| 해설 | $4\sqrt{9} \times \sqrt{3} = 4 \times 3 \times \sqrt{3} = 12\sqrt{3}$

12

| 정답 | ①

| 해설 | $-15 \div 5 - (-3)^2 = -3 - 9 = -12$

13

| 정답 | ②

| 해설 | 각 화살표의 모양별로 의미하는 규칙을 찾는다.

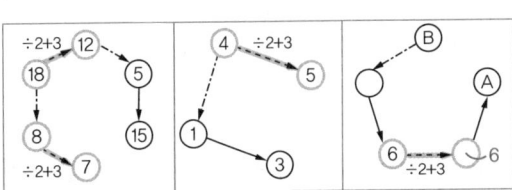

-----> : ÷2+3

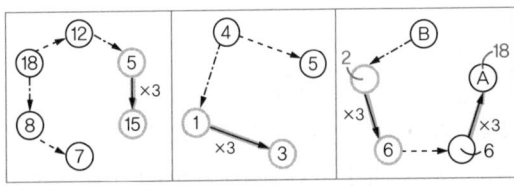

——→ : ×3

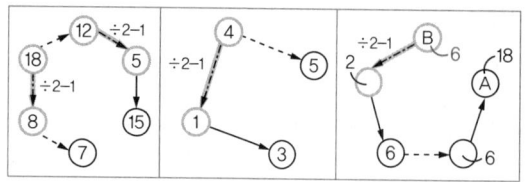

----▶ : ÷2-1

따라서 A와 B에 들어갈 숫자의 합은 18+6=24이다.

14

|정답| ②

|해설| 아래 두 수를 더한 값에 3을 곱한 뒤 1을 뺀 값이 위의 숫자가 되는 규칙이 있다.
- $(1+2) \times 3 - 1 = 8$
- $(3+4) \times 3 - 1 = 20$
- $(5+6) \times 3 - 1 = 32$
- $(7+8) \times 3 - 1 = 44$
- $(8+20) \times 3 - 1 = 83$
- $(32+44) \times 3 - 1 = 227$
- $(83+227) \times 3 - 1 = (\ ?\ )$

따라서 '?'에 들어갈 숫자는 $(83+227) \times 3 - 1 = 929$이다.

15

|정답| ④

|해설| x개월 후에 A가 모은 금액은 $(200+20x)$만 원이고 B가 모은 금액은 $(100+50x)$만 원이다. B가 모은 돈이 A가 모은 돈의 두 배가 넘는 시기를 구해야 하므로 식을 세우면 다음과 같다.

$2 \times (200+20x) < 100+50x$

$10x > 300$

$\therefore x > 30$

따라서 지금부터 31개월 후부터 B가 모은 돈이 A가 모은 돈의 두 배가 넘는다.

16

|정답| ②

|해설| 새로운 직사각형의 넓이가 기존보다 80% 증가하였고 늘린 길이를 x cm라 하면 다음과 같은 식이 성립한다.

$(10+x)(14+x) = 10 \times 14 \times 1.8$

$x^2 + 24x - 112 = 0$

$(x-4)(x+28) = 0$

$\therefore x = 4 (\because x > 0)$

따라서 새로운 직사각형의 가로 길이는 $10+4=14$(cm)이다.

17

|정답| ⑤

|해설| 광고 시간이 20초인 것을 x개, 25초인 것을 y개라 하고, 상품별 다음 광고로 바뀔 때마다 1초의 간격이 있다고 했으므로 11개의 상품 광고 사이에 10초가 추가됨에 유의해서 식을 세우면 다음과 같다.

$x + y = 11$ ················· ㉠

$20x + 25y + 10 = 270 \quad 4x + 5y = 52$ ············· ㉡

㉠, ㉡을 연립하여 풀면, $x=3$, $y=8$이다.
따라서 25초로 광고할 수 있는 상품은 8개이다.

18

|정답| ①

|해설| 하루에 최대 3명까지 총 10명을 4일로 나누는 방법은 (3명, 3명, 3명, 1명) 또는 (3명, 3명, 2명, 2명)으로 두 가지이다. 첫 번째 방법을 날짜별로 배치하는 경우의 수는 $_4C_1 = \frac{4}{1} = 4$(가지), 두 번째 방법은 $_4C_2 = \frac{4 \times 3}{2 \times 1} = 6$(가지)이다. 따라서 전체 경우의 수는 $4+6=10$(가지)이다.

19

|정답| ②

|해설| 새마을호와 무궁화호가 만난 지점은 $120 \times 3 = 360$(km)이다. 무궁화호는 360km 지점까지 가는 데 $3+1=4$(시간)이 걸렸으므로 속력은 $\frac{360}{4} = 90$(km/h)이다.

따라서 무궁화호가 서울에서 부산까지 가는 데 걸리는 시간은 $\frac{400}{90} \fallingdotseq 4.4$(시간)이다.

20

|정답| ④

|해설| A사와 B사의 지난달 매출액의 비는 2 : 3이므로 각 매출액을 구하면 다음과 같다.

- 지난달 A사의 매출액 : $100 \times \frac{2}{5} = 40$(억 원)
- 지난달 B사의 매출액 : $100 \times \frac{3}{5} = 60$(억 원)

이번 달 매출액은 다음과 같다.

- 이번 달 A사의 매출액 : $40 \times (1+0.2) = 48$(억 원)
- 이번 달 B사의 매출액 : $60 \times (1-0.25) = 45$(억 원)

따라서 두 회사의 이번 달 매출액의 합은 $48+45=93$(억 원)이다.

21

|정답| ④

|해설|

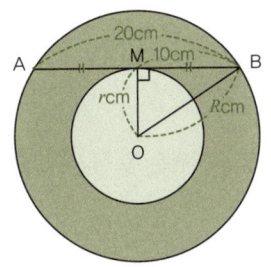

위 그림과 같이 원의 중심 O에서 $\overline{AB}$에 수선을 그리고 점 O와 점 B를 연결하여 직각삼각형 OBM을 만든다. 바깥 원의 반지름을 Rcm, 안쪽 원의 반지름을 $r$cm로 두고 피타고라스의 정리를 적용하면 다음과 같다.

$\overline{OB}^2 = \overline{OM}^2 + \overline{MB}^2$

$R^2 = r^2 + 10^2$

$R^2 - r^2 = 10^2$ ················ ㉠

이때 색칠된 영역의 넓이는 바깥 원의 넓이에서 안쪽 원의 넓이를 뺀 것이므로

$\pi R^2 - \pi r^2$ ················ ㉡

㉠을 ㉡에 대입하면 다음과 같다.

$\pi R^2 - \pi r^2 = (R^2 - r^2)\pi = 10^2 \pi = 100 \times 3.14 = 314 \text{(cm}^2\text{)}$

따라서 색칠된 영역의 넓이는 314cm²이다.

22

|정답| ③

|해설| A 대학교 전체 남학생 수를 x, A 대학교 전체 여학생 수를 y라고 하면, 경영학을 전공하는 남학생과 여학생의 수는 $0.126x + 0.214y = 0.192(x+y)$가 되며, 이를 정리하면 $66x = 22y$, 즉 $3x = y$이다. 따라서 A 대학교 전체 남학생의 수는 전체 여학생의 수의 $\frac{1}{3}$배이다.

23

|정답| ⑤

|해설| 전체 일의 양을 1이라 하면 A는 1시간 동안 $\frac{1}{5}$만큼 일을 하고, B는 1시간 동안 $\frac{1}{7}$만큼 일을 한다.

따라서 두 사람이 함께 구슬을 꿰는 데 걸리는 시간은 $1 \div \left(\frac{1}{5} + \frac{1}{7}\right) = 1 \times \frac{35}{12} = \frac{35}{12}$(시간), 즉 2시간 55분이다.

24

|정답| ②

|해설| 고 씨의 현재 나이를 x세라 하면, A년 후 남편의 나이는 $(43+A)$세, 고 씨의 나이는 $(x+A)$세, 3명의 아이의 나이는 $(8+A)$세, $(6+A)$세, $(4+A)$세이다. 따라서 조건에 따른 식을 세우면 다음과 같다.

- $(43+A)+(x+A) = 2\{(8+A)+(6+A)+(4+A)\}$
  $43+x+2A = 2(3A+18)$
  $\therefore x = 4A-7$

- $43+A = \{(8+A)+(6+A)+(4+A)\}+1$
  $43+A = 3A+19$
  $\therefore A = 12$(년)

따라서 고 씨의 현재 나이는 $4 \times 12 - 7 = 41$(세)이다.

25

|정답| ④

|해설| 3과 4의 최소공배수는 12이므로 주차장의 차는 12분

경과할 때마다 3대 나가고 8대가 들어온다. 즉, 12분이 지날 때마다 5대만큼 늘어난다. 따라서 48분 후에는 5×4=20(대)가 늘어나 오후 2시 48분에는 78+20=98(대)가 되고, 3분 후에는 2대 늘어나 100대가 되므로 주차장은 2시 51분에 만차가 된다.

26

|정답| ⑤

|해설| 박스의 칸을 선택할 수 있는 모든 경우의 수는 25가 지이고, 이 중 빈칸은 20개이므로 처음 선택 시 빈칸을 고를 확률은 $\frac{20}{25}$ 이다. 그리고 두 번째 선택에서 쿠폰이 있는 칸을 고를 확률은 처음 선택한 빈칸을 제외한 $\frac{5}{24}$ 가 된다.
따라서 두 번째 선택에서 쿠폰이 있는 칸을 고를 확률은 $\frac{20}{25} \times \frac{5}{24} = \frac{1}{6} ≒ 17(\%)$가 된다.

27

|정답| ③

|해설| 원래의 가격을 x원이라 하면 $(x+0.5x)-0.2(x+0.5x)=A$(원)이 된다. 이를 계산하면 다음과 같다.
$1.5x - 0.3x = A$ $1.2x = A$ ∴ $x = \frac{10}{12}A$
따라서 원래의 가격은 $\frac{5}{6}A$ 원이다.

28

|정답| ④

|해설| 사원 Y명의 월급 총합은 XY원이며, 이 회사에 다니는 모든 사람의 수는 ($Y+1$)명이다.
따라서 $\frac{\text{모든 사람의 월급 총합}}{\text{모든 사람의 수}} = \frac{XY+3X}{Y+1}$ 이므로 이를 정리하면 $\frac{X(Y+3)}{Y+1}$ 원이다.

29

|정답| ①

|해설| 1. 전체 여행비용을 계산해서 1인당 부담 금액을 확인한다.
 - [여행비용] : 360,000(차비)+108,000(식비)+120,000(숙박비)=588,000(원)
 - [1인당 금액] : 588,000÷3=196,000(원)
2. 각각 지불한 금액을 정리한다.
 - P : 360,000원(차비)
 - Q : 108,000원(식비)
 - R : 120,000원(숙박비)
3. 각각 지불한 금액이 196,000원이 되도록 조정한다.
 - P : 360,000−196,000=164,000(원)
 - Q : 108,000−196,000=−88,000(원)
 - R : 120,000−196,000=−76,000(원)

따라서 Q와 R이 P에게 각각 88,000원, 76,000원을 주어야 한다.

30

|정답| ③

|해설| 객실의 개수를 x개로 두면 직원은 총 ($4x+12$)명 이므로 다음 식이 성립한다.
$6(x-3) < 4x+12 < 6(x-3)+6$
$6x-18 < 4x+12 < 6x-12$
$6x-30 < 4x < 6x-24$
$12 < x < 15$
x가 최대일 때 직원의 수도 최대이다. x는 최대 14이므로, 직원의 수는 최대 14×4+12=68(명)이다.

2회 자료해석

▶문제 188쪽

01	③	02	③	03	①	04	①	05	④
06	④	07	③	08	②	09	②	10	②
11	③	12	③	13	④	14	④	15	③
16	⑤	17	③	18	①	19	①	20	④

01

|정답| ③

|해설| ㉠ 중소도시 고등학교에서 사립학교의 비중은 $\frac{430}{835} \times 100 ≒ 51(\%)$이다.

㉡ 전체 고등학교의 수는 823+835+623+63=2,344(개)이고, 전체 중학교의 수는 1,004+972+1,089+139=3,204(개)이다. 따라서 전체 고등학교와 전체 중학교 수의 차이는 3,204-2,344=860(개)이다.

02

|정답| ③

|해설| A ~ D 기관의 노동투입량지수는 다음과 같다.

• A 기관 : 25×18=450
• B 기관 : 30×16=480
• C 기관 : 20×19=380
• D 기관 : 10×35=350

따라서 노동투입량지수가 높은 순서대로 나열하면 B>A>C>D이다.

03

|정답| ①

|해설| 20X0년 대비 20X4년의 연간 주행거리 증가율이 가장 큰 것은 전기 자동차로, $\frac{9,771-5,681}{5,681} \times 100 ≒ 72(\%)$ 증가하였다.

|오답풀이|

② LPG를 사용하는 자동차의 연간 주행거리는 45,340 → 44,266 → 39,655 → 37,938 → 36,063으로 매년 감소하고 있다.

③ 휘발유를 사용하는 자동차의 연간 주행거리는 108,842 → 110,341 → 115,294 → 116,952 → 116,975로 매년 증가하고 있다.

④ $\frac{164,264}{327,073} \times 100 ≒ 50(\%)$이므로 20X4년 기준 경유 자동차는 전체 주행거리의 50%를 차지한다.

⑤ 전기를 사용하는 자동차의 연간 주행거리는 5,681 → 6,282 → 7,023 → 8,153 → 9,771로 매년 증가하고 있다.

04

|정답| ①

|해설| 국가별 전력 수출입 현황을 정리하면 다음과 같다.

• N국 : 420+234+270=924(수출)
    153+277+105=535(수입)
• K국 : 153+552+635=1,340(수출)
    420+432+215=1,067(수입)
• S국 : 277+432+405=1,114(수출)
    234+552+330=1,116(수입)
• E국 : 105+215+330=650(수출)
    270+635+405=1,310(수입)

가. 전력의 수출량이 수입량보다 많은 국가는 N국과 K국이다.

나. S국은 수출량이 1,114천 kW, 수입량이 1,116천 kW로 전력 무역수지가 0에 가장 가깝다.

다. N국의 전력 총수입량은 535천 kW이며, K국과 S국은 그 두 배가 넘는 전력량을 수출한다.

|오답풀이|

라. N국이 수출량을 절반으로 줄이면 각국이 N국으로부터 수입하는 양은 절반이 되므로 각각 1,067-210=857, 1,116-117=999, 1,310-135=1,175가 되어 K국과 S국만 수입량이 1,000천 kW 이하로 줄어들게 된다.

05

|정답| ④

|해설| '불량률=$\dfrac{\text{불량품의 개수}}{\text{하루 생산량}} \times 100$'이므로 계산하면 다음과 같다.

- a 기계 : $\dfrac{17}{5,610} \times 100 ≒ 0.30(\%)$
- b 기계 : $\dfrac{19}{5,830} \times 100 ≒ 0.33(\%)$
- c 기계 : $\dfrac{16}{5,400} \times 100 ≒ 0.30(\%)$
- d 기계 : $\dfrac{21}{5,950} \times 100 ≒ 0.35(\%)$
- e 기계 : $\dfrac{18}{5,670} \times 100 ≒ 0.32(\%)$

따라서 b 기계보다 불량률이 낮은 기계는 모두 3개이다.

06

|정답| ④

|해설| 20X6년은 40,406명, 20X7년은 42,630명, 20X8년은 44,121명, 20X9년은 48,042명으로 20X6년부터 20X9년까지 소방인력은 매년 4만 명 이상임을 알 수 있다.

|오답풀이|

① 전년 대비 소방인력 수의 증가율은
$\dfrac{\text{현 시점의 소방인력 수} - \text{전년 소방인력 수}}{\text{전년 소방인력 수}} \times 100$으로 계산할 수 있는데, 가장 큰 비율로 증가한 해는 20X9년으로 $\dfrac{48,042-44,121}{44,121} \times 100 ≒ 8.9(\%)$ 증가했다.

② 20X1년에는 전체 공무원 대비 소방인력 비율이 3.8%로 4%를 초과하지 않는다.

③ 20X9년의 소방인력 수는 48,042명이고 8년 전인 20X1년에는 33,992명이므로, 20X9년 소방인력 수는 20X1년에 비해 14,050명 늘어났음을 알 수 있다.

⑤ 20X1년 전체 공무원 수는 $\dfrac{33,992}{0.038} ≒ 894,526$(명)으로 100만 명 미만이다.

07

|정답| ③

|해설| ○○시의 세입 중 가장 큰 비중을 차지하는 것은 지방세로, 20X0년에 31%, 20X1년에 28%, 20X2년에 25%를 차지하였다.

|오답풀이|

① 세외수입의 액수는 20X1년에 감소하였다가 20X2년에 증가하였다.

② 전년 대비 세입 증가액은 20X1년이 466,597-381,989=84,608(억 원), 20X2년이 540,435-466,597=73,838(억 원)으로 20X1년이 20X2년보다 많다.

④ 전체 세입에서 지방세가 차지하는 비중은 20X0년부터 순서대로 31%, 28%, 25%로, 계속 감소하였다.

⑤ 20X1년 지방교부세의 전년 대비 증가액은 70,000-52,000=18,000(억 원)으로 20X1년 국고보조금의 전년 대비 증가액인 109,430-93,514=15,916(억 원)보다 많다.

08

|정답| ②

|해설| ㉠~㉣에 들어갈 수치를 계산하면 다음과 같다.

㉠ $\dfrac{23,442+48,724}{220,573} \times 100 ≒ 33(\%)$

㉡ $\dfrac{12,875,191+12,114,897}{189,019,253} \times 100 ≒ 13(\%)$

㉢ $\dfrac{17,220+37,972}{144,587} \times 100 ≒ 38(\%)$

㉣ $\dfrac{7,409,831+6,001,760}{95,435,474} \times 100 ≒ 14(\%)$

따라서 빈칸에 들어갈 수치로 옳은 것은 ㉡이다.

09

|정답| ②

|해설| 20X4년 막걸리 출하량은 20X1년 막걸리 출하량의 $\dfrac{443,778}{140,167} ≒ 3.2$(배)이다.

| 오답풀이 |

③ 20X1 ~ 20X4년 중 전년 대비 막걸리 출하량의 증감률이 가장 큰 해는 20X3년으로, 80.6%를 기록하였다.

④ 20X0 ~ 20X5년 중 막걸리 출하량이 가장 많았던 해는 443,778kl를 기록한 20X4년이고, 가장 적었던 해는 134,406kl를 기록한 20X0년이다.

⑤ 20X5년 막걸리 출하량은 20X0년 막걸리 출하량의 $\frac{414,550}{134,406} ≒ 3.1$(배)이다. 따라서 20X0년 막걸리 출하량의 3배 이상이다.

10

| 정답 | ②

| 해설 | A 시와 B 시의 물가 변동률의 차이가 가장 큰 시기인 20X6년의 변동률 차이는 $\frac{10.19}{6.07} ≒ 1.68$(배)로 2배 이하이다.

| 오답풀이 |

① 20X1년 B 시의 물가 변동률은 전년 대비 하락하였다.

③ A 시 물가 변동률의 전년 대비 증가율이 가장 높은 해는 3배 이상 증가한 20X1년이다.

④ B 시의 물가 변동률이 A 시의 물가 변동률보다 높은 연도는 20X0년, 20X1년, 20X3년으로 3개이다.

⑤ 전년 대비 물가 변동률의 차이가 가장 큰 연도는 A 시는 10.19-7.19=3(%p) 변화한 20X6년, B 시는 6.62-4.95=1.67(%p) 변화한 20X5년이다.

11

| 정답 | ③

| 해설 | 2014년의 위암 수검자 비율은 $\frac{2,085}{5,749} \times 100 ≒ 36.3$(%)이며, 2023년의 위암 수검자 비율은 $\frac{3,255}{10,703} \times 100 ≒ 30.4$(%)이다.

따라서 36.3-30.4=5.9(%p)의 차이가 난다.

12

| 정답 | ③

| 해설 | ㉠ 그래프에 따르면 2021년 이후 국내에 체류하고 있는 전체 외국인 수는 점점 증가하고 있다.

㉢ 2021년 대비 2025년 장기체류자 수는 $\frac{1,583,099-1,219,192}{1,219,192} \times 100 ≒ 29.8$(%) 증가했다.

따라서 옳은 설명은 2개이다.

| 오답풀이 |

㉡ 단기체류자 대비 장기체류자 수의 배율은 2022년이 $\frac{1,377,945}{419,673} ≒ 3.3$(배), 2024년이 $\frac{1,530,539}{518,902} ≒ 2.9$(배)로, 2022년에 더 높았다.

㉣ 2024년 장기체류자의 전년 대비 증가량은 1,530,539-1,467,873=62,666(명)이고, 2023년의 전년 대비 증가량은 1,467,873-1,377,945=89,928(명)이다.

13

| 정답 | ④

| 해설 | 전년 대비 20X9년 보이스피싱 피해신고 건수의 증가율은 $\frac{8,244-5,455}{5,455} \times 100 ≒ 51.12$(%)로 50% 이상이다.

| 오답풀이 |

① 보이스피싱 피해신고 건수 및 금액은 20X5년에서 20X6년 사이에 증가하였다가 20X8년까지 감소한 후, 20X9년에 다시 증가하였다.

② 보이스피싱 피해신고 건수 및 금액이 가장 적었던 해는 20X5년으로 동일하나, 피해신고 건수가 가장 많았던 해는 20X6년, 금액이 가장 높았던 해는 20X9년이다.

③ 20X5 ~ 20X9년 보이스피싱 피해신고 금액의 평균은 $\frac{434+877+621+554+1,109}{5}=719$(억 원)이다.

⑤ 20X5년과 20X9년 보이스피싱 피해신고 금액은 각각 434억 원, 1,109억 원으로 약 2.6배 증가하였다.

14

| 정답 | ④

| 해설 | 지역별 1인당 교통카드 지출액을 계산하면 다음과 같다.

- A 지역 : 602,640,000(만 원)÷972(만 명)=620,000(원)
- B 지역 : 194,370,000(만 원)÷341(만 명)=570,000(원)
- C 지역 : 162,250,000(만 원)÷295(만 명)=550,000(원)
- D 지역 : 157,300,000(만 원)÷242(만 명)=650,000(원)

따라서 D 지역의 1인당 교통카드 지출액이 가장 많다.

15

|정답| ③

|해설| 그래프를 살펴보면 3월까지 증가하던 감기환자 수가 4월로 넘어가면서 감소하는 것을 알 수 있다.

|오답풀이|

①, ④ 그래프는 외래환자 천 명당 감기환자 수를 나타내므로 월별 전체 감기환자 수는 정확히 알 수 없다.

② 2016 ~ 2020년 사이의 통계치는 평균이므로 외래환자 천 명당 15명을 초과한 때가 있었는지는 정확히 알 수 없다.

⑤ 그래프는 외래환자 천 명당 감기환자 수를 나타내고, 해당 월의 전체 외래환자 수는 제시되어 있지 않으므로 2021년과 2022년의 2월의 천 명당 감기환자 수가 같다고 해서 전체 감기환자 수 또한 같은지는 알 수 없다.

16

|정답| ⑤

|해설| 대중교통을 이용하는 사원 중 환승 횟수가 한 번 이상인 사원은 전체 사원의 27+23+8=58(%)이다.

|오답풀이|

① 자가용을 이용하는 사원은 60×0.25=15(명)이다.

② 버스를 이용하는 사원은 대중교통을 이용하는 사원 60×0.75=45(명)의 31%인 45×0.31≒14(명)이다.

③ 환승 횟수가 3번 이상인 사원은 60×0.08≒5(명)이다.

④ 대중교통을 이용하는 사원 중 한 번도 환승을 하지 않는 사원은 60×0.42≒25(명) 가운데 자가용 이용 사원 15명을 뺀 10명이다.

17

|정답| ③

|해설| Y년에 C 지역에서 전출한 인구수는 165+185+110=460(명)이다. 또한 C 지역으로 전입해 온 인구수는 145+302+130=577(명)이다. 따라서 Y+1년의 인구수는 2,931-460+577=3,048(명)이다.

같은 방식으로 Y년의 D 지역 전출과 전입 인구수는 각각 660명과 760명이다. 따라서 Y+1년의 인구수는 3,080-660+760=3,180(명)이다.

18

|정답| ①

|해설| 'GDP 대비 외환보유액 비중=$\frac{외환보유액}{GDP}\times 100$'이다. 2024년과 2025년의 대략적인 GDP를 구하면 다음과 같다.

- 2024년 : $\frac{3,260}{29}\times 100 ≒ 11,241$(억 달러)
- 2025년 : $\frac{3,460}{28}\times 100 ≒ 12,357$(억 달러)

따라서 전년에 비해 2025년의 GDP는 증가하였다.

또한 2024년과 비교하여 2025년의 외환보유액은 증가하였는데 GDP 대비 외환보유액 비중은 감소하였으므로 GDP가 크게 증가해야 가능하다는 점을 통해 이를 추론할 수 있다.

|오답풀이|

②, ③ 전년 대비 외환보유액 증가량은 순서대로 210억 달러, 150억 달러, 200억 달러, 200억 달러로 증가량이 가장 적은 연도는 2023년, 가장 많은 연도는 2022년이다.

④ GDP 대비 외환보유액 비중은 2024년에 전년 대비 증가하였다.

⑤ 2024년 대비 2025년의 외환보유액= $\frac{3,460-3,260}{3,260}\times 100 ≒ 6.13(\%)$ 증가했다.

19

|정답| ①

|해설| 3ha 이상의 농가 비중은 2000 ~ 2015년 동안 6.3 → 7.2 → 8.6 → 9.4로 계속 증가하다가 2020년에 9.0으로 감소하였다.

|오답풀이|

② 0.5 ~ 3ha 미만 농가 비중은 64.8 → 61.0 → 55.4 → 50.5 → 46.3으로 계속 감소하였다.

③ 0.5 ~ 3ha 미만 농가의 비중이 항상 가장 큰 것은 그래프를 통해 확인할 수 있다.

④ 0.5ha 미만 농가의 비중은 28.9 → 31.8 → 36.0 → 40.1 → 44.7로 꾸준히 증가하였다.

⑤ 2020년 0.5ha 미만 농가의 비중은 44.7%, 3ha 이상 농가의 비중은 9.0%로, 약 4.97배이다.

20

|정답| ④

|해설| ㉠ 국가대표 선수의 평균 연령이 높은 순서대로 나열하면 남자는 사격, 농구, 테니스, 역도, 수영, 축구 순이고, 여자는 사격, 농구, 역도, 테니스, 축구, 수영 순이다. 따라서 남녀의 종목 순서는 동일하지 않다.

㉡ 국가대표 선수의 평균 신장이 큰 순서대로 나열하면 남자는 농구, 테니스, 수영, 축구, 사격, 역도 순이고, 여자는 농구, 테니스, 수영, 역도, 축구, 사격 순이다. 따라서 남녀의 종목 순서는 동일하지 않다.

㉢ 축구와 역도 국가대표 선수의 평균 연령은 남자가 여자보다 낮다.

|오답풀이|

㉣ 〈자료 1〉, 〈자료 2〉를 비교해 보면, 각 종목별로 남자 국가대표 선수의 평균 신장이 해당 종목의 여자 국가대표 선수의 평균 신장보다 크다는 것을 알 수 있다.

3회 언어표현

▶ 문제 204쪽

01	③	02	⑤	03	⑤	04	①	05	③
06	④	07	⑤	08	③	09	②	10	③
11	②	12	②	13	③	14	①	15	④
16	③	17	①	18	④	19	④	20	①
21	③	22	③	23	③	24	④	25	③
26	④	27	②	28	④	29	①	30	②

01

|정답| ③

|해설| '보다'는 '눈으로 대상의 존재나 형태적 특징을 알다', '눈으로 대상을 즐기거나 감상하다' 또는 '책이나 신문 따위를 읽다' 등의 뜻을 지니고 있다. 따라서 '한번 알았던 것을 기억하지 못하거나 기억해 내지 못하다'의 뜻을 갖고 있는 '잊다'는 '보다'의 유의어가 아니다.

|오답풀이|

① 구경하다 : 흥미나 관심을 가지고 보다.

② 찾다 : 모르는 것을 알아내기 위하여 책 따위를 뒤지거나 컴퓨터를 검색하다.

④ 관찰하다 : 사물이나 현상을 주의하여 자세히 살펴보다.

⑤ 읽다 : 글을 보고 거기에 담긴 뜻을 헤아려 알다.

02

|정답| ⑤

|해설| '쏟다'는 '액체나 물질을 그것이 들어 있는 용기에서 바깥으로 나오게 하다', '마음이나 정신 따위를 어떤 대상이나 일에 기울이다' 등의 뜻을 지니고 있다. 따라서 '남보다 빨리 가서 앞을 차지하거나 어떤 동작을 먼저 하다'의 뜻을 갖고 있는 '앞지르다'는 '쏟다'의 유의어가 아니다.

|오답풀이|

① 집중하다 : 한곳을 중심으로 하여 모이다.

② 털어놓다 : 속에 든 물건을 모두 내놓다.

③ 따르다 : 그릇을 기울여 안에 들어 있는 액체를 밖으로 조금씩 흐르게 한다.
④ 뿌리다 : 곳곳에 흩어지도록 던지거나 떨어지게 하다.

03

| 정답 | ⑤

| 해설 | '바꾸다'는 '원래 있던 것을 없애고 다른 것으로 채워 넣거나 대신하게 하다', '원래의 내용이나 상태를 다르게 고치다' 등의 뜻을 지니고 있다. 따라서 '식물이나 그것을 기르는 장소 따위를 손질하고 보살피다. 또는 몸을 잘 매만지거나 꾸미다'의 뜻을 가진 '가꾸다'는 '바꾸다'의 유의어가 아니다.

| 오답풀이 |
① 변경하다 : 다르게 바꾸어 새롭게 고치다.
② 수정하다 : 고치어 정돈하다.
③ 변환하다 : 달라져서 바뀌다. 또는 다르게 하여 바꾸다.
④ 변신하다 : 몸의 모양이나 태도 따위를 바꾸다.

04

| 정답 | ①

| 해설 | 수더분하다는 '성질이 까다롭지 아니하여 순하고 무던하다'의 의미이므로 이와 반대의 의미를 가지는 단어는 '까다롭다'이다.

| 오답풀이 |
② 듬직하다 : 믿음성 있게 묵직하여 굳건하다.
③ 깨끗하다 : 더럽지 않다.
④ 시끄럽다 : 듣기 싫게 떠들썩하다.
⑤ 명징하다 : 깨끗하고 맑다.

05

| 정답 | ③

| 해설 | '사람됨이 남을 너그럽게 감싸 주지 않고 적대적으로 대하다'의 의미를 가지는 '되바라지다'는 '온순한 마음으로 따르는 태도가 있다'의 의미를 지니는 '다소곳하다'와 반의어 관계에 있다.

| 오답풀이 |
① 엎어지다 : 서 있는 사람이나 물체 등이 앞으로 넘어지다.
② 내성적이다 : 겉으로 드러나지 않고 마음속으로만 생각하는, 또는 그런 것
④ 모이다 : 한데 합치다.
⑤ 살갑다 : 마음씨가 부드럽고 상냥하다.

06

| 정답 | ④

| 해설 | '역연(歷然)'은 '분명히 알 수 있도록 또렷함'의 의미를 지니며 '막연(漠然)'은 '뚜렷하지 못하고 어렴풋함'의 의미를 가지므로 반의어 관계에 있다.

| 오답풀이 |
① 당연(當然) : 일의 앞뒤 사정을 놓고 볼 때 마땅히 그러함.
② 태연(泰然) : 마땅히 머뭇거리거나 두려워할 상황에서 태도나 기색이 아무렇지도 않은 듯이 예사로움.
③ 자연(自然) : 사람의 힘이 더해지지 않고 세상에 스스로 존재하는 존재나 상태
⑤ 확연(確然) : 아주 확실함.

07

| 정답 | ⑤

| 해설 | '달변'은 '능숙하여 막힘이 없는 말'을 의미하고, '눌변'은 '더듬거리는 서툰 말솜씨'를 의미하므로 두 단어는 반의어 관계이다.

| 오답풀이 |
① 능변(能辯) : 말을 능숙하게 잘함. 또는 그 말
② 배변(排便) : 대변을 몸 밖으로 내보냄.
③ 강변(强辯) : 이치에 닿지 아니한 것을 끝까지 굽히지 않고 주장하거나 변명함.
④ 언변(言辯) : 말을 잘하는 재주나 솜씨

08

| 정답 | ③

| 해설 | '팽창'은 '부풀어서 부피가 커짐'을 의미하고, '수축'은 '부피나 규모가 줄어듦'을 의미하므로 두 단어는 반의어 관계이다.

| 오답풀이 |
① 확대(擴大) : 모양이나 규모 등을 더 크게 함.
② 팽배(澎湃) : 어떤 기세나 사조 따위가 매우 거세게 일어남.
④ 팽대(膨大) : 세력이나 기운 등이 크게 늘어나거나 퍼짐.
⑤ 광대(廣大) : 크고 넓음.

09

| 정답 | ②

| 해설 | '수영', '파도', '배'를 통해 '바다'를 연상할 수 있다.

10

| 정답 | ③

| 해설 | • '마우스', '키보드'는 '컴퓨터'의 입력장치이다.
• '모니터'는 '컴퓨터'의 출력장치이다.

11

| 정답 | ②

| 해설 | '정조', '이순신', '광해군'은 각각 역사적 사건을 다룬 '영화' 「역린」, 「명량」, 「광해」에 등장하는 조선시대 인물이다.

12

| 정답 | ②

| 해설 | • '요정'은 사람의 모습을 하고 신기한 능력을 가진 초자연적 존재로 동화에 자주 등장한다.
• 동화의 대부분은 착한 일을 권하고 나쁜 일을 벌하는 '권선징악'을 주제로 삼고 있다.
• '유리구두'를 통해 동화 「신데렐라」를 연상할 수 있다.

13

| 정답 | ③

| 해설 | • 늑대는 '개'과에 해당한다.
• 늑대인간은 '보름달'이 뜨면 늑대로 변한다.
• 「빨간 모자」와 늑대는 그림형제의 동화책이다.

14

| 정답 | ①

| 해설 | 하위 항목들은 야채 중에서 뿌리나 줄기를 식용하는 뿌리채소이다. 선택지 중 뿌리채소에 해당하는 것은 당근이며, 상추와 시금치는 잎을 식용하는 잎줄기채소, 토마토와 딸기는 과실과 씨를 식용하는 열매채소이다.

15

| 정답 | ④

| 해설 | 하위 항목들은 모두 유럽 대륙에 있는 국가들이다. 선택지 중 유럽 국가에 해당하는 것은 그리스이다.
①은 오세아니아, ②, ③은 라틴 아메리카, ⑤는 아프리카 대륙에 있는 국가이다.

16

| 정답 | ③

| 해설 | 하위 항목은 모두 24절기 중 하나이다. 선택지 중 24절기에 해당하는 것은 우수이다. 추석과 설날, 한식, 단오는 명절이다.

17
|정답| ①

|해설| 하위 항목들은 모두 한강을 가로지르는 다리이다. ① 청담은 한강을 가로지르는 다리이고 ②, ③, ④, ⑤는 전남, 부산, 전북에 있는 대교이다.

18
|정답| ④

|해설| 하위 항목들은 모두 바로크 시대의 작곡가들이고 ④ 비발디가 바로크 시대의 작곡가이다. 하이든은 고전주의 시대, 리스트, 슈베르트, 브람스는 낭만주의 시대의 작곡가이다.

19
|정답| ④

|해설| 하위 항목들은 미국, 영국, 중국의 화폐단위이고 ④는 우리나라 화폐단위 '원'이다. 킬로그램, 근, 온스는 무게, 수량을 나타내는 단위들이다.

20
|정답| ①

|해설| '마르다'는 ② 물기가 다 날아가서 없어지다, ③ 살이 빠져 야위다, ④ 입이나 목구멍에 물기가 적어져 갈증이 나다, ⑤ 옷감이나 재목 등의 재료를 치수에 맞게 자르다의 의미를 지니고 있으므로 나머지 단어의 의미를 모두 포함하는 단어이다.

21
|정답| ③

|해설| '쓰다'는 ① 대상을 필요에 따라 이롭게 쓰다, ② 사람에게 일정한 돈을 주고 어떤 일을 하도록 부리다, ④ 얼굴이나 머리에 모자 따위를 덮다, ⑤ 머릿속의 의견을 종이 같은 것에 글로 나타내다의 의미를 지니고 있으므로 나머지 단어의 의미를 모두 포함하는 단어이다.

22
|정답| ③

|해설| '물다'는 ① 윗니나 아랫니 또는 입술 사이에 어떠한 것을 끼워 떨어지거나 빠져나가지 않도록 세게 누르다, ② 이익을 위해 어떠한 것이나 사람 등을 차지하다, ④ 갚아야 할 무언가를 치르다, ⑤ 모기 등의 벌레가 주둥이로 살을 찌르다의 의미를 지니고 있으므로 나머지 단어의 의미를 모두 포함하는 단어이다.

23
|정답| ③

|해설| '감다'는 ① 눈꺼풀을 내려 눈동자를 덮다, ② 어떤 물체를 다른 물체에 말거나 빙 두르다, ④ 시계태엽이나 테이프 등을 작동하도록 돌리다, ⑤ 머리나 몸을 물로 씻다의 의미를 지니고 있으므로 나머지 단어의 의미를 모두 포괄하는 단어이다.

24
|정답| ④

|해설| 승용차, 기차는 사람이나 짐을 나르는 운송 수단으로 서로 대등한 개념의 동위 관계이며 헬스클럽과 공원산책로는 모두 운동, 산책 따위를 하는 장소에 속한다.

25
|정답| ③

|해설| 소나티네는 규모가 작은 소나타로 악곡의 한 형식이며, 수채화는 회화의 한 양식이다.

26
| 정답 | ④

| 해설 | 베이컨은 돼지고기의 일정 부위를 소금에 절여 훈제한 식품으로 육류에 속하고, 설탕은 천연 감미료로 조미료에 속한다.

27
| 정답 | ②

| 해설 | 토로는 마음에 있는 것을 모두 드러내 말한다는 뜻이고, 피력은 생각한 바를 털어내 말한다는 뜻으로 유의어 관계이다. 어버이는 부모를 달리 이르는 말이다.

28
| 정답 | ④

| 해설 | 발본색원(拔本塞源) : 좋지 않은 일의 근본 원인이 되는 요소를 완전히 없애 버려서 다시는 그러한 일이 생길 수 없도록 함.

| 오답풀이 |
① 박이부정(博而不精) : 널리 알지만 정밀하지는 못함.
② 부화뇌동(附和雷同) : 줏대 없이 남의 의견에 따라 움직임.
③ 도탄지고(塗炭之苦) : 진구렁에 빠지고 숯불에 타는 듯한 고생
⑤ 갑론을박(甲論乙駁) : 여러 사람이 서로 자신의 주장을 내세우며 상대편의 주장을 반박함.

29
| 정답 | ①

| 해설 | 새옹지마(塞翁之馬) : 인생의 길흉화복은 변화가 많아서 예측하기가 어렵다는 말

| 오답풀이 |
② 면종복배(面從腹背) : 겉으로는 복종하는 체하면서 내심으로는 배반함.
③ 난형난제(難兄難弟) : 누구를 형이라 하고 누구를 아우라 하기 어렵다는 뜻으로, 두 사물이 비슷하여 낫고 못함을 정하기 어려움을 이르는 말
④ 선공후사(先公後私) : 공적인 일을 먼저 하고 사사로운 일은 뒤로 미룸.
⑤ 맥수지탄(麥秀之嘆) : 고국의 멸망을 한탄함을 나타내는 말

30
| 정답 | ②

| 해설 | 다기망양(多岐亡羊) : 갈림길이 많아 잃어버린 양을 찾지 못한다는 뜻으로, 계획이나 방침이 너무 많아 도리어 어찌할 바를 모른다는 말

| 오답풀이 |
① 곡학아세(曲學阿世) : 바른 길에서 벗어난 학문으로 세상 사람에게 아첨함.
③ 입신양명(立身揚名) : 출세하여 이름을 세상에 떨침.
④ 읍참마속(泣斬馬謖) : 큰 목적을 위하여 자기가 아끼는 사람을 버림.
⑤ 삼순구식(三旬九食) : 삼십 일 동안 아홉 끼니밖에 먹지 못한다는 뜻으로, 몹시 가난함.

3회 언어이해

01	④	02	③	03	④	04	②	05	②
06	③	07	④	08	②	09	③	10	④
11	④	12	①	13	⑤	14	④	15	③
16	⑤	17	①	18	⑤	19	④	20	⑤

01
| 정답 | ④

| 해설 | 제시된 글은 컴퓨터가 공식과 논리에 따르는 수렴적 사고만을 가지고 있는 것과 달리 인간은 과학, 문학, 예술,

철학 등을 위한 종합적 사고인 발산적 사고를 가지고 있다는 점에서 '컴퓨터와 인간의 사고'에 차이가 있음을 주로 설명하고 있다.

02
| 정답 | ③

| 해설 | 독서를 통한 간접 체험을 통해 지식을 얻고 정신적으로 성장할 수 있다는 내용이므로 제시된 글의 제목으로는 '독서와 체험'이 가장 적절하다.

03
| 정답 | ④

| 해설 | 제시된 글에서 글쓴이는 자신이 제시한 의견이 상대방에게 거절당했을 경우, 자신의 입장만 생각하기에 앞서 상대방의 요구나 필요한 사항을 파악하는 것, 즉 상대의 논리를 구조화하는 것이 중요하다고 설명하고 있다. 따라서 글쓴이가 전달하려는 내용과 가장 관련이 깊은 것은 ④이다.

04
| 정답 | ②

| 해설 | 밑줄 친 내용은 현대 사회에서의 삶의 다양성에 대한 긍정적인 측면의 예시를 제시할 것을 요구하고 있다. ①, ④, ⑤는 획일화된 삶의 형태와 관련된 내용이고, ③은 다양화된 삶의 부정적인 면이므로 가장 적절한 것은 ②이다.

05
| 정답 | ②

| 해설 | ㉠의 뒤에 있는 내용은 앞에서 설명한 변절의 정의에 의해 사람이 철이 들어 주체의 자세를 뒤집는 것도 변절이라는 결론을 제시하고 있으므로 ㉠에는 '그러므로'가 들어가는 것이 가장 적절하다. ㉡의 뒤에 있는 내용은 앞에서 제시한 사람이 철이 들어 하는 긍정적인 의미의 변절과는 반대되는 개념인 사람들이 욕하는 변절이 무엇인가에 대해 설명하고 있으므로 ㉡에는 '그러나'가 들어가는 것이 가장 적절하다.

06
| 정답 | ③

| 해설 | 김 부장은 가격 협상만 남았다는 성 사원의 지난 보고를 토대로 계약 건이 어떻게 마무리되었는지를 묻고 있다. 즉, 가격 협상이 제대로 완료되었는지를 물은 것이다. 하지만 김 부장의 질문 의도를 파악하지 못한 성 사원은 엉뚱한 대답을 하였다. 이는 대화 상대가 요구하는 것이 무엇인지를 제대로 파악하지 못하여 발생한 상황이므로, ③과 같은 조언을 해주는 것이 가장 적절하다.

07
| 정답 | ④

| 해설 | 업무가 성공리에 이루어질 때 동기부여를 받는 것은 모든 직장인에게 해당되는 것이다. 따라서 정 대리를 워커홀릭으로 보는 것은 적절하지 않다.

08
| 정답 | ②

| 해설 | 종호는 상대방이 한 말 중 '주말'이라는 주요 어휘를 반복하여 말하며 자신이 집중해서 경청하고 있음을 보이고 있다.

| 오답풀이 |
① 대화 도중에 상대방에게 관심을 기울이지 않고 다른 생각을 하고 있다.
③ 상대방이 언급한 적 없는 '4차 산업혁명'을 이야기하며 상대의 자기개발 이유를 멋대로 짐작하고 있다.
④ 영어까지 배워야 한다며 상대에게 지나치게 조언을 하고 있다.
⑤ 대화의 내용과 상관없는 AI를 언급하며 상대의 자기개발을 깎아내리고 있다.

09

|정답| ③

|해설| 공감적 경청은 상대방의 숨은 의도와 감정, 정서 상태에 주목하며 듣는 유형의 대화 방식이다. 효과적인 경청 방법에는 공감을 준비하고, 상대를 인정하며, 말하기를 절제하고, 겸손하게 이해하고, 온몸으로 응답하는 것이 포함된다. C의 경우 친구의 힘든 감정을 무시하고 조언을 하며 문제를 해결하고자만 하는 상황으로, 이런 경우 상대방은 자신의 감정이 충분히 이해받았다고 느끼지 못 한다.

10

|정답| ④

|해설| 구성원 행동주의는 직원들이 집단행동을 통해 회사에 자신의 의사를 적극적으로 반영하게 하는 것으로, 북극곰 보호를 목적으로 기업이 새로운 상품을 출시한 것은 구성원 행동주의와 관련이 없다.

11

|정답| ④

|해설| 제시된 글은 본인만이 느끼는 감각을 하나의 용어로 칭할 수 없음에 대해 이야기하고 있다. 그러므로 혼자만의 감각을 통해 생성된 용어는 무의미하다는 ④가 결론으로 적절하다.

|오답풀이|

⑤ 개인이 용어를 규정할 때는 주관이 개입할 가능성이 높아 다수가 규정할 때에 비하여 적절성이 떨어진다. 하지만 제시된 글의 사례는 타인은 느끼지 못한 혼자만의 감각에 대하여 만들어진 용어는 객관성이 없고 판단 근거 또한 없어 유의미하게 쓰일 수 없다는 내용이므로 글의 결론으로는 적절하지 않다.

12

|정답| ①

|해설| 빈칸 이후 문장에서 '소득 불평등 해소를 위한 구체적 정책 방향을 모색해야 한다'고 하였으므로 빈칸이 포함된 문장에서는 구체적이지 않은 이해 수준에서 벗어나야 한다고 언급하는 것이 가장 매끄럽다. 따라서 빈칸에는 '구체적'과 가장 반대되는 뜻인 '관념적'이 적절하다.

13

|정답| ⑤

|해설| 진화 초기 단계에서는 산소가 많은 육지로 올라오기 전이므로 산소 농도가 낮아 물갈퀴가 존재했을 것이라고 추론하는 것이 적절하다.

14

|정답| ④

|해설| 필자는 시장형 성격의 사람과 비생산적인 성격의 사람은 사랑에 대해 오해하고 있다고 본다. 그리고 교환하는 사랑과 고통을 감수하는 희생의 사랑을 사랑으로 보지 않는다.

15

|정답| ③

|해설| 빈칸의 뒤에서 옷차림새나 말투 등으로 느낌이 형성될 수 있음을 이야기하고 있으므로, 빈칸에는 겉모습의 중요성에 대해 언급한 ③이 가장 적절하다.

16

|정답| ⑤

|해설| 개성적인 인간과 두뇌 개발 간의 연관성은 제시된 글에서 찾아볼 수 없다.

|오답풀이|

① 인간은 평생 뇌의 극히 일부분만을 사용하고 있다는 것이 중심내용이며, 이는 무엇이 인간의 두뇌를 다 사용하지 못하게 하는지에 대한 연구와 관련성이 있다.

② 두뇌 활용도를 어린이나 학생으로 한정하고 있는 것이 아니므로 뒤이어 나올 수 있는 내용이다.
③ 재능을 발휘하는 것은 그만큼 두뇌 개발이 이루어졌다는 의미이므로 관계가 있다.
④ 인간의 두뇌 활용도를 높이기 위한 방법으로 두뇌 개발 촉진 프로그램 개발을 제안할 수 있으므로 이어지는 내용으로 적절하다.

17

| 정답 | ①

| 해설 | 거절의 의사결정은 빠를수록 좋다. 오래 지체될수록 상대방은 긍정의 대답을 기대하게 되고 의사결정자는 거절을 하기 더욱 어려워지기 때문이다.

18

| 정답 | ③

| 해설 | 먼저 세상에 존재하는 혐오스러운 소리가 많다며 소재를 제시하는 (다)가 오고, 그에 대한 구체적인 예시를 드는 (가)가 이어진다. 다음으로 이런 현상들에 대한 의문을 제시하는 (마)가 온 다음, 그 답으로 '고주파'를 제시하는 (라)가 온다. 마지막으로 그렇게 생각되는 이유를 (나)에서 언급한다. 따라서 글의 순서는 (다)-(가)-(마)-(라)-(나)가 적절하다.

19

| 정답 | ④

| 해설 | '나는 생각한다, 고로 존재한다(Cogito, ergo sum)'는 프랑스의 철학자 데카르트가 자신의 저서 《방법서설》에서 '세상의 모든 것들의 존재 여부는 의심할 수 있어도 의심하고 있는 나 자신의 존재 여부는 의심할 수 없다'라고 남긴 유명한 말이다.

20

| 정답 | ⑤

| 해설 | (나)에서 설명하는 기계적 이원론은 인간과 자연을 분리하여 인식하고, 객체인 자연은 주체인 인간에게 관찰되고 이용되는 대상으로 인식한다. 따라서 환경보호단체의 입장에서 이를 비판하기 위해서는 인간과 자연은 하나이며, 자연은 인간에게 이용되어야 하는 대상이 아님을 주장하는 것이 가장 적절하다.

| 오답풀이 |
② 자연은 후손에게 빌려 쓰고 있는 것임을 주장하는 내용은 자연은 인간의 소유와 관리의 대상이라는 인식을 바탕으로 하고 있으므로 기계적 이원론에 관한 비판으로는 적절하지 않다.

3회 창의수리

▶문제 223쪽

01	⑤	02	②	03	③	04	⑤	05	②
06	⑤	07	②	08	②	09	①	10	②
11	③	12	⑤	13	④	14	③	15	②
16	③	17	③	18	①	19	①	20	④
21	②	22	③	23	②	24	④	25	②
26	①	27	⑤	28	②	29	④	30	①

01

| 정답 | ⑤

| 해설 | $A = \left(\frac{189}{21} + 2.8\right) \times 10$
$= (9 + 2.8) \times 10 = 11.8 \times 10 = 118$
$B = (11^2 + 18) - 4^2$
$= (121 + 18) - 16 = 139 - 16 = 123$
$C = (15 - 32 + 1)^2 \div 2$
$= (-16)^2 \div 2 = 256 \div 2 = 128$
따라서 C>B>A이다.

02

| 정답 | ②

| 해설 | 230+280−36=510−36=474

| 오답풀이 |
① 180+270−25=450−25=425
③ 830−420+53=410+53=463
④ 750−510+194=240+194=434
⑤ 405+210−212=615−212=403

03

| 정답 | ③

| 해설 | 1cm=10mm, 1m=100cm이므로 250+325=575(cm)이다.

04

| 정답 | ⑤

| 해설 | 1t=1,000kg, 1kg=1,000g이므로 1,700+6.5=1,706.5(kg)이다.

05

| 정답 | ②

| 해설 | 2.84+7.72−6.09=10.56−6.09=4.47

06

| 정답 | ⑤

| 해설 | $\dfrac{5}{7} \div \dfrac{7}{12} \times \dfrac{2}{3} = \dfrac{5}{7} \times \dfrac{12}{7} \times \dfrac{2}{3} = \dfrac{60}{49} \times \dfrac{2}{3} = \dfrac{40}{49}$

07

| 정답 | ②

| 해설 | 777−21×23=777−483=294

08

| 정답 | ②

| 해설 | 0.7×0.8÷0.4=0.56÷0.4=1.4

09

| 정답 | ①

| 해설 | 2.5−0.2×0.6=2.5−0.12=2.38

10

| 정답 | ②

| 해설 | $(-\sqrt{3})^3 + \sqrt{24} \times \sqrt{8} \div \sqrt{3} + (\sqrt{3}+2)^2$
$= -3\sqrt{3} + \sqrt{\dfrac{24 \times 8}{3}} + (\sqrt{3}+2)^2$
$= -3\sqrt{3} + 8 + (3+4\sqrt{3}+4) = \sqrt{3}+15$

11

| 정답 | ③

| 해설 | $\overline{OA}$를 지름으로 하는 반원의 넓이와 $\overline{OB}$를 지름으로 하는 반원의 넓이가 같으므로 색칠된 부분의 넓이는 반지름이 6cm인 반원의 넓이와 같다.

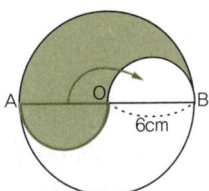

따라서 색칠된 부분의 넓이는 $\dfrac{1}{2} \times 6 \times 6 \times \pi = 18\pi (\text{cm}^2)$이다.

12

| 정답 | ⑤

| 해설 | 직사각형 벽에 남는 부분 없이 타일을 붙이면서 그 개수를 최소로 사용하기 위해서는 가능한 한 가장 큰

정사각형 모양의 타일을 사용해야 하므로 벽의 세로·가로 길이인 120, 90의 최대공약수가 사용할 타일의 한 변의 길이가 된다.

120과 90의 최대공약수는 $2 \times 3 \times 5 = 30$이므로 타일의 한 변의 길이는 30cm이다.

$$\begin{array}{r|rr} 5 & 120 & 90 \\ 3 & 24 & 18 \\ 2 & 8 & 6 \\ \hline 30 & 4 & 3 \end{array}$$

13

| 정답 | ④

| 해설 | 넣어야 할 소금의 양을 xg으로 놓고 식을 세우면 다음과 같다.

$$\frac{x}{500+x} \times 100 = 20$$

$100x = 20(500+x)$

$100x = 10{,}000 + 20x$

$80x = 10{,}000$

$\therefore x = 125$

따라서 125g의 소금을 넣어야 한다.

14

| 정답 | ③

| 해설 | • 5% 증가한 1달 후의 관람객 수 :
$10{,}000 + (10{,}000 \times 0.05) = 10{,}500$(명)

• 5% 증가한 2달 후의 관람객 수 :
$10{,}500 + (10{,}500 \times 0.05) = 11{,}025$(명)

15

| 정답 | ②

| 해설 | 나머지 한 명의 점수를 x점이라 하면 다음 식이 성립한다.

$$x = \frac{630 + 84 \times 2 + x}{12} + 16$$

$12(x-16) = 798 + x$

$12x - 192 = 798 + x$

$11x = 990$

$\therefore x = 90$

따라서 학생 12명의 평균 점수는 $\frac{630 + 168 + 90}{12} = 74$ (점)이다.

16

| 정답 | ③

| 해설 | 양쪽 끝에도 나무를 심을 때 필요한 나무의 수는 간격의 수에 1을 더한 것과 같다.

$\therefore 150 \div 10 + 1 = 16$(그루)

17

| 정답 | ③

| 해설 | 물통에 가득 찬 물의 양을 1이라고 하면, A 수도꼭지를 사용하여 1분간 채울 수 있는 물의 양은 $\frac{1}{4}$, B 수도꼭지를 사용하여 1분간 채울 수 있는 물의 양은 $\frac{1}{6}$이다.

B 수도꼭지를 사용한 시간을 x분이라고 하면, 다음과 같은 식이 성립한다.

$$\frac{1}{4} \times (5-x) + \frac{1}{6} \times x = 1$$

$3(5-x) + 2x = 12$

$\therefore x = 3$(분)

18

| 정답 | ①

| 해설 | 철수가 출발한 후 x초 후에 영희를 따라잡는다고 하면, 영희는 출발한 지 $(x+20)$초 후에 철수에게 따라

잡히게 된다. 1시간이 3,600초임을 고려하여 거리를 기준으로 식을 세우면 다음과 같다.

$6(\text{km/h}) \times \dfrac{x+20}{3,600}(\text{h}) = 10(\text{km/h}) \times \dfrac{x}{3,600}(\text{h})$

$6(x+20) = 10x$

$4x = 120$

$\therefore x = 30(\text{초})$

따라서 철수가 출발하고 30초 후에 영희를 따라잡게 된다.

19

|정답| ①

|해설| 지은이가 A 대학에 떨어질 확률은 80%, B 대학에 합격할 확률은 70%이므로 A 대학에 떨어지고 B 대학에 합격할 확률은 $0.8 \times 0.7 = 0.56$, 즉 56%이다.

20

|정답| ④

|해설| 구입한 연필의 개수를 x, 볼펜의 개수를 y라 하면 다음과 같은 식이 성립한다.

$x = 3y$ ·················· ㉠

$100x + 120y = 2,100$ ·················· ㉡

㉠을 ㉡에 대입하면 다음과 같다.

$300y + 120y = 2,100$

$\therefore y = 5$

따라서 구입한 연필의 개수는 $3 \times 5 = 15$(개)이다.

21

|정답| ②

|해설| 삼각형의 가장 작은 각의 크기를 $x°$라 하면 가장 큰 각은 $2x°$가 되고, 나머지 한 각의 크기가 60°이므로 $x + 2x = 120°$가 성립한다. 따라서 $x = 40°$가 되어 가장 큰 각의 크기는 40°의 2배인 80°가 된다.

22

|정답| ③

|해설| x는 100보다 작으면서 18과 4의 배수이므로 $x = 36$ 또는 $x = 72$이다. 그런데 x가 72라면 72와 40의 최대공약수는 4가 아닌 8이 되므로 조건에 맞지 않는다. 즉, $x = 36$이고 a와 b의 값을 각각 구하면 다음과 같다.

```
2) 36   54            2) 36   40
3) 18   27            2) 18   20
3)  6    9                9   10
    2    3
```

$\therefore a = 2 \times 3 \times 3 \times 2 \times 3 = 108$, $b = 2 \times 2 \times 9 \times 10 = 360$

따라서 $a + b = 108 + 360 = 468$이다.

보충 플러스+

최대공약수와 최소공배수 구하기

```
3) 12   30
2)  4   10
    2    5
```

- 최대공약수 : 3×2=6
- 최소공배수 : 3×2×2×5=60

23

|정답| ②

|해설| 5%의 소금물의 양을 xg, 11%의 소금물의 양을 $(400-x)$g으로 두고 식을 세우면 다음과 같다.

$\dfrac{5}{100} \times x + \dfrac{11}{100} \times (400-x) = \dfrac{8}{100} \times 400$

$5x + 11 \times (400-x) = 3,200$

$6x = 1,200$

$\therefore x = 200(\text{g})$

24

|정답| ④

|해설| 닭의 다리는 2개, 소의 다리는 4개이므로 닭의 수를 x, 소의 수를 y라고 하면 다음과 같은 식이 성립한다.

$x + y = 34$ ·················· ㉠

$2x + 4y = 92$ ·················· ㉡

㉠을 ㉡에 대입하면 다음과 같다.
$2x + 4(34-x) = 92$
$-2x = -44$
∴ $x = 22$(마리), $y = 12$(마리)
따라서 A 농장에 있는 닭은 모두 22마리이다.

25

|정답| ③

|해설| 전체 응시자 수에서 행정직렬에 지원한 사람의 수와 행정직렬과 기술직렬을 제외한 나머지 직렬에 지원한 사람의 수를 빼면 $6,400 - 5,200 - 710 = 490$(명)이다. 따라서 기술직렬에 지원한 사람의 수는 490명임을 알 수 있다. 기술직렬은 490명 중 35명을 선발한다고 하였으므로 경쟁률은 490 : 35, 즉 14 : 1이다.

26

|정답| ①

|해설|
• 처음 판매가 : $100,000 + (100,000 \times 0.3)$
  $= 130,000$(원)
• 할인가 : $130,000 - (130,000 \times 0.15) = 110,500$(원)

27

|정답| ⑤

|해설|
• 해외여행을 간 직원 : 15명
• 친척 집에 간 직원 : 16명
• 해외여행과 친척 집을 모두 간 직원 : 7명

따라서 해외여행과 친척 집 가운데 어느 한 곳 이상을 간 직원은 $15 + 16 - 7 = 24$(명)이므로 두 곳 다 가지 않은 직원은 $35 - 24 = 11$(명)이다.

28

|정답| ②

|해설| 어른을 x명이라 하면 어린이는 $(8-x)$명이므로 다음과 같은 식이 성립한다.
$12,900x + 8,200(8-x) \leq 90,000$
$12,900x + 65,600 - 8,200x \leq 90,000$
$4,700x \leq 24,400$
$x \leq 5.19\cdots$
따라서 어른은 최대 5명이다.

29

|정답| ④

|해설| A가 넘어진 후 B가 A에게 오기까지 걸린 시간이 15초이므로 A가 넘어질 때 A와 B 사이의 거리는 $8 \times 15 = 120$(m) 떨어져 있었음을 알 수 있다. A는 B보다 5m/s 빠르게 이동하였으므로 시작점부터 120m의 거리가 벌어질 때까지 달린 시간은 $120 \div 5 = 24$(초)이다. 따라서 A가 달린 거리는 $13 \times 24 = 312$(m)이다.

30

|정답| ①

|해설| A가 10점 과녁을 명중시킬 확률이 $\frac{7}{8}$이므로 명중시키지 못할 확률은 $\frac{1}{8}$이고, B가 10점 과녁을 명중시킬 확률이 $\frac{8}{9}$이므로 명중시키지 못할 확률은 $\frac{1}{9}$이다. 따라서 A와 B 모두 10점 과녁에 명중시키지 못할 확률은 $\frac{1}{8} \times \frac{1}{9} = \frac{1}{72}$이다.

3회 자료해석

▶문제 232쪽

01	④	02	②	03	②	04	④	05	③
06	③	07	②	08	②	09	④	10	①
11	④	12	③	13	⑤	14	④	15	①
16	④	17	②	18	③	19	②	20	⑤

01

|정답| ④

|해설| 20X8년의 기타종사자 수는 1년 전보다 12천 명 더 증가하였다.

|오답풀이|
① 네 종류의 종사상지위 중 상용근로자 수가 나머지 세 종류의 종사자 수보다 월등히 많다.
② 20X8년의 종사자 수는 1년 전과 비교하여 자영업자 및 무급가족종사자는 59천 명, 상용근로자는 173천 명, 임시 및 일용근로자는 89천 명, 기타조사자는 12천 명이 증가하였으며, 이 중 상용근로자가 가장 많은 증가를 보이고 있다.
③ 상용근로자의 경우 종사자 수는 가장 많이 증가했으나 구성비는 오히려 0.2%p 감소하였다.
⑤ 20X8년 전체 종사자 수는 21,592명으로 20X7년의 21,259명보다 증가하였다.

02

|정답| ②

|해설| 고속도로별 평균 차량 통행속도는 오전, 낮, 오후 시간의 속도의 평균으로 구할 수 있다.
• 도시고속도로 : $(54.9+59.2+40.2)\div 3 ≒ 51.4$(km/h)
• 주간선도로 : $(27.9+24.5+20.8)\div 3 ≒ 24.4$(km/h)
• 보조간선도로 : $(25.2+22.4+19.6)\div 3 ≒ 22.4$(km/h)
• 기타도로 : $(23.1+20.5+18.6)\div 3 ≒ 20.7$(km/h)

따라서 '도시고속도로-주간선도로-보조간선도로-기타도로'의 순으로 평균 속도가 빠른 것을 알 수 있다.

03

|정답| ②

|해설| ㉠ 근로자당 평균 노동시간은 $\frac{36,000}{700} ≒ 51.4$(시간)이므로 50시간 이상이다.
㉢ 50~54시간, 55~60시간을 일하는 근로자의 수가 총 250+150=400(명)이므로 절반 이상의 근로자들이 50시간 이상 일한다고 할 수 있다.

|오답풀이|
㉡ 55~60시간 일하는 근로자의 수가 150명이지만, 58시간 이상 일하는 근로자 수는 정확하게 알 수 없다.
㉣ 40~44시간, 45~49시간을 일하는 근로자의 수가 총 50+250=300(명)이므로 50시간 미만 일하는 근로자의 비율은 전체의 50%를 넘지 않는다.

04

|정답| ④

|해설| 모든 주택형태에서 도시가스 에너지가 가장 많이 소비되고 있다.

|오답풀이|
① 단독주택은 열에너지를 소비하지 않는다.
② 모든 주택형태에서 소비되는 에너지 유형은 석유, 도시가스, 전력으로 3가지이다.
③ 가구 수는 나와 있지 않으므로 가구당 에너지 소비량은 알 수 없다.
⑤ 단독주택 전체 에너지 소비량의 30%는 $7,354 \times 0.3 = 2,206.2$(천 TOE)로 단독주택에서 소비한 전력 에너지량인 2,118천 TOE보다 많다.

05

|정답| ③

|해설| 연령대별 20X1년 2/4분기 대비 3/4분기 증가율을 계산하면 다음과 같다.

구분	증감률
20대 이하	$\dfrac{37{,}549 - 38{,}597}{38{,}597} \times 100 \fallingdotseq -2.7(\%)$
30대	$\dfrac{49{,}613 - 51{,}589}{51{,}589} \times 100 \fallingdotseq -3.8(\%)$
40대	$\dfrac{47{,}005 - 47{,}181}{47{,}181} \times 100 \fallingdotseq -0.4(\%)$
50대	$\dfrac{49{,}770 - 48{,}787}{48{,}787} \times 100 \fallingdotseq 2.0(\%)$
60대 이상	$\dfrac{35{,}423 - 32{,}513}{32{,}513} \times 100 \fallingdotseq 9.0(\%)$

따라서 60대 이상 고령자의 구직급여 신청 증가 비율은 다른 연령대에 비해 가장 높다.

|오답풀이|

① 20X1년 3/4분기의 구직급여 신청자 수는 219,360명으로 전 분기의 구직급여 신청자 수인 218,667명에 비해 증가하였다.
② 제시된 자료를 통해서는 구직급여 신청 사유에 대해 알 수 없다.
④ 20대나 30대는 전 분기에 비하여 신청자 수가 조금씩 줄어들었다.
⑤ 20X1년 3/4분기에 전 분기 대비 신청자 수가 증가한 연령대는 50대와 60대 이상이다.

06

|정답| ③

|해설| 학생별 평균 점수를 계산하면 다음과 같다.
• 철수 : $(84+71+82) \div 3 = 79$(점)
• 영희 : $(93+62+76) \div 3 = 77$(점)
• 동수 : $(95+59+83) \div 3 = 79$(점)
• 지수 : $(87+81+69) \div 3 = 79$(점)
• 영서 : $(71+76+92) \div 3 \fallingdotseq 79.7$(점)

따라서 평균 점수가 가장 높은 학생(A)은 영서, 가장 낮은 학생(B)은 영희이다.

07

|정답| ②

|해설| $\dfrac{11}{5+9+12+14+17+26+26+29+11} \times 100$
$\fallingdotseq 7.4(\%)$

08

|정답| ②

|해설| • A 생산점의 배 생산량 : 1,280상자
• C 생산점의 배 생산량 : 800상자
따라서 $1{,}280 - 800 = 480$(상자) 줄어든다.

|오답풀이|

① 배를 생산하지 않을 경우 최대 2,000상자의 사과 생산이 가능하다.
③ • B 생산점의 사과 생산량 : 1,600상자
  • A 생산점의 사과 생산량 : 1,400상자
  따라서 $1{,}600 - 1{,}400 = 200$(상자) 줄어든다.
④ 각 생산점의 사과와 배의 총생산량은 다음과 같다.
  • A 생산점의 총생산량 : $1{,}280 + 1{,}400 = 2{,}680$(상자)
  • B 생산점의 총생산량 : $1{,}120 + 1{,}600 = 2{,}720$(상자)
  • C 생산점의 총생산량 : $800 + 1{,}800 = 2{,}600$(상자)
  따라서 B 생산점의 총생산량이 가장 많다.
⑤ C 생산점은 사과를 1,800상자를 생산할 수 있으므로 가장 많은 사과를 생산한다.

09

|정답| ④

|해설| 20X7년도 4개 질환 만성질환자 중 고혈압 환자가 차지하는 비율은 $\dfrac{3{,}563}{3{,}563 + 1{,}485 + 530 + 396} \times 100 \fallingdotseq$ $59.6(\%)$이다.

|오답풀이|

② 당뇨병 만성질환자 수는 전년도에 비해 20X7년에는 141천 명, 20X8년에는 87천 명, 20X9년에는 177천 명 증가하였다.

③ 4년 동안의 심장질환 만성질환자 수는 488+530+554 +606=2,178(천 명)이다.
⑤ 20X9년도 4개 질환 만성질환자 중 뇌혈관질환 환자 비율은 $\frac{466}{4,252+1,749+606+466} \times 100 ≒ 6.6(\%)$이다.

10

| 정답 | ①

| 해설 | 강남 지역 주택전세가격 상승률은 20X3년, 20X4년, 20X6년에 전국 평균보다 낮았다.

| 오답풀이 |
② 전국 평균 증감률이 매년 양수(+)를 나타내고 있으므로 전국의 주택전세가격은 전년 대비 꾸준히 상승하고 있다.
④ 조사기간 중 전국적으로 전년 대비 주택전세가격 상승률이 가장 컸던 해는 12.3%의 증가율을 보인 20X3년이다.

11

| 정답 | ④

| 해설 | 2012년 이후 전년 대비 무역규모가 감소한 해는 2020년이다. 2020년에 전년 대비 수출액은 약 4천억 달러에서 약 4천2백억 달러로 증가하였으나, 수입액은 약 3천9백억 달러에서 3천3백억 달러로 감소하였다.

| 오답풀이 |
① '무역규모=수출액+수입액'에 따라 무역규모가 가장 큰 해는 2019년(약 7천9백억 달러)이고, 가장 작은 해는 2012년(약 2천8백억 달러)이다.
② 수출액 대비 수입액의 비율은 그래프에서 각 해당 연도를 원점에 직선으로 이었을 때 기울기 값이 되므로, 기울기 값이 가장 클 때 수출액 대비 수입액의 비율이 가장 높은 해가 된다. 따라서 기울기 값이 가장 큰 2014년이 수출액 대비 수입액의 비율이 가장 높은 해가 된다.
③ 그래프에서 대각선으로 연결된 선은 무역수지가 0이 되는 지점으로, 왼쪽은 수입액이 더 크므로 무역수지 적자, 오른쪽은 수출액이 더 크므로 무역수지 흑자를 의미하며, 대각선에서 멀리 위치할수록 그 폭이 커진다. 따라서 무역수지 적자폭이 가장 큰 해는 2014년이며, 흑자폭이 가장 큰 해는 2018년이다.
⑤ 수출액이 가장 큰 해는 가장 오른쪽에 위치하고 있는 2018년(약 4천4백억 달러)이고, 수입액이 가장 큰 해는 가장 위쪽에 위치하고 있는 2019년(약 3천9백억 달러)이다.

12

| 정답 | ③

| 해설 | 정치학과 편입 응시생의 평균 연령은
$\frac{(23 \times 20)+(24 \times 21)+(25 \times 14)+(26 \times 18)+(27 \times 15)}{20+21+14+18+15}$
$= \frac{2,187}{88} ≒ 24.9$(세)이다.

13

| 정답 | ⑤

| 해설 | 화재 발생 건수가 가장 많은 해는 49,631건의 화재가 발생한 20X6년이므로 재산피해 금액은 383,141백만 원이다.

14

| 정답 | ④

| 해설 | 2016 ~ 2025년까지의 원자력 소비량을 보면 증감을 거듭하고 있다.
36.7 →(+) 37.2 →(-) 30.7 →(+) 32.4 →(-) 31.8 →(+) 31.9 →(+) 33.3 →(-) 31.7 →(-) 29.3 →(+) 33.0

| 오답풀이 |
① 모든 해에서 석유 소비량이 나머지 에너지 소비량의 합보다 적다.

② 석탄 소비량은 2016 ~ 2022년까지는 증가세를 띠고 있으며 2023년에 감소했다가 다시 2025년까지 증가세를 보이고 있다.
③ 기타 에너지 소비량은 2016 ~ 2025년까지 지속적으로 증가하고 있다.
⑤ 2024년과 2025년을 비교해 보면 LNG 소비량이 감소하였다.

15

|정답| ①

|해설| 오락에 쓰인 가스의 양이 차지하는 비중은 5%p 늘어났으나 2025년의 총가스사용량을 알 수 없으므로 특정 용도에 쓰인 가스의 양이 더 증가하거나 감소하였다고 말할 수는 없다.

|오답풀이|
② 2024년에 음식 용도로 쓴 가스의 구성비는 23%, 오락 용도로 쓴 가스의 구성비는 33%이므로, 오락 용도로 쓴 가스의 양이 더 많다.
③ 2024년과 2025년에 용도별 비중이 변하지 않은 것은 업무, 기타로 두 가지이다.
④ 2019 ~ 2024년의 평균 가스사용량은 $\frac{310+345+390+420+440+480}{6} = 397.5(m^3)$다.
⑤ 2019 ~ 2024년의 가스사용량은 매해 증가하고 있다.

16

|정답| ④

|해설| 2024년에 오락 용도로 쓴 가스의 양은 $480 \times 0.33 = 158.4(m^3)$이므로 2025년에 오락 용도로 쓴 가스의 양이 2024년 오락 용도로 쓴 가스의 양 대비 34.40m³가 더 많다면 $158.4+34.40=192.8(m^3)$가 된다. 즉, 2025년 가스 사용량의 38%가 192.8m³라는 것이므로 가스 사용량은 총

$\frac{192.8}{0.38} ≒ 507.37(m^3)$가 된다.

따라서 방범용도로 쓰인 4%의 가스 사용량은 $507.37 \times 0.04 ≒ 20.29(m^3)$가 된다.

17

|정답| ②

|해설| 각 연도별 직구금액을 직구 수로 나누어 계산해 보면 다음과 같다(금액 단위에 주의하여 계산한다).
- 20X1년 : $10.4 \times 10,000,000 \div 1,116 ≒ 93,190$(원)
- 20X2년 : $15.4 \times 10,000,000 \div 1,553 ≒ 99,163$(원)
- 20X3년 : $15.2 \times 10,000,000 \div 1,586 ≒ 95,839$(원)
- 20X4년 : $16.3 \times 10,000,000 \div 1,740 ≒ 93,678$(원)
- 20X5년 : $21.1 \times 10,000,000 \div 2,359 ≒ 89,445$(원)

따라서 해외 직구 1건당 평균 직구금액이 가장 큰 시기는 20X2년이다.

18

|정답| ③

|해설| 2015년 대비 2025년 연안 습지 면적이 감소한 지역은 경기, 충남, 전북, 경남, 부산으로 다섯 지역이다. 이 지역들의 연안 습지 면적 감소율은 다음과 같다.

구분	감소율
경기	$\frac{168.8-167.7}{168.8} ≒ 0.65(\%)$
충남	$\frac{358.8-338.9}{358.8} ≒ 5.55(\%)$
전북	$\frac{117.7-110.5}{117.7} ≒ 6.12(\%)$
경남	$\frac{79.1-62.8}{79.1} ≒ 20.61(\%)$
부산	$\frac{24.2-20.1}{24.2} ≒ 16.94(\%)$

따라서 경기를 제외한 나머지 네 지역에서 연안 습지 면적이 5% 이상 감소했음을 알 수 있다.

19

| 정답 | ② |

| 해설 | • 20X1년 소각 처리한 양 : 12,292(톤/일)
• 20X5년 소각 처리한 양 : 17,200(톤/일)
따라서 20X1년 대비 20X5년도에 소각 처리한 불량품은 $\frac{17,200-12,292}{12,292} \times 100 ≒ 39.9(\%)$ 증가하였다.

20

| 정답 | ⑤ |

| 해설 | 20X0년, 20X1년의 상품군별 매출액을 계산하면 다음과 같다.

(단위 : 억 원)

구분	20X0년	20X1년	20X0년 대비 20X1년 매출액 증감
의류	77×0.25 =19.25	94×0.23 =21.62	2.37
식품	77×0.22 =16.94	94×0.27 =25.38	8.44
가전	77×0.24 =18.48	94×0.23 =21.62	3.14
여행	77×0.26 =20.02	94×0.23 =21.62	1.6
기타	77×0.03 =2.31	94×0.04 =3.76	1.45

따라서 20X0년 대비 20X1년 매출액의 변화폭이 가장 큰 것은 식품군이다.

| 오답풀이 |

①, ③ 20X0년과 20X1년 기타군의 매출액 차이는 1.45억 원, 가전군의 매출액 차이는 3.14억 원이다.

② 20X0년 여행과 의류 매출액의 합은 20.02+19.25=39.27(억 원)이며, 20X1년 여행과 의류 매출액의 합은 21.62+21.62=43.24(억 원)으로 20X1년이 더 크다.

④ 매출액이 세 번째로 크게 변화한 것은 2.37억 원이 증가한 의류군이다.

4회 언어표현

▶문제 244쪽

01	②	02	②	03	③	04	①	05	①
06	②	07	④	08	④	09	③	10	⑤
11	④	12	②	13	①	14	②	15	④
16	②	17	②	18	⑤	19	④	20	④
21	②	22	②	23	②	24	④	25	①
26	③	27	⑤	28	②	29	③	30	①

01

| 정답 | ② |

| 해설 | • 해수욕은 '여름'에만 가능하다.
• 장마는 '여름'에 걸쳐 많은 비가 내리는 현상이다.
• 매미는 '여름'에 가장 활발하게 활동한다.
이를 통해 연상되는 단어는 '여름'임을 알 수 있다.

02

| 정답 | ② |

| 해설 | • 베를린 장벽
• 벽시계
• 벽돌
이를 통해 연상되는 단어는 '벽'임을 알 수 있다.

03

| 정답 | ③ |

| 해설 | • 목베개
• 목감기
• 목소리
이를 통해 연상되는 단어는 '목'임을 알 수 있다.

04

|정답| ①

|해설|
- 삼지창은 끝이 세 갈래로 갈라진 창으로 '악마'가 들고 다닌다.
- '악마'는 신에게 반(反)하여 인간들을 타락시키려는 존재로, 주로 지옥에서 산다고 묘사된다.
- '악마'의 등에는 검은 날개가 달려 있다.

이를 통해 연상되는 단어는 '악마'임을 알 수 있다.

05

|정답| ①

|해설|
- 세계 최대의 '사막'인 사하라 사막은 아프리카에 있다.
- '사막'여우는 사막지역에 서식하는 여우류를 일컫는다.
- 오아시스는 '사막' 가운데에 샘이 솟고 풀과 나무가 자라는 곳이다.

이를 통해 연상되는 단어는 '사막'임을 알 수 있다.

06

|정답| ②

|해설|
- 가을은 '책'을 읽는 독서의 계절이다.
- '책'은 마음의 양식이라고도 불린다.
- 중고책 서점에서는 다 읽은 '책'을 사고 팔 수 있다.

이를 통해 연상되는 단어는 '책'임을 알 수 있다.

07

|정답| ④

|해설|
- '구관조'는 새이다.
- '구관조'는 사람의 말을 잘 흉내낸다는 특징을 갖고 있다.
- '구관조'는 새이므로, 부리를 갖고 있다.

이를 통해 연상되는 단어는 '구관조'임을 알 수 있다.

08

|정답| ④

|해설| 물, 장마, 날씨에서 '비'를 연상할 수 있다.

09

|정답| ③

|해설| 날아다니는 곤충 '파리', 프랑스 수도인 '파리'를 통해 '파리'를 연상할 수 있다.

10

|정답| ⑤

|해설|
- 맥주를 만드는 재료 중 하나는 '보리'이다.
- 보리차는 볶은 겉'보리'를 넣고 끓인 차이다.
- '보리'가 익기 직전의 시기, 즉 농가 생활이 매우 어려웠던 춘궁기를 보릿고개라 부른다.

이를 통해 연상되는 단어는 '보리'임을 알 수 있다.

11

|정답| ④

|해설|
- 그리스 신화에 등장하는 프로메테우스는 인간에게 '불'을 훔쳐다 주었다.
- '불'을 피우면 연기가 난다.
- 밤에 '불'빛을 향해 달려드는 나방을 불나방이라 부른다.
- 소방서에서는 '불'이 나면 이를 진압한다.
- 산에 나는 '불'을 산불이라 부른다.

이를 통해 연상되는 단어는 '불'임을 알 수 있다.

12

| 정답 | ②

| 해설 | • '연'은 대나무로 만든 대살과 종이를 재료로 한다.
• '연'을 실에 묶은 다음, 바람을 이용하여 하늘에 띄운다.
• 직사각형 모양의 방패연은 우리나라의 대표적인 '연'이다.
이를 통해 연상되는 단어는 '연'임을 알 수 있다.

13

| 정답 | ①

| 해설 | • '철도'는 1814년 스티븐슨의 증기기관차 발명을 통해 동력이 기계화되면서 시작되었다.
• '철도'를 타기 위해서는 승차권을 구매해야 한다.
• 일본의 만화영화인 「은하철도 999」는 우주에 '철도'를 깔아 여행하는 증기기관차를 소재로 삼고 있다.
이를 통해 연상되는 단어는 '철도'임을 알 수 있다.

14

| 정답 | ②

| 해설 | • 신화 중에서는 그리스·로마의 '신화'가 유명하다.
• 획기적이고도 대단한 업적을 '신화'에 비유한다.
• 제우스는 그리스 '신화'에 등장하는 올림포스 12신 중 하나로 하늘과 기후를 관장한다.
이를 통해 연상되는 단어는 '신화'임을 알 수 있다.

15

| 정답 | ④

| 해설 | • 금관악기를 통틀어 '나팔'이라 일컫는다.
• 아랫단으로 내려가면서 통이 넓어지는 바지를 그 모양이 '나팔'과 유사하다 하여 나팔바지라 부른다.
• 군대나 기숙사 등지에서 아침에 잠자리에서 일어나게 하기 위하여 부는 '나팔'을 기상나팔이라 한다.
이를 통해 연상되는 단어는 '나팔'임을 알 수 있다.

16

| 정답 | ②

| 해설 | • 종이 판이나 나무 판으로 된 놀이 도구 주변에 여럿이 둘러앉아 즐기는 놀이를 보드'게임'이라 한다.
• '게임'에서는 캐릭터를 선택하여 '게임'을 진행하며, 자신만의 캐릭터를 만들어 성장시킬 수도 있다.
• 인터넷을 통하여 가상현실 속에서 다른 상대방과 '게임'을 즐기는 것을 온라인 '게임'이라고 한다.
이를 통해 연상되는 단어는 '게임'임을 알 수 있다.

17

| 정답 | ②

| 해설 | '절약'과 '절감'은 각각 '함부로 쓰지 아니하고 꼭 필요한 데에만 써서 아낌'과 '아끼어 줄임'의 의미이므로 서로 유의 관계이다. '요구나 필요에 따라 물품 따위를 제공함'의 의미를 지니는 '공급'과 유의 관계인 단어는 '무엇을 내주거나 갖다 바침'의 의미를 지니는 '제공'이다.

18

| 정답 | ⑤

| 해설 | '찬성'은 '어떤 행동이나 견해, 제안 따위가 옳거나 좋다고 판단하여 수긍함'의 뜻이고, '반대'는 '어떤 행동이나 견해, 제안 따위에 따르지 않고 맞서 거스름'이라는 뜻이므로 서로 반의 관계이다. '자기 자신 또는 자기와 관련되어 있는 것에 대하여 스스로 그 가치나 능력을 믿고 당당히 여기는 마음'이라는 뜻을 가진 '자부심'과 반의 관계인 단어는 '스스로 부끄러워하는 마음'의 뜻을 가진 '자괴감'이다.

19

| 정답 | ④

| 해설 | '인쇄기'와 '인쇄'는 각각 '인쇄하는 데 쓰는 기계'와 '잉크를 사용하여 판면에 그려져 있는 글이나 그림 따위를

종이, 천 따위에 박아 냄'을 의미하므로 도구와 목적의 관계이다. '색연필'을 도구로 이룰 수 있는 목적은 '그림 따위에 색을 칠하다'의 의미를 지니고 있는 '채색'이다.

20

|정답| ④

|해설| 염분은 '바닷물'의 약 3.5%를 차지하고 있는 구성성분이며, '코'는 코끼리의 신체를 구성하는 일부분이다.

21

|정답| ②

|해설| 하나비는 '할아버지'의 옛말이고, 한강의 옛 이름은 '아리수'이다.

|오답풀이|
① 가람 : 강의 옛말이다.
③ 미리내 : 은하수의 방언이다.
④ 한울 : 하늘의 의미를 지닌다.
⑤ 잔나비 : 원숭이의 옛말이다.

22

|정답| ②

|해설| 유의 관계를 나타내는 한자성어를 찾는 문제이다.
- 관포지교(管鮑之交) : 관중과 포숙의 사귐이라는 뜻으로, 우정이 아주 돈독한 친구 관계를 이르는 말
- 백아절현(伯牙絶絃) : 자기를 알아주는 참다운 벗의 죽음을 슬퍼함을 이르는 말
- 수불석권(手不釋卷) : 손에서 책을 놓지 아니하고 늘 글을 읽음.
- 위편삼절(韋編三絶) : 공자가 주역을 즐겨 읽어 책을 엮어 놓은 가죽끈이 세 번이나 끊어졌다는 뜻으로, 책을 열심히 읽음을 이르는 말

|오답풀이|
① • 거안제미(擧案齊眉) : 밥상을 눈썹과 가지런하도록 공손히 들어 남편 앞에 가지고 간다는 뜻으로, 남편을 깍듯이 공경함을 이르는 말
  • 읍참마속(泣斬馬謖) : 큰 목적을 위하여 자기가 아끼는 사람을 버림을 이르는 말
③ • 결초보은(結草報恩) : 죽은 뒤에라도 은혜를 잊지 않고 갚음을 이르는 말
  • 건곤일척(乾坤一擲) : 주사위를 던져 승패를 건다는 뜻으로, 운명을 걸고 단판걸이로 승부를 겨룸을 이르는 말
④ • 자가당착(自家撞着) : 같은 사람의 말이나 행동이 앞뒤가 서로 맞지 아니하고 모순됨을 이르는 말
  • 백면서생(白面書生) : 한갓 글만 읽고 세상일에는 전혀 경험이 없는 사람을 이르는 말
⑤ • 다다익선(多多益善) : 많으면 많을수록 더욱 좋음을 이르는 말
  • 동문서답(東問西答) : 물음과는 전혀 상관없는 엉뚱한 대답을 이르는 말

23

|정답| ②

|해설| 널빤지로는 '마루'를 만들 수 있고, 돌로는 '제방'을 쌓을 수 있다.

24

|정답| ④

|해설| '웅성웅성'은 여럿이 모여 소란스럽게 자꾸 떠드는 모양이나 소리를 나타내고, '훌쩍'은 울거나 콧물이 날 때 코를 들이마시는 모양이나 소리를 나타낸다. '소곤소곤'은 '웅성웅성'과 의미는 유사하지만 소리나 움직임이 보다 작은 느낌의 의성어이며, '꺽꺽'은 '훌쩍'보다 세고 큰 느낌을 주는 의성어이다.

| 오답풀이 |
① 수런수런 : 여럿이 한데 모여 자꾸 수선스럽게 떠드는 소리나 모양을 나타내는 말이다.
② 소록소록 : 비나 눈 등이 보슬보슬 내리는 모양 또는 아기가 자는 모양을 나타내는 말이다.
⑤ 잉잉 : 어린아이가 입을 찡그리듯 벌리고 자꾸 우는 소리나 모양을 나타내는 말이다.

25
| 정답 | ①
| 해설 | '굽다'와 '불'은 어떤 행위와 그 행위의 실행에 사용되는 도구(재료)와의 관계이다. '눈'은 물체를 '보는' 감각기관이다.

26
| 정답 | ③
| 해설 | '대소(大笑)'는 크게 웃음을, 대경(大驚)은 크게 '놀람'을 뜻한다.

27
| 정답 | ⑤
| 해설 | '재다'는 ① 여러 모로 따져 보고 헤아리다, ② 잘난 척하며 으스대거나 뽐내다, ③ 동작이 재빠르다, ④ 물건을 차곡차곡 포개어 쌓아 두다의 의미를 지니고 있으므로 나머지 단어의 의미를 모두 포함하는 단어이다.

28
| 정답 | ②
| 해설 | '갈다'는 ①, ⑤ 이미 있는 사물을 다른 것으로 바꾸다, 또는 어떤 직책에 있는 사람을 다른 사람으로 바꾸다, ③ 날카롭게 날을 세우거나 표면을 매끄럽게 하기 위하여 다른 물건에 대고 문지르다, ④ 잘게 부수기 위하여 단단한 물건 사이에 넣어 으깨다의 의미를 지니고 있으므로 나머지 단어의 의미를 모두 포함하는 단어이다.

29
| 정답 | ③
| 해설 | 허장성세(虛張聲勢) : 실속은 없으면서 큰소리치거나 허세를 부림.
| 오답풀이 |
㉠ 인지상정(人之常情) : 사람이면 누구나 가지는 보통의 마음
㉡ 아전인수(我田引水) : 자기에게만 이롭게 되도록 생각하거나 행동함.
㉢ 견강부회(牽强附會) : 이치에 맞지 않는 말을 억지로 끌어 붙여 자기에게 유리하게 함.
㉣ 후안무치(厚顔無恥) : 뻔뻔스러워 부끄러움이 없음.

30
| 정답 | ①
| 해설 | 창해일속(滄海一粟) : 넓고 큰 바닷속의 좁쌀 한 알이라는 뜻으로, 아주 많거나 넓은 것 가운데 있는 매우 하찮고 작은 것을 이르는 말
| 오답풀이 |
② 물아일체(物我一體) : 외물(外物)과 자아, 객관과 주관, 또는 물질계와 정신계가 어울려 하나가 됨.
③ 물심일여(物心一如) : 사물과 마음이 구분 없이 하나의 근본으로 통합됨.
④ 주객일체(主客一體) : 주체와 객체가 하나가 됨.
⑤ 장주지몽(莊周之夢) : 나와 외물(外物)은 본디 하나이던 것이 현실에서 갈라진 것에 불과하다는 이치를 비유적으로 설명하는 말

4회 언어이해

▶ 문제 252쪽

01	②	02	③	03	①	04	①	05	②
06	②	07	③	08	③	09	④	10	⑤
11	①	12	①	13	①	14	④	15	⑤
16	⑤	17	④	18	④	19	②	20	④

01

|정답| ②

|해설| 제시된 글에서는 '사회적 증거의 법칙'에 대해 설명하면서 이러한 사회적 증거의 특성은 장점이 되기도 하고 약점이 될 수도 있으므로 맹목적으로 따라 하는 것을 지양해야 한다고 설명하고 있다. 따라서 ②가 글의 주제로 적절하다.

|오답풀이|
①, ③ '사회적 증거의 법칙'이 주어진 상황에서 어떻게 행동해야 할 것인가를 결정하는 지름길로 사용될 수 있다고 하였으므로 항상 비판적으로 바라봐야 한다는 것과 삼가야 한다는 것은 주제로 적절하지 않다.
④ '사회적 증거의 법칙'을 맹목적으로 따르게 되면 이용당할 수도 있다고 하였으므로 무조건 많은 사람들이 하는 행동을 따라 해야 한다는 것은 주제로 적절하지 않다.
⑤ 일반적으로 다수의 행동이 올바르다고 인정되는 경우가 많다고 하였으므로, 이 또한 주제로 적절하지 않다.

02

|정답| ③

|해설| 마지막 문장에서 글쓴이가 다른 나라 사람들이 골뱅이를 보면 우리가 @를 골뱅이라고 부르는 이유에 동의할 것이라고 했을 뿐, 현재 @와 골뱅이가 가장 가깝다는 것에 동의한다는 설명은 적절하지 않다.

03

|정답| ①

|해설| 괴테의 일화와 마지막 문장의 "일정한 주제의식이나 문제의식을 가지고 독서를 할 때, 보다 창조적이고 주체적인 독서 행위가 성립될 것이다."를 통해 제시된 글이 목적이나 문제의식을 가지고 하는 독서의 효율성에 관한 내용임을 알 수 있다.

04

|정답| ①

|해설| 제시된 글은 게임이 아닌 분야에 게임적 요소를 접목하는 게임화 전략에 대해 설명하고 있다. 실제 게임을 직업으로 하는 프로게이머는 이와 관련이 없다.

|오답풀이|
② A 카페는 음료를 구매할 때마다 별 스탬프 한 개를 보상으로 부여하고, 일정 개수가 모일 때마다 무료 음료를 증정하는 리워드 제도를 통해 사람들의 구매를 유도하는 게임화 마케팅을 시행하고 있다.
③ 의료 시뮬레이션은 환자 모형과 가상 프로그램을 통해 실제 환자를 진료하는 것과 유사한 상황을 구현하여 학생의 성취도를 평가하는 것으로, '가상현실'이라는 게임적 요소를 이용한 게임화 전략이 활용되었다고 볼 수 있다.
④ 얼굴을 가린 참가자의 목소리만 듣고 누군지 맞히기 위해 추리하면서 관객이 직접 투표로 대결의 승자를 결정하도록 해 프로그램에 더욱 적극적으로 참여하고 깊이 몰입하게 되는 게임화 전략을 활용하였다.
⑤ 사용자가 운동 시간·거리·소모 열량 등의 기록을 다른 사람과 공유하고 경쟁하면서 운동을 즐기도록 하는 게임화 전략이 활용되었다.

05

|정답| ②

|해설| (라)는 '그런데'로 시작하므로 앞에 다른 문장이 있어야 한다. (가)에서 국어 연구사의 개념을 밝히고 있으므로

(가) - (라)로 이어짐을 알 수 있다. (라)에서 국어 연구에 대한 역사적 서술이 체계화되지 못한 현실을 드러내고, 그 이유가 (나)에서 드러난다. 마지막으로 (다)에서 이런 토대 위에서 국어의 이론연구는 미흡할 수밖에 없다는 주장을 하며 글을 마치고 있다. 따라서 (가) - (라) - (나) - (다) 순이 적절하다.

06

| 정답 | ②

| 해설 | 중앙집행장치는 음운고리와 시공간잡기장, 일화적완충기의 정보들을 통합하고 불필요한 정보를 통제하는 역할을 하지만 기억 저장과 관련된 기능은 수행하지 않는다.

| 오답풀이 |

① 중앙집행장치는 불필요한 정보를 억압함으로써 통제자의 역할을 한다고 하였다.
③ 2000년대에 들어서 일화적완충기가 주기억장치에 하위 요소로 추가되었다고 하였다.
④, ⑤ 일화적완충기는 시공간잡기장, 음운고리, 중앙관리자로부터 정보를 모으고 통합하는 임시저장소 역할을 하며, 미래 활동을 계획하기 위해 정보를 능동적으로 조작하는 역할을 한다고 하였다.

07

| 정답 | ③

| 해설 | 마지막 문단에서 히치콕은 '맥거핀' 기법을 하나의 극적 장치로 종종 활용하였다고 했는데, 이 '맥거핀' 기법에 대해 특정 소품을 활용하여 확실한 단서로 보이게 한 다음 일순간 허망한 것으로 만들어 관객을 당혹스럽게 하는 것으로 설명하고 있다.

| 오답풀이 |

① 작가주의 비평은 감독을 단순한 연출자가 아닌 '작가'로 간주하고 작품과 감독을 동일시하는 관점을 말한다.
② 작가주의적 비평으로 할리우드 영화를 재발견한 사례인 알프레드 히치콕이 언급되므로 할리우드를 무시해 버렸다는 설명은 적절하지 않다.
④ 알프레드 히치콕은 할리우드 감독이지만 작가주의 비평가들에 의해 복권된 대표적인 감독이므로 작가주의 비평과 거리가 멀다는 설명은 적절하지 않다.
⑤ 1950년대 프랑스의 영화 비평계에 작가주의라는 비평 이론이 새롭게 등장했다.

08

| 정답 | ③

| 해설 | '프탈레이트는 동물이나 사람의 생체 호르몬 작용을 방해하는 내분비 교란 물질이다'라고 하였으므로 내분비계의 작용이 원활하도록 하는 것이 아니라 교란하는 물질임을 알 수 있다.

09

| 정답 | ④

| 해설 | 제시된 글은 평균값이 모든 상황에서 정확한 결론을 제시하는 것이 아님을 시사하고 있다. 즉, 평균값을 활용하기에 적절한 상황과 적절하지 않은 상황을 구분해야 한다는 내용을 전달하고 있다.

10

| 정답 | ⑤

| 해설 | 제시된 글에서 인체에 유해하다고 한 공정은 금속으로 플라스틱을 도금하는 것이 아니라, 플라스틱으로 금속을 도금하는 것이다.

| 오답풀이 |

① 첫 번째 문단에 전기 도금은 내구성이 뛰어나다는 언급이 있다.
② 두 번째 문단에 도금할 물체를 음극에 연결한다는 내용이 있다. 두 번째 문단은 구리 도금에 대한 설명을 하고 있지만, 구리 도금은 전기 도금의 한 종류이므로 다른 전기 도금의 진행 과정도 이와 유사할 것임을 추론할 수 있다.

③ 구리 도금은 금속 도금에 속하므로, 구리가 금속에 해당함을 알 수 있다. 또한 두 번째 문단에 구리가 산화되어 이온이 발생한다는 내용이 있으므로, 이를 통합하면 금속이 산화되어 이온이 발생함이 추론 가능하다.
④ 세 번째 문단에 금속 표면에 색을 입힌다는 언급이 있다.

11

| 정답 | ①

| 해설 | ㉠ 다음 문장에서 비용 절감을 위해 모노 방식의 카메라를 고수한다고 하였으므로 스테레오 방식의 카메라는 가격이 비싸다(ⓐ)는 것을 알 수 있다. 또한 스테레오 방식을 사용하면서 영상신호데이터 처리 속도를 높이기 위한 칩을 사용한다 했으므로 스테레오 방식의 카메라는 처리해야 할 데이터 양이 많아 속도가 느리다(ⓓ)는 것을 알 수 있다.

12

| 정답 | ①

| 해설 | 제시된 글은 경제 성장에 따라 소득 수준이 향상되고 교육 기회가 확대되면서 지식정보 사회에서 문화는 생활 그 자체가 되었다. 또한 정보 통신의 발달이 문화적 욕구와 소비를 가속화시킴으로써 문화와 경제의 공생 시대가 시작되었다는 내용이다. 따라서 '문화'와 '경제', '상생'이 모두 포함된 ①이 글의 주제로 가장 적절하다.

13

| 정답 | ①

| 해설 | 제시된 글은 언론사들이 정치적 지향을 강하게 드러낼수록 자신의 정치적 성향과 동일하다고 생각하는 구독자들이 더 많은 후원금을 내고, 이를 통해 수입을 얻어 언론사를 이끌어 갈 수 있다고 하면서 대안언론이 정치성을 드러내는 이유에 대해 설명하고 있다. 따라서 ①이 중심내용으로 적절하다.

14

| 정답 | ③

| 해설 | 제시된 글의 내용을 정리하면 다음과 같다.

- 전용면적 : 아파트의 방이나 거실, 주방, 화장실 등을 모두 포함한 면적으로, 개별 세대 현관문 안쪽의 전용 생활 공간, 단 발코니 면적은 제외
- 공용면적
  - 주거공용면적 : 세대가 거주를 위하여 공유하는 면적으로 세대가 속한 건물의 공용계단, 공용복도 등의 면적을 더한 것
  - 기타공용면적 : 주거공용면적을 제외한 지하층, 관리사무소, 노인정 등의 면적을 더한 것
- 공급면적 : 전용면적+주거공용면적
- 계약면적 : 공급면적+기타공용면적=(전용면적+주거공용면적)+기타공용면적
- 서비스면적 : 발코니 같은 공간의 면적으로 전용면적과 공용면적에서 제외

| 오답풀이 |
① '계약면적=공급면적+기타공용면적=(전용면적+주거공용면적)+기타공용면적'인데, 발코니 면적은 서비스면적으로 전용면적과 기타공용면적에서 제외되므로, 계약면적에 포함되지 않는다.
②, ④ '공급면적=전용면적+주거공용면적'인데, 관리사무소 면적은 기타공용면적으로 들어가므로 공급면적에 포함되지 않으며, 공용계단과 공용복도의 면적은 주거공용면적으로 들어가므로 공급면적에 포함된다.
⑤ 개별 세대 내 거실과 주방의 면적은 전용면적에 포함된다. 주거공용면적은 세대가 속한 건물의 공용계단, 공용복도 등의 면적을 더한 것을 말한다.

15

| 정답 | ⑤

| 해설 | 첫 번째 문단을 보면 현재 하나의 사건이나 이슈에 대해 수많은 뉴스 생산 주체들이 다르게 보도하고 있다는 것을 알 수 있다. 이후 두 번째 문단을 보면 미디어 환경 및 뉴스 산업 구조로 인해 뉴스 생산환경이 급속하게 변화

했으며 기자, 블로거, 시민기자, 팟캐스터 등 다양한 사람들이 뉴스 생산에 기여한다고 이야기하고 있다. 마지막 문장에서는 "뉴스를 바르게 이해하기 위해서는 뉴스 생산자의 역할과 임무에 대한 이해가 선행되어야 한다."라고 말하고 있다. 이를 모두 종합하면 올바른 뉴스를 소비하기 위해서는 뉴스 생산자의 역할과 임무에 대해 소비자가 능동적으로 판단하고 이해해야 한다는 것을 알 수 있다.

16

|정답| ⑤

|해설| '산업안전보건법'은 사업자가 아닌 노동자의 '안전'과 '보건'이 유지·증진될 수 있도록 제도적으로 기준을 만든 법이다.

17

|정답| ④

|해설| 각 문장의 접속어를 보았을 때 (다)가 첫 문장이 되며, (다)에서 설명한 과학적 정보 제공 기능을 하는 광고가 별로 없다는 내용이 (라)에서 이어진다. 그리고 그 이유를 (가)에서 설명하고 있으며, 이에 대한 우려가 (나)에서 드러난다. 따라서 (다) - (라) - (가) - (나) 순이 적절하다.

18

|정답| ④

|해설| 학생들에게 공감을 겉으로 표현하라는 주의사항을 전달하였고 이를 통해 해당 인류학 교수는 강의를 가장 재미없게 하던 교수에서 가장 열의 있게 하는 교수로 변모하였다. 또한 실험에 참가하였던 학생들도 주의사항 때문이 아니라 자발적으로 인류학에 관심을 나타내기 시작하였다. 따라서 공감하는 듣기가 일으킨 긍정적 변화를 통해 그 중요성을 말하고 있다.

19

|정답| ②

|해설| ㄴ. (가)에 따르면 호미는 실용적인 한국의 전통 농기구로서 호미의 편리함과 튼튼함으로 인해 해외에서 큰 호응을 얻고 있다. 따라서 실용적인 상품은 경쟁력이 있다고 이해할 수 있다.
ㄹ. (나)는 옛날식으로 표현된 것도 후대에 와서 재음미, 재해석해야 그 생명력이 사라지지 않는다고 하였다. 따라서 사라져가는 무형문화재도 다시 살펴볼 필요가 있다고 이해할 수 있다.

|오답풀이|
ㄱ. 신토불이란 제 땅에서 산출된 것이라야 체질에 잘 맞는다는 뜻이다. (가)는 한국의 호미가 해외에서 인기를 얻고 있다는 내용이므로 적절하지 않다.
ㄷ. (가)와 (나)에 관련된 내용이 언급되지 않는다.

20

|정답| ④

|해설| 단보는 백성을 해치지 않기 위해 오랑캐에게 땅을 내주었으므로, 돈이나 물질보다 사람의 생명이 가장 소중함을 뜻하는 속담인 ④가 가장 적절하다.

|오답풀이|
① 개인뿐 아니라 나라조차도 남의 가난한 살림을 돕는 데는 끝이 없다는 뜻이다.
② 말 못 하는 사람이 가뜩이나 말이 안 통하는 오랑캐와 만났다는 뜻으로, 말을 하지 않는 경우를 이른다.
③ 사또가 길을 떠날 때 일을 돕는 비장은 그 준비를 갖추느라 바쁘다는 뜻으로, 윗사람의 일 때문에 고된 일을 하게 됨을 이른다.
⑤ 자기의 배를 남에게 주고 다 먹고 난 그 속을 얻어먹는다는 뜻으로, 자기의 큰 이익은 남에게 주고 거기서 조그만 이익만을 얻음을 이른다.

4회 창의수리

▶문제 267쪽

01	④	02	③	03	①	04	③	05	③
06	②	07	②	08	②	09	②	10	③
11	②	12	①	13	④	14	③	15	①
16	④	17	④	18	②	19	⑤	20	③
21	①	22	⑤	23	⑤	24	④	25	③
26	②	27	⑤	28	③	29	①	30	④

01
| 정답 | ④

| 해설 | $31.415+12.469-24.941=43.884-24.941=18.943$

02
| 정답 | ③

| 해설 | $3(\sqrt{3}+2\sqrt{2})+2(4\sqrt{3}-5\sqrt{2})$
$=3\sqrt{3}+6\sqrt{2}+8\sqrt{3}-10\sqrt{2}=11\sqrt{3}-4\sqrt{2}$

03
| 정답 | ①

| 해설 | $7\times(-5)^2\div\dfrac{7}{10}=7\times25\times\dfrac{10}{7}=250$

04
| 정답 | ③

| 해설 | $2.14\times103=220.42$

05
| 정답 | ③

| 해설 | $34.569\div2.3=15.03$

| 별해 | 선택지의 수 사이에 차이가 크므로 소수점 아래 첫째 자리에서 반올림하여도 정답을 구할 수 있다.
$35\div2=17.5≒15.03$

06
| 정답 | ②

| 해설 | $\sqrt{2}\times2\sqrt{2}=2\times(\sqrt{2})^2=4$

07
| 정답 | ②

| 해설 | 부호를 정리한 뒤 분수를 통분하여 계산한다.
$\left(-\dfrac{1}{2}\right)-\left(-\dfrac{1}{4}\right)-\dfrac{2}{3}=-\dfrac{1}{2}+\dfrac{1}{4}-\dfrac{2}{3}$
$=\dfrac{-6+3-8}{12}=-\dfrac{11}{12}$

08
| 정답 | ②

| 해설 | $\dfrac{2}{3}\times\left(-\dfrac{3}{8}\right)\times\dfrac{4}{7}=\left(-\dfrac{1}{4}\right)\times\dfrac{4}{7}=-\dfrac{1}{7}$

09
| 정답 | ②

| 해설 | $95.8-15.905=79.895$

10

|정답| ③

|해설| $3.5+3.09\times2.1\div0.24=3.5+27.0375=30.5375$

11

|정답| ②

|해설| $-3.5-(-7.1)=-3.5+7.1=3.6$

12

|정답| ①

|해설| 소수점을 없애기 위해 양변에 100을 곱하여 계산한다.
$3,745\div350=10.7$

13

|정답| ④

|해설| 오른쪽 칸에는 왼쪽 칸과 가운데 칸의 최소공배수, 위쪽 칸에는 가운데 칸과 아래쪽 칸의 최대공약수가 들어가는 규칙이다.
따라서 A에는 9와 12의 최소공배수인 36이 들어가며, B에는 21과 12의 최대공약수인 3이 들어간다.
따라서 A와 B의 합은 39이다.

14

|정답| ③

|해설| 26을 시작으로 하여 세로 방향으로 내려갈 때는 5를 더하고, 가로 방향으로 이동할 때는 10을, 대각선 방향으로 이동할 때는 15를 더한다. 따라서 A에 들어갈 숫자는 $56+15=71$이다.

15

|정답| ①

|해설| 현재 최 대리의 나이를 x살이라 하면, 김 부장의 나이는 $(x+12)$살이 된다. 주어진 조건을 식으로 정리하면 다음과 같다.
$3(x-4)=2(x+12-4)$
$3x-12=2x+16$
$\therefore x=28$
따라서 현재 최 대리의 나이는 28살이다.

16

|정답| ④

|해설| 현 지점에서 A 지점까지 왕복하는 데 3시간 이내의 시간이 걸려야 하므로, 먼저 현 지점에서 A 지점까지 가는 데 걸린 시간을 구해 3시간에서 빼면 A 지점에서 현 지점으로 돌아오는 데 필요한 최대 시간을 얻어 최소 속력을 구할 수 있다.

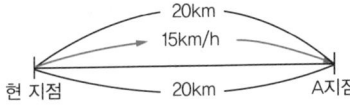

우선 현 지점에서 A 지점까지 가는 데 걸린 시간은 $\frac{20}{15}=\frac{4}{3}$(시간), 즉 1시간 20분이다. 따라서 A 지점에서 현 지점까지 돌아오는 데 필요한 최대 시간은 1시간 40분이며, 1시간 40분은 $\frac{5}{3}$시간이므로 최소 $20\div\frac{5}{3}=12$(km/h)의 속력으로 돌아와야 한다.

17

|정답| ④

|해설| n명을 원형 탁자에 앉히는 경우의 수는 $(n-1)!$가지인데, 회의를 위해 모인 6명 중 A와 B가 서로 이웃하는 경우이므로 이 둘을 한 명으로 묶어서 5명의 자리를 배열해야 한다. 또한 서로 이웃한 A와 B 간의 순서가 2가지로 존재하므로 모든 경우의 수는 $(5-1)!\times2=48$(가지)이다.

18

| 정답 | ②

| 해설 | 간격이 7m일 때 필요한 말뚝 수를 x개라 하면 다음과 같은 식이 성립한다.
$7(x-1) = 5(x-1+6)$
$2x = 32$
$\therefore x = 16(개)$
따라서 골프코스의 길이는 $7 \times (16-1) = 105(m)$이다.

19

| 정답 | ⑤

| 해설 | 굴렁쇠가 이동한 거리를 구하는 문제이므로 원의 둘레를 이용한다. A 굴렁쇠의 둘레는 $2 \times \pi \times 16 = 32\pi(cm)$이고 B 굴렁쇠의 둘레는 $2 \times \pi \times 20 = 40\pi(cm)$, C 굴렁쇠의 둘레는 $2 \times \pi \times 26 = 52\pi(cm)$이다. 32π, 40π, 52π의 최소공배수는 $2,080\pi$ cm이므로 A 굴렁쇠가 $\frac{2,080\pi}{32\pi} = 65(바퀴)$, B 굴렁쇠가 $\frac{2,080\pi}{40\pi} = 52(바퀴)$, C 굴렁쇠가 $\frac{2,080\pi}{52\pi} = 40(바퀴)$ 돌았을 때 같은 위치에서 멈추게 된다.

20

| 정답 | ③

| 해설 | 부가세 15%를 포함하지 않은 원래의 피자 가격을 x원이라고 하면, 식은 다음과 같다.
$x + \left(x \times \frac{15}{100}\right) = 18,400$
$1.15x = 18,400$
$\therefore x = 16,000(원)$
따라서 부가세 10%를 포함한 피자의 가격은
$16,000 + \left(16,000 \times \frac{10}{100}\right) = 17,600(원)$이다.

21

| 정답 | ①

| 해설 | 큰 활자가 들어가는 장 수를 x장, 작은 활자가 들어가는 장 수를 y장이라 하면,
$x + y = 16$ ㆍㆍㆍㆍㆍㆍㆍㆍㆍㆍㆍㆍㆍㆍㆍㆍㆍㆍㆍㆍ ㉠
$1,200x + 1,500y = 21,000$ ㆍㆍㆍㆍㆍㆍㆍㆍㆍㆍ ㉡
㉠, ㉡의 식을 연립하여 풀면 다음과 같다.
$1,200(16-y) + 1,500y = 21,000$
$19,200 - 1,200y + 1,500y = 21,000$
$300y = 1,800$
$\therefore y = 6, \ x = 10$
따라서 작은 활자를 사용한 종이는 총 6장이다.

22

| 정답 | ⑤

| 해설 | 전체 일의 양을 1이라고 하면 A는 하루에 $\frac{1}{18}$ 만큼 일을 하고, B는 $\frac{1}{27}$ 만큼 일을 한다. B가 참여하지 않은 날이 x일이라고 하면 다음과 같은 식이 성립한다.
$\frac{1}{18} \times 16 + \frac{1}{27} \times (16-x) = 1$
$3 \times 16 + 2 \times (16-x) = 54$
$2x = 26$
$\therefore x = 13(일)$
따라서 B가 일에 참여하지 않은 날은 13일이다.

23

| 정답 | ⑤

| 해설 | 학교의 전체 학생 수를 x명이라고 하면, 수영대회에 참가한 학생은 $0.78x$명이다. 이 중 장거리 수영 경기에 출전한 학생은 $0.78x \times 0.35 = 0.273x$(명)이고, 이 중 완주를 한 학생은 $0.273x \times 0.70 = 0.1911x$(명)이다. 따라서

장거리 수영 경기에서 완주를 한 학생은 전체 학생 수의 약 19%이다.

24

|정답| ④

|해설| 연수원에 있는 방의 수를 x개, 신입사원의 수를 y명이라 하면 다음과 같은 식이 성립한다.
$6x + 4 = y$ ················· ㉠
$8(x-3) - 6 = y$ ················· ㉡
㉠, ㉡을 연립하여 풀면 다음과 같다.
$6x + 4 = 8(x-3) - 6$
$6x + 4 = 8x - 30$
$\therefore x = 17$
따라서 신입사원의 수는 $6 \times 17 + 4 = 106$(명)이 된다.

25

|정답| ③

|해설| 각각의 평균을 식으로 나타내면 다음과 같다.
$\dfrac{A+B+C+D}{4} = 18$ $A+B+C+D = 72$ ········ ㉠
$\dfrac{B+C}{2} = 17$ $B+C = 34$ ····················· ㉡
$\dfrac{B+C+D}{3} = 20$ $B+C+D = 60$ ············· ㉢
㉠, ㉡, ㉢을 연립하여 풀면 A = 12, D = 26이다.
따라서 A와 D의 평균은 $\dfrac{12+26}{2} = 19$이다.

26

|정답| ②

|해설| 적어도 한 명이 합격하는 확률을 구하기 위해서는 전체 확률 1에서 모두 합격하지 못할 확률을 빼야 한다.

먼저 승아, 재연, 윤수가 합격하지 못할 확률은 각각 $\dfrac{2}{3}$, $\dfrac{3}{4}$, $\dfrac{5}{6}$이고, 전체 확률 1에서 모두 합격하지 못할 확률을 빼야 하므로 다음과 같은 식이 성립한다.
$1 - \left(\dfrac{2}{3} \times \dfrac{3}{4} \times \dfrac{5}{6}\right) = \dfrac{7}{12}$

따라서 적어도 한 명이 신입사원으로 합격할 확률은 $\dfrac{7}{12}$이다.

27

|정답| ⑤

|해설| 우선 혜정이가 백화점 상품권을 할인받아 구입한 가격은 $100,000 \times 0.85 = 85,000$(원)이고, 상품권으로 구입한 구두의 할인된 가격은 $120,000 \times 0.6 = 72,000$(원)이므로, 상품권으로 구매하고 현금으로 돌려받은 잔액은 28,000원이다. 따라서 실제로 구두를 구입한 금액은 $85,000 - 28,000 = 57,000$(원)이다. 구두 구입 시 할인받은 금액은 $120,000 - 57,000 = 63,000$(원)으로, 구두의 최종 할인율은 $\dfrac{63,000}{120,000} \times 100 ≒ 53$, 즉 53%가 되어, 진행되고 있는 할인행사 40% 보다 약 13%p 더 할인받은 가격이 된다.

28

|정답| ③

|해설| 해외 파견 주재원의 수는 총 120명이다. 이 중 해외 근무 무경험자와 해외 근무 경험자의 비가 2 : 1이므로 각각 $120 \times \dfrac{2}{3} = 80$(명)과 $120 \times \dfrac{1}{3} = 40$(명)이 된다. 이 40명 중 과장급 이하와 차장급 이상의 비가 2 : 3이므로 과장급 이하 주재원은 $40 \times \dfrac{2}{5} = 16$(명), 차장급 이상 주재원은 $40 \times \dfrac{3}{5} = 24$(명)이 된다.
따라서 해외 근무 경험자 중 과장급 이하인 주재원의 수는 16명이다.

29

|정답| ①

|해설| 서로 다른 5개의 색상 중에서 3개를 선택하는 것이 므로 조합을 이용해서 풀 수 있다.

따라서 $_5C_3 = {_5}C_2 = \dfrac{5 \times 4}{2} = 10$(가지)이다.

30

|정답| ④

|해설| 단말기 이용료로 인한 수입은 (단말기 이용료)×(가입 회원 수)로 구할 수 있다. 한 달 단말기 이용료를 x% 인상 하면 기존 단말기 이용료의 $\left(1 + \dfrac{x}{100}\right)$배이고, 가입 회원 수가 $0.5x$% 감소하면 기존 가입 회원 수의 $\left(1 - \dfrac{0.5x}{100}\right)$배 이다. 따라서 다음과 같은 식이 성립한다.

$\left(1 + \dfrac{x}{100}\right)\left(1 - \dfrac{0.5x}{100}\right) \geq 1 + \dfrac{8}{100}$

$10,000 + 100x - 50x - 0.5x^2 \geq 10,800$

$x^2 - 100x + 1,600 \leq 0$

$(x-20)(x-80) \leq 0$

$\therefore 20 \leq x \leq 80$

따라서 최솟값 x는 20이다.

4회 자료해석

▶ 문제 275쪽

01	①	02	②	03	②	04	③	05	③
06	②	07	③	08	④	09	②	10	⑤
11	③	12	②	13	④	14	④	15	⑤
16	②	17	②	18	①	19	③	20	④

01

|정답| ①

|해설| 20X9년 전체 인적재난 중 교통사고의 발생 비율과 인명피해 비율을 계산하면 다음과 같다.

- 발생 비율 : $\dfrac{221,711}{286,851} \times 100 \fallingdotseq 77.3$(%)

- 인명피해 비율 : $\dfrac{346,620}{365,947} \times 100 \fallingdotseq 94.7$(%)

02

|정답| ②

|해설| 불법체류 외국인의 수가 20X4년에 최고치를 기록한 것은 사실이지만, 처음으로 등록 외국인 수보다 많아진 것은 20X3년이다.

|오답풀이|

① A : 등록 외국인 수는 꾸준히 증가하고 있지만 변수가 발생하면 감소할 수도 있다.

③ C : 20X5년도에 불법체류 외국인의 수가 급격히 감소하면서 등록 외국인의 수가 급격히 늘어났으므로 서로 관련이 있을 것이라 예상할 수 있다.

④ D : 20X6년 이후 큰 증가 없이 유지되고 있으므로 적절하다.

03

|정답| ②

|해설| ㉠ A 기업과 국내기업 평균을 나타내는 점이 노동

시장 이용성 부문에서는 같고 복지 부문에서는 한 칸보다 조금 더 떨어져 있으므로 옳은 설명이다.

ⓒ 12개 부문 중 A 기업을 나타내는 점이 가장 안쪽에 위치하는 부문은 혁신이므로 옳은 설명이다.

| 오답풀이 |

ⓛ 7단계가 가장 높다고 하였으므로 점이 바깥쪽일수록 수준이 높은 것이다. 시장확보 부문에서는 A 기업의 점이 더 바깥쪽에 있으므로 옳지 않은 설명이다.

② 시설 부문에서는 국내기업 평균이 더 바깥쪽에 위치하며, 기초교육과 노동시장 이용성 부문은 동일한 수준이므로 옳지 않은 설명이다.

04

| 정답 | ③

| 해설 | 8월의 유입인원은 6,720-3,103=3,617로 361만 7천 명이다. 9월의 유입인원은 348만 명으로 8월에 비해 13만 7천 명이 감소했다.

| 오답풀이 |

① 1분기부터 각 분기별 수송인원은 1,767만 3천 명, 1,913만 1천 명, 1,948만 4천 명, 2,050만 2천 명으로 점차 증가한다.

② 2분기의 유입인원은 987만 명으로 1천만 명보다 적다.

④ 12월의 수송인원은 3,010+3,900=6,910으로 691만 명이다. 유입인원과 수송인원이 가장 많은 달은 모두 12월이다.

⑤ 2월의 승차인원은 5,520-2,817=2,703(천 명)이다. 따라서 승차인원이 가장 적은 달은 2월이고 가장 많은 달은 7월이다. 7월의 승차인원은 2월의 승차인원보다 3,164-2,703=461로 46만 1천명 더 많다.

05

| 정답 | ③

| 해설 | 부가세까지 고려하여 인쇄 부수에 따른 8페이지 팸플릿의 제작비용을 다음과 같이 구할 수 있다.

- 1,000부를 제작할 경우 : 277,000+277,000×0.1 =304,700(원)
- 500부를 제작할 경우 : 249,000+249,000×0.1 =273,900(원)

따라서 둘의 비용 차이는 304,700-273,900=30,800(원)이다.

06

| 정답 | ②

| 해설 | 국어에 20% 가중치를 두면 총점이 제일 높은 학생은 승한이다.

(단위 : 점)

영역 학생	국어	수학	영어	탐구	합계
승한	80×1.2=96	84	76	90	346
세영	73×1.2=87.6	90	81	82	340.6
윤지	92×1.2=110.4	73	81	78	342.4
성욱	86×1.2=103.2	80	74	82	339.2

| 오답풀이 |

① 총점이 두 번째로 높은 학생은 세영이다.

(단위 : 점)

영역 학생	국어	수학	영어	탐구	합계
승한	80	84	76	90	330
세영	73	90	81	82	326
윤지	92	73	81	78	324
성욱	86	80	74	82	322

③ 탐구 반영비율을 절반으로 줄이면 승한, 세영, 윤지가 동점이 된다.

(단위 : 점)

영역 학생	국어	수학	영어	탐구	합계
승한	80	84	76	45	285
세영	73	90	81	41	285
윤지	92	73	81	39	285
성욱	86	80	74	41	281

④ 영어에 40% 가중치를 두면 점수가 두 번째로 높은 학생은 세영이다.

(단위 : 점)

영역\학생	국어	수학	영어	탐구	합계
승한	80	84	76×1.4 =106.4	90	360.4
세영	73	90	81×1.4 =113.4	82	358.4
윤지	92	73	81×1.4 =113.4	78	356.4
성욱	86	80	74×1.4 =103.6	82	351.6

⑤ 수학에 30% 가중치를 두면 총점이 제일 낮은 학생은 윤지이다.

(단위 : 점)

영역\학생	국어	수학	영어	탐구	합계
승한	80	84×1.3 =109.2	76	90	355.2
세영	73	90×1.3 =117	81	82	353
윤지	92	73×1.3 =94.9	81	78	345.9
성욱	86	80×1.3 =104	74	82	346

07

| 정답 | ③

| 해설 | 20X4년 이후 밤 시간대 소음도가 소음환경기준 55dB 이하를 기록한 도시는 대전뿐이다.

| 오답풀이 |

① 낮 시간대 소음환경기준 65dB 이하를 매해 만족한 도시는 광주와 대전뿐이다.
② 대전의 밤 시간대 소음도는 20X3년에서 20X4년 사이 2dB이 감소하였다.
④ 밤 시간대 평균 소음도가 가장 높았던 해는 $\frac{66+62+63+62+58+56}{6}=61$(dB)인 20X2년이다.

⑤ 서울의 낮 시간대 소음도의 평균은 $\frac{68\times 4+69}{5}=$ 68.2(dB)로 대전의 낮 시간대 평균인 $\frac{60\times 4+61}{5}=$ 60.2(dB)보다 8dB 높다.

08

| 정답 | ④

| 해설 | 직무분야별 경쟁률을 계산하면 다음과 같다(소수점 아래 셋째 자리에서 반올림한다).

- 경영 : 4 : 130 = 1 : 32.5
- 재무 : 11 : 346 = 1 : 31.45
- 마케팅 : 6 : 200 = 1 : 33.33
- 기계 : 5 : 208 = 1 : 41.6
- 전기 : 5 : 157 = 1 : 31.4
- 건축 : 9 : 290 = 1 : 32.22

따라서 재무 분야보다 경쟁률이 높은 분야는 4개이다.

09

| 정답 | ②

| 해설 | 물체별 운동에너지는 다음과 같다.

(가) : $\frac{1}{2}\times 10\times 6^2=180$(E)

(나) : $\frac{1}{2}\times 8\times 7^2=196$(E)

(다) : $\frac{1}{2}\times 6\times 8^2=192$(E)

(라) : $\frac{1}{2}\times 12\times 5^2=150$(E)

(마) : $\frac{1}{2}\times 15\times 4^2=120$(E)

따라서 운동에너지가 가장 큰 물체는 (나)이고 가장 작은 물체는 (마)이다.

10

| 정답 | ⑤

| 해설 | '내수=생산-수출+수입'이므로 부품소재 산업동향의 빈칸에 들어갈 수치는 다음과 같다.
- 20X2년 내수 : 658-280+176=554(조 원)
- 20X3년 내수 : 660-294+179=545(조 원)
- 20X6년 내수 : 658-301+179=536(조 원)

'무역수지=수출-수입'이므로 20X0 ~ 20X6년의 무역수지를 구하면 다음과 같다.
- 20X0년 무역수지 : 273-180=93(조 원)
- 20X1년 무역수지 : 270-173=97(조 원)
- 20X2년 무역수지 : 280-176=104(조 원)
- 20X3년 무역수지 : 294-179=115(조 원)
- 20X4년 무역수지 : 282-170=112(조 원)
- 20X5년 무역수지 : 269-163=106(조 원)
- 20X6년 무역수지 : 301-179=122(조 원)

조사기간 중 부품소재 무역수지는 지속적으로 증가하다가 20X4, 20X5년에는 감소하였다.

| 오답풀이 |

① 조사기간 중 전년 대비 부품소재 생산 규모 변화율은 다음과 같다.
- 20X1년 : $\frac{642-584}{584} \times 100 ≒ 9.9(\%)$
- 20X2년 : $\frac{658-642}{642} \times 100 ≒ 2.5(\%)$
- 20X3년 : $\frac{660-658}{658} \times 100 ≒ 0.3(\%)$
- 20X4년 : $\frac{650-660}{660} \times 100 ≒ -1.5(\%)$
- 20X5년 : $\frac{638-650}{650} \times 100 ≒ -1.8(\%)$
- 20X6년 : $\frac{658-638}{638} \times 100 ≒ 3.1(\%)$

20X4년이 9.9%로 전년 대비 부품소재 생산 규모 증가율이 가장 높다.

② 20X4년 부품소재 생산 규모는 660 → 650(조 원), 수출규모는 294 → 282(조 원), 수입 규모는 179 → 170(조 원)으로 모두 전년 대비 하락하였다.

③ 조사기간 중 부품소재 생산 규모는 20X0년 584조 원으로 600조 원 이하였지만, 20X1년부터 20X6년까지는 600조 원 이상인 것을 볼 수 있다.

④ 조사기간 중 부품소재 무역수지 규모가 가장 큰 해는 무역수지가 122조 원인 20X6년이다.

11

| 정답 | ③

| 해설 | 경북의 전통시장 형태의 비율을 보면 상가건물형>상가주택 복합형>장옥형>노점형 순으로 많다.

| 오답풀이 |

① 전체 지역 중 전통시장 수가 가장 적은 곳은 21개의 전통시장이 있는 광주 지역이다.

② 충남의 전통시장 73개 가운데 노점형 시장의 비율은 6.8%이므로 $73 \times \frac{6.8}{100} = 4.964 ≒ 5(개)$이다.

④ 인천과 전북의 전통시장 수의 합은 51+67=118(개)로, 경기 지역의 전통시장 수인 144개보다 적다.

⑤ 강원의 전통시장 73개 가운데 상가주택 복합형 시장의 비율은 24.6%이므로 $73 \times \frac{24.6}{100} = 17.958 ≒ 18(개)$이다.

12

| 정답 | ②

| 해설 | 20X3 ~ 20X5년 유럽과 북미의 게임산업 수출액은 동일하게 계속 증가한다.

| 오답풀이 |

① 연도별 게임산업 주요 국가 수출액 총합을 구하면 다음과 같다.
- 20X1년 : 824,036+410,366+272,311=1,506,713 (천 $)
- 20X2년 : 907,981+1,020,542+418,469=2,346,992 (천 $)

- 20X3년 : 684,948+607,709+399,499=1,692,156 (천 $)
- 20X4년 : 308,533+916,414+683,505=1,908,452 (천 $)
- 20X5년 : 913,075+1,092,410+1,087,565=3,093,050 (천 $)

따라서 주요 국가 수출액 총합은 20X4년까지 증감을 반복하다가 20X5년에 증가하였다.

그래프만 살펴보아도 20X3년에 일본, 북미, 유럽의 수출액이 모두 전년보다 작으므로 그 총합이 감소했음을 알 수 있다.

③ 1,506,713천 $로 20X1년의 총합이 가장 작다.
④ 20X3년에 유럽 국가의 게임산업 수출액은 감소하였다.
⑤ 20X3년 북미와 20X4년 일본의 전년 대비 게임산업 수출액의 감소율을 계산해보면 다음과 같다.

- 20X3년 북미 :
$\frac{607,709-1,020,542}{1,020,542} \times 100 ≒ -40.45(\%)$

- 20X4년 일본 :
$\frac{308,533-684,948}{684,948} \times 100 ≒ -54.96(\%)$

전년 대비 게임산업 수출액의 감소율이 가장 큰 것은 20X4년 일본이다.

13

| 정답 | ④

| 해설 | 전년도에 비해 정규직의 시간당 임금이 감소한 20X4년을 제외하고 살펴보면, 20X5년에는 14,388-13,828=560(원), 20X6년에는 15,289-14,388=901(원), 20X7년에는 16,403-15,289=1,114(원), 20X8년에는 17,535-16,403=1,132(원), 20X9년에는 18,486-17,535=951(원) 증가하였다. 따라서 정규직의 시간당 임금 증가가 가장 컸던 해는 20X8년이다.

14

| 정답 | ④

| 해설 | 비정규직 근로자의 전년 대비 시간당 임금인상률은

20X7년이 $\frac{10,437-9,372}{9,372} \times 100 ≒ 11.36(\%)$,

20X8년이 $\frac{11,259-10,437}{10,437} \times 100 ≒ 7.88(\%)$,

20X9년이 $\frac{11,463-11,259}{11,259} \times 100 ≒ 1.81(\%)$이므로 20X7년에 가장 높았다.

| 오답풀이 |

① 정규직 근로자와 비정규직 근로자의 시간당 임금 격차는 20X3년에는 6,351원, 20X4년에는 6,043원, 20X5년에는 6,152원, 20X6년에는 5,917원, 20X7년에는 5,966원, 20X8년에는 6,276원, 20X9년에는 7,023원이다. 따라서 임금 격차가 가장 컸던 해는 20X9년이다.

② 20X5 ~ 20X9년 비정규직 근로자의 시간당 평균 임금은
$\frac{8,236+9,372+10,437+11,259+11,463}{5}$
=10,153.4≒10,153(원)이다.

③ 20X3 ~ 20X7년 정규직 근로자의 시간당 평균 임금은
$\frac{14,283+13,828+14,388+15,289+16,403}{5}$
=14,838.2≒14,838(원)이다.

⑤ 비정규직 근로자의 시간당 임금 총액은 20X4년에 감소하였다.

15

| 정답 | ⑤

| 해설 | 성과상여금 지급 대상은 지급기준일 현재 근무자이므로 휴직한 상태라면 성과상여금을 받을 수 없을 것이다. 따라서 성과상여금을 받기 위해서는 휴직을 미뤄야 한다.

| 오답풀이 |

① 다태아도 출산 가점은 5점 부여되므로 출산 가점을 1번 받는다.
② 각주에 따라 예산범위 내, 지급등급별 인원비율, 지급률은 10%p 범위 내 자율 조정이 가능하므로 현재 상위 약 62%인 A 씨의 경우 지급인원비율이 조정된다면 A등급을 받을 수도 있다.
③ 각주에 따라 실제 근무기간이 2개월 미만인 자는 지급 제외자이다.

④ 절대적인 평가점수와 관계없이 조직 내에서 상대적인 등수에 따라 성과등급이 달라진다. 따라서 총점이 92.5점이라 하더라도 특정 등급을 확신할 수 없다.

16

|정답| ②

|해설| S사 S 라면 2월 판매량은 6,582−(1,210+1,035+1,212+1,013+978)=1,134(개)이다.

따라서 2월 판매량 중 $\frac{1,134}{5,066} \times 100 ≒ 22.4(\%)$를 차지한다.

17

|정답| ②

|해설| 20X1년의 교통비는 2,500×0.2=500(만 원), 20X2년의 저축비는 3,000×0.1=300(만 원)이므로 500−300=200(만 원)이다.

18

|정답| ①

|해설| (가) 아시아 인구 중 한국이 차지하는 비중은 1970년 $\frac{32}{2,142} \times 100 ≒ 1.5(\%)$에서 2019년 $\frac{52}{4,601} \times 100 ≒ 1.1(\%)$로 낮아졌다.

(나) 세계 인구 중 아프리카의 인구가 차지하는 비중을 구하기 위해 우선 세계 인구를 구하면 2019년은 4,601+1,308+747+648+367+42=7,713(백만 명), 2067년은 5,238+3,189+673+763+450+64=10,377(백만 명)이 된다.

따라서 아프리카 인구의 비중은 2019년 $\frac{1,308}{7,713} \times 100 ≒ 17.0(\%)$에서 2067년 $\frac{3,189}{10,377} \times 100 ≒ 30.7(\%)$로 높아진다.

|오답풀이|

(다) 북아메리카는 1970년 200백만 명에서 2067년 450백만 명으로, 오세아니아는 1970년 20백만 명에서 2067년 64백만 명으로 증가하고 있다. 2067년의 1970년 대비 인구 증가율을 계산해 보면 다음과 같다.

- 북아메리카 : $\frac{450-200}{200} \times 100 = 125(\%)$
- 오세아니아 : $\frac{64-20}{20} \times 100 = 220(\%)$

(라) 2067년의 유럽의 인구는 673백만 명으로 2019년 747백만 명에서 74백만 명 감소하였으므로 전 대륙의 인구가 증가한 것이 아니다.

19

|정답| ③

|해설| 5개 도시의 월별 미세먼지(PM2.5) 대기오염도 평균을 구하면 다음과 같다.

- 1월 : $\frac{29+27+21+26+27}{5} = 26(\mu g/m^3)$
- 2월 : $\frac{28+23+22+26+21}{5} = 24(\mu g/m^3)$
- 3월 : $\frac{25+21+16+20+18}{5} = 20(\mu g/m^3)$
- 4월 : $\frac{21+16+17+18+17}{5} = 17.8(\mu g/m^3)$
- 5월 : $\frac{19+15+17+20+18}{5} = 17.8(\mu g/m^3)$

따라서 미세먼지(PM2.5) 대기오염도는 평균적으로 1월에 가장 높았다.

|오답풀이|

① 1월, 3월은 부산이 가장 낮았고, 2월은 광주가 가장 낮았으며, 4월, 5월은 인천이 가장 낮았다.

② 1~4월은 서울이 가장 높았으나 5월은 대구가 가장 높았다.

④ 부산의 경우 2월, 4월에 증가, 5월에 동일하였고, 대구의 경우 2월에 동일, 5월에 증가하였으며, 광주의 경우 5월에 증가하였다.

⑤ 조사기간 중 가장 낮은 수치를 기록한 곳은 인천으로 5월에 $15\mu g/m^3$를 기록했다.

20

|정답| ④

|해설| 20X2년 영국의 지적재산권 사용료 지급의 전년 대비 증감률은 $\frac{11,740-12,940}{12,940}\times 100 ≒ -9.3(\%)$로, 약 9.3% 감소하였다.

|오답풀이|

① 20X0년 독일의 지적재산권 사용료 수입은 15,507백만 달러로, 한국의 지적재산권 사용료 수입인 5,167백만 달러의 $\frac{15,507}{5,167} ≒ 3.001$(배) 이상이다.

⑤ 20X2년 프랑스의 지적재산권 사용료 지급은 13,319백만 달러로 전년 13,982백만 달러 대비 66,300만 달러 감소하였다.

최신 대기업 인적성검사

20대기업
온·오프라인 인적성검사
통합기본서

핵심정리_핸드북 제공

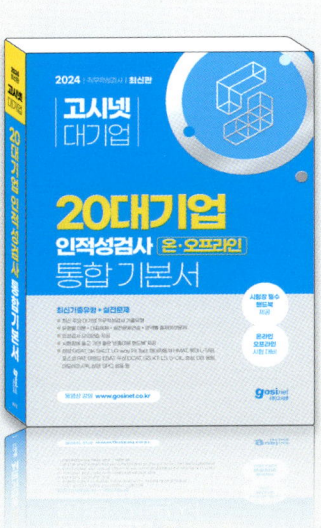

최신기출유형+실전문제

파트 1 언어능력

파트 2 수리능력

파트 3 추리능력

파트 4 공간지각능력

파트 5 사무지각능력

파트 6 인성검사

- 핵심정리[핸드북]

www.gosinet.co.kr

인·적성검사

고시넷 대기업

SK하이닉스 고졸/전문대졸
Maintenance/Operator
최신기출유형 모의고사

www.gosinet.co.kr **gosi**net

공기업_NCS